KB069717

스토리텔링 치료

이민용 저

학지사

* 이 저서는 2007년 정부(교육부)의 재원으로 한국연구재단의 지원을 받아 수행된 연구임 (NRF-2007-361-AM0056).

머리말

요즘 현대 사회는 '서사의 시대', '스토리텔링의 시대'라는 말이 있을 정도로 내러티브(이야기, 서사) 혹은 스토리텔링이 큰 힘을 발휘하고 있다. 내러티브는 전통적인 신화, 전설, 민담, 소설 등에만 있는 것이 아니라 요즘에는 영화, TV 드라마, 애니메이션, 만화, 컴퓨터게임, 뮤지컬 등에도 있으면서 문화(산업)시대의 총아로서 주목받고 있다. 그런가 하면 내러티브 혹은 스토리텔링은 교육, 광고, 회사 경영, 박물관 전시, 테마파크 조성 등에도 활용되고 있다. 이처럼 과거에 주로 말과 글이라는 매체를 통해서 소통되었던 내러티브가 현대에 와서 새로운 전기전자 매체들을 통해서도 소통되고 문화(산업)시대의 중요한 기술로 강조되면서 20세기 말에 스토리텔링이라는 새로운 이름으로 등장하였다. 그런데 이러한 스토리텔링은 흥미와 위안, 설득, 치유, 상담 등에도 필요한 중요한 힘을 지니고 있다. 이것은 전통적으로 이야기 혹은 스토리가 가지고 있던 힘이다. 이런 면에서 스토리텔링을 치유적으로 활용하고자 저자가 인문학적 체계속에서 본격적으로 처음 주장한 것이 바로 스토리텔링 치료다.

이 책은 스토리텔링 치료의 이론과 방법에 관한 연구서다. 전통적으로 인문학에는 사람들을 위로하고 마음의 문제를 풀어 주는 역할이 있었다. 인문학을 관통하는 주요한 요소 중의 하나가 내러티브이다. 그런데 내러티브가 활용되는 문학치료, 독서치료, 내러티브 치료, 영화치료 등의 다양한 치료나 치유·상담은 고립된 독자적인 방법으로만 이루어지는 것이 아니라 통합치료를 지향한다. 그러므로 스토리 혹은 내러티브를 통해서 통합적인 치료의 가능성을 개척하는 것도 필요할 것 같다.

이 책은 스토리텔링의 치유적(치료적) 활용과 관련하여 그동안 저자가 발표한 16편의 연구 논문과 강원대학교 인문과학연구소에서 펴낸 〈인문치료 총서〉에 실린 저자의 글을 모아서 다듬어 낸 책이다. 해당 논문과 총서들은 이 책의 참고문헌에 밝혀 놓았다.

이 책은 총 4부로 구성되어 있다. 제1부에서는 스토리텔링의 개념과 치유적 힘을 밝히고, 제2부에서는 스토리텔링 치료의 원리와 메커니즘을 다룬다. 그리고 제3부에서는 정신분석학과 인지과학 등을 중심으로 스토리텔링 치료의 근거를 이야기하며, 제4부에서는 스토리텔링 치료의 방법과 활용 사례를 구체적으로 다룬다. 이러한 작업에는 정신분석학, 인지과학, 내러티브 치료 등의 이론 외에도 서사학과 텍스트학, 해석학, 인지언어학, 수용미학 등의 인문학적 이론과 방법이 바탕을 이루고, 인문학 고전과 작품ㆍ자료 등이 치료 콘텐츠로 활용되었다.

스토리텔링 치료 도서를 출간할 목적으로 집필되었던 저자의 연구 논문들을 한 권의 책으로 다듬는 과정에서 대중서를 지향하려고 노력했지만 여전히 연구서의 성격이 많이 남아 있다. 이러한 점에서 관심 있는 연구자나 전문가들에게 도움이 될 수 있으면 좋겠다. 또한 이 책이 남긴 과제이기도 한데, 앞으로 기회가 되면 대중서로 기획된 스토리텔링 매체의 다양한 활용을 담은 스토리텔링 치유서를 쓰고 싶다.

끝으로 감사의 말씀을 드리고 싶다. 우선, 이 책이 나올 수 있는 밑바탕이 된 인문한국 지원사업을 후원해 준 한국연구재단에 감사한다. 그리고 텍스트의 오탈자를 찾아 주는 등 책의 완성도를 높이는 데 도움을 아끼지 않은 강원대학교 인문치료 대학원과정 학생들에게도 고마움을 전한다. 또한 원고를 깔끔한 책으로 만드시느라 수고를 많이 해 주신 유가현 선생님을 비롯한 학지사의 여러분께도 감사의 말씀을 남긴다.

2017년 5월
저자 이민용 씀

차 례

제1부 스토리텔링의 개념과 치유적 힘

제1장 **스토리텔링**의 개념과 핵심 ⋯ 13

제2장 인문학과 **스토리텔링**의 치유적 힘 ⋯ 29

제2부 스토리텔링 치료의 원리와 메커니즘

제3부 스토리텔링 치료의 근거-정신분석학과 인지과학

제4부 스토리텔링 치료의 방법과 활용

제14장　포스트고전서사학과 인지과학, 그리고 **스토리텔링** 치료의 메커니즘 ··· 285

제15장　서사 층위론과 발달적 **스토리텔링** 치료 ··· 311

제16장　인성교육, **스토리텔링** 치료, 내러티브 콘텐츠의 활용 ··· 337

STORY
TELLING

제 **1** 부

스토리텔링의
개념과 치유적 힘

스토리텔링의 개념과 핵심

제1장

STORYTELLING

🐦 스토리텔링의 등장과 그 중요성

스토리텔링(storytelling)이 요즘 다양한 분야에서 각광받고 있다. 스토리텔링 혹은 "이야기가 우리 시대의 화두로 자리 잡은" 느낌이다. "이야기의 시대가 왔다"고 단언되기도 한다.[1] 내러티브(narrative) 혹은 스토리텔링은 전통적인 민담, 소설, 희곡 등의 문학에서는 물론이고 만화, 영화, 애니메이션, 라디오 드라마, TV 드라마, 컴퓨터게임 등의 문화·예술 분야에서도 많이 활용되고 있다. 특히 문화·예술 분야에서의 내러티브 활용이 새로운 문화산업시대를 배경으로 두드러지면서 컴퓨터, 텔레비전, 영화, 스마트폰과 같은 새로운 전기전자 매체를 통한 내러티브의 활용에 무게를 둔 스토리텔링이라는 용어가 20세기 말에 등장하여 많이 쓰이고 있다. 즉, 문화 예술 장르의 내러티브는 컴퓨터, 영화

---

1) 최혜실 외(2007), 『문화산업과 스토리텔링』, 다할미디어, 4쪽.

와 같은 전기전자 매체의 등장과 함께 문화산업의 총아로 등장한 문화 콘텐츠의 핵심 키워드로서 스토리텔링의 관점에서 요즘 시대적 화두가 되어 있기도 하다.

그런가 하면 스토리텔링은 문학과 예술 바깥의 현실 영역에서도 쓰이고 있다. 박물관에서 유물들을 전시할 때나 놀이공원이나 문화공원과 같은 테마공원을 조성할 때도 어떤 주제의 스토리로 엮어서 표현하는 방식으로 스토리텔링이 활용되고 있다. 스토리텔링은 이보다 더 현실적인 부분에서도 활용되고 있다. 법원에서 재판을 할 때 재판 당사자들의 이야기에 주의를 기울일 필요가 있어서 스토리텔링에 관심을 가질 뿐만 아니라, 언론에서 기사를 작성할 때 단순한 사실을 전달하는 것에 그치지 않고 기사에 구체적인 인물과 사건, 상황을 설정하여 그 내용을 전달함으로써 독자나 시청자들에게 이해와 감동을 더 깊이 있게 전달하려고도 한다.

스토리텔링은 교육에서도 활용되고 있다. 단순히 지식과 정보를 전달하는 것에서 더 나아가 그것들을 이야기 방식으로 전달하고 그 이야기를 주고받는 상황 속에서 교육이 이루어지게 함으로써 교육 수용자들에게 효과적으로 어필하려고 하고 있다. 이것은 특히 어린 학생들을 교육할 때는 꼭 필요한 방식이기도 하다. 또한 스토리텔링은 회사의 경영에서도 중요하게 활용되고 있다. 회사의 정체성과 이념, 방향을 스토리에 담아서 직원과 고객들에게 전달하면 구호나 정보만을 전달할 때보다 훨씬 설득력이 있고 장기적인 것으로 가슴에 남기 때문이다. 그래서 광고에서도 스토리텔링이 많이 사용된다. 제품의 성능만을 광고하는 것보다는 소비자의 관심을 끌고 감성에 호소하기 위해서다.

그런가 하면 내러티브는 학문적으로도 다양한 분야에서 관심의 대상이 되고 있다. 전통적인 문학에서는 물론이고 인문학, 경영학, 법학, 교육학, 간호학, 의학, 상담학, 심리치료, 예술학 등에서도 관심의 대상이다.[2] 사람을 중심에 놓고

---

2) 클랜디닌, 진/강현석 외 공역(2011), 『내러티브 탐구를 위한 연구방법론』, 교육과학사, 15~17쪽 참

인간의 관점에서 내러티브를 매개로 의미와 가치를 살려서 연구하려는 것이다. 스토리텔링은 인물과 사건·모티프 등을 구성 요소로 하는 짜임새 있는 스토리가 있고, 인칭과 시점·관점 등을 핵심으로 하는 서사 담화가 있어서, 인간을 중심에 놓고 삶의 의미와 가치를 담아내기에 유용하기 때문이다.

이미 40여 년 전에 롤랑 바르트가 다음과 같이 언급하였듯이 내러티브는 다양한 영역에서 여러 매체를 통해 오랜 시간 동안 우리의 역사와 함께해 왔다.

> 세상에는 수없이 많은 내러티브가 존재한다. 지극히 많은 종류의 장르가 있고 그 하나하나가 서로 다른 여러 매체를 가진다. 내러티브의 매체 중에는 구술 또는 문자로 구체화된 언어, 정적인 그림, 동적인 그림, 몸짓 등이 있고 이러한 매체들의 적절한 혼합이 있다. 신화, 전설, 우화, 성화, 단편소설, 이야기, 시, 역사, 비극, 추리극, 희극, 무언극, 회화(예를 들어 비토레 카르파초(Vittore Carpaccio)가 그린 성녀 우르술라의 그림들), 유리화가 그려진 창, 영화, 지역 뉴스, 일상의 대화 등에 내러티브가 있다. 내러티브는 모든 시대, 모든 장소, 모든 사회에 있다. 내러티브는 정말 인류의 역사와 함께 시작되었다.[3]

앞에서 보듯이 내러티브는 현대에 일상적인 차원에서 폭넓게 사용되고 있다. 그리고 실은 이전부터 일찍이 인류의 역사 속에서 중요한 역할을 해 왔다. 오늘날 내러티브가 일상적으로 많이 활용되고 있는 것도 이와 같은 뿌리에서 더욱 개

고. 30여 명에 가까운 각 분야의 세계적인 학자들이 내러티브 탐구 방법을 800쪽이 넘는 방대한 규모로 소개하고 있는 이 책 외에도 이러한 경향을 잘 보여 주는 책들은 다음과 같다. 폴킹혼, 도널드 저/강현석 외 공역(2009), 『내러티브, 인문과학을 만나다』, 학지사(이 책에서는 내러티브에 대한 전반적인 연구에 이어 역사, 문학, 심리학, 인간 존재, 실천으로 나누어 각 분야에서의 내러티브를 다루고 있다); Nash, C. (1994), *Narrative in culture: The uses of storytelling in the sciences, philosophy, and literature*, Routledge(이 책에는 철학, 법학, 경제학, 생물학 등의 이론적 담론이 어떻게 내러티브 방식으로 구성되었는지 제시되고 있다).

3) Barthes, R. (Winter 1975), "An Introduction to Structural Analysis of Narrative", in *New Literary History*, Ⅵ, p. 237.

화한 것이라고 볼 수 있는데, 우리의 삶 자체가 이야기라고 할 수 있기 때문이다.

내러티브가 이렇게 광범위하게 활용되는 이유는 무엇일까? 무엇보다도 우리의 경험과 우리가 중요하게 여기는 가치, 삶의 행복을 담고 있기 때문이다. 그래서 앞에서 언급한 여러 분야에서 내러티브를 통해 인간, 인간의 경험, 인간에게 중요한 가치와 의미, 행복에 이르려는 노력들이 전개되는 것이다. 그렇다면 내러티브가 이러한 것들을 담고 있는 이유는 무엇인가? 그것은 내러티브의 독특한 속성 때문이다. 수사학에서는 언술의 네 가지 방식(mode)으로 논증(argumentation), 설명(explanation, exposition), 묘사(description), 내러티브(narrative)를 서로 구분한다. 예컨대 자동차 업계에서 야심 차게 신차를 만들어 판매하기로 하고 프레젠테이션을 하는 경우를 보자. 개발할 신차의 윤곽과 색깔, 모형 등을 나타내는 것이 묘사라면, 그것의 성능, 작동원리, 기능 등을 기술하는 것은 설명이라고 할 수 있다. 또한 신차 개발의 필요성, 자동차의 향상된 성능, 구매 효과, 판매 효과, 판매 이익 등을 주장하는 것이 논증이라면, 자동차를 구매한 사람의 만족감, 편리한 생활, 자부심, 삶의 질 향상 등을 소비자가 구체적으로 체험해 가는 것으로 표현하는 것이 내러티브라고 할 수 있을 것이다. 그래서 광고를 할 때 제품의 디자인이나 기능, 성능만을 내세우지 않고 광고 모델이 함께하는 것이고, 더 나아가 제품과 관련된 스토리로 소비자에게 감성적으로 접근하는 것이다. 심지어 어떤 광고에는 제품이 전혀 등장하지 않고 스토리만 등장하는 경우도 있을 정도다.[4]

우리는 이야기 속에서 이야기와 함께 살아간다. 인간이 다른 동물과 달리 말하는 존재, 즉 '호모 로퀜스(homo loquens, 말하는 사람)'라면, 인간은 또한 그 말 속에 인물과 사건 등으로 표현되는 줄거리가 있는 이야기를 하면서 사는 존재,

---

[4] 대표적인 경우가 1984년 애플 컴퓨터의 등장 광고였다. 컴퓨터는 등장하지 않고, 조지 오웰의 소설 『1984』의 빅 브라더를 연상시키는 독재자 이야기를 전달하는 모니터 화면을 커다란 해머를 던져 깨뜨리는 장면으로써 새로운 시대의 개막을 선도하는 컴퓨터, 애플의 등장을 알린다.

즉 '호모 나랜스(homo narrans, 이야기하는 사람)'이기도 하다. 우리가 세상에서 살아간다는 것은 나와 너, 우리가 서로 얽히며 이런저런 일을 경험해 가는 과정이라고 할 수 있는데, 이것은 등장인물들이 서로 관계하며 사건을 만들어 나가는 이야기 세계의 것과 비슷하다. 그래서 현실은 얼마든지 이야기로 반영되어 표현될 수 있고, 이야기와 비슷한 삶의 구조 속에서 살아가는 사람들의 행동에 내러티브가 다시 영향을 미칠 수도 있다.

　우리 인간은 내러티브, 즉 이야기를 통해 서로의 생각과 느낌을 나누며 세상과 소통한다. 또 우리는 이야기를 통해 세계를 이해하고 해석한다. 삶은 이야기다. 이야기는 삶과 유사한 구조로 되어 있다. 묘사, 논증, 설명과 같은 언술들과 달리 이야기는 구체적인 시간·공간의 배경 속에서 주인공이 다른 인물들과 어울려 사건을 경험해 나가는 것을 표현한다. 우리의 삶 역시 '나'라는 인물이 주인공이 되어 가족, 친구, 직장동료 등의 다른 인물들과 어울려 가정, 학교, 직장과 같은 자신의 공간 속에서, 21세기라는 시대적 배경 속에서 자신의 한평생을 보내며 이런저런 사건을 겪는 것이라고 할 수 있다. 지식은 명제적 지식과 서사적 지식으로, 사고는 논리적·과학적 사고와 에피소드적 사고로[5] 각각 나눌 수 있다면, 여기서 서사적 지식, 에피소드적 사고는 모두 내러티브를 통한 것이다. 에피소드는 곧 이야기다. 감각기관을 통해 들어온 외부 정보가 주로 일차적인 사실 기억으로 남는다면, 감각기관으로 인지된 그 많은 사건과 경험이 어떤 유기적인 연관을 맺고 일관된 흐름을 갖게 되면 에피소드적 기억이 된다. 이럴 때 이것들이 어떤 의미와 가치를 지니는 것은 주로 서사적 사고와 기억 때문이다. "스토리가 마음의 기본 원리다."[6] 또한 비유가 사고·앎·행

---

5) Bruner, Jerome C. (1986). *Actual Minds, Possible Worlds*, Cambridge, MA: Harvard University Press, p. 11-13.

6) Turner, M. (1996), *The Literary Mind*, New York, Oxford: Oxford University Press, p. V.: "The central issues for cognitive science are in fact the issues of the literary mind", "Story is a basic principle of mind."

동·창조·말하기 등과 같은 인간 마음의 근본이어서, 우리의 경험과 지식 그리고 사고가 대부분 스토리로서 조직되어 있다고 할 수 있다. 이런 점에서 우리는 '호모 나랜스'일 뿐만 아니라 '스토리텔링 애니멀(storytelling animal)'이라고[7] 할 수 있다.

🐦 스토리텔링이란 무엇인가

지금까지 사용해 온 이야기, 서사(敍事), 내러티브, 스토리텔링 등의 용어를 정리해 보자. 이야기는 인물과 사건, 시간, 공간, 시점, 관점 등을 요소로 하는 짜임새 있는 언술이라고 정의할 수 있다.[8] 우리말에서 이야기는 서사와 서로 비슷한 뜻으로 사용되고 있는 편이나, 서사가 문학적·문어적 연원의 성격이 좀 더 강하다면 이야기는 구어적·일상적 맥락에서 많이 쓰인다. 이야기는 다시 대화적 이야기, 체험적 실제 이야기, 허구적 이야기 등으로 나눌 수 있다. '내러티브'는 우리말의 '이야기'나 '서사'로 상호 번역되어 쓰이는 용어지만 '이야기'와 '서사'가 풍기는 언어적·문학적 느낌을 넘어서 예술·문화·일상에서의 사용도 강조되는 쪽으로 쓰이고 있다. 큰 틀에서는 세 용어 모두 비슷하다

---

7) MacIntyre, Alasdair C. (1984), *After virtue: A study in moral theory* (2nd ed.), Notre Dame, Ind.: University of Notre Dame Press. [이진우 역(1997), 『덕의 상실』, 문예출판사, 318쪽.]

8) 이야기의 기준에 관해서는 다음을 참고.
   신동흔(2002), 「구전 이야기의 갈래와 상호관계에 관한 연구」, 『비교민속학』, 제22집, 비교민속학회; 임재해(1985), 「설화의 존재양식과 갈래체계」, 『구비문학』, 8, 정문연 어문연구실; 김광욱(2008. 12.), 「스토리텔링의 개념」, 『겨레어문학』, 제41집, 257-271쪽; 심우장(2006), 「네트워크 이론으로 본 구비설화 이야기판의 구조와 특징」, 서울대학교 박사학위논문, 24-38쪽.
   특히 심우장은 이야기를 다음과 같이 네 범주로 나누었다. 이야기 1: 특정한 맥락으로 묶일 수 있는 언술들의 집합(광의의 이야기). 이야기 2: 서사적 줄거리를 갖춘 전승력 있는 언술들의 집합[경험담(설화), 민담류, 전설류]. 이야기 3: 허구적 줄거리를 갖춘 언술들의 집합(민담류, 전설류). 이야기 4: 근거 있는 줄거리를 갖춘 언술들의 집합[전설류, 경험담(실화)].

고 할 수 있지만, 앞에서와 같이 세부적인 의미의 차이가 있다는 점도 고려되어야 할 것이다.

한편 스토리텔링은 〈반지의 제왕〉〈해리포터〉 등의 영화와 컴퓨터게임과 같은 문화 콘텐츠 사업이 크게 발흥하던 1990년대 중반 미국에서 '서사적 전환(narrative turn)'이 있은 후 등장한 개념이다. 그래서 이것은 영화 등 여러 매체의 활용을 통해 이야기하기까지 포함하는, 내러티브보다 활동적이고 넓은 개념이라고 할 수 있다. 스토리텔링은 내러티브(서사나 이야기)에 비해 좀 더 현대적인 전기전자 매체를 통한 매체 전환성, 현장성, 상호작용성 및 문화 콘텐츠와의 관련성 등을 반영한 용어라고 할 수 있다. 그래서 이 책에서는 내러티브와 스토리텔링을 아주 다른 개념으로 보지는 않고 서로 넘나들 수 있는 용어로 사용하지만, 특히 스토리텔링이라는 용어는 내러티브를 매체 전환성, 현장성, 상호작용성 및 문화 콘텐츠와의 관련성 등에서 강조하는 측면에서 사용하겠다.

서사, 논증, 설명, 묘사와는 달리 인물, 사건, 시간, 공간, 관점 등을 기본 요소로 하는 소통 및 표현 양식인 내러티브는 그 핵심 요소의 성격에 따라 세부적으로 나뉠 수 있다. 인물, 사건, 시간, 공간이 실제의 그것들인가, 허구적인 것들인가에 따라서 실제적인 내러티브와 허구적 내러티브로 나뉜다. 허구적 내러티브가 신화, 민담, 동화, 소설, 만화, 애니메이션, 영화, TV 드라마, 컴퓨터 게임, 뮤지컬 등으로 다양한 모습을 취한다면, 실제적 내러티브는 실제 대화, 나의 개인사 내러티브, 남이 겪은 내러티브, 사건 전달 내러티브 등으로 구분될 수 있다. 내러티브는 실제 내러티브뿐만 아니라 허구적 내러티브로도 그 효과가 크다. 우리의 두뇌는 효과 면에서 실제 경험과 상상의 경험을 크게 구별하지 않기 때문이다.

그런데 내러티브와 스토리텔링 관련 학문인 서사학(narratology)에서 보면 내러티브는 단순히 하나의 층위로만 되어 있지는 않다. 서사학자에 따라 내러티브의 구조는 2층위로 구분되기도 하고, 3층위, 4층위로 각각 나뉘어 구분되기도 한다. 그런데 "모든 현대 서사학 이론의 토대가 되는 기초적인 층위 구분은 정확히 말해 (…) 두 층위로 나누는 것이다."[9] 따라서 여기서는 치유적 관점에서 기본이 되는 2층위론으로 우선 살펴보겠다. 전통적으로 내러티브 2층위론에서는 내러티브가 스토리와 플롯을 중심으로 나뉘어 서로 비교되었다. 스토리가 내러티브에 담긴 핵심적인 사건들의 발생 순서에 따른 줄거리 연결이라면, 플롯은 그 스토리를 효과적으로 전달하기 위해 인과적으로 재구성한 것이라고 할 수 있다. 이것은 스토리와 플롯에 대한 구분으로 가장 널리 알려진 에드워드 포스터(Edward M. Forster)의 다음과 같은 언급에서도 알 수 있다.

> 플롯을 정의해 보자. 우리는 스토리를 시간의 연속에 따라 정의된 사건의 서술이라고 정의한 바 있다. 플롯 역시 사건의 서술이지만 인과관계를 강조하는 서술이다. "왕이 죽자 왕비도 죽었다." 이것은 스토리다. "왕이 죽자 슬픔을 못 이겨 왕비도 죽었다." 이것은 플롯이다. 시간의 연속은 보존되어 있지만 인과감(因果感)이 거기에 그림자를 드리우고 있다. 또 "왕비가 죽었다. 사인(死因)을 아는 사람이 하나도 없더니 왕이 죽은 슬픔 때문이라는 것이 밝혀졌다." 이것은 신비를 안고 있는 플롯이며 고도로 발전이 가능한 형식이다. 이것은 시간의 연속을 유보하고 가능한 데까지 스토리를 떠나 멀리 이동한다. 왕비의 죽음을 생각해 보라. 이것이 스토리에 나오면 "그리고 나서는?" 하고 의문을 갖는다. 이것이 플롯에 나오면 "무엇 때문에?" 하고 이유를 캔다.[10]

이와 같은 비교의 연원은 아리스토텔레스에게까지 소급될 수 있다. 로고스(logos)와 뮈토스(mythos)가 바로 그것이다. 아리스토텔레스의『시학(Peri Poietikes)』에서 로고스는 스토리와 비슷하고, 뮈토스는 근대 이후 문학이론에

---

9) 오닐, 패트릭/이호 역(2004),『담화의 허구, 서사 이론 읽기』, 예림기획, 35쪽.
10) 포스터, 에드워드 모건/이성호 역(1993),『소설의 이해』, 문예출판사, 96쪽. 이 책의 번역자는 원문의 'story'와 'narrative'를 모두 '이야기'로 번역하여 혼동의 여지를 주고 있다. 그래서 필자는 본 인용문에서 'story'를 그대로 '스토리'로 옮겼다.

서 사용하던 플롯이라는 개념과 비슷하지만 동시에 이야기의 뜻도 포함하고 있었다. 이것은 20세기에 들어서서 빅토르 쉬클로프스키(Viktor B. Shklovsky)를 비롯한 러시아 형식주의자들에게서 다시 주목을 받게 되었다. 그들은 파불라(fabula)와 슈제트(syuzhet)를 구분하면서 파불라는 스토리 개념에, 슈제트는 플롯 개념에 가까운 방식으로 논의를 전개했다. 그리고 이것이 롤랑 바르트, 츠베탕 토도로프(Tzvetan Todorov), 제라르 주네트(Gérard Genette) 등 프랑스 구조주의자들의 논의로 이어졌다.

그런데 내러티브를 이렇게 스토리와 플롯으로 나누는 것과는 좀 다르게, 내러티브에 담기는 내용과 그것을 표현하는 방식이나 형식의 측면에서 살펴볼 수도 있다. 그래서 시모어 채트먼(Seymour Chatman) 등의 서사학자들에 따라 내러티브를 스토리(story)와 서사 담화(discourse)로 나누어 볼 수 있다.[11] 패트릭 오닐(Patrick O'neill)도 "모든 현대 서사학 이론이 토대로 삼는 기초적인 층위 구분은 정확히 말해 스토리와 담화, 두 층위로 나누는 것이다."[12]라고 말한다. 이것은 내용과 표현 층위의 구분, 즉 무엇이 일어났는가 하는 서사 내용의 층위와 그것을 어떻게 나타낼 것인가 하는 표현 층위의 구분이다. 채트먼은 스토리가 서사의 내용이라고 말한다.[13] 그러나 스토리는 서사 내용 그 자체는 아니며, 서사 내용 중에서도 핵심적인 줄거리를 말한다. 스토리가 내러티브의 핵심 줄거리라면, 서사 담화는 스토리를 구체적인 언어, 말투, 시각, 관점, 거리, 시간과 장소의 배경 속에서 서술하여 내러티브로 구현하는 것이다. 다시 말해, 스토리가 3인칭 전지적 시점으로 화자의 주관적 개입 없이 시간 순서에 따라 서술되는 것으로 내러티브의 핵심 내용을 이루는 추상적인 줄거리라면, 담화는 스토리와 대비되지만 플롯과도 다른 점이 많다. 무엇보다도 치유적 의미로 보았을

---

11) Chatman, S. (1978), *Story and discourse: Narrative structure in fiction and film*, p. 9. (2층위 서사론자는 이외에도 여러 사람이 있다. 이 책의 제10장 참고).

12) 오닐, 패트릭/이호 역, 앞의 책, 35쪽.

13) Chatman, S. 앞의 책, p. 19-26.

때 스토리와 플롯의 관점보다는 채트먼의 견해에 따라 스토리와 담화의 관점에서 보는 것이 더 유용하다. 서사학자에 따라 플롯을 스토리와 동일한 차원에 두기도 하지만[14] 필자는 오히려 담화의 한 부분으로 포함시켜서 논의하겠다.

$$\boxed{\text{내러티브 = 스토리 + (서사) 담화}}$$

🐦 스토리텔링의 특징

스토리텔링(storytelling)은 스토리와 텔링으로 구성되어 있는데, 여기서 텔링은 말로만 하는 것이 아니라 영상, 만화, 애니메이션, 컴퓨터게임, 음악 등 다른 여러 매체를 통한 전달을 포함하는 개념이다. 이것은 원래 '스토리텔링'이 스토리가 문학 외에도 영화나 애니메이션, 컴퓨터게임과 같은 문화 콘텐츠의 주요 기술로 강조됨으로써 문화산업이 중요하게 된 20세기 말에 등장한 용어라는 점을 생각해도 이해할 수 있다. 'tell'에 대한 다음의 설명도 참고할 만하다.

• tell: '눈앞의 상대에게 정보를 주다'라는 점에 역점이 있으며, 반드시 speak, talk 하지 않아도 되며 노래나 몸짓 따위로 tell 하여도 됨. 그런 점에서 relate, narrate에 가깝지만, (1) 알리는 내용과 동시에 알림을 당하는 상대가 강조되는 점 (2) 미래에 대한 예측을 포함하는 점 (3) 보다 구어적인 점 따위가 그 두 말과 다름.[15]

이야기에는 실제 이야기도 있지만 허구적 이야기도 있다. 그런데 이렇게 "허

---

14) 장일구(2009), 『서사공간과 소설의 역학』, 전남대학교출판부, 268쪽.
15) 민중서림 편(2008), 『엣센스 영한사전』(제11판)의 'speak' 항목 설명 중에서.

구로 구조화되기 이전의 전체 줄거리"[16]라는 의미, 혹은 실제로 말 등의 매체로 표현되기 이전의 전체 줄거리라는 의미로 서사학자들에 의해 많이 언급되고 있는 것이 '스토리(story)'다. 그리고 요즘처럼 기술매체가 발달한 시대에 이런 이야기하기를 주로 표현하는 스토리텔링은 스토리를 텔링하는 것, 즉 스토리를 말하는 것이라고 할 수 있다. 그러나 이것은 앞에서 'tell'의 의미에서도 확인했듯이, 단순히 말로써 텔링하는 것만을 의미하지 않는다. 텔링의 의미는 좀더 넓게 잡아서 문자, 소리, 만화, 애니메이션, 방송, 영화, 컴퓨터게임 등의 매체를[17] 통해 텔링하는 것을 의미한다. 스토리텔링의 3대 요소는 스토리와 텔링(담화), 그리고 매체라고 할 수 있다.

> 스토리텔링 = 스토리 + 텔링(담화) + 매체 활용

이 중에서 우선 매체를 통한 텔링의 관점에서 보면, 시대에 따라 매체가 달라져 왔다는 것에서 더 나아가 매체에 따라 시대가 달라져 왔다는 것이 마셜 맥루한(Herbert Marshall McLuhan)이나 빌렘 플루서(Vilem Flusser)와 같은 커뮤니케이션 학자들의 주장이다.[18] 그들에 따르면 인류의 문화사에서 크게 보아 제스

---

16) 최혜실(2006), 『문화콘텐츠, 스토리텔링을 만나다』, 삼성경제연구소, 18쪽.

17) 어떤 사람들은 '매체'를 '미디어'라는 말의 번역으로 생각하면서도, "미디어라고 하면 TV, 라디오, 신문, 인터넷과 같은 대중매체를 일반적으로 생각하지만, 여기에서는—존 피스크의 견해에 따라—이런 기술 매체뿐만 아니라 음성·문자·몸삿과 같은 현시 미니어(presence media)와 그림·사진·영상과 같은 재현 미디어(represence media)도 포함되는 것으로 매체를 규정"한다. 피스크, 존/강태완, 김선남 공역(1997), 『문화 커뮤니케이션론』, 한뜻, 48–49쪽 참고.

18) 이런 주장을 담고 있는 맥루한과 플루서의 주요 연구서들은 다음과 같다.
    맥루한, 마셜/박정규 역(2001), 『미디어의 이해』, 커뮤니케이션북스; 맥루한, 마셜 외/김진홍 역(2001), 『미디어는 맛사지다』, 커뮤니케이션북스; 맥루한, 마셜/임상원 역(2005), 『구텐베르크 은하계』, 커뮤니케이션북스; 플루서, 빌렘/김성재 역(2004), 『피상성 예찬: 매체의 현상학을 위하여』, 커뮤니케이션북스; 플루서, 빌렘/김성재 역(2001), 『코뮤니콜로기』, 커뮤니케이션북스; 플루서, 빌렘/김현진 역(2004), 『그림의 혁명』, 커뮤니케이션북스.

처-음성-문자-전기전자 매체가 차례로 주도적 커뮤니케이션 매체로 지배하였고 이에 따라 커뮤니케이션의 양상과 문화적 모습들이 달라졌다. 스토리텔링은 시대에 따라 달라진 매체 속에서 그 성격을 달리해 왔다. 인류 역사 초창기에 이야기는 대부분 음성을 통해서 전달되었다. 인류의 역사에서 스토리가 구술로 텔링되던 시기가 제일 길다고 할 수 있다. 이야기는 지금도 어린아이에게 구술(口述)되고 있지만 문자가 발명되기 이전인 원시시대에는 물론이고 중세까지만 하더라도 대부분 구술로 전승되었다. 그러다가 근대 이후에 구텐베르크가 금속활자를 대중화한 이후 인류 문화사가 서서히 '구텐베르크 갤럭시(Gutenberg Galaxy)'에 들어서면서 이야기는 차츰 문자를 통해서 전달되는 경우가 많아지고 문자 매체의 특징이 적용되었다. 그래서 이때의 이야기들은 월터 옹(Walter J. Ong)의 지적처럼 구술로 전승되던 이야기와 그 성격이 많이 달라진다. 즉, 집합적 이야기에서 분석적 이야기로, 장황한 다변적인 이야기에서 군더더기 없는 짜임새를 갖춘 이야기로, 덧붙임 방식의 첨가적 이야기에서 인과적·추론적 관계의 이야기로, 보수적이고 전통적인 이야기에서 진취적이고 개혁적인 이야기로, 생활세계에 파묻힌 구체적 이야기에서 추상적 이야기로, 감정이입의 참여적 이야기에서 객관적 이야기로, 시간적 변화가 적은 항상성의 이야기에서 시간 변화에 따른 변모 양상을 많이 말하는 이야기로, 상황 의존적 이야기에서 추상적 이야기로 변하게 된다.[19]

한편, 전기전자 문명이 꽃핀 현대에 와서 이야기는 다양한 기술 매체에 담겨 전달되고 그런 매체들에 의해 규정된다. 그 대표적인 것이 영화와 TV, 컴퓨터 등이라고 할 수 있다. 이제 이야기는 우리가 움직이는 영상을 보고, 자막을 읽고, 귀로 들으면서 전달받게 된다. 컴퓨터게임을 하면서는 자신이 캐릭터가 되어 스스로 사건을 만들어 감으로써 이야기의 단순한 수용자를 넘어 이야기 속으로 들어가 주인공이 되기도 하면서 이야기를 직접 만들고 즐기게 된다. 이처

---

19) 옹, 월터/이기우, 임명진 공역(2000), 『구술문화와 문자문화』, 문예출판사, 61-92쪽.

럼 시대별로 인간들의 커뮤니케이션 양상과 사고방식, 문화의 변화에까지 커다란 영향을 미친 것이 매체라고 하는 주장들에 의하면 스토리텔링은 매체에 따라, 시대에 따라 그 성격이 많이 달라진다.

스토리텔링의 내용과 형식을 규정하는 매체를 여러 측면으로 나눠 볼 수 있지만, 이것을 개인 매체와 집단 매체로 구분해서 생각해 볼 수도 있다. 개인 매체에서 대표적인 것이 전화라고 할 수 있고 집단 매체에서 대표적인 것은 텔레비전과 신문 등을 들 수 있는데, 존 피스크(John Fiske)의 견해에 따르면 사적인 대화 음성은 개인 매체로, 신화나 민담을 옮기는 구비전승의 언어는 집단 매체로 볼 수 있다. 개인 매체가 개인들 사이에서 쌍방향 매체의 성격을 띤다면, 집단 매체는 매스미디어로서 일방향 매체의 성격을 띤다. 최근에는 개인 매체와 집단 매체가 결합된 매체도 등장하였다. 인터넷이나 대규모 다중사용자 온라인 롤플레잉 게임(MMORPG)처럼 쌍방향의 개인집단 매체가 등장하였다. 컴퓨터게임을 하는 플레이어는 자신이 선택한 게임 캐릭터의 능력을 높여 가며('레벨업'시켜 가며) 그 캐릭터가 직접 참여하여 만드는 사건을 전개시킨다. 또 그는 상대방 플레이어들과 채팅을 하며 조를 짜서 전투에 참여해 게임 스토리를 스스로 이끌기도 한다. 스토리텔링이 개인 매체를 통해 전달될 때는 쌍방향 매체의 성격상 발신자와 수용자 사이의 사적이고 친밀한 내용으로 채워질 수 있다. 그리고 수용자에게 초점이 맞춰진 내용으로 언제든지 수정 가능하다. 한편 일방향 매체로 전달되는 스토리텔링은 집단의 사상이나 집단 무의식, 관습 등이 많이 담기게 된다. 그래서 치유의 관점에서 보더라도 개인 매체의 스토리텔링과 집단 매체의 스토리텔링이 서로 다를 수 있다.

> 〈스토리텔링의 핵심 요소〉
>
> - 캐릭터　　　　 • 모티프　　　　 • 사건
> - 시간　　　　　 • 공간　　　　　 • 플롯
> - 관점　　　　　 • 심리적 서술 거리

스토리텔링의 핵심 요소는 캐릭터, 모티프, 사건, 시간, 공간, 플롯, 서술 관점, 심리적 서술 거리 등이라고 할 수 있다. 스토리텔링이 학술서적이나 단순 정보 전달과 구분되는 점은 스토리텔링에서는 캐릭터(등장인물)들이 모티프에 이끌려 시공간 배경 속에서 경험해 가는 사건이나 상황들이 서술되어 전달되지만, 학술서적 등에서는 이런 요소들이 유기적으로 활용되지 않는다는 데 있다. 캐릭터, 즉 이야기 속에 등장하는 인물이나 동물은 스토리텔링에서 가장 필수적인 요소로서 스토리를 이끌어 가는 주체라고 할 수 있다. 그래서 캐릭터의 성격에 따라 스토리의 성격이 좌우되고 캐릭터의 행동에 따라 스토리의 내용이 달라진다고 할 수 있다. 스토리텔링의 효과와 관련해서 보았을 때 캐릭터의 가장 큰 특징은 그것이 인간 자체이거나 인간의 변형인 말하는 동물 등이라는 사실이다. 이야기가 생명력을 갖고 살아 움직이는 듯이 느껴질 수 있는 것은 캐릭터의 바로 이런 점 때문이며, 사람들이 이야기에 관심을 갖고 공감하고 감동하는 것도 이런 캐릭터를 통해서 가능하다.

한편 스토리텔링의 또 다른 요소인 모티프(motif)는 그 라틴어 어원 'movere'가— 영어의 'move'처럼—'움직임' '움직이는 힘'을 의미하듯이[20] 스토리텔링을 움직이는 기본 동력이라고 할 수 있다.[21] 그래서 모티프의 연결이 스토리텔링의 흐름을 이루고 그 모티프의 달라짐이 스토리의 방향을 바꾸게 된다. 모티프는 인간의 본성이나 핵심적인 삶의 패턴을 반영하는 것이어서 시대와 장소를 초월한 보편적인 성격이 강하다. 그래서 어느 한 모티프를 통해 여러 지역과 시대가 상호 연결될 수 있다. 모티프는 그 성격상 시대와 장소를 관통하여 흐르는 경향이 있기 때문이다. 이런 점에서 모티프는 스토리텔링이 주는 효과를 가장

---

20) 참고: Daemmrich, Horst S. und Daemmrich, Ingrid G. (1995), *Themen und Motive in der Literatur*. 2.Aufl. Tübingen, Basel: Francke, S. XVI.

21) 라틴어에서 온 'motif'의 어원이 'motum' 혹은 'motivum'인데, 이것은 'motor'의 어원이기도 하다. 이로써 'motif'가 스토리텔링의 모터(추진체)라는 것을 어원적으로도 알 수 있다. 참고: *Duden. Das große Wörterbuch der deutschen Sprache*. Mannheim 1967, S. 1822.

핵심적으로 표현하는 연결 고리라고 할 수 있다. 스토리텔링의 나머지 요소들
에 대해서는 이 책의 뒷부분에서 보다 상세하게 언급하겠다.

인문학과 스토리텔링의 치유적 힘

제2장

STORY·TELLING

🕊 치유 인문학의 필요성

현대에는 물질문명이 고도로 발달하고 갈수록 사회가 복잡해짐에 따라 사회적 병리현상이 점점 심해지고 있다. 그래서 이 속에서 현대인들이 정신적 · 정서적으로 고통을 겪는 경우도 많이 나타나고 있다.[1] 정신질환으로 진료를 받는 사람이 크게 증가했다는 사실에서 알 수 있듯이 건강에 대한 관념도 그동안 많이 달라졌다. 과거에는 신체적 질병만 없으면 건강하다는 생각이 대부분이었으나, 세계보건기구(WHO) 헌장에도 밝혀져 있듯이 이제는 "건강이란 단순히 질병이 없거나 허약하지 않은 것만을 말하는 것이 아니라, 신체적 · 정신적 ·

---

1) 중앙일보 2008년 2월 15일 기사 「정신병원 가는 게 뭐가 어때」. 이 기사는 국민건강보험공단의 발표에 따르면 "2006년 건강보험으로 진료받은 정신질환자는 180만 7,762명으로서 […] 2001년 134만 3,900명에서 5년 사이에 35%나 증가"했고 "이 기간에 정신발육 지체환자도 5년 새 80% 증가했으며 우울증 · 조울증 등을 포함하는 기분장애 환자도 48% 증가했다"고 밝히고 있다.

사회적으로 완전히 안녕한 상태(well-being)에 있는 것"이다.[2] 우리나라는 과거 몇십 년 동안 급속한 경제성장과 사회변화를 겪었으며, 최근에는 경제위기로 고통을 받은 적이 있고 현재도 그렇다. 통계에 따르면 우리나라에서는 자살로 사망한 인원의 비율이 OECD 국가 중에서 제일 높고,[3] 20대와 30대 청년들의 사망원인 1위가 자살이며, 이것의 주요한 원인 중 하나인 우울증을 앓는 환자도 급증했다고 한다.[4] 그래서인지 최근 정신적으로 튼튼하고 편안하게 잘 지내는 것, 즉 정신 건강(健康)이나 정신적 안녕(well-being)에 대한 관심이 고조되면서 심리적 상처나 마음의 고통들을 치유하고 정신적 행복을 도모하려는 노력들이 여러 방면에서 활발하게 전개되고 있다. 이런 노력들은 전통적인 정신의학이나 심리학계에서뿐만 아니라 상담학, 사회복지학, 아동학, 문헌정보학, 음악·미술 등 여러 분야에서 이루어지고 있고, 이것들은 구체적으로 독서치료(bibliotherapy), 음악치료(music therapy), 미술치료(art therapy), 놀이치료(play therapy) 등 테라피(therapy)로 통칭되는 여러 치료의 형태로도 전개되고 있다. 이러한 흐름 속에서 인문학을 치유적으로 활용하려는 인문치료(humanities therapy)에[5] 대한 관심들도 다시 강화되어 문학치료, 철학치료, 언어치료, 연극치료들이 실천적인 활동을 전개하고 있다.

---

2) 세계보건기구(WHO)에서 "모든 사람의 행복과 조화로운 관계, 안전을 위한 기본 원칙"으로서 선포한 세계보건기구 헌장(constitution of the World Health Organization)의 전문(前文)(1946년)에는 다음과 같이 규정되어 있다. "Health is a state of complete physical, mental and social well-being, not merely absence of disease or infirmity."

3) 스포츠한국 2008년 9월 10일 자 23면 기사: 「하루 33명 꼴' 작년 자살 사상최대」.

4) 경향신문 2008년 10월 3일 기사: 「'우울한 대한민국' 자살 사망자 8년 새 2배로」.

5) 인문학의 치유적 활용이라는 관점에서 인문치료의 '치료' 개념은 '의료적 의미의 치료(medical treatment, cure)'와 동일하지 않다. 우선 인문치료는 의료적 의미의 치료에서 하는 수술치료와 약물치료 등을 제외한 개념이다. 그리고 독서치료(bibliotherapy), 음악치료(music therapy)에서와 같은 테라피(therapy)로서의 치료 개념도 포함한다. 또한 이것은 '가족 치료' '부부 치료'와 같이 상담학계에서 사용하는 상담(counselling)의 의미로서의 '치료' 개념도 포함한다. 한편 이것은 '마음의 고통을 치료하다'와 같이 비의료적인 일상적 의미의 치료 개념도 당연히 포함한다. 강원대학교 인문과학연구소(2009), 「인문치료의 탄생」, 『인문치료』, 강원대학교출판부, 20-22쪽 참고.

이렇게 인간의 정신이 위기 상황에 처하고 정신 건강에 대한 인식이 높아 가는 상황에서, 인문학의 입장에서 보면 인문학의 고유한 가치와 성과를 우리의 마음 건강과 행복한 삶을 위해 시대적 요구에 맞게 잘 활용할 수 있으면 아주 좋을 것이다. 인간의 행복과 삶의 가치를 궁극적인 목적으로 하면서 인간을 깨우치고 위로하며 감동시키는 일을 전통적으로 해 온 학문이 바로 인문학이라고 할 수 있기 때문이다. 여기서 말하는 '인문학'은 반드시 좁은 의미의 인문학(humanities)만을 의미하는 것은 아니다. 이런 의미의 인문학에는 문학, 역사, 철학, 미학, 종교학 등이 포함될 수 있지만, '인문학의 치유적 활용'에서 '인문학'은 이런 인문학을 중심으로 하되 여기서 확장된 개념으로 인간의 마음을 다루는 전통적인 학문들과 기원적으로 문학과 한 덩어리였던 연극·영화 등의 예술까지 포괄하는 개념이다. 기본적으로 인문학은 물질을 대상으로 하는 자연과학의 방법이나 인간 집단을 대상으로 하는 사회과학의 방식이 아니라, 인간 스스로 주체와 구체적 대상이 되어 인간을 이해하고 표현하는 방식으로 인간을 연구하는 학문이라고 넓게 볼 수 있기 때문이다. 이런 의미의 인문학은 영어의 '인문학(humanities)'보다는 원래 '정신의 학문'이라는 뜻에서 비롯된 독일어의 '인문학(Geisteswissenschaften)' 개념에 더 가깝다고 할 수 있다. 'Geisteswissenschaften' 개념에는 영어의 'arts(예술)'와 'humanities(인문학)' 개념이 모두 들어 있기 때문이다.

이곳에서는 이러한 인문학을 치유적으로 활용하는 중요한 한 방법으로서 스토리텔링 치료의 이론적 기초를 다지려고 한다. '치유' 혹은 '치료'에는 일차적으로 "병이나 상처 따위를 잘 다스려 낫게 함"이라는 사전적인 의미가 있다. 그런데 이런 '병이나 상처'에는 '정신적 병이나 마음의 상처'도 포함된다고 볼 수 있다. 그래서 현재 '독서치료' '음악치료' '미술치료'의 이름에도 '치료'라는 말이 통용되고 있다. 이 책에서는 '치유/치료'를 '마음의 병을 치유/치료하다' '마음의 상처를 치유/치료하다'와 같은 용례에서처럼 마음의 문제나 심리적 불편함의 문제까지도 해결하는 개념으로 사용하기로 한다. 엄밀하게 말하면 '인문학의 치유적/치료적 활용'에서 '치료'보다는 '치유'라는 용어가 더 적합하다고 할 수 있지만, 이미 문학치료, 언어치료, 미술치료, 음악치료와 같이 '치료'라는 용어가 널리 쓰이고 있어서 여기에서는 '치유'와 '치료'를 특별히 구별하지 않고 쓰기로 한다.

🐦 인문학의 치유적 활용 가능성과 근거

인문학은 일찍이 마음의 건강과 삶의 행복을 중심에 놓고 시작되었다고 할 수 있다. 어느 의학자의 다음과 같은 말에서도 우리는 신화와 철학, 종교학을 포함하는 인문학이 과거에 인간 치유의 바탕을 이루었다는 사실을 확인할 수 있다.

> 원시인의 주술적 세계관과 생활은 주술적 의술, 즉 무의(巫醫)와 천두술(穿頭術)을 낳았다. 고대 그리스에서 꽃핀 합리적 사상과 4원소설은 히포크라테스 의학의 모태 구실을 했고, 고대 중국의 음양이론은 한의학의 바탕이 되었으며, 중세의 서양 의학은 기독교 교리를 빼놓고는 이해할 수 없다.[6]

신화를 노래하며 인간의 고통을 신과의 소통으로 풀어 주려던 사제들이나 신전 앞에서 분장을 한 채 시를 읊고 춤추며 연극하던 예술가들, 그리고 삶의 지혜를 찾아내어 사람들의 고통을 어루만져 얘기해 주던 고대의 철학자들은 당시에 이미 우리 인간들의 마음을 치유하려고 노력했다고 할 수 있다.

이러한 인문학을 우리가 현실에 유용하게 활용하는 길은 어디에 있을까? 그 중의 하나는 바로 인문학의 근원에 있던 치유적 기능들을 되살려 우리의 정신

---

6) 황상익, 강신익, 신동언, 여인석(2007), 『의학 오디세이: 인간의 몸, 과학을 만나다』, 역사비평사, 5쪽.

건강을 유지하고 회복시키며 우리의 삶을 건강하고 행복하게 하는 데 직접적으로 활용하는 것이라고 할 수 있다. 인간의 영혼, 마음, 정서 등의 문제를 다루는 데에서 정신의학과 심리학 외에도 인문학과 예술의 본래의 치유 능력을 제대로 함께 활용하면 더 좋을 것이다. 인간은 너무나 복잡하고 다층적인 존재여서 물리적 육체만으로 이루어진 자연과학적 대상만은 아니다. 인간은 역사적 존재, 사회적 존재, 문화적 존재, 우주와 자연 속의 존재이며 정신과 정서를 지닌 존재이기도 하다. "흔히 사람들은 자연과학적 측면에서만 의학을 바라본다. 하지만 의학에 내포된 인문학적인 요소를 도외시한다면 의학에 대한 이해는 매우 편협한 것이 될 터이고, 나아가 의학의 발전에도 부정적인 영향을 끼치게 될 것이다."[7]

최근에 인문학을 치유와 관련해서 바라보는 시선들이 생겨나서 다행스러운 일이다. 이런 측면에 주목하지 않을 수 없게 된 "국내 의과대학에서 의료인문학의 중요성이 점점 강조되고 있는 현 상황"[8]에서 "의학인문학"[9] 혹은 "인문주의 의학 르네상스"[10]가 일어나려는 조짐도 보이고 있다. 의학계에서 지금 인문학에 관심을 보이며 손을 내미는 것은 환자의 질병 외적 상태를 잘 이해하고 환자와 커뮤니케이션을 잘하는 것이 의학적으로 질병 치료를 하는 데 효과적이라는 것을 깨달았기 때문이다. 정신의학 전공 의사가 환자들을 상담하는 과정에서 이야기는 치료의 기본 바탕이 될 뿐만 아니라 치료의 특별한 수단이 되기도 한다. 게다가 요즘 일반 의사들에게서도 이야기가 주목받고 있다. 환자를 낫게 하고 환자의 고통을 줄이는 방법이 수술과 약물로 병인을 제거하는 것만을 의미하지 않는다는 것을 깨달았기 때문이다. 의료진과 환자 사이에 서로 신뢰하는 커뮤니케이션이 기본 바탕이 되어야 한다는 사실에 점점 주목하게 된

---

7) 황상익, 강신익, 신동언, 여인석, 앞의 책, 7쪽.
8) 마종기, 이병훈 외(2004), 『의학과 문학』, 문학과지성사, 7쪽.
9) 황상익, 강신익, 신동언, 여인석, 앞의 책, 271쪽.
10) 최종덕(2006), 「의학의 인문학적 통찰」, 『의철학연구』, 제1집, 12쪽.

것이다. 의사가 병을 진단할 때부터 환자 자신의 질병에 대한 이야기는 중요하며, 치료할 때도 환자가 느끼고 생각하는 치료 과정의 이야기는 중요하게 여겨진다. 그리고 진료 후에도 의사의 지침에 따르고 그 결과를 기대하고 예측하는 환자의 마음속 이야기도 아주 중요하다.

한편, 의료계가 아닌 다른 여러 곳에서도 인문학의 치유적 기능을 일찍이 간파하고 자기들 입장에서 끌어다 쓰고 있다. 문학의 치유적 기능을 중심으로 보면 독서치료, 이야기치료, 저널치료(글쓰기 치료), 연극치료, 사이코드라마 등에서 문학의 치유적 힘을 빌려서 활용하고 있다. 철학을 중심으로 한 치유의 움직임도 현대에 강해지고 있다. 해석학, 현상학, 생철학, 실존주의 철학 등의 성과를 잘 활용하여 1960년대부터 게슈탈트 심리치료(psychotherapy) 등이 활성화되고 있고, 1980년대부터 독일의 게르트 아헨바흐(Gerd B. Achenbach)를 중심으로 철학상담 혹은 철학치료가 본격적으로 시작되었으며, 실존주의 철학에서 비롯된 로고 테라피 등이 철학계에서 이루어지고 있었다. 한편, 종교의 치유적 기능은 아주 오래전부터 교회와 절에서 상담의 형식으로 광범위하게 이루어져 오고 있었다. 널리 알려져 있다시피 심리치료도 그 태생에서부터 철학·문학과 상당히 밀접한 관계를 갖고 있었고 지금도 사이코드라마 등 여러 부분에서 인문학적 기법과 사상을 수단으로 이용하고 있다고 할 수 있다.

그러나 '의료인문학'은 인문학을 진료에 참고적 수단으로 활용하는 것에 관심이 있을 뿐이며, 인문학이 본래 가지고 있는 치유 능력 자체에 크게 주목하는 것은 아니라고 할 수 있다. 또한 문학과 철학의 치유적 기능을 활용하는 심리학, 아동학, 상담학 등에서도 인문학의 내용을 잘 알고 인문학의 입장에서 적용하는 것은 아니다. 인문학의 이런 능력에 주목하고 이를 잘 활용할 수 있는 주체는 역시 인문학일 수밖에 없다. 인문학은 역사적으로 축적된 인류의 지혜와 유산을 가장 많이 다루는 학문이다. 과거의 위대한 사상가나 작가, 인물들의 언행 및 그들의 작품을 통해서도 치유의 힘을 끌어낼 수 있다. 근대 이래로 잠시 활성화되지 못하던 인문학의 치유 기능을 이제 되살릴 필요성이 크다.

인문학의 치유적 활용과 이에 관한 이론적 연구가 필요한 첫 번째 이유가 바로 여기에 있다.

한편 이렇게 현실에서 정신 치유에 대한 관심이 증가하자 기존의 의학치료와 심리치료 외에도 놀이치료, 음악치료, 미술치료, 원예치료, 춤치료 등 테라피(therapy)로 통칭되는 많은 치료가 생겨나게 되었으며 인문학 내에서도 문학치료와 언어치료, 철학치료/철학상담 등이 등장하게 되었다. 그런데 이런 치료들은 대부분 독자적으로 이루어지지 않고 통합적으로 이루어진다. 예컨대 문학치료를 할 때 심리치료, 철학치료, 놀이치료, 음악치료, 미술치료, 영상치료의 기법과 자료가 함께 활용되고 있다. 그래서 이런 통합적인 치료의 현황에 부응하여 이런 치료들을 포괄하는 학문적 개념을 새롭게 정립하는 것이 필요해졌다. 인문학의 치유적 활용 혹은 인문학의 치유적 활용학이 필요하게 된 이유가 그것에 대한 단순한 필요성 외에 바로 여기에 또 있다고 할 수 있다. 다면적인 인간의 정신건강을 유지하고 회복시키기 위해서도 인문학을 중심으로 인간의 마음의 병을 다루는 통합적인 이론과 방법론을 개발하는 것이 반드시 필요하기 때문이다.

🐚 인문학의 치유적 활용과 스토리텔링

인문학의 기초는 언어다. 그래서 인문학을 치유적으로 활용하는 경우 정도의 차이는 있지만 언어 없이 이루어질 수 없다. 문학치료는 언어 예술인 문학으로써 이루어지는 치료이고, 철학치료도 말로써 이루어지는 토킹 치료(talking cure)다. 한편, 인문학의 치유적 활용에 쓰이는 언어는 자연과학에서 쓰이는 언어와는 많이 다르다. 자연과학의 언어가 자연 대상을 기술하는 언어로서 인간을 배제한 상태로 얼마든지 쓰일 수 있는 언어라면, 인문학의 치유적 활용에 쓰이는 언어에는 인간의 생각 및 정서, 삶이 함께 배어 있다.

그런데 이 언어에 사람이나 동물이 등장하고 그것들이 활동하면서 어떤 사건을 일으키게 되면 그것은 이야기가 된다. 이런 점에서 인문학의 치유적 활용의 언어에는 이야기가 흔히 담기게 된다. 이렇게 보면 이야기는 세상 도처에 있다고 볼 수 있다. 우리 인간들은 문자가 등장하기 이전부터 말을 통해 정보를 전달했으며 기억과 전달력을 높이기 위해 비유적인 이야기를 통해 세상의 정보와 삶의 지혜를 전달했다. 우리 개인들도 교과서를 통해 세상을 배우기 이전부터 엄마, 아빠, 할머니가 해 주는 이야기를 통해 세상을 알고 배웠다. 한편 우리 각자는 자신의 지난 시절을 내가 주인공으로 활약했던 이야기로 기억하며 미래의 삶 역시 내가 활동해 나가야 할 이야기로 구성하며 계획한다. 세상을 파악할 때도 주로 누가 어떤 일을 해서 어떤 사건이 일어나는 것으로 이해한다. 세상이 이야기로 파악되는 것이다.

넓은 의미의 인문학을 치유적으로 활용하는 경우 이것은 기본적으로 통합치료이고 이에 관한 연구는 학제적 연구라고 할 수 있다. 인문학의 치유적 활용은 앞에서 얘기한 대로 언어로 이루어지는 측면이 크고 그 언어에는 이야기가 담겨 있는 측면이 커서 스토리텔링은 인문학의 치유적 활용에서 중요한 요소가 될 수 있다. 문학치료에 스토리텔링이 들어가는 것은 물론이고 드라마치료, 영상치료에도 스토리텔링이 핵심적인 요소이며 철학치료, 미술치료 등에도 부분적으로 들어가 있다고 볼 수 있다. 통합치료의 성격을 지닐 수밖에 없는 인문학의 치유적 활용에서 이것은 그 다매체성 덕분에 통합적인 역할을 할 수 있다. 이런 점에서 스토리텔링은 인문학의 치유적 활용과 인문학의 치유적 활용학에서 각 분과치료(학)들을 바느질해서 연결하는 재봉실의 역할을 할 수 있다. 각 분과치료의 특성을 살린 스토리텔링 치료를 개발하고 이를 다시 스토리텔링으로써 통합하는 기법을 개발하면 인문학의 치유적 활용에 효과적일 수 있을 것이다.

앞에서 언급한 롤랑 바르트의 주장에서도 알 수 있었듯이 내러티브의 범주가 일상적인 서사, 개인 삶의 이야기로까지 확장되면서 내러티브가 치유적으로 활용될 수 있는 기반이 잘 닦이게 되었다고 할 수 있다. 그런데 인류 역사와 함께해 온 내러티브가 세상에는 수없이 많이 존재한다는 롤랑 바르트의 말은 심리·상담 치료를 아우르는 각종 치료(therapy)에도 해당하는 말이다. 다시 말해 정신적인 치료와 문제 해결을 담당하는 많은 영역에도 스토리텔링이 관통하고 있으며 치료적 관점의 내러티브 연구가 여러모로 중요하다는 사실이다. 특히 이야기와 관계된 내러티브 치료, 이야기 치료, 스토리텔링 치료 등 약간 다른 위상을 가지면서도 비슷한 여러 이름으로 불리는 치료들은 현실 속에서 우리가 마음속에 끌어안고 힘들어하는 삶의 문제를 다양한 형식의 이야기로써 구체적으로 치료하는 것이라고 할 수 있다.

이렇게 다방면으로 쓰임새가 있는 이야기는 일찍이 우리 마음의 상처를 치유하고 마음의 문제를 해결하는 데에도 큰 역할을 해 오고 있었다. 지금처럼 정신의학이나 심리학, 상담학 등이 발달하기 전에도 우리 인류에게는 그런 마음의 상처나 문제들을 치유하고 해결할 필요성이 있었고, 그 요구에 부응하는 것 중의 하나로 이야기가 있었다. 이런 치료적 이야기들은 마음의 문제에 대한 해결책을 놓고 함께 고민하며 위로하고 염려해 주던 일상의 이야기들이나 종교적 이야기, 신화 이야기, 민담, 동화, 소설 속에 들어가 있었다. 이런 이야기들을 가장 많이 다루던 곳은 문학이었다. 그리고 이것에 관한 학문이 '시학(詩學, poetics)'이었다. 그런데 앞에서 언급한 대로 이야기가 문학 너머로까지 확산됨에 따라 이야기는 문학이론인 시학만으로 전부 설명하기에는 부족하게 되었다. 그래서 등장하게 된 것이 서사학(narratology)이다. 1969년 츠베탕 토도로프가 '서사학(narratologie)'이라는 용어를 처음 사용한[11] 이래로 내러티브의 확산과 더불어 이에 관한 연구들이 왕성하게 이루어지고 있다.

"치료적 이야기는 우리가 날마다 살아가는 삶 안에 있고, 어디에서든 찾을 수 있다."[12] 그래서 이러한 치료적 이야기에 관한 이론과 방법론을 개발하고 정립

---

11) 박진(2005), 『서사학과 텍스트 이론』, 랜덤하우스중앙, 18쪽.
12) 번즈, 조지 편저/김춘경, 배선윤 공역(2011), 『이야기로 치유하기─치료적 은유 활용 사례집』, 학지사, 25쪽.

하는 것이 중요하다. 지금까지 이야기를 치유적으로 활용하는 것에 대한 연구는 주로 가족치료, 상담학, 사회복지학, 간호학 등에서 다루어 왔다.[13] 그러나 이것들은 문학과 서사학의 바깥에서 접근한 연구들이다. 전통적으로 문학의 뿌리에서 나온 내러티브를 이에 관한 이론이 가장 많이 축적된 서사학을 기반으로 해서 연구하고 활용하는 것이 필요하다.

스토리텔링 치료는 실제로 실천에 옮겨질 때 문학치료, 철학치료, 연극치료 등의 인문학적 요소들을 통합적으로 활용한다는 점과, 스토리가 문학치료·철학치료·영상치료 등에 다방면에 걸쳐 있다는 점을 들어서 인문학을 활용한 치료에 스토리텔링이 유용할 수 있다. 그런데 스토리텔링 치료를 주장하려고 할 때 가장 진지하게 고려해야 할 사항은 스토리텔링에 치유적 기능이 있는가, 그리고 그것을 실제로 어떻게 치유에 활용할 것인가 하는 점일 것이다. 그래서 여기에서는 우선적으로 이야기의 치유적 힘과 그 활용에 관해 논의한 후, 구체적으로 스토리텔링 작품을 통해 스토리텔링의 치유적 힘을 확인해 볼 것이다. 구체적으로 다음 제3장에서 우선 인류 공동의 문화 자산이라고 할 수 있는 〈천일야화(千一夜話)〉를 통해 스토리텔링의 치유적 기능을 확인해 보도록 하겠다.

🐦 스토리텔링의 치유적 힘과 그 활용

스토리텔링의 치유적 힘

우리는 인간을 다른 동물과 구별되는 어떤 특징으로 규정하곤 한다. 인간을 '호모 에렉투스(Homo Erectus)'라고 부르며 직립보행하는 특징을 강조하고, '호

---

13) 상담학에서의 연구는 양유성, 박종수, 김춘경, 박민수, 오우성 등의 연구가 있고, 사회복지학에서의 연구는 고미영의 연구가 두드러지고 있다.

모 파버(Homo Faber)' 혹은 '호모 하빌리스(Homo Habilis)'라고 부르며 도구 사용 능력을 강조한다. 혹은 인간을 '호모 루덴스(Homo Ludens)'라고 규정하며 유희를 즐기는 특성을 강조하기도 한다. 이러한 것 중에서 특히 다른 하나가 바로 인간의 언어 능력일 것이다. 그런데 인간은 단순히 말을 한다는 차원을 넘어서 그 속에 등장인물, 사건, 시간, 공간 등을 담아 대화, 상징, 은유와 같은 것으로써 표현하고 의사소통하기도 한다. 우리는 다양한 이야기 속에서 살아간다. 인간이 세상을 구체적으로 이해하고 삶의 의미를 찾으려고 하면, 이야기를 통해 이해하고 이야기로써 소통하는 것이 효과적일 때가 많기 때문이다. 세상은 많은 사람이 주인공이 되어서 다양한 사건을 전개시키는 이야기의 세계라고 할 수 있다. 원시시대부터 인류는 이야기를 통해 세상을 이해하고 세상의 정보와 종족의 역사를 후손에게 전달했다. 우리는 이야기를 통해 상대방을 이해하고 자신을 소통시키며 이야기를 통해 자신을 이해한다. 이 점에서 인간은 타고난 이야기꾼이라고 할 수 있다.[14] 다시 말해 인간은 이야기를 통해 세상과 자신을 이해하고 소통시키는 본능이 있는 '호모 나랜스(Homo Narrans)'[15]다. 인간이 세상을 살아가면서 계획을 세우고 사람들과 관계를 맺고 일을 추진해 나가는 것은 이야기에서 플롯이 구성되고 주인공들이 상호작용하면서 사건을 만들어 가는 것과 비슷하다. 이러한 이야기는 인류 역사 초창기부터 우리와 함께해 왔다. 특히 문자가 없던 그 시대에 이야기는 세상의 정보를 담아 전달해 주는 역할도 했다. 구술로 전달되던 이야기는 선사시대가 끝나고 역사시대에 들어서도 한참 동안 계속되었고, 인쇄술이 대중화된 근대가 오기 전까지 문자에 담긴 이야기보다 지배적이었다. 한편 금속활자가 발명되고 보급되어 새롭게 전개된 인류의

---

14) Hoffer, E. (1955), *The passionate state of mind*, New York: Harpers, p. 97; 고미영(2004), 『이야기 치료와 이야기의 세계』, 청록출판사, 13쪽에서 재인용.

15) 호모 나랜스(Homo Narrans)는 라틴어로 '이야기하는 사람'이라는 뜻이다. 미국의 영문학자 존 D. 나일스(John D. Niles)가 자신의 책 『호모 나랜스: 구술 문학의 시학과 인류학』을 통해 '인간은 이야기하려는 본능이 있고 이야기를 통해 세계를 이해하고 설명한다'고 주장한 이래로, 정보산업사회에서 문학에는 물론이고 경영, 광고, 문화산업 등에까지 널리 확산되어 쓰이고 있는 용어다.

'구텐베르크 갤럭시'에서 이야기는 주로 문자에 담겨 민담, 동화, 소설 등의 형태로 확산되었다. 그러나 최근에 이런 이야기하기, 즉 스토리텔링은 일상적인 이야기 외에도 설화, 민담, 동화, 소설, 영화, 드라마, 애니메이션, 오페라, 광고, 강연, 교육, 박물관 전시, 놀이공원 구성 등 여러 영역으로 확산되고 있다.

그런데 이러한 언어와 이야기에는 치유적 기능이 있다. 인간의 본질을 이루고 인문학의 바탕이 되는 인간의 언어에는 본래 치유적 힘이 들어 있다. 신화 시대에 사람들은 신의 말씀이라고 생각하는 신탁을 받아 마음의 고통을 다스렸으며, 주술 언어의 힘으로 몸과 마음의 병을 고치려고 하였다. 그런데 "형상화되는 동시에 형상화하는 언어의 치유력은 고대의 주술적 맥락에만 국한되는 것은 아니다."[16] 언어의 이러한 힘은 지금도 민간신앙과 무속의 세계에서 계속 이어지고 있다. "풀이나 돌 속보다 말 속에 훨씬 강력한 힘이 들어 있다. (…) 목사, 의사, 마법사가 이용하는 모든 힘과 말은 문학의 형식들과 결합되어 있다."[17]라는, 『그림 동화』로 유명한 야콥 그림(Jakob Grimm)의 주장에서도 언어의 이런 점을 확인해 볼 수 있다. 언어는 주술적 의식(儀式)이나 종교 의식에 활용되어서도 치유적 기능을 수행했다. 게다가 우리는 지금도 따뜻한 격려의 말이나 이해의 말 한마디에 마음의 상처가 누그러지는 것을 일상적으로 많이 경험하고 있다. 언어를 기본으로 하는 인문학이 치료 기능을 가질 수 있는 근거가 바로 이러한 언어의 치유 능력에 있다고 할 수 있다.

한편, 언어가 시간적 흐름과 공간적 배경 속에서 어떤 줄거리를 이루면 이야기가 된다. 우리는 이런 이야기를 직접 듣거나 읽을 때 혹은 영화나 드라마로 스토리텔링된 작품을 감상할 때 즐거움을 느끼고 감동받을 뿐만 아니라 마음의 고통이 가라앉음을 느끼고 위안을 느끼기도 한다. 그리고 생각이 긍정적으

---

16) Petzold, H. G. / Orth, I. (Hgg.)(2005), *Poesie und Therapie. Über die Heilkraft der Sprache*, Bielefeld und Locarno, S. 24.

17) Grimm, Jakob (1875-1878), *Deutsche Mythologie*, 4. Aufl. S. 1023.

로 바뀌고 깨달음을 얻어서 마음가짐이 달라지기도 한다. 불치병에 걸려 우울
증에 빠져 치료의 의지마저 놓아 버린 환자가 있었는데, 자신과 같은 병에 걸렸
다가 완치되어 건강해진 다른 사람의 구체적인 생생한 이야기를 듣고 우울증
을 털어냈을 뿐만 아니라 열심히 치료해서 육체적 병까지 완전히 치료되었다
는 사례를 가끔 듣는데, 이때 그 사람은 그 이야기에서 치유의 힘을 얻은 것이
라고 할 수 있다. 우리가 스토리텔링에서 치유적 효과를 기대할 수 있는 것은
바로 이런 점들 때문이다. 전통적으로 사람들은 이야기를 통해 삶의 위로를 얻
고 마음의 고통을 누그러뜨린 경우가 아주 많았다. 고대에 신전 앞에서 신화 이
야기로써 신과 인간들을 중개하며 사람들의 마음과 육체적 고통까지 치유하려
한 사제들이나, 비유와 상징·스토리를 가진 종교 이야기를 통해 사람들의 영
혼과 마음을 치유한 종교지도자들의 활동이 바로 그것이었으며, 세상 속 삶의
이야기로써 깨달음과 마음의 평정을 가져다 주던 철학자들과 감동적인 이야기
로써 사람들을 정신적·정서적으로 위로하며 힘든 마음을 어루만져 준 많은
문학자의 활동 역시 그런 것이었다.

우리는 시간적 한계와 공간적 한계에 제한된 개체다. 자기를 둘러싸고 있는
공간이나 자기를 흘려보내고 있는 시간의 한계에서 벗어나기가 어렵다. 그래
서 이런 한계를 뛰어넘어 보다 많은 경험을 할 방법이 필요한데, 이것은 이야기
를 통해 어느 정도 가능하다. 인간은 다른 사람의 이야기를 통해 그 사람의 경
험을 수용하고 자신을 되돌아볼 수 있다. 위인의 이야기나 성공한 학교 선배의
이야기가 청소년들에게 필요한 것도 이 때문이다. 한편 전래 동화나 신화, 그리
고 삭가가 허구석으로 쓴 소설들 역시 인간의 심리적 실제를 다루고 있기 때문
에 인간 내면의 세계를 성찰하고 되돌아보는 길이 될 수 있다. 이야기를 듣거나
읽는 사람들은 이야기 속의 등장인물이나 사건, 모티프 등을 통해 자신의 내면
을 들여다보며 성찰할 수 있다. 이야기가 치유적인 힘을 갖는 이유가 여기에 있
다. 독서치료 연구로 이름이 알려진 조셉 골드(Joseph Gold)는 픽션과 스토리가
지니고 있는 치료효과를 다음과 같이 말한다.

픽션의 도움으로 당신은 자신의 느낌, 불안함, 분노, 애증의 원인을 이해하고 진단할 수 있다. 픽션은 베일에 가린 당신 자신의 생활과 진정한 자아를 마법의 거울처럼 비출 수 있다. 스토리가 지닌 또 하나의 멋진 기능은 독자의 사고방식과 지각방식을 바꾸어 놓는다는 것이다. 픽션은 사고방식을 재조직하고 문제를 해결해 주고 기억 속의 과거를 새롭게 바라보게 해 준다. 말하자면 픽션은 창조적이고 건전한 변화를 유도하는 데 강력한 매개가 될 수 있다.[18]

스토리텔링은 이런 점에서 정신건강에 유용하다고 할 수 있다. 특히 스토리텔링은 공동체 안에서 이루어지는 상호작용이기 때문에 자신의 내면적인 문제를 객관화하고 타인들과의 교류와 교감을 통해 극복할 수 있다는 장점이 있다. 한편 앞에서 밝힌 대로 스토리텔링에는 보편성이 있다. 스토리텔링에는 고대에서 현재까지, 동서양을 막론하고 인간이 있는 곳이면 언제, 어디에서나 비슷하다고 여겨질 수 있는 인간의 어떤 심리적 원형(Archetype)들이 있다. 스토리텔링이 인간의 본성에 맞닿아 있는 것이다. 또 스토리텔링은 말, 글, 그림, 영화, 노래, 연극, 드라마 등 다양한 매체를 통해서 전달된다. 그래서 스토리텔링은 다양한 매체의 치료에 두루 적용될 수 있다. 그래서 스토리텔링 치료는 독서치료, 글쓰기치료, 영상치료, 미술치료, 음악치료, 철학치료 등과 정도의 차이는 있지만 어느 정도씩 연결되어 있다.

스토리텔링의 치유적 활용

그런데 이런 이야기의 치유적 기능이 체계적으로 활용되기 시작한 것은 육체의 질병이 아닌 정신의 문제를 치유하려는 시도가 학문적으로 본격적으로 시작된 19세기 말부터다. 지그문트 프로이트(Sigmund Freud)가 정신분석학을

---

18) 골드, 조셉/이종인 역(2003), 『비블리오테라피: 독서치료, 책 속에서 만나는 마음치유법』, 북카앙, 17쪽.

자리매김시킨 이래로 심리치료를 다루는 이론과 방법론이 다양하게 쏟아져 나왔는데, 여기에는 이야기가 어떤 식으로든 활용되고 있었다. 따지고 보면 프로이트가 행한 작업들도 환자들에게서 들은 이야기를 바탕으로 환자의 심리상태를 분석하여 치료하는 일이었다. 그는 환자들의 꿈이나 환상, 유년 시절에 대한 회상과 같은 일종의 이야기에 의존하여 치료를 진행하였다. 내담자가 호소하는 문제나 이와 관련된 진술은 그의 이야기로 표현되기 때문이다. 그리고 프로이트는 이러한 치료의 핵심 개념들을 이야기 속에서 이해하고 표현하기도 하였다. 정신분석학의 개념 중에서 '오이디푸스 콤플렉스'나 '엘렉트라 콤플렉스'는 그리스 비극작가 소포클레스(Sophokles)의 작품 『오이디푸스 왕(Oedipus Rex)』과 아이스퀼로스(Aeschylos)의 〈오레스테이아(Oresteia)〉 3부작(『아가멤논』 『공양하는 여인들』 『자비로운 여신들』)의 이야기에서 온 것들이고, '나르시시즘' 등의 개념도 그리스신화, 즉 그리스 신들의 이야기에서 비롯된 것이라는 점은 널리 알려져 있다.

한편 이야기는 이렇게 심리치료의 수단이 되는 것에서 더 나아가 그 자체의 치유력으로도 일찍부터 정신분석학의 관심을 끌었다. 프로이트와 그의 친구 요제프 브로이어(Josef Breuer)는 1895년에 『히스테리 연구』를 출간하였다. 정신분석학의 기점(起點)을 이루었다고도 평가되는 이 책에는 그 기본을 이룬 「안나 오양(Fräulein Anna O.) 사례 연구」가 있다. 우리는 여기에서 이미 이야기의 치유적 기능이 주목받고 있는 것을 확인할 수 있다. 비록 친구 브로이어가 한 치료였지만 프로이트도 처음부터 잘 알고 있던 이 사례 연구에는 이야기의 치유적 기능이 잘 나타나 있다.

그녀의 이야기는 언제나 슬픈 내용이었는데, 그중에서 몇 가지 이야기는 매혹적이었으며, 한스 안데르센(Hans Andersen)의 『그림 없는 그림책』 스타일이었다. 짐작컨대 그 책이 모델인 것 같다. 이야기의 처음이나 중요 시점에서는 으레 불안한 마음으로 병상 옆에 앉은 소녀가 등장한다. 다른 주제로 이야기를 꾸미기도 했다. 그녀는 이야기를 끝낸 후 곧 깨어났는데, 확실히 진정된 상태, 혹은 그녀가 이름 붙이길 "편안한(gehäglich)"[19] 상태에 놓였다.[20]

안나는 중병에 걸린 아버지를 불안 속에서 간호하다 섬망 상태에 빠져 무서운 환영을 보게 된 후 몸이 경직되고 신경이 마비되는 고통을 겪기 시작한다. 그래서 팔다리가 마비되고 평소 쓰던 독일어를 잊어버리고 영어로만 말하는 등 여러 가지 장애로 고통을 당하던 그녀는 공상과 자기최면 상태에 자주 빠져들었다. 그런데 그녀는 이 상태에서 이야기를 함으로써 그런 신체적 · 정신적 고통에서 벗어나 안정을 찾는 경험을 자주 하게 된다. 그녀가 그런 증상의 원인이 된 "사건에 관해서 이야기하면 증세는 영구히 사라진다. 이런 방식으로 그녀의 마비된 수축과 지각 마비, 여러 시각 장애, 청각 장애, 신경통, 기침, 손떨림, 그리고 언어 장애가 이야기함으로써 해소되었다."[21] 그녀는 브로이어에게 이렇게 이야기해서 치료받는 것을 "이야기 치료(talking cure)"[22]라고 적절한 이름을 붙였는데, 요즘도 많이 듣게 되는 유명한 그 용어가 바로 여기서 시작되었다. 그러나 여기서 그녀가 환상 속에서 안데르센 동화 스타일의 이야기들을 함으로써 치료 효과를 얻었다는 면에서 보면 이것은 '스토리텔링 치료'라고 불러도 될 것이다. 브로이어는 안나 오 양을 치료하면서 알게 된 "이 사실로부터 치료 기법을 발전시켰으며"[23] 프로이트도 이에 영향을 받았는데, 이런 경험은 나중에 카타르시스(catharsis) 치료법의 출발점이 되었다.[24]

---

19) gehäglich는 '편안한'이라는 뜻의 독일어 behäglich 대신 안나 오 양이 스스로 만들어 표현한 단어다.

20) Breuer J., & Freud S. (1957) *Studies on Hysteria*, The Standard Edition of The Complete Psychological Works of Sigmund Freud, Translated from the German under the General Editionship of James Strachey, In Collaboration with Anna Freud, Volume II(1893-1895), London: The Hogarth Press and The Institute of Psycho-Analysis, p. 29.

21) 위의 책, p. 53.

22) 위의 책, p. 30.

23) 위의 책, p. 46.

이렇게 육체적 질병이 아닌 마음의 고통을 치유하는 경우, "치료자는 환자들의 이야기를 경청하면서 이야기를 분석하고 현실적으로 타당한 설명으로 재구성해 간다. 이러한 과정에서 치료자는 환자와 함께 이야기를 이용하여 환자의 현실적인 자아와 상황에 대한 통찰을 끌어내고자 한다. 치료자는 이야기 외의 다른 형태로 환자를 이해할 수 있는 길이 없다."[25] 그런데 이러한 이야기가 적극적인 심리치료의 기법으로 도입된 것은 1970년대부터라고 할 수 있다. 예컨대 가드너(Richard Gardner)는 상호 이야기하기 기법을 어린이들과의 치료적 대화에서 최초로 시도하였다.[26] 그는 상담치료(counselling therapy) 중인 아이들에게 TV에 출연했다고 상상하게 하여 시청자들에게 이야기하듯이 이야기를 하나 하라고 한 후 이것을 녹음해서 다시 들려 준다. 그리고 그가 아이들의 이야기에서 기본 형식은 그대로 유지한 채 플롯만 바꿔서 비슷하게 이야기하여 들려 준다. 이것은 치료자와 내담자 어린이가 이야기 형식으로 통찰력을 나눔으로써 아이의 언어로 의사소통하게 되고, 이로써 어린이의 호응을 불러일으킬 수 있도록 하는 데 초점이 있었다.[27] 여기서 내담자 어린이의 이야기가 치료를 위한 진단에 유용하다면, 치료사의 이야기는 해결을 위한 제안이라고 할 수 있다. 이 치료의 핵심은 어린이 내담자가 자신의 상황에 대해 가지고 있는 인식을 바꾸도록 함으로써 문제 해결을 위한 새로운 반응을 보이도록 도와주는 데 있다. 이런 식으로 이야기를 계속 활용함으로써 심리학계에서는 이야기 심리학(Narrative Psychology)이 생겨났고, 심리치료 분야에서 독자적인 이야기 치료 방법이 개발되었다. 1970년대와 1980년대에 마이클 화이트(Michael White)와 데이

---

24) R. R. 그린슨/이만홍, 현용호 공역(2001), 『정통 정신분석의 기법과 실제(1)』, 도서출판 하나의학사, 31쪽.

25) 고미영(2004), 『이야기치료와 이야기의 세계』, 청록출판사, 80쪽.

26) 위의 책, 84쪽.

27) Gardner, R. A., (1971), *Therapeutic communication with children: The mutual storytelling technique.* New York: Science House.

비드 엡스톤(David Epston)에 의해 시작된, 이야기를 활용한 치료적 접근이 내러 티브 치료(Narrative Therapy)라는 이름으로 등장하여, 그때까지 다스리기 어렵 던 거식증, ADHD, 정신분열증 등에서 독특한 효과를 보게 되면서 1990년대에 미국에서 세력을 떨치게 되었다. 그래서 현재 이에 관한 연구 논문이 수천 건 쌓 였고, 국내에서도 '이야기 치료'라는 이름으로 관련 연구들이 이어지고 있다.[28]

포스트모더니즘 사상의 일종인 사회구성주의 이론 등에서 비롯된 '이야기 치 료'에서는 우리의 삶을 이야기의 연결로 이해하고 세상과 우리 자신에 대한 의 미도 이야기로써 이끌어 낼 수 있다고 본다. 이런 관점에서 보면 우리는 자신 을 주인공으로 하는 이야기를 통해 자신을 되돌아보고, 규정하고, 앞날을 설계 한다고 할 수 있다. 이것을 이야기치료에서는 자기서사라고 한다. 이런 자기서 사는 개인에 따라 다르다. 우울증에 걸린 사람의 이야기는 우울한 플롯, 우울한 캐릭터, 우울한 모티프 등으로 이루어져 있다. 반면에 행복한 사람의 이야기는 이와 사뭇 다르다.

'이야기 치료'의 목적은 심리적 장애 등의 문제가 생겨서 자기서사에 문제가 드러나게 된 내담자로 하여금 스스로 그 이야기를 다른 대안적인 이야기로 바 꿀 수 있도록 도와주는 것이다. 이 과정에서 치료사는 내담자에게 여러 질문을 던짐으로써 그가 우리의 삶을 이루고 있는 다른 많은 이야기에 관계하여 자신 의 문제적 이야기를 교정하도록 도와준다. 이때 대안적 이야기를 낳는 데 도움 이 되는 다른 이야기는 자기 속의 다른 이야기인 경우도 있지만 상담사를 비롯 한 다른 사람의 이야기일 수도 있다.

'이야기 치료'에서는 우리의 삶이 여러 층위의 이야기로 구성되어 있다고 본 다. 그래서 치료사는 내담자에게 질문을 던져 다른 층위의 이야기로 접속할 수

---

28) 고미영(2004), 『이야기치료와 이야기의 세계』, 청목출판사; 김번영(2007), 『이야기치료와 상담』, 솔 로몬; 모건, 앨리스/고미영 역(2003), 『이야기치료란 무엇인가』, 청목출판사; 양유성(2004), 『이야기 치료』, 학지사; 이현경(2007), 『이야기치료 이론과 실제』, 양서원.

있도록 도와준다. 이 질문은 여러 층위의 건물을 오르내리며 건축 공사를 할 수 있도록 그 건물 바깥에 설치해 놓은 비계나 사다리와 같은 역할을 한다고 볼 수 있다. 이와 같은 '이야기 치료'의 주요 기법으로는 이야기 주인공의 재배치, 기존 캐릭터의 제외와 새로운 캐릭터의 투입(리멤버링), 문제를 의인화하여 표출시키기, 지배적 이야기 바깥의 예외적인 사건들에 주목하여 독특한 결과 발견하기, 그리고 이러한 독특한 결과들을 연결하여 대안적 이야기로 다시 만들기 등이 있다. 그러나 이것은 여기에서 얘기하는 스토리텔링 치료와 비슷한 점도 많지만 다른 점도 많다. 앞에서 설명한 대로 스토리텔링 치료의 스토리텔링은 신화·전설·민담·소설 등의 이야기뿐만 아니라 상상의 이야기(imaginative story), 실제 이야기(real story), 그리고 만화·영상·몸짓·음악·게임 속의 내러티브를 모두 포괄하는 개념이다. 반면에 '이야기치료'에서의 이야기는 일상적으로 서로 주고받는 대화로서의 이야기라는 의미가 강하다.

그런데 지금까지 이 글에서 '이야기'라고 표현한 것을 좀 더 자세히 구분할 필요가 있겠다. 우리가 일상적으로 사용하는 '이야기'는 크게 세 가지로 나눌 수 있다. ① 예컨대 아버지가 최근 들어 말썽을 부리는 아들에게 어느 날 "너, 오늘 나랑 이야기 좀 하자!"라고 할 때의 '이야기'는 대화(talking, dialogue, conversation)나 담화(narrative, discourse)의 의미가 강하다면 ② "어제 친구가 들려준 자기 인생 이야기와 가족 이야기가 감동적이었다."라고 할 때의 '이야기'는 현실 속의 어떤 체험담(narrative, account, story) 같은 것이고 ③ 손자가 "할머니, 재미있는 옛날이야기 하나 해 주세요!" 할 때의 '이야기'는 설화(story, tale)나 픽션(fiction)이라고 할 수 있다. 이런 이야기를 다시 실제 이야기와 허구적인 이야기, 직설적인 이야기와 비유적·상징적 이야기로 각각 구별해 볼 수 있다. 그래서 이야기를 치료적으로 활용하는 경우, 앞에서 말한 첫째·둘째 개념의 '이야기'를 중심으로 활용하는 '내러티브 치료'와, 여기서 더 나아가 셋째 개념의 이야기까지를 포함하여 활용하는 스토리텔링 치료로 나눌 수 있다. 국내에서 '내러티브 치료'는 '이야기 치료'로 번역되어 쓰이고 있으나 양자 사이에는 차이가 없지 않다. 필자는 이 '스토리텔링 치료'라는 말을 '내러티브 치료'를 포괄하고 넘어서는 개념으로 사용하겠다. 물론 스토리텔링 치료에서 사용하는 '치료'의 개념은 의사들이 의료법을 근거로 들면서 의료행위 자격을 갖춘 사람만이 할 수 있다고 주장하는 '치료'의 개념과는 다른 차원의 것이다. 여기에서 논의하는 '치료'는 주로 '정신의학적 치료(psychiatric treatment)'보다는 '독서치료'나 '미술치료' '음악치료' '심리치료' '상담치료' 등으로 이야기되는 '치료적 상담'이나 '테라피'로서의 치료에 가깝다.

스토리텔링 치료가 이야기 치료 및 '내러티브 치료'와 다른 점이 특히 여기에 있다. 이야기 치료와 '내러티브 치료'가 주로 언어를 통해 이루어진다면, 스토리텔링 치료는 다양한 매체를 통해서도 가능하고 서사학을 기반으로 한다는 점에서 이와 다르다. '내러티브 치료'는 사회복지학 혹은 가족치료에서 출발하여 상담학에서 주로 이루어지고 있는 치료이기 때문인지 서사학에 대한 체계적인 이해가 거의 없는 편이다. 이야기 치료는 '내러티브 치료'를 우리나라에서 번역하여 쓰고 있는 용어이기도 하지만, 필자의 견해로는 마이클 화이트(Michael White) 등이 주창한 '내러티브 치료'와 보통 명사로서의 이야기 치료가 여러 관점에서 완전히 동일한 의미는 아니기 때문에 이야기 치료는 '내러티브 치료'와 달리 이야기의 언어학적, 문학적 베이스에서 접근하는 치료 방법론으로서 독자적인 위상을 가질 수 있다고 생각한다.

스토리텔링과 그 요소의 치유적 활용

제3장

STORY-TELLING

🐦 인문치료와 스토리텔링, 그리고 스토리텔링 치료

우리는 세상에서 겪게 되는 마음의 상처나 심리적 문제를 치유하려고 끊임없이 노력하면서 살아간다. 지금은 그 어느 때보다 물질문명이 고도로 발달하고 사회가 복잡해지면서, 그 속에서 살아가는 사람들이 스트레스와 마음의 상처, 고민, 불안, 우울 등의 심리적 문제를 많이 느끼는 시대라고 할 수 있다. 현대는 치유 혹은 치료가 특히 필요한 시대인지도 모른다.

이런 문제를 해결하기 위해 19세기 말에 정신의학과 심리학이 생겨난 이래로 상담학, 정신보건학, 정신사회복지학 등이 뒤를 이어 발달하고, 독서치료·음악치료·미술치료 등의 테라피 활동도 요즘 많이 이루어지고 있다. 이런 노력들의 연장선상에서 인문학을 통하여 삶의 심리적 문제나 마음의 고통을 해결하려는 노력들도 전개되고 있다. 일찍이 심리치료나 예술치료, 언어치료에서 시와 설화, 문학 작품, 역사적 이야기, 언어학, 철학 등의 인문학 내용들이 치유의 수단으로 활용되어 왔다. 그리고 20세기 말, 21세기 초에는 이제 독서치료와 문학치료가 독자적인 활동으로서 그 영역을 넓히고 있고, 철학계에서도 그동안 심리학계에 넘겨 주었던 많은 부분을 다시 찾아와 독자적인 철학상담치료 영역을 새로이 구축하고 있다. 한편 이러한 인문학적 치유활동들을 하나로 통합하여 독자적인 인문치료(humanities therapy)의 영역을 구축하려는 시도도 나타나고 있다. 그래서 인문치료를 주제로 하는 학술대회가 열리고, 인문치료 관련 논문과 저서들이 발표되고 있으며, 관련 학회도 창립되었다.

인문치료는 인문학과 그 연계 학문들의 치유적 내용과 기능을 인문학 정신과 방법으로써 치유적으로 활용하는 것이다.[1] 인문치료는 문학, 언어학, 사학, 철학, 종교학, 문화학 등의 인문학과 영화학, 연극학, 상담, 심리학, 예술과 같은, 넓은 의미의 인문적인 연계 학문들의 치유적 기능을 통합적으로 활용한다. 인문치료는 통합 치유적 성격과 다매체적 성격을 기본적으로 가지고 있다. 이런 점에서 스토리텔링은 인문치료의 중요한 부분으로서 유용하게 활용될 수 있다. 스토리텔링은 인문치료의 기반이 되는 문학치료, 철학치료, 의사소통치료, 연극치료 등에 정도의 차이는 있지만 모두 들어 있는 요소이기 때문이다. 또한 스토리텔링 치료는 수술을 한다거나 약제나 자연과학적인 기구를 사용하지 않기 때문에 거의 모두 개인상담이나 집단상담의 형태로 이루어진다. 그래서 스토리텔링 치료의 정의와 방법, 기법 면에서 살펴보아도 이야기와 이야기하기는 스토리텔링 치료의 대부분을 이루는 기본 행위라고 할 수 있다.

기존의 치료 활동이나 연구에서도 어느 정도 이야기를 활용하지만 그것은 인문학자들이 아닌 상담심리학자들이 주도해서 이루어진 것이다. 국내에서 이야기치료를 연구하고 있는 학자들은 상담학, 아동학, 교육학 전공자들이 대부

---

1) 강원대학교 인문과학연구소(2009), 「인문치료의 탄생」, 『인문치료』, 강원대학교출판부, 20쪽 참고: 인문치료란 인문학적 정신과 방법으로 마음의 건강과 행복한 삶을 위해 인문학 각 분야 및 연계 학문들의 치료적 내용과 기능을 학제적으로 새롭게 활용하여 사람들의 정신적·정서적·사회적 문제들을 예방하고 치유하는 이론적·실천적 활동이다.

분이다. 그래서 여기서 더 나아가 이야기의 활용과 관련된 인문학 및 서사학을 잘 알고 그 힘을 체계적으로 활용할 수 있도록 인문학자들이 힘을 보탤 수 있으면 좋을 것이다. 서사학의 관점에서 이러한 연구나 활동을 재조명해서 보완할 여지도 있고, 이야기의 치유적 기능을 인문학적으로 살려내어 독자적인 인문 치료적 스토리텔링 치료의 방법론으로 개발할 필요도 있다. 여기에서는 스토리텔링을 치유적으로 활용하기 위한 관점에서 서사학에 대해 조명해 보고 이를 통해 스토리텔링 치료의 방법론을 구축하는 데에 기여하고자 한다.

🐛 치유적 관점에서 본 서사학의 핵심 개념과 범주

　스토리텔링과 서사학을 스토리텔링 치료에 활용하기 위해서는 우선 서사학의 핵심 개념을 스토리텔링 치료의 의미에 비추어 규정하고 넘어갈 필요가 있다. 현재 우리나라에서 스토리텔링을 치유적으로 활용하는 연구나 활동으로는 '스토리텔링 치료'와 '이야기 치료', 그리고 '작품서사'와 '개인서사'를 키워드로 하는 문학치료가 있다. 여기서 '서사'는 '이야기'나 '스토리텔링'과 어떤 관계가 있는가? '스토리텔링'은 20세기 후반에 영화, TV 드라마, 컴퓨터게임, 대중 소설 등 스토리가 중요한 문화산업 시대가 도래하면서 미국에서 최근에 등장하여 국내로 들어온 용어이고, '이야기'는 옛날부터 우리나라에서 사용되던 말이며, '서사'는 20세기 초에 서양의 학문, 특히 서양문학이 국내로 들어오면서 서양의 'epic'이나 'epos'를 '서사시'로, 'narrative'를 '서사(敍事)'로 번역하여 사용해 온 말이다. 이것들을 치유적으로 활용하는 활동은 최근의 일이어서 '스토리텔링 치료'와 '이야기 치료', 그리고 작품서사와 개인서사를 키워드로 하는 '문학치료' 모두 최근 10여 년 사이에 국내에 등장한 용어들이다. 국내에서 '이야기치료'라고 하는 경우는―우리말에서의 이야기로써 치유하겠다는 경우[2]도 있지만―대부분은 마이클 화이트와 데이비드 엡스톤 등이 개척한 특정한 내러티브 치료를 받아들여 연구한 것이다. 앞에서 언급한 것처럼 "한국어 '서사'는 서양 서사이론의 용어 'narrative'와 개념적으로 일치한다."[3] 그러므로 서사와 스토리텔링, 이야기의 개념을 잘 구분하는 것이 서사 치료, 내러티브 치료, 스토리텔링 치료, 이야기 치료의 개념과 범주를 제대로 잡아 가는 것이 될 것이다.

우선 서사를 중심으로 설명하면, 최근 서양에서 등장한 용어인 스토리텔링은 오랜 역사의 서사와 겹치는 시기가 아주 짧기 때문에, 현대적 의미의 서사와 비교해도 충분할 것이다. 그러나 이야기는 그 역사가 아주 오래되기 때문에 서사의 개념인 'epic'이나 'narrative' 개념과 비교해야 할 것이다. '서사'와 관련되는 영어가 'epic'과 'narrative'로 갈리고 전자가 중세까지 쓰이던 말이라면 후자는 현대에 들어와 주로 사용하는 용어라는 것에서 알 수 있듯이, 서사의 개념은 역사적으로 많이 달라져 왔다.

서사의 역사는 그 범주 확장의 역사라고도 할 수 있다. 일찍이 서사는 아리스토텔레스의 『시학』에서도 규정된 아주 오래된 개념이다. 여기서 서사는 고대 문학 3대 장르 중에서 호메로스(Homeros)의 『일리아스(Ilias)』나 『오디세이아(Odysseia)』와 같은 서사시(epic)만을 의미했고, 서정시와 극시는 배제한 개념이었다.[4] 서사는 근대 초기까지도 희곡과 서정시가 아닌 것으로서 오히려 그것들에 비해 열등한 장르로 오랫동안 여겨져 왔다. 그런데 현대에 와서는 서사, 즉 내러티브가 이제 거의 모든 영역에 침투해 있는 것으로 간주되고 있다.

서양에서 서사학 연구가 본격화된 것은 1960년대부터다. 로버트 숄스(Robert Scholes)와 로버트 켈로그(Robert Kellog)의 책 『서사의 본성(The Nature of Narrative)』(1966)에 오면 "서사는 두 가지 특징, 즉 스토리와 서술자의 존재

---

2) 박종수(2005), 『분석심리학에 기초한 이야기 심리치료』, 서울: 학지사.

3) 한일섭(2009), 『서사의 이론. 이야기와 서술』, 한국문화사, 22쪽.

4) Aristole(1982), *Peotics*, in Aristole's Peotics, trans. James Hutton, New York: Norton & Compony, p. 47, 71.

로 식별되는 문학작품 전체를 말한다."[5] 서사는 이제 문학의 3대 장르 전체에 퍼져 있는 것으로 이해된다. 이때의 서사는 영어의 내러티브를 번역한 말이다. 1970년대 후반에 채트먼은 내러티브의 개념을 문학 너머로 더욱 확장해서 내러티브가 영화, 발레, 팬터마임, 그림, 조각, 음악, 방송극 등에도 존재하는 것으로 파악한다.[6] 이러한 내러티브의 확장은 1980년대 후반, 예컨대 월러스 마틴(Wallace Martin)의 『최근의 서사이론들』(1986)에 오면 내러티브가 문학과 예술에만 있는 것이 아니라 세계 도처에서 일어나는 사건의 뉴스나 역사, 개인의 전기도 내러티브가 된다.[7] 그래서 최근의 서사학 이론서들은 내러티브가 이렇게 광의의 서사 개념으로 확장되었음을 전제하고 시작하는 것이 일반적이다. 1990년대 후반에 나온 내러티브 이론서 『포스트모던 서사이론』에서 마크 커리도 이와 비슷하게 말하고 있다. "서사학의 과제나 서사학적 분석의 대상 범위가 엄청나게 확장되었다. 일상생활에서 접하게 되는 내러티브로 흔히 예로 들 수 있는 것은 영화, 음악, 비디오, 광고물, 텔레비전 방송, 신문 기사, 신화, 그림, 노래, 연속만화, 일화, 재담, 우리의 휴일 이야기와 하루 이야기 등이다."[8]

그런데 영미권에서 이렇게 내러티브의 개념이 광의의 서사 개념으로까지 30여 년에 걸쳐서 확장되었다면, 이보다 20여 년 전에 세계 최초로 광의의 일상적 내러티브로까지 개념을 확장해서 미국의 서사이론에 많은 영향을 준 사람이 있었으니, 앞 장에서 언급한 롤랑 바르트다. 최근 몇십 년 사이에 내러티브가 이루어 놓은 영역 확장의 속도가 거의 전염병이 퍼지는 속도와 맞먹기에 이르러[9] 그 속도를 따라가는 데 머리가 지끈거릴 지경이라고 말하는 사람까지 생

---

5) Scholes, R. Kellog, R. (1966), *The Nature of Narrative*, New York: Oxford University Press, p. 3.

6) Chatman, S. (1978). *Story and Discourse, Narrative Structure in Fiction and Film*. Ithaca: Cornell University Press, p. 24-30.

7) Martin, W. (1986), *Recent Theories of Narrative*, Ithaca: Cornell University Press, p. 6-9.

8) Currie, M. (1998), *Postmodern Narrative Theory*, Houndmills: Macmilian Press, p. 2.

9) 오닐, 패트릭/이호 역(2004), 『담화의 허구—서사 이론 읽기』, 예림기획, 22쪽.

겨났다. 이제 내러티브의 개념은 예술 서사, 기술 매체의 서사, 일상적 서사로까지 확대된 것이다. 특히 내러티브의 범주가 이렇게 일상적인 서사, 개인 삶의 이야기로까지 확장되면서 스토리텔링이 치유적으로 활용될 수 있는 기반이 마련된 것이라고 할 수 있다. 내러티브 치료, 이야기 치료, 스토리텔링 치료 등 약간 다른 위상을 가지면서도 비슷한 여러 이름으로 불리는, 이야기를 활용한 치료들은 현실 속에서 우리가 마음속에 끌어안고 힘들어하는 삶의 문제를 구체적으로 치료하는 것이기 때문이다.

앞에서 이야기를 세 종류[10]로 구분하였을 때 스토리는 둘째와 셋째 개념의 이야기, 즉 체험적 실제 이야기와 픽션의 이야기에 모두 들어 있는 것을 알 수 있다. 그리고 엄밀하게 얘기하면 첫째 개념의 대화 이야기를 할 때도 그 속에는 단편적인 스토리가 내재해 있다. 내러티브 치료에서 핵심적으로 주장하는 자기 스토리(I-stories)와 같은 것은 대화나 담화로서의 이야기에도 단편적으로 전제되어 있다. 스토리는 기본적으로 '줄거리'를 의미하고 줄거리는 짜임새를 전제로 하며, 그 짜임새는 논리, 기억, 맥락의 짜임새를 말한다고 할 수 있기 때문이다. 그래서 필자는 이 세 경우의 이야기를 모두 포괄하는 의미에서, 그리고 말뿐만 아니라 문자, 그림, 영상 등의 다양한 매체를 통해 표현하고 전달하는 점을 포함하여, 스토리를 치유적으로 이야기하며 치료 효과를 얻는 것을 넓은 의미로 스토리텔링 치료라고 하겠다.

앞에서 밝힌 대로, 확장된 개념의 '서사'는 '내러티브'와 비슷하다고 할 수 있다. 서사가 문학, 특히 구비문학과 기록문학의 성격을 출발부터 가지고 있다면,

---

10) 심우장은 이야기를 다음과 같이 네 범주로 나누었다. 이야기 1: 특정한 맥락으로 묶일 수 있는 언술들의 집합 [광의의 이야기]. 이야기 2: 서사적 줄거리를 갖춘 전승력 있는 언술들의 집합 [경험담(설화), 민담류, 전설류]. 이야기 3: 허구적 줄거리를 갖춘 언술들의 집합 [민담류, 전설류]. 이야기 4: 근거 있는 줄거리를 갖춘 언술들의 집합[전설류, 경험담(실화)]. 심우장(2006), 「네트워크 이론으로 본 구비설화 이야기판의 구조와 특징」, 서울대학교 박사학위논문, 24-38쪽.
이 가운데 이야기 1, 이야기 4, 이야기 2·3은 필자가 말한 첫째, 둘째, 셋째 이야기에 가깝다고 할 수 있다.

이야기는 구술적 전통과 일상적 전통을 가지고 있다는 차이가 있다. 그러나 언어서사에서 음악서사, 발레서사, 그림서사, 영화서사 등과 같은 다른 매체 속의 서사, 그리고 일상사의 서사로까지 확장된 현대의 서사는 '내러티브'와 비슷한 개념이 되었다고 할 수 있다. '내러티브'는 원래의 구술적 전통과 일상적 전통에서 확장되어 요즘에 다양한 매체에도 들어가 있다. 이야기에는 그것이 가지고 있는 기본 전통 때문에 언어적 맥락, 일상적·구술적 속성이 강하게 남아 있다. 다음에서 구체적으로 언급하겠지만, 서사나 이야기의 핵심적인 요소가 스토리와 담화라고 할 수 있다면 "스토리텔링은 스토리, 담화, 이야기가 담화로 변하는 과정의 세 가지 의미를 모두 포괄하는 개념이다."[11] 특히 스토리텔링은 스토리의 텔링과 그 매체를 강조하는 성격이 강해서 이야기에 비해 다양한 기술 매체와의 결합을 상징하는 의미가 강하다. 결국 서사, 이야기, 내러티브, 스토리텔링은 많이 비슷하면서도 약간의 차이가 있다고 할 수 있다. 그래서 이러한 차이가 이것들을 치유적으로 활용하는 데에서도 차이를 유발할 수 있다. 내러티브 치료와 이야기 치료, 스토리텔링 치료가 서로 비슷하면서도 약간씩 다른 이유가 여기서 비롯된다.

 '이야기'를 '내러티브(narrative)'의 번역어로 보는 사람도 있고 '스토리(story)'의 번역어로 보는 사람도 있지만,[12] 필자는 일반적으로 서사로 번역되는 '내러티브'와 유사한 개념으로 '이야기'를 사용하겠다. 다시 말해 광의의 서사와 이야기를 서로 비슷한 의미로 사용하겠다. 물론 두 용어의 역사적 뿌리나 개념의 함

---

11) 이인화 외(2003), 『디지털 스토리텔링』, 황금가지, 13쪽.

12) 패트릭 오닐의 책 『담화의 허구』를 번역하면서 '내러티브'를 줄곧 '서사'로 옮긴 국문학자 이호는 번역 후기에서 "서사 또는 이야기가 우리 시대의 화두로 자리 잡은 이상, 서사를 연구하는 서사학에 대한 이해는 필수적이다."라고 하며, '내러티브'와 '서사' '이야기'가 서로 대체 가능한 용어로 보았으나, 독문학자 한일섭은 자신의 책 『서사의 이론』에서(14쪽) '스토리'를 계속 '이야기'로 옮기고 있다. 그리고 시모어 채트먼(Seymour Chatman)의 책 『Story and Discourse』를 번역한 한용환은 이 책을 '이야기와 담론'이라는 이름으로 소개하고 있다. 그러나 채트먼을 비롯한 많은 서사학자는 스토리를 담화와 함께 내러티브의 한 부분을 이루는 것으로 생각하여 스토리와 내러티브를 서로 구분하고 있다.

의가 앞에서 말한 것처럼 조금 다른 것은 사실이다.

스토리텔링 치료는 그 기반이 되는 치료 이론들을 바탕으로 하여 서사학의 핵심 요소들을 효과적으로 재구성함으로써 그 치료 원리를 구현하는 방식으로 이루어질 수 있다. 여기에 치료의 바탕이 되는 이론들은 서사학을 포함한 다양한 문학이론, 심리학, 상담학, 예술론, 매체이론 등이 있으며, 이에 대한 접근은 그 심리학적 배경 이론에 따라 인지행동주의적 접근, 정서치유적 접근, 정신분석학적 접근, 분석심리학적 접근, 사회구성주의적 접근 등으로 나누어 볼 수 있다.

🐾 스토리텔링의 치유적 활용 배경

인간과 스토리텔링

서사학을 치유적으로 조명해야 하는 것은 이야기에 치유적 기능이 있고, 그것이 실제로 상담치료, 독서치료, 스토리텔링 치료 등에 많이 활용되고 있기 때문이다. 스토리텔링의 치유적 속성과 기능은 구체적으로 무엇이며, 스토리텔링의 어느 면에서 그것들이 비롯되는지 살펴보기로 하자.

앞에서 언급했듯이 스토리텔링은 문학에만 있지 않고 도처에 있다. 오늘날 스토리텔링은 문학뿐만 아니라 영화, TV 드라마, 만화, 애니메이션, 연극, 뮤지컬, 오페라 등에도 폭넓게 들어가 있다. 그리고 그 역사도 인류 문명의 역사만큼이나 길다. 인간은 호모 로퀜스(homo loquens, 말하는 사람)다. 즉, 인간은 다른 동물과 본질적으로 구별되는 특징으로 말하는 능력을 가지고 있는 것이다. 그래서 말하기는 인류의 역사와 함께해 왔다. 이런 말하기에 스토리텔링의 핵심 요소인 인물과 사건, 시간, 공간 등이 반영되거나 비유적으로 표현되면 스토리텔링이 된다.

인간은 이야기 요소와 맥을 같이하는 삶 속에서 살고 있다. 우리는 시간에 따라 변하는 세상의 공간 속에서 자기 삶의 주인공으로서 다른 사람들과 관계를 맺으면서 사건을 만들고 경험하며 살고 있다. 그래서 인간은 호모 로쿠엔스로 살면서 동시에 이야기 방식으로 말하고 생각하는 경우가 아주 많다. 인간은 이야기 속에서 살아가고 이야기를 통해 세상을 파악하며 이야기로써 소통하는 호모 나랜스(homo narrans, 이야기하는 사람)인 셈이다.

이렇게 서사가 역사적으로 우리와 계속 함께해 왔고, 점점 중요한 역할을 하고 있는 것은 그것이 인간의 본성과 맞닿아 있고 인간 존재에 필수적인 요소이기 때문이다. 인간은 기본적으로 두 가지 본능을 가지고 있다. 하나는 자신을 세상에서 존립시키는 것이고, 또 하나는 그러한 힘든 노력에서 벗어나 편히 있고자 하는 본능이다. 생명체의 개체보존 본능과 종족보존 본능, 그리고—인간의 핵심적인 욕구로 해석하면—식욕과 성욕이 전자에 해당한다면, 수면욕과 유희 본능은 후자에 속한다고 할 수 있다. 이것은 사람들이 인간의 활동을 크게 '일과 놀이' 둘로 나누는 점이나, 프로이트가 인간의 심리현상을 한 쌍의 본능, 즉 삶의 본능인 에로스(Eros) 본능과 죽음의 본능인 타나토스(Thanatos) 본능으로 설명하는 점에서도 확인할 수 있다.

스토리텔링은 이러한 인간의 두 가지 본성을 모두 만족시켜 줄 수 있는 힘이 있다. 우선 인간은 이야기와 스토리텔링을 통해 세상을 파악하고 이해하며, 세상과 소통할 수 있다. 인류는 신화시대에 신화를 통해 자연의 섭리와 세상의 이치에 관한 지혜를 전수받고 자연과 세상을 이해했다. 또 인간은 이야기를 통해 세상의 많은 사건을 간접적으로 경험함으로써 삶의 다양한 선택의 길을 추체험(追體驗)할 수 있었다. 이로써 사람들은 세상을 살아갈 지혜와 힘을 이야기를 통해 마련할 수 있었다. 우리는 이야기로써 자신을 이해하고 자신을 규정한다. 우리는 자신의 삶을 자신이 주인공이 되어 사건을 전개해 나가는 한 편의 이야기로 이해한다. 그래서 우리는 각자 자신의 내면에 자기 이야기를 마련하고 그 이야기를 전개시켜 나간다고 할 수 있다. 인간은 이야기로써 자신의 정체성을 유지하고 재정립한다.[13] 이것은 인간의 개체보존 본능을 충족해 주는 힘이 된다. 스토리텔링이 우리 삶의 건강한 행복을 위해 사용될 수 있는 이유가 여기에 있다.

한편 스토리텔링은 인간에게 안식과 즐거움을 준다. 이야기는 예로부터 오락적 기능을 줄곧 담당해 왔다. 라디오와 텔레비전, 영화, 컴퓨터가 없던 시절에 이 역할을 한 것이 이야기와 스토리텔링이다. 이것은 우리가 힘든 노동에서 벗어나 놀이와 유희에 빠져들어 릴랙스(relax)하고 리프레시(refresh)할 수 있게 해 준다. 우리가 시간 가는 줄 모르고 재미있는 소설이나 만화책, 컴퓨터게임에 빠지는 것도 이 때문이다. 요한 호이징가(Johan Huizinga)가 말한 호모 루덴스(Homo Ludens, 유희적 인간)로서의 인간을 충족해 주는 힘이 스토리텔링에 있다. 스토리텔링이 현대 문화산업 시대에 이윤창출 구조와 맞물려 크게 융성하고 있는 것도 이 때문이다.[14]

스토리텔링의 치유적 활용 근거

그러면 이런 이야기와 이야기하기(스토리텔링)가 치유적으로 많이 활용될 수 있는 이유는 무엇인가? 우선 그것은 이야기와 이야기하기가 지닌 속성에서 찾아볼 수 있다. 이야기는 단순한 지식·정보의 전달과는 차이가 있다. 이야기가 연속적·시간적이라면 단순 정보는 단편적·무시간적인 경우가 많으며, 이야기가 경험 전달적이고 흥미를 포함하는 것이라면 단순 정보는 사실 전달적이고 논리적이다. 또 이야기가 오랜 기간 전달 내용의 생명력과 유용성을 유지한다면 정보는 전달된 순간부터 내용의 생명력이 쇠퇴하는 경우가 많다.[15] 이에

---

13) 이야기가 우리의 정체성에 중요한 역할을 한다는 사실은 폴 리쾨르(Paul Ricoeur)의 이야기 해석학 이론에서 가장 잘 확인될 수 있다. 폴 리쾨르의 저서 참고. 김한식, 이경래 공역(1999), 『시간과 이야기 1. 줄거리와 역사 이야기』, 문학과 지성사; 김한식, 이경래 공역(2000), 『시간과 이야기 2. 허구 이야기에서의 형상화』, 문학과 지성사; 김웅권 역(2006), 『타자로서의 자기 자신』, 동문선, 157-227쪽 참고.
14) 이민용(2009), 「영웅신화와 자기 스토리텔링」, 『인문산책』, 강원대학교출판부, 167-168쪽 참고.

관한 구체적인 예는 눈물의 기능에 관한 다음의 스토리텔링에서도 확인해 볼
수 있다. 서사적 표현이라고 봐도 될 것이다.

> 소라는 친구들과 공원에서 놀고 있었어요.
>
> 그때 휘 하고 바람이 불어와,
>
> 소라의 눈에 모래가 들어갔어요.
>
> "앗, 아야!"
>
> 소라가 눈을 비비려고 하니까,
>
> 눈물이 주르르 흘러내렸어요.
>
> 그때 조그만 소리가 들렸어요.
>
> "비비면 안 돼. 비비면 안 돼."
>
> 주룩주룩 주르륵.
>
> 소라는 자꾸만 눈물을 흘렸어요.
>
> 또 조그만 소리가 들렸어요.
>
> "이제 눈은 아프지 않아, 소라야."
>
> 소라는 살며시 눈을 떠 보았어요.
>
> "아, 정말이다. 이제 안 아파."
>
> "우리가 소라의 눈에 들어간
>
> 모래를 빼 줬기 때문이야."
>
> "우리?"
>
> 소라는 소리가 들리는 쪽을 보았어요.
>
> "우리는 눈물이야. 소라의 눈이
>
> '아야, 아파! 나 좀 도와줘!' 하고

---

15) 발터, 벤야민/반성완 역(1983), 『발터 벤야민의 문예이론』, 민음사, 170-172쪽; 최예정, 김성룡(2005),
『스토리텔링과 내러티브』, 글누림, 15-16쪽.

불러서 나온 거야."

"소라야, 왜 그래?"

친구들이 다가왔어요.

"눈에 모래가 들어가서 너무 아팠어.

그런데 눈물이 나와서 모래를 빼 줬어."[16]

아이들에게 눈물의 기능에 관해 '눈물은 눈에 붙은 먼지나 이물질을 재빨리 씻어 내어 눈을 보호하는 기능을 한다'고 단순히 설명하는 것보다는 앞의 인용 문처럼 이야기를 듣는 아이와 같은 아동이 주인공이 되어 경험하는 스토리텔링으로 표현하면 받아들이는 아이들에게 관심을 끌고 이해를 쉽게 할 수 있다.

'상대방의 마음을 여는 데는 강압적인 방법보다는 부드러운 방법이 더 효과적'이라는 메시지를 전달하기 위해서 이 말을 그대로 추상적으로 전달하는 것과 다음과 같은 이솝 우화 이야기를 통해 전달하는 것을 비교하면 이야기의 힘을 확인할 수 있다.

북녘 바람과 태양이 누가 더 센가로 말싸움을 벌였습니다. 그래서 나그네의 옷을 벗기는 쪽을 승자로 하는 데 의견을 같이했습니다.

바람 차례가 먼저였습니다. 그러나 심한 돌풍은 나그네로 하여금 옷을 바짝 조여 입게 만들 뿐이었습니다. 북녘 바람이 더욱 세게 불자 추위로 몸이 단 나그네는 가외로 외투까지 걸쳤습니다. 마침내 바람은 싫증이 나서 차례를 태양에게로 돌렸습니다.

처음에 그저 따뜻할 정도로만 햇볕을 주어 나그네는 외투를 벗었습니다. 이어서 아주 뜨겁게 열을 내어 더위를 이기지 못한 나그네는 근처의 강으로 목욕을 하러 갔습니다.[17]

---

16) 고바야시 마사코 글·이마이 유미코 그림/이선아 역(2002), 『눈물아 고마워』, 시공주니어, 1-7쪽.

이야기는 정보의 홍수 속에서 사는 현대인에게 자신의 경험에 맞추어 정보를 전달해 주는 효과가 있다. 그래서 스토리텔링 치료에서 심리적 문제를 안고 찾아온 사람에게 그 문제에 적합한 이야기를 통해 치료적 접근을 하면 내담자의 관심을 유도해서 그에게 적합한 치유적 메시지를 효과적으로 전달할 수 있을 것이다.

이처럼 이야기는 사람들이 정보를 조직하고, 감정을 전달하며, 커뮤니티를 형성하는 방법이다. 우리가 이야기를 말하고 들을 때, 그 내용을 머리 속에서 형상적으로 구체적으로 이해하고 체험하게 된다. 그래서 스토리텔링에는 전달되는 정보나 지식의 내용이 생생하게 잘 이해될 수 있다는 장점이 있다.

실감 있게 표현되는 이야기는 무미건조한 정보 전달보다 훨씬 쉽게 사람들의 집중력과 주의력을 끌 수 있다. 이야기를 듣는 사람은 줄거리의 의미를 파악하고 그 속에 담긴 진실을 이해하려고 노력하기 때문이다. 이야기를 듣는 사람은 구체적인 내용을 하나하나 이해할 수 없을 때에도 이야기의 전체 흐름을 바탕으로 그 이야기의 핵심을 파악할 수 있다. 사람들은 이야기를 듣다가 종종 의식의 억압에서 벗어나 트랜스(trance) 상태에 빠지게도 되는데, 이 속에서 내용을 좀더 깊이 알 수도 있다. 이야기는 대부분 무의식에서도 계속 영향을 미치기 때문에 인식이 오랫동안 깊어질 수도 있다. 이야기할 때는 음성을 통해 메시지를 단순히 전달할 뿐만 아니라 제스처, 흉내, 목소리의 고저·강약·완급 조절과 같은 다른 개인적인 표현수단들도 활용되는데, 스토리텔링은 이런 것들 외에도 만화, 애니메이션, 오페라, 영화, TV, 컴퓨터 등 다양한 매체를 활용할 수 있다는 장점이 있다.

이야기의 기본 모형은 듣는 사람, 즉 내담자, 환자, 학생 등의 생생한 삶의 세계에서 비롯된다. 사람들은 이야기를 통해 이야기 속의 인물과 자신을 동일시하고 줄거리에 몰입함으로써 이야기 세계와 삶의 세계를 일치시킬 수도 있다.

---

17) 이솝/유종호 역(2009), 『이솝 우화집』, 민음사, 165쪽.

그래서 우리는 이를 통해 일상적인 문제 해결의 전략을 배울 수도 있다. 이야기를 사용한 심리치료 활동을 많이 하고 있는 조지 번즈(G. W. Burns)가 들고 있는 다음과 같은 이야기의 특성에서도 내러티브가 스토리텔링 치료에 유용할 근거를 발견할 수 있다.

- 사람의 마음을 움직여 가르친다.
- 저항을 피해 간다.
- 상상력을 사용하고, 그것을 더 키워 간다.
- 문제해결 기술을 발달시킨다.
- 결과의 가능성을 만들어 준다.
- 스스로 의사결정을 할 수 있도록 해 준다.[18]

🐌 스토리텔링의 핵심 요소와 스토리텔링 치료

앞에서 살펴본 것처럼 스토리텔링은 문학치료, 독서치료, 철학치료, 예술치료 등 스토리텔링 치료를 구성하는 여러 영역에 넓게 활용되고 있고, 내담자와 치료자의 이야기를 통해 이루어지는 스토리텔링 치료의 방법에도 필수적이다. 그러면 이렇게 치유적으로 유용한 속성을 갖고 있는 스토리텔링을 어떻게 스토리텔링 치료에 효과적으로 활용할 수 있을 것인가? 원론적으로는 서사학의 핵심 개념과 범주 및 요소들을 치유적으로 잘 알고 활용하는 것이다. 앞에서 스토리텔링의 핵심 개념과 범주에 대해 논의했으니, 여기서는 스토리텔링의 핵심 요소와 그것의 치유적 활용에 관해 논하기로 하겠다.

---

18) 번즈, 조지/김춘경 역(2009), 『마음을 치유하는 101가지 이야기. 은유를 사용한 심리치료』, 학지사, 36쪽.

역사적으로 서사라는 이름과 그 정의는 고대 그리스 시대부터 있었다. 이것은 근대까지 문학의 3대 장르 중에서 엄격한 형식을 견지한 드라마와 시에 비해 열등한 것으로 간주되어 왔다. 예컨대 독일 계몽주의와 고전주의 시대만 하더라도 소설을 쓰는 것을 부끄럽게 생각하는 작가들이 많았다. 그러나 현대는 "서사의 범람, 서사의 대홍수가 도래한 시대"[19]라고 할 수 있을 정도다. 이에 따라 얼마 전부터 서사에 관한 관심도 커지고 서사학이 본격적으로 발전하고 있다. 서사학자들에 따라 스토리텔링의 요소를 정의하고 구분하는 방식이 다양하다.

프랑스의 토도로프는 서사를 이루는 가장 기본적인 두 요소로 다음과 같이 '스토리(histoire)'와 '담화(談話, discours)'를 들고 있다. "문학작품은 가장 보편적인 면에서 두 측면이 있다. 그것은 '스토리(histoire)'와 '담화(discours)'다."[20] 이렇듯 "모든 현대 서사학 이론이 토대로 삼는 기초적인 층위 구분은 정확히 말해 스토리와 담화 이 두 '층위'로 나뉘는 것이다. 이는 '실제로 무엇이 일어났는가(서사의 내용)'와 '실제로 일어난 일을 어떻게 이야기하는가(서사의 표현)'의 구분이다."[21] 다시 말해 서사는 그 핵심 내용과 그것의 구체적인 표현 방식, 그것이 표현된 형태로 나누어 볼 수 있다.

토도로프를 비롯한 여러 서사학자의 주장처럼 '스토리'는 이야기라는 일반적인 의미도 있지만 핵심적으로는 "read a novel for its story(소설의 줄거리만 따서 읽다)."라는 표현에서도 알 수 있듯이[22] — 여기서는 소설과 소설의 스토리가 구분되고 있다 — 이야기의 줄거리나 짜임새를 의미한다. 그래서 엄밀하게 말하면 스토리와 이야기(narrative)는 약간 차원을 달리한다고 할 수 있다. 스토리는

---

19) 오닐, 패트릭/이호 역, 앞의 책, 292쪽.

20) Tzvetan Todorov (1972), *Die kategorien der literarischen Erzählung*, in: Heinz Blumensath (Hrsg.), *Strukturalismus in der Literaturwissenschaft*, Köln, S. 264.

21) 오닐, 패트릭/이호 역, 앞의 책, 35쪽.

22) 민중서림 편(2008), 『엣센스 영한사전』(제11판)의 'speak' 항목 설명 중에서.

작품의 줄거리로서 그 이야기의 핵심 뼈대다. 그리고 여기에는 인물, 모티프, 사건, 개략적인 시공간 등이 들어 있다.

그런데 스토리 그 자체만으로는 이야기(narrative)로 아직 구체화되지 않은 상태다. 이것이 담화의 차원을 거쳐 표현되어야 비로소 우리가 이야기, 서사, 내러티브라고 하는 것이 될 수 있다. 이 담화의 핵심 요소는 플롯과 시점, 관점, 구체적인 시공간 배경 등이다. 그래서 스토리에 이런 담화의 핵심 요소들을 살려서 표현하면 구체적인 텍스트, 이야기, 서사가 되고 여기서 다시 전달 매체의 특성 등을 살려 넣어 전달하면 스토리텔링물(物)이 된다. 판소리 〈춘향전〉과 소설 『춘향전』, 영화 〈춘향전〉은 그 표현 매체가 다르고 전달 방식이 다르고 느낌이 다를 터이지만, '흥부전' '별주부전' 등과 구별되는 춘향전 작품들이라고 간주되는 것은 그 속에 각각 춘향전 스토리가 있기 때문이다. 물론 매체별 춘향전의 스토리도 약간 달라질 수 있으나 원본 스토리를 전제로 한 변형으로 간주될 수 있다.

지금까지 언급한 것처럼 서사(narrative)는 역사적으로 이론가에 따라 변화가 많았다. 서사의 층위를 스토리와 담화(서술)의 2개 층위로 나누는 서사학자들이 많긴 하지만, 스토리·서술·텍스트의 3개 층위로 나누는 사람도 있고 스토리·서술·텍스트·서술성의 4개 층위로 나누는 이론가들도 있다.[23] 이렇게 연구의 출발점과 위상에 대한 견해가 서사학자에 따라 조금씩 다르기는 하지만, 필자가 보기에 스토리텔링의 핵심 요소는 스토리, 스토리 표현 방법(담화, 서술), 스토리 전달 매체, 스토리 표현물(텍스트, 작품)에 따라 구체적으로 생각해 볼 수 있다. 앞에서 밝힌 대로 스토리의 핵심 요소는 등장인물, 모티프, 사건, 시간, 공간 등이고, 스토리 표현 방법의 핵심 요소는 심리적 서술 거리, 관점, 시점, 문체(어투), 플롯 등이다. 스토리 전달 매체로는 음성, 문자, 행동 등의 현시적 매체(presence medium)와 그림, 사진, 영상과 같은 재현 매체(represence

---

23) 오닐, 패트릭/이호 역, 앞의 책, 34-44쪽 참고.

medium), 그리고 라디오, TV, 영화, 컴퓨터 등의 기술 매체가 있다. 이런 점에서 서사는 학술서적이나 담론, 단순 정보에서의 내용 전달과 쉽게 구분된다. 스토리텔링에서는 캐릭터(등장인물)들이 모티프에 이끌려 시공간 배경 속에서 경험해 가는 사건들을 다양한 표현 방법과 매체로써 전달하지만, 학술서적 등에서는 이런 요소들이 유기적으로 활용되지 않는다. 서사를 활용한 치료는 스토리텔링을 치료적으로 활용하는 것이어서, 이런 스토리와 스토리 표현의 핵심 요소, 그리고 스토리 전달 매체의 특성을 치유적으로 잘 활용하는 것을 말한다.

서사를 활용한 스토리텔링 치료 방법으로 중요한 것은 치유적 효과가 나도록 스토리텔링과 서사학의 핵심 요소들을 효과적으로 재구성하여 내담자로 하여금 새로운 대안적 자기 스토리를 만들도록 하는 일이다. 심리적 위기나 문제에 빠진 사람이 자신이 가지고 있는 내면의 자기 스토리를 설화나 문학작품의 스토리, 다른 사람의 스토리, 혹은 자기 내면에 있는 다른 스토리에 자극받아, 본래의 문제적인 자기 스토리의 인물과 모티프, 사건, 시간, 공간, 문체, 매체들을 치유적 효과에 맞게 재구성하는 것이다. 이때 이러한 일은 스토리텔링 치료의 바탕이 되는 치료 이론에 기반하고 상담자와의 치료적 상담 속에서 계속 이루어져야 한다.

한편 스토리텔링을 활용한 스토리텔링 치료는 문학치료에서처럼 그 방식에서 두 종류로[24] 나뉠 수 있다. 즉, 생산적 방식과 수용적 방식이다. 생산적 방식의 스토리텔링 치료가 앞에서 말한 대로 이야기의 핵심 요소들을 치료적으로 적극 변용하여 활용하며 스토리를 만들어 가고 이를 바탕으로 대안적 스토리를 만들어 가는 방식이라면, 수용적 방식의 스토리텔링 치료는 이미 만들어진 이야기를 수용적으로 받아들이면서 그 이야기에 담긴 치유적 기능을 찾아 활용하며 대안적 스토리를 만들어 가는 방식이다.

---

24) Petzold, H. G. / Orth I. (Hgg.)(2005), *Poesie und Therapie. Über die Heilkraft der Sprache*, Bielefeld und Locarno: Aisthesis Verlag, S. 37.

🐛 스토리텔링과 그 요소의 치유적 활용 방식

서사학 등의 문학이론과 매체학, 예술이론, 상담학 및 심리학의 인문학적 뿌리에 근거를 두고 있는 스토리텔링 치료는 사람들이 체험을 스토리의 형식으로 전달함으로써 자신의 삶에 의미를 부여하고 삶의 문제, 마음의 문제를 해결할 수 있다는 점에서 출발한다. 스토리텔링은 이야기 심리학을 바탕으로 하나의 치료 방법으로 사용될 수 있다. 여기서 스토리는 내담자와 상담자의 관계에서 기본 경험의 역할을 하며, 치료자와 내담자의 치료적 대화는 공동의 이야기 과정, 즉 스토리를 담화로 실현하는 과정으로 간주된다.

스토리텔링을 활용한 치료는 보통 다음과 같이 세 단계로 이루어진다.

① 자기 스토리(I-stories) 이야기하기: 문제를 안고 있는 내담자가 자신의 고유한 스토리를 말하고, 그 문제를 어떻게 해결할 것인지 이야기한다.
② 상담자의 치료적 이야기 제공하기: 치료자는 문제 해결의 힘이 담긴 이야기를 말하거나 제공한다.
③ 대안적 스토리 만들기: 치료자와 내담자는 상호작용적인 이야기하기 속에서 함께 대안적 스토리를 발전시킨다. 이 대안적 스토리는 내담자의 행동의 여지를 넓히고 그를 도와서 문제를 해결할 수 있도록 한다.

스토리텔링 치료는 이와 같은 세 단계 속에서 스토리텔링의 핵심 요소들을 치유적으로 변용하는 과정을 거쳐서 이루어진다. 궁극적으로 스토리텔링 치료는 치료자와 내담자 사이에 서로 이야기를 주고받으며 내담자의 문제적 스토리를 긍정적인 대안적 스토리로 바꾸어 가는 것이라고 할 수 있다. 우리는 이것을 게르만신화와 아랍 이야기 모음집 〈천일야화〉에서도 확인해 볼 수 있다.

신화 시대를 살던 고대인들은 천둥과 번개에 대해 그 원인을 알 수 없는 두려운 자연현상에 불안과 공포를 느꼈다. 그들은 자연에 대한 직관과 통찰을 거쳐 신화라는 대안적 스토리를 만들어 냈다. 그들이 애초에 가지고 있었을 자기 스토리는 다음과 같다. '원인을 알 수 없는 천둥과 번개는 두렵다. 하지만 통제할 수가 없다. 그래서 이것들은 더욱 공포스럽고 불안하다.' 이때 어느 일부 사람들이 게르만 신화의 토르(Thor)와 같은 천둥의 신이라는 초월적인 캐릭터를 투입하여 이야기를 만들기 시작한다. 그 이야기에서는 '천둥의 신이 세상을 다스리고 보살펴 준다.' 천둥의 신을 믿고 숭배하며 따르는 사람들은 자신들이 천둥의 신의 보살핌을 받고 있다고 생각하고,[25] 천둥의 신의 통제 아래에 있는 것으로 간주되는 천둥과 번개에 대해 안심하게 된다. 이런 이야기는 사람들에게 받아들여져서 전승된다. 그래서 이 이야기를 듣는 사람들은 원래 자신이 가지고 있던 천둥과 번개에 대한 불안과 공포의 스토리를 수정한다. 이 경우 대안적 스토리는 스토리텔링 요소 중에서 인물, 모티프, 공간 등의 요소가 치유적으로 변용되어 만들어졌다. 즉, 기존의 스토리에 천둥과 번개의 신이라는 캐릭터를 새로 투입하여 공포·불안의 모티프를 믿음·숭배·보호의 모티프로 바꾸고 자연 공간을 신화적 공간으로 바꿈으로써 새로운 대안적 이야기가 마련된 것이다.

어기서 아직 신화를 마련하지 못한 고대인들이 갖고 있던 천둥과 번개에 대한 스토리가 내담자의 스토리라면, 일부 고대인들이 마련해서 전파한 천둥의 신 스토리는 치료자의 이야기 역할을 했다고 할 수 있다. 그리고 그 시대 사람들이 이를 듣고 천둥과 번개에 대해 자신이 가지고 있던 불안과 공포의 스토리를 수정해서 천둥의 신 이야기에 연결한 자신만의 스토리를 갖게 되었다면, 이것은 천둥과 번개 및 자연에 대해 갖고 있던 불안과 공포를 치유하는 대안적 스

---

25) 토르(Thor)는 천둥의 신이면서도, 천둥이 치면 비가 오고 비는 농사짓기에 꼭 필요하기 때문에 농부들에게 사랑받고 숭배받는 신이었다. Simek, R. (1995), *Lexikon der germanischen Mythologie*, Stuttgart: Alfred Kröner Verlag, S. 403-413 참고.

토리를 마련한 것이라고 볼 수 있다. 아직 신화를 마련하지 못하고 천둥과 번개에 두려움과 불안을 느꼈던 고대인을 오늘날의 내담자에, 천둥과 번개의 신에 대한 신화를 만들어 유포한 일부 사람들은 치료자에 비유할 수 있겠다.

🐦 스토리텔링 치료의 관점에서 본 〈천일야화〉

한편 이야기와 스토리텔링의 치유적 기능은 〈천일야화〉를 통해서도 확인해 볼 수 있다. 〈천일야화〉의 주제 역시 스토리텔링 치료다. 즉, 스토리텔링을 통해 마음의 문제나 심리적 장애를 치유하는 것이다. 〈천일야화(아라비안나이트)〉[26]는 중세 아랍 지역 어느 나라에서 대신(大臣)의 딸 샤라자드가 샤리야르 왕의 침실에서 목숨을 걸고 천하룻밤 동안이나 스토리텔링하는 겉 이야기(틀 이야기, 액자 이야기)와 그 속에 담긴 속 이야기들이 들어 있는 액자 소설의 형태로 이루어져 있다. 여기에서는 작품 전체를 대상으로 하되, 작품 이야기의 겉 이야기에 해당하는 작품 제1권과 마지막 권의 틀 이야기 및 작품 제1권의 '상인과 마신' 이야기와 '마신과 어부' 이야기 등을 중심으로 살펴보기로 하겠다.[27]

---

26) 이 작품은 보통 두 가지 이름, 즉 '천일야화(千一夜話)'와 '아라비안 나이트'로 널리 알려져 있다. 이 작품이 페르시아의 〈자르 아프사나(천의 이야기)〉에서 영향을 받은 것이라는 연구가 있고, 고대 아라비아의 〈알프 라일라 워 라일라(Alf Laylah wa Laylah)〉에서 기원하고 있다는 주장도 있다. 이에 의하면 이 작품의 이름은 '천 밤(千夜)과 하룻밤(一夜)' 혹은 '천하룻밤'이라고 할 수 있다. '알프'는 '千', '라일라'는 '밤', '워'는 '그리고'의 의미이기 때문이다. 그런가 하면 이 작품의 틀이야기(外話) 뒷부분에서 이 작품이 '천하룻밤의 이야기'라는 이름으로 세상에 알려졌다고 밝혀져 있다. 그래서 이 작품을 '천일야화(千一夜話)'라고 부르는 것이 보다 적합하다고 할 수 있다. 그런데 이 작품이 '아라비안나이트'로 널리 알려진 것은 유럽에서 18세기 이후 번역되어 소개될 때 『아라비안나이트 엔터테인먼트(The Arabian Nights' Entertainment)』 등으로 소개되었기 때문이라고 한다. 리처드 F. 버턴(Richard Francis Burton) 영역(英譯)/김병철 역(1993), 『아라비안나이트 엔터테인먼트(The Arabian Nights' Entertainment)』, 제10권, 범우사, 405-408쪽; 송경숙, 전완경, 조희선(1992), 『아랍문학사』, 송산출판사, 238-239쪽; 니콜슨, 레이놀드/사희만 역(1995), 『아랍문학사』, 민음사, 602-604쪽 참고.

27) 여기에서는 아직 아랍어에서 직접 번역된 우리말의 '천일야화'가 없고 아랍어를 읽을 줄 모르는 필

스토리텔링의 측면에서 보았을 때 〈천일야화〉와 견줄 수 있는 작품은 세계 문학사에서 그리 많지 않을 것이다. 이 작품은 우선 스토리텔링의 방대한 규모 에서부터 두드러진다. 이 작품의 분량은 출판된 책의 판형에 따라 다르겠지만, 총 4,000~5,000 페이지를 차지할 정도로 방대하다.[28] 그리고 여기에 수록된 이 야기의 수도 세계 최고 수준이다. 짧은 단편까지 해서 280여 편 정도의 이야기 가 포함되어 있기 때문이다. 〈일리아드〉나 〈오디세이아〉와 같이 세계적으로 유명한 작품들도 규모는 몇백 페이지에 불과하기 때문에 작품의 규모와 풍부 한 이야기 측면에서는 비교가 되지 않는다. 또한 여기에 포함된 이야기들도 매 우 다양하다. 작품의 마지막에서 샤리야르 왕이 동생 샤 자만 왕에게 하는 다음 과 같은 말에서도 이것을 확인해 볼 수 있다.

> 왕은 한 방에서 아우 왕과 마주 앉아 지난 과거 3년 동안 재상의 딸 샤라자
> 드와 어떤 나날을 보냈는가를 이야기하고, 그녀에게서 들은 속담과 우화, 연
> 대기와 재담, 경구와 익살과 일화, 대담과 사화, 만가, 그 밖의 시가에 이르기
> 까지 다양한 이야기를 들려주었다. 이 말을 듣고 샤 자만 왕은 크게 놀라며
> 말했다.(10권 397쪽)

자의 입장에서, 1885년에서 1888년에 영국에서 리처드 F. 버턴(Richard Francis Burton)에 의해 영 어로 옮겨진 것을 김병철이 옮긴 『아라비안나이트 엔터테인먼트(The Arabian Nights' Entertain- ment)』(전 10권, 범우사, 1993)를 중심으로 연구하기로 한다. 버턴의 번역본은 "질에서나 양에서나 세계 제일이라는 정평"이 있기 때문이다.(김병철:「해설-1. 이 작품의 성립과정」, 실린 곳:『아라비 안나이트 엔터테인먼트(The Arabian Nights' Entertainment) 제10권, 범우사, 411쪽).

28) 리처드 F. 버턴(Richard Francis Burton)이 영역(英譯)한 것을 바탕으로 해서 1993년에 범우사에서 번역 출간된 이 작품은 그 분량이 총 10권 4,500쪽 정도나 된다. 책의 두께와 판본의 크기에 따라 책 의 총 권수와 페이지는 달라지겠지만, 이야기의 방대한 집적물임은 틀림없다. '천일야화'의 맨 마지 막 부분에는 이 책의 이름과 분량에 관한 다음과 같은 기록이 있다. "샤리야르 왕은 연대기의 작가와 글 쓰는 사람 등을 불러들여 왕비와의 사이에서 있었던 자초지종을 상세히 기록하라고 명령했다. 그래서 일동은 그 경위를 기록한 다음 '일천하룻밤의 이야기'라 이름 붙였다. 이 책은 전 30권에 이 르며, 왕은 이것을 소중하게 보물창고에 보관했다." 리처드 F. 버턴(Richard Francis Burton) 영역(英 譯)/김병철 역(1993), 『아라비안나이트 엔터테인먼트(The Arabian Nights' Entertainment)』, 제10권, 범우사, 405쪽.

이 작품에 포함된 이야기의 장르는 아주 다양하다. "속담과 우화, 연대기와 재담, 경구와 익살과 일화, 대담과 사화, 만가, 그 밖의 시가"라고 샤리야르 왕의 입을 통해 밝히고 있는 것이다. 이 작품은 한 작가에 의해 몇 개월, 몇 년에 걸쳐 쓰인 작품이 아니다. 이름이 알려지지 않은 많은 스토리텔러에 의해 오랜 기간 이야기된 것이 모인 것이다. 이 이야기들의 발생 시기는 6세기부터 13~15세기까지로 연구되고 있으며, 그 배경이 되는 지역과 발생 지역은 인도에서 페르시아, 아랍, 이집트까지 포괄하는 광활한 지역이라고 한다.[29] 이 작품의 저자는 알 길이 없으니 수없이 많은 이름 모를 스토리텔러들이 여기에 참여했을 것이다. 이 작품의 영향과 전파력도 대단하다. 성서 다음으로 많이 번역되었다고 하는 점에서도 세계문학사에서 두드러지는 작품이다. 또 이 작품은 현대에 다양한 매체를 통해서 리스토리텔링(restorytelling)되고 있다. 원래의 소설에서 연극, 시, 영화, 애니메이션, 그림, 오페라 등 다양한 매체로도 옮겨서 표현되고 있다. 결국 이 작품은 스토리텔링의 측면에서 주목할 점이 아주 많은 셈이다.

이 작품은 넓은 지역에서 오랜 기간 동안 여러 사람에 의해 스토리텔링된 것이 집적된 것이다. 그래서 다양한 시대의 다양한 배경의 이야기들이 여러 관점에서 서술되고 있다. 그런데 280여 편에 이르는 이런 다양한 이야기가 한 작품에 담길 수 있었던 것은 독특한 스토리텔링 기법이 동원됐기 때문이다. 그것은 바로 액자 소설 기법이다. 최근 광고나 애니메이션에서 한 사람이 액자를 손에 들고 광장에 서 있는 모습을 보여 주고, 이어서 카메라가 그 사람의 손에 들린 액자를 비추면 그 속에 다시 광장 속 광경이 보인다. 그런데 그 광경 속에 한 사람이 또 액자를 들고 있고, 카메라가 다시 그 액자를 비추면 그 속에 다시 같은

---

29) 송경숙, 전완경, 조희선(1992), 『아랍문학사』, 송산출판사, 238-239쪽.; R. A. 니콜슨/사희만 역 (1995), 『아랍문학사』 민음사, 602-604쪽.; 조희선(1988), 「인류문학으로서의 '천일야화'」, 『한국중동 학회논총』, 제9권.

광경이 클로즈업 된다. 이렇게 계속 액자 속의 그림에 또 같은 그림이 있으며 다시 그림 속에 액자가 있어서, 액자를 들여다볼수록 끊임없이 계속 속그림이 이어지는 것이다. 그런데 이와 비슷한 그림 제시가 이 작품에서는 이야기로 제 시된다. 세계문학사에서 액자 소설 기법으로 선구적인 작품이라고 할 수 있다. 이것으로는 조반니 보카치오(Giovanni Boccaccio)의 『데카메론(Decameron)』과 제프리 초서(Geoffrey Chaucer)의 『캔터베리 이야기(The Canterbury Tales)』도 유 명하지만, 이것들 역시 〈천일야화〉보다 앞선 것은 아니다.

이러한 스토리텔링 기법을 이 작품의 핵심 내용과 함께 구체적으로 알아보 면 다음과 같다. 시대는 중세, 장소는 아랍 어느 나라의 궁성이다. 이곳으로 전 지적 작가 시점의 스토리텔러가 우리의 시선을 인도한다. 이곳에 샤리야르 왕 과 샤 자만 왕 형제, 샤리야르 왕의 대신과 그의 딸 샤라자드, 두냐자드가 있어 사건들을 보여 준다. 어느 날 20년 만에 형 왕의 나라에서 동생 왕의 나라로 사 신이 와서 동생 왕 샤 자만이 보고 싶다고 초청하는 형의 전갈을 전한다. 이에 자신의 나라를 출발하려던 샤 자만 왕이 형에게 줄 선물을 두고 와서 궁성에 되 돌아왔다가 그새 자신의 왕비가 흑인 노예와 음행을 저지르는 현장을 목격한 다. 그래서 그는 배신감과 분노에 치를 떨며 두 사람을 죽이고 형의 나라로 간 다. 그런데 얼마 후 그는 형의 나라에서 형의 왕비가 흑인 노예들과 집단 간음 을 하는 장면을 목격한다. 결국 이 사실을 형 샤리야르 왕도 나중에 목격하게 된다. 그래서 샤리야르 왕은 여자들에 대한 배신감에 마음의 상처를 크게 입고, 그 분노 때문에 그 나라의 처녀들을 하룻밤 동침한 후 죽이는 비정상적인 행위 를 시작한다. 왕의 이런 일을 뒷바라지하는 대신이 있다. 그는 이 일을 하다가 결국 나라에 처녀가 부족하여 고민에 빠진다. 소임을 다하지 못해 처벌받을까 두려웠기 때문이다. 이 사실을 안 그의 딸 샤라자드가 자청하여 왕의 침소에 들 게 된다. 그러나 그녀는 첫날밤을 넘기고 살아남는다. 이후 그녀는 1001번의 밤 동안 왕과 지내면서 계속 이야기를 했고, 그 사이에 왕자를 셋이나 낳고 결 국 왕비가 된다.

이것이 이 작품의 액자에 해당하는 이야기다. 그리고 이 액자 속 그림에 해당하는 속 이야기는 샤라자드가 샤리야르 왕에게 들려주는 이야기들이다. 그런데 이 샤라자드의 이야기는 한 편의 이야기가 아니다. 280여 편의 많은 이야기가 고리처럼 옆으로 이어지기도 하고, 액자 속의 그림에 그려진 액자 속 그림들이 계속되는 것처럼 이야기 속 주인공이 또 한 편의 이야기를 하고 그 이야기 속의 주인공이 또 다른 이야기를 들려주는 식으로 계속 이어진다. 예컨대 전지적 작가 시점의 서술자가 들려주는 〈천일야화〉 속에서 샤라자드가 샤리야르 왕에게 '어부와 마신의 이야기'를 들려준다. 그런데 여기에 등장하는 어부가 다시 마신에게 '대신과 현자 두반의 이야기'를 들려주고, 다시 이 이야기 속의 유난 왕이 '신드바드 왕과 매' 이야기와 '남편과 앵무새' 이야기를 대신에게 들려주자 대신은 왕에게 '왕자와 식인 여귀신' 이야기를 들려준다. 그래서 이곳에서는 전지적 작가 시점의 서술자가 들려주는 이야기 속에 샤라자드의 이야기가 있고, 이 속에 어부의 이야기가 있으며, 다시 이 속에 유난 왕의 이야기와 대신의 이야기가 있어서 이야기가 4겹으로 되어 있는 셈이다. 그래서 280여 편의 〈천일야화〉 이야기에는 가장 큰 틀의 이야기가 바깥에서 전체를 감싸고 있고, 다시 작은 틀의 이야기들이 그 안에서 옆으로, 혹은 속으로 계속 이어지는 방식으로 통일성을 유지하고 있다.

이 작품에서 샤라자드가 목숨을 건질 수 있었던 것은 스토리텔링을 잘했기 때문이다. 그녀는 천하룻밤 동안 이야기를 끊임없이 한다. 이야기가 끊기거나 왕에게 거부되는 것은 그녀에게 곧 죽음이다. 그래서 그녀의 스토리텔링은 목숨을 건 모험이었다. 이것이 말하는 바는 "이야기의 계속은 삶의 계속이라는 점이다. 이야기의 중단, 서사의 부재는 곧 죽음이다."[30] 끊기거나 거부되지 않는 스토리텔링! 이것이 샤라자드의 생존의 조건이었다. 그러나 그녀의 이런 생존을 가능하게 하는 것은 스토리텔링의 연속성이 전부는 아니다. 오히려 중요

---

30) 오탁번, 이남호(2003), 『서사문학의 이해』, 고려대학교출판부, 7쪽.

한 것은 그것의 치유적 기능이었다. 이야기를 거부당하지 않고 끊임없이 할 수 있으려면 그녀가 이야기를 많이 알고 있는 것만으로는 충분하지 않다. 왕의 마음을 끌어당기는 이야기의 매력이 있어야 한다. 그리고 이것만으로도 충분하지 않다. 왕이 이야기를 재미있게 천하룻밤 동안 들었어도 그녀의 이야기는 언젠가 바닥을 드러낼 것이고, 그러면 그다음 날 그녀는 죽임을 당할 수도 있을 것이기 때문이다. 결국 그녀가 목숨을 건지고 왕비가 될 수 있었던 것은 여자들에 대한 왕의 증오심을 풀어 주고 자비심을 일깨워 주어서 왕이 더 이상 죄 없는 처녀들을 죽이지 않게끔 생각을 바꾸었기 때문이다. 다시 말해 왕의 상처 난 마음을 어루만지고 정상 상태로 되돌려 놓아서 더 이상 여자들을 증오하지 않도록, 즉 왕의 마음의 병을 스토리텔링으로 치유했기 때문이다.

🐦 스토리텔링의 치유적 효과

샤라자드는 스토리텔링을 통해 샤리야르 왕을 치유하려고 1001일 밤 동안 목숨 걸고 노력하였다. 하지만 이렇게 오랫동안 계속된 이야기도 언젠가 끝날 수밖에 없다. 그리고 이러한 이야기가 끝나는 순간 그녀는 위험하다. 죽음이 이야기의 중단을 의미하는 것은 당연하지만, 이야기의 중단이 죽음을 의미하기도 하기 때문이다. 처음부터 왕이 그녀를 살려 둔 것은 그녀의 흥미로운 다음 이야기가 듣고 싶었기 때문이다. 첫날밤 "왕은 혼잣말로 중얼거렸다. '이 이야기가 끝날 때까지 알라께 맹세코 이 여자를 죽이지 않으리라.'"[31] 이것은 미지막 날 아침에도 마찬가지였다. 왕은 침상에서 일어나면서 "이야기를 계속 듣고 싶어서 견딜 수 없다는 얼굴로 '아니다, 난 최후의 이야기를 전부 들을 때까지 절

---

31) 리처드 F. 버턴(Richard F. Burton) 영역(英譯)/김병철 역(1993), 『아라비안 나이트』, 제1권, 범우사, 69쪽.

대로 저 애를 죽이진 않겠다.'"라고 중얼거린다(『아라비안나이트』 제10권 388쪽). 그래서 1001일 밤이 지나 이야기가 끝나는 지점에서 그녀가 살 수 있는 길은 그때까지 계속된 그녀의 이야기를 통해 왕의 마음이 죄 없는 처녀들을 거리낌 없이 죽이는 비정상적인 상태에서 정상적인 건강한 상태로 다시 바뀌는 것이다. 즉, 스토리텔링으로 왕의 마음의 상처, 마음의 고통, 마음의 문제들이 치유되어야 했다. 과연 천하룻밤 동안 계속한 그녀의 스토리텔링 치료는 어떤 효과를 거두었던가? 샤라자드는 천하룻밤 동안 샤리야르 왕에게 스토리텔링을 한 후, 그 사이에 태어난 세 아들을 데려오게 한다. 그리고 왕에게 다음과 같이 부탁한다.

> 오, 현세의 임금님. 이 아이들은 임금님의 핏줄을 이어받은 임금님의 씨들입니다. 그러하오니 이 세 아이에게 주시는 선물로서 부디 참수의 운명을 용서해 주시기 바랍니다. 제 한 목숨을 빼앗으시면 이 아이들은 어미 없는 고아가 되며, 여자는 많다 하되 어미의 손으로 기르는 것만은 못하니 말이옵니다. (10권 395쪽)

그러자 왕은 다음과 같이 말하며 다짐해 준다.

> 알라게 맹세하고 말하건대, 오, 샤라자드, 나는 이 아이들이 태어나기 전부터 그대를 용서하고 있었다. 그것은 말이다, 그대가 깨끗하고 정숙하고 영리하며, 신을 공경하는 마음도 두텁다는 것을 알고 있었기 때문이다! 그대를 위시하여 그대의 부모와 조상의 자손에게도 알라의 축복이 있으시기를! 전능하신 신도 굽어살피소서. 나는 그대에게 위해가 되는 일은 절대로 안 할 것이다! (10권 394f쪽)

이것은 샤라자드가 자신이 오랜 기간 계속한 스토리텔링의 효과를 왕에게서 최초로 확인한 순간이다. 그러나 이것은 왕의 단순한 호의 때문인지, 스토리텔

링의 치유적 효과 때문인지 아직 분명치 않다. 그래서 그녀는 지금까지 계속한
스토리텔링을 바탕으로 왕에게서 그 치유적 힘을 결정적으로 끌어내는 작업을
한다. 그런데 이것은 더 이상 일화적(逸話的, 에피소드적) 이야기가 아닌 대화적
이야기로써 표현된다.

> 임금님께서는 계집 때문에 재난을 만나시어 큰 욕을 보셨으나, 그 옛날의
> 코스로의 대왕들도 임금님보다 훨씬 지독한 재난과 슬픈 불행을 맛보셨습니
> 다. 저는 오랫동안 교주와 왕후, 군자 등 고귀하신 분들이 여인으로 인하여
> 여러 가지로 욕을 당하신 이야기를 해 왔습니다. 이제는 이 이야기에도 싫증
> 이 나시어, 귀를 번거롭게 하시는 것도 지루하시리라 믿습니다. 그러나 어쨌
> 든 그중에는 지각이 있는 사람에게는 좋은 훈계가, 현자에게는 훌륭한 가르
> 침이 포함되어 있는 것입니다!
> 샤라자드는 그렇게 말하고 입을 다물었다. (10권 395쪽)

이것은 샤라자드가 여태껏 해 온 스토리텔링 치료를 바탕으로 보다 직접적
으로 스토리텔링 치료를 하고 있는 장면이다. "샤라자드는 그렇게 말하고 입을
다물었다." 스토리텔링 치료에서 최종적으로 치유의 힘은 내담자의 안에서 나
오는 것이기 때문이다. "모든 치료가 지향하는 궁극적인 한 가지 경로는 인생
을 보는 새로운 방식, 즉 자신과 타인에 대한 재평가다."[32] 아니나 다를까, 예상
대로 왕은 다음과 같이 자기 내면에 있던 치유의 힘을 이끌어 내서 변화한다.

> 샤리야르 왕은 그녀가 한 여러 가지 이야기를 듣고 분별력을 모아 마음을
> 깨끗이 하고, 이해심을 되찾아 전능하신 알라에게 진심으로 귀의하여 스스
> 로 자기 마음에다 대고 말했다. "코스로의 역대 대왕들조차 나보다 훨씬 심

---

32) 코르시니, R. J., 웨딩, D. /김정희 역(2008), 『현대 심리치료』, 학지사, 26쪽.

한 일을 당했으니 금후로는 어디까지나 목숨이 붙어 있는 한 과거의 죄책을 나 자신이 지기로 하자. 이 샤라자드로 말하자면, 그녀와 같은 여자는 이 세상 어디에서도 찾을 수 없을 것이다. 그러니 이 여자를 압제와 살육에서 백성을 구해 내는 기틀로 삼으신 신을 칭송할지어다![33]

이처럼 샤리야르 왕은 샤라자드가 오랫동안 해 준 치료적 '이야기를 듣고' '이해심을 되찾아' 여자들에 대한 무분별한 분노로 얼룩졌던 '마음을 깨끗이' 닦아 내고 '분별력을 모아' 어리석은 자신의 행위를 반성할 수 있게 된 것이다. 이것은 '알라에게 오로지 진심으로 귀의'함으로써 종교적 죄악에서도 벗어나게 된 것이었다. 왕은 그동안 무고한 처녀들에게 했던 살인 행위를 '과거의 죄책'과 '압제와 살육'이라고 하고, 이 모든 책임을 남의 탓으로 돌리지 않고 '자신이 지기로 하자'고 결심한다.

여기서 샤리야르 왕은 스토리텔링 치료의 대상자이고, 샤라자드는 스토리텔링 치료적 이야기를 통해 그를 치료하는 사람이라고 할 수 있다. 샤리야르 왕이 애초에 여자들에 대해 가지고 있었던 자기 스토리(I-stories)는 '여자들은 모두 부정하고 믿을 수 없다. 여자들은 남편을 배신하고 남편의 명예를 훼손해 치욕감을 준다. 그래서 모든 여자는 죽임을 당해도 마땅하다.'는 것이었다.

이런 자기 스토리를 품고 있는 샤리야르 왕에게 샤라자드가 다른 이야기들을 들려준다. 그리고 왕은 그 이야기들을 수동적으로 듣게 된다. 즉, 수용적 스토리텔링 치료를 받는 것이다. 치료자 샤라자드가 들려주는 주된 스토리는 '세상에는 부정하고 배신적인 여자들이 있다. 그런 여자들은 적당히 처벌받아도 마땅하다. 그리고 그런 여자들에게 고통받는 남자들도 많다. 샤리야르 왕 개인만이 그런 일을 겪은 것은 아니다. 일반적인 일일 뿐이다. 그리고 세상에는 그

---

33) *The book of the thousand nights and a night,* Vol. X, translated by Richard Francis Burton, London: Burton Club, 1885. p. 55.

런 여자들만 있는 것도 아니다. 충직하고 선한 여자들도 많다. 이런 여자들과
관계를 다시 맺는 것이 중요하다. 그래서 모든 여자에 대해 적대적일 필요는 없
고 여자들을 죽일 이유도 없다.'는 내용이다. 샤라자드는 이런 스토리를 허구적
이야기로 들려줄 뿐만 아니라 실제로도 보여 준다. 그녀는 착하고 충직한 여자
의 모범을 스스로 보임으로써 그런 여자가 실재한다는 사실을 몸소 보여 준다.
왕은 이런 이야기를 천하룻밤 동안 듣고 여자들에 대한 자신의 원래 스토리를
변경한다. 그래서 앞에서와 같은 대안적 스토리를 마련한 것이다.

　이렇게 샤리야르 왕은 자신의 마음을 지배하는, 문제에 휩싸인 기존의 자기
스토리를 극복하고 건강한 대안적 스토리를 마련하게 되었다. 이러한 대안적
스토리는 캐릭터, 모티프, 관점, 시간 등의 스토리텔링 요소를 적절히 변용함
으로써 가능했다. 즉, 샤리야르 왕의 내면에 전에는 음탕한 배신자인 여자들이
주인공이 되어 펼치는 이야기뿐이었으나, 이제는 정숙하고 현명한 여자들이
주인공인 이야기가 병존하고, 이 이야기가 더 중심적인 역할을 하게 되었다.
이제 왕이 새롭게 지니게 된 스토리에서는 배신과 복수의 모티프가 용서와 관
용의 모티프로 바뀌고, 자기중심의 협소한 관점이 역대 대왕들의 눈으로 보는
관점으로까지 확대되며, 눈앞의 자기 문제에 매몰된 상태에서 벗어나 그 문제
에 거리를 두고 성찰할 수 있게 되었다. 샤라자드는 매일 밤 이야기로 왕의 호
기심을 사로잡다가 동트기 전에 이야기를 중단한다. 결국 그녀는 천하룻밤 동
안의 이야기를 통해 왕이 마음을 달리해 죄 없는 처녀들을 죽이는 짓을 그만두
게 하였다. 주인공 샤라자드가 스토리텔링을 통해 왕의 마음의 병을 치유한 것
이다.

　지금까지 이야기에 치유적 힘이 있음을 밝히고 그 힘이 마음의 문제를 치료
하는 데 활용되어 온 과정을 인류의 문화 자산인 〈천일야화〉에서 구체적으로
확인해 보았다. 그런데 문학치료를 수용적 방식(rezeptive Modalität)과 생산적
방식(produktiv Modalität)으로 나눌 수 있듯이[34] 스토리텔링 치료도 스토리텔링
을 들음으로써 치료가 되는 수용적 방식과 스토리를 텔링하면서 치유 효과를

보는 생산적 방식으로 나눌 수 있다. 앞에서 언급한 안나 오 양의 사례에서 보이는 것이 아주 간단한 수준이지만 일종의 생산적 방법의 치유라고 할 수 있다면, 이 작품에서 보이는 것은 수용적 방식의 치료라고 할 수 있다. 〈천일야화〉에서 이야기와 스토리텔링의 치유적 기능을 확인한 이 작업은 이 작품을 통해 스토리텔링 치료를 직접 하는 것과는 다른 차원이기는 하다. 하지만 〈천일야화〉를 만들어 가고 향유한 수많은 스토리텔러와 민중은 스토리텔링을 통해 치유적 효과를 얻을 수 있다고 생각했다. 그렇기 때문에 여기에서 분석한 대로 이 작품이 이야기의 치유적 효과를 핵심 주제로 하는 이야기 모음이 되었다고 할 수 있다. 〈천일야화〉의 이야기는 원래 인도에서 전승되던 이야기에서 출발했다고 한다.[35] 동화, 민담 등의 옛이야기를 특히 분석심리학의 입장에서 잘 해석해서 유명해진 심리학자 브루노 베텔하임(Bruno Bettelheim) 역시 "힌두 의학에 따르면 정신착란자에게 옛이야기를 들려주는 것은 그 사람의 정서적인 불안을 극복하도록"[36] 도와주는 방법이었다고 말한다. 여기에서 논의한 이야기의 치유적 힘과 그것의 활용이 실제 스토리텔링 치료에서는 여러 모습으로 실현될 수 있을 것이다.

　지금까지 스토리텔링이 스토리텔링 치료에 중요한 이유와 거기서 맡은 역할에 관해 언급한 후, 스토리텔링 치료적 관점에서 서사학의 주요 개념인 서사, 내러티브, 이야기, 스토리텔링 및 그 범주를 살펴보았다. 그러면서 스토리텔링의 특성과 치유적 속성을 밝히고 이것을 스토리텔링 치료에 잘 활용할 수 있는 방법을 서사학적 관점에서 모색하여 보았다. 그래서 내러티브의 핵심 요소로 스토리와 담화를 제시하고, 스토리의 세부 요소로는 인물·사건·모티프·시

---

34) Petzold, H. G. /Orth, I. (Hgg.), a. a. O. S. 37.

35) 송경숙, 전완경, 조희선(1992), 『아랍문학사』, 송산출판사, 238쪽.

36) 브루노 베텔하임/김옥순, 주옥 공역(2006), 『옛이야기의 매력 1』, 시공주니어, 145쪽.

간·공간 등을, 담화의 세부 요소로는 관점·시점·거리감 등을 논의하였다. 그리고 스토리텔링과 서사학의 요소들을 치유적으로 활용할 가능성에 대해서도 논의하였다.

스토리텔링을 활용한 치료는 스토리텔링의 핵심 요소들을 치유적으로 변용하는 과정을 거쳐서 이루어진다. 궁극적으로 이러한 치료는 치료자와 내담자 사이에 이야기를 서로 주고받으며 내담자가 안고 있는 문제적 스토리를 긍정적인 대안적 스토리로 바꾸어 갈 수 있도록 하는 것이다. 이때 서사학의 스토리 차원의 이론은 내담자의 문제적 자기 스토리 분석과 대안적 스토리 마련에 활용될 수 있으며, 서사학의 담화 차원 이론들은 상담자의 문제해결 전략이나 내담자 설득 전략에 활용될 수 있고, 스토리텔링의 매체 이론 역시 상담자의 효과적인 치료 기법으로 활용될 수 있다.

스토리텔링은 현실을 재구성하여 새로운 창조를 달성함으로써 현실의 의미를 새롭게 깨닫게 하는 역할을 한다. 우리는 이러한 스토리텔링의 역할을 적극적으로 이용할 필요가 있다. 스토리텔링을 통하여 이룩한 새로운 창조의 세계를 통해 자신의 정신 건강의 현실을 재구성하여 새롭게 만들어 갈 수 있기 때문이다.

은유와 스토리텔링 치료

제4장
STORY-TELLING

🐦 은유의 부흥

이 글의 목적은 은유의 치유적 기능과 활용을 스토리텔링 치료와 인문치료의 관점에서 살펴보려는 것이다. 요즘 은유에 대한 관심이 여러 방면에서 커지고 있다. 전에는 은유가 수사적 기교나 미적 표현을 위해 문학 속에서만 사용되는 언어 표현이라고 흔히 생각되었다. 그래서 은유를 논리적 · 언어적 · 문법적으로 예외적인 것으로 간주하여 본격적인 논의 대상에서 제외한 경우가 많았다. 그러나 은유는 시인의 전유물도 아니고 일딜 인어도 아니며 특수 용법민의 언어도 아니다.[1] 다음 절에서 더 언급될 은유의 개념과 범주에 관한 논의에서도 드러나겠지만, 은유는 문학에서만 쓰이는 것도 아니다. "우리의 일상 언어와[2] 사고에 은유는 넓게 퍼져 있다."[3] 은유는 우리의 생각과 의사소통 표현에

---

1) 박영순(2000), 『한국어 은유 연구』, 고려대학교출판부, 108쪽.

서 큰 역할을 하고 있다. 그래서 이것은 광고, 언론[4] 등 문학 외의 다른 분야에서도 많이 활용되고 있고, 가장 권력적인 정치판에서도 드물지 않게 사용되고 있다. 이는 2010년 벽두부터 세종시 문제를 놓고 한나라당에서 '미생의 약속(尾生之信)'과 '증자의 돼지(曾參烹彘)' 고사성어를 동원하여 당시 정몽준 대표와 박근혜 전 대표 사이에 주고받은, 그리고 '집안에 든 강도' 비유를 통한 당시 이명박 대통령과 박근혜 전 대표 사이에 벌어진 논박에서도 알 수 있다.[5]

한편 세상의 본질을 직접적으로 파악하기는 쉽지 않다. 그래서 삶에 대한 이해는 간접 매개를 통해 가능한 경우가 많다. 그리고 어떤 내용을 전달할 때 간접적으로 표현하는 것이 더 효과적인 경우도 많다. 이런 점에서 "간접표현의 대표 격이라고 할 수 있는 은유"[6]에 대한 이해는 세상과 인간에 대한 이해를 풍부하게 해 줄 수 있다. 은유는 일찍이 그리스 시대 플라톤과 아리스토텔레스의 철학 및 문학 저술에서도 관심의 대상이었다. 그러나 플라톤이 『국가론(Politeia)』에서 이데아론을 통하여 예술과 같은 은유적인 것에 대하여 말한 것처럼, 은유는 그 동안 본질과 거리가 멀고 본질에 대한 접근을 방해하는 장식적이고 부차적인 것이라고 생각하는 경향이 많았다. 은유가 본격적인 주목을 받기 시작한

---

2) 은유가 일상 언어 속에서도 사용되는 예로는 '취업전쟁' '눈치작전' '꿈나무' '강 건너 불' '식은 죽 먹기' 등이 있다.

3) 레이코프, 조지 · 존슨, 마크/노양진, 나익주 공역(2008), 『삶으로서의 은유』, 도서출판 박이정, 11쪽.

4) 은유는 정보를 언어로 전달하여 수익을 얻는 언론에서도 많이 활용된다. 「부산시장 선거 엎치락 뒷치락 부산 혈투」(「동아일보」 1998. 6. 5.), 「정개개편은 시한폭탄」(「동아일보」 1998. 4. 25.), 「뒤바뀐 창과 방패인 여와 야」(「뉴스피플」 1998. 9. 23.) [이상 박영순, 앞의 책, 97쪽 참고]. 한편 촌철살인의 글귀로 소비자의 심금을 붙잡으려 필사적인 광고계에서도 은유를 많이 쓴다. "그의 강한 심장을 느낀다."(대우자동차 르망), "맛은 도미, 부담은 꽁치"(삼성 팩시밀리), "한글과컴퓨터는 잠들지 않습니다."(한글과 컴퓨터) [이상 박영순, 앞의 책, 106쪽 참고].

5) 2010년 초 세종시 문제를 놓고 당시 한나라당 정몽준 대표와 박근혜 전 대표 사이에 고사성어를 사용한 은유 논박이 있었다. 정 대표가 '미생의 약속(尾生之信)'을 들고 나오자 이를 논박하던 박 전 대표는 '증자의 돼지(曾參烹彘)'를 들고 나왔다. 얼마 후 당시 이명박 대통령이 세종시 원안 고수를 고집하며 갈등하는 박 전 대표를 빗대어 '집안에 강도가 들었는데 싸우기만 하는 가족'을 예로 들자, 박 전 대표가 '강도로 돌변한 가족'을 비유로 들며 맞받은 일이 있다.

6) 박영순, 앞의 책, 3쪽.

것은 18세기 말부터라고 하는데[7], 요즘에는 문학뿐만 아니라 언어학·철학·심리학 등에서도 관심을 많이 받고 있다.

여기에서는 스토리텔링 치료의 관점에서 은유의 치유적 기능과 활용에 관해 논의해 보고자 한다. 치유적 은유는 외국에서 밀턴 에릭슨(Milton H. Erickson), 자크 라캉(Jacques Lacan) 등의 정신의학자, 심리학자, 상담학자들에 의해 부분적으로 다루어지고 있었다. 우리나라에서도 요즘 상담 및 심리치료와 문학치료 분야에서 은유를 활용하고자 하는 프로그램이 조금씩 등장하고 있다. 그러나 여기서 은유는 대부분 치료의 부수적 수단이나 단순한 기법 정도로만 다루어지고 있는데, 이것은 은유의 치유적 활용에 대한 이론적 기반을 충분히 다져 놓지 못한 상황에서 비롯된 것이라고 할 수 있다. 국내에서 은유에 관하여 치유의 관점에서 연구된 것은 상담학·아동학·어학 전공 학자들의 연구가[8] 조금 있을 뿐이고, 은유의 본고장이라고 생각되던 문학계에서 다루어진 연구는 거의 없다. 은유의 치유적 활용에 관한 인문학적 논의와 스토리텔링 치료적 접근이 필요한 이유가 여기에 있다.

🐦 치유의 관점에서 본 은유 개념의 범주

은유를 의미하는 영어 단어 'metaphor'는 그리스어 'μεταφορά'에서 왔으며, 어원상 'meta(너머로, 위로)'와 'pherein(옮기다, 나르다)', 혹은 'phora(옮김, 전이)'의 합성어에서 비롯되어 '의미론적 전이', 즉 한 말에서 다른 말로 그 뜻을 실어

---

7) 김욱동(1999), 『은유와 환유』, 민음사, 82쪽; 은유 연구에 관한 시대적 고찰은 앞의 박영순의 책 참고.
8) 국내에서 치료적 관점에서 은유에 관해 연구된 것으로는 다음과 같은 것들이 있다.
  양유성(2003), 「상담에서 나타나는 은유의 이해와 사용」, 『교수 논문집』, Vol. 7., 한영신학대학교, 257-279쪽; 양유성(2004), 『이야기치료』, 학지사; 김춘경(2003), 「동화의 치료적 은유법을 활용한 정서·행동장애아 교육의 치료 교육적 접근 고찰」, 『정서·행동장애연구』, Vol. 19., No. 2., 53-79; 정성미(2009), 「은유의 치료적 활용」, 『어문논집』, 제42집, 중앙어문학회, 121-136쪽.

옮기는 것을 말한다.[9] 결국 이것은 'to speak about x in terms of y', 즉 x를 y의 견지에서 말하는 것이다. 그래서 예를 들면, '인생은 연극이다'라는 문장은 인생을 연극의 입장에서 말한 은유인 것이다.[10] "은유의 본질은 한 종류의 사물을 다른 종류의 사물의 관점에서(in terms of) 이해하고 경험하는 것이다."[11] 그래서 아리스토텔레스가 언급한 것처럼 은유는 미지의 것을 우리가 잘 알고 있는 것으로 넘겨서 그것을 통해 알게 해 준다.[12]

우리가 '은유' 개념을 처음 접한 것은 학교에서 국어 수업을 받을 때였을 것이다. 그때부터 많이 알고 있는 은유는 비유법 중의 하나로서 직유나 환유 등과 비교되는 좁은 의미의 은유 개념이다. 예컨대 대학 교양과목의 교재로 활용되었을 어떤 책에서는 자신의 사상과 감정을 다른 사람에게 효과적으로 전달하는 표현 기술이 수사법이라고 하면서, 이 "수사법에는 비유법, 변화법, 강조법의 커다란 세 영역이 있고, 이것을 세분하면 60여 가지가 된다."[13]고 밝히고 있다. 이 책에 따르면 수사법의 하위 분류인 강조법에는 과장법·반복법·점층법·대조법·미화법·열거법·억양법·연쇄법 등이 있고, 변화법에는 대구법·역설법·반어법·설의법·도치법·돈호법·문답법·명령법·현재법 등이 포함되며, 비유법에는 직유법, 은유법, 의유법(擬喩法), 풍유법 등이 있다. 다시 말해, 이 책에서 주장되는 은유는 60여 가지가 되는 수사법 중의 하나이고 구체적으로는 수사법의 세 분류 중 하나인 비유법에 속하는 것이다.

한편 김욱동은 이런 은유를 다시 세분하기도 한다. 그는 우리말의 은유를 품사에 따라 명사 은유, 형용사 은유, 부사 은유, 동사 은유 등으로 세분한다.[14] 예

---

9) 아리스토텔레스의 『시학』 1457b 5-15 참고.

10) 박영순, 앞의 책, 34쪽; 김욱동, 앞의 책, 111쪽.

11) 레이코프, 조지·존슨, 마크. 앞의 책, 24쪽.

12) Manfred Fuhrmann: *Aristoteles: Poetik*. Griechisch / Deutsch. Reclam, Stuttgart, 2. bibliogr. erg. Ausgabe, 2001. S. 21, 1457b 참고.

13) 김용구 외(1996), 『문장의 이론과 실제』, 청문각, 181쪽.

14) 김욱동, 앞의 책, 123-140쪽

컨대 그는 "황금의 팔"이라는 표현을 황금처럼 '소중한 팔'이라는 의미의 명사 은유로 예를 들고, "창백한 슬픔" "찬란한 고독" 등을 형용사 은유로, "아직도 내 겐 슬픔이 우두커니 남아 있어요." (유행가 〈동행〉의 가사)와 같은 표현을 부사적 은유로, "경제를 되살리다" "패배를 맛보다"와 같은 표현을 동사 은유로 소개하 고 있다. "창백한 슬픔"의 경우, 축어적 표현에서는 시각적인 색깔로 표현할 수 없는 '슬픔'이라는 감정을 여기서는 '창백하다'고 은유적으로 표현하고 있다는 것이다.

　은유는 환유와도 많이 비교된다. 예컨대 역사적으로 우리가 알고 있는 사실인 '수양대군이 조카를 죽이고 왕관을 차지했다'는 표현에서도 환유를 찾아볼 수 있 다. 여기서 왕관은 왕의 자리를 의미한다. 수양대군이 단종이 갖고 있던 금으로 된 왕관이 갖고 싶어서 조카를 죽였다는 뜻이 아니다. 왕은 보통 왕관을 쓰기 때 문에 여기서 왕관이 왕의 자리, 왕의 신분을 나타내는 환유로 표현된 것이다. 은 유가 유사성을 기반으로 만들어진다면 환유는 이처럼 인접성을 기반으로 만들 어진다. 그래서 로만 야콥슨(Roman Jakobson)이 말해 유명해진 대로 은유가 계 열체적·공시적 성격을 갖는다면, 환유는 결합체적·통시적 성격을 지닌다.

　은유는 그리스 시대부터 아리스토텔레스의 『시학(Poetica)』이나 『수사학 (Rhetoric)』에서도 다루어지고 있었고, 사회적으로도 웅변이나 변론 등에서 필 요에 따라서 관심을 받고 있었다. 전통적으로 이것의 주된 영역은 문학이나 수사학이었다고 할 수 있다. 그런데 은유를 이렇게 좁은 의미로만 이해해야 하는 것은 아니다. 은유는 요즘 언어학, 철학, 아동학 등에서도 관심의 대상 이 되고 있다. 여기서 다루어지는 은유는 주로 넓은 의미의 은유다. 미국의 인 지언어학자 조지 레이코프(George Lakoff)와 철학자 마크 존슨(Mark Johnson)은 은유가 언어적 현상만이 아니라 언어, 사고, 사회, 뇌, 몸에 속하는 것으로서 삶 의 수단이라고 주장한다.[15) 따라서 은유는 개념체계다.[16) "우리가 생각하고 행

---

15) 레이코프, 조지 · 존슨, 마크. 앞의 책, 35쪽.

동하는 관점이 되는 일상적 개념체계의 본성은 근본적으로 은유적이다."[17] 레이코프와 존슨은 이러한 은유에 대해 다음과 같이 말한다. "우리의 주장 중 가장 중요한 것은 은유가 단순한 언어의 문제, 즉 낱말들의 문제가 아니라는 것이다. 오히려 우리는 인간의 사고 과정의 대부분이 은유적이라고 주장하려고 한다. 이것이 인간의 개념체계가 은유적으로 구성되고 규정된다는 말의 의미다. 언어적 표현으로서 은유가 가능한 것은 바로 인간의 개념체계 안에 은유가 존재하기 때문이다."[18]

철학자 폴 리쾨르(Paul Ricoeur) 역시 그의 저서 『살아 있는 은유(La métaphore vive)』 등에서 은유의 개념을 넓게 받아들인다. 그가 다루는 은유는 아리스토텔레스가 다루었던 낱말 차원의 은유를 넘어 단어·문장·담론 세 차원의 것이다.[19] 은유 개념의 폭과 깊이를 달리 생각할 수 있는 점을 이렇게 의미론적으로만 볼 수 있는 것은 아니라 통사론적으로도 살펴볼 수 있다. 앞에서 예를 든 것처럼 은유는 낱말 차원에서 살펴볼 수도 있지만 문장 차원의 은유를 생각할 수도 있고, 문단과 문단의 연결체 차원의 은유도 생각할 수 있다. 김욱동은 이런 은유를 '확장 은유'라고 한다. "확장 은유란 여러 행이 결합하여 하나의 은유를 만들거나 작품 전체가 하나의 은유가 되는 경우를 가리킨다."[20] 세상의 현실을 구조적으로 유사하게 재구성하여 보여 준다는 점에서 은유의 기본적인 속성, 즉 유사성과 차별성의 결합이 관철된 것이라고 할 수 있다.

치유적 관점에서 보았을 때는 넓은 의미의 은유가 활용의 효용성이 더 크다고 할 수 있다. 물론 좁은 의미의 은유가 치료에 쓸모없다는 것은 아니다. 예컨대 어린 청소년 내담자에게 "넌 거기서 가장 반짝이는 보석이야."라는 표현으

---

16) 쾨벡세스, 졸탄/김동환 역(2009), 『은유와 문화의 만남: 보편성과 다양성』, 연세대학교출판부, 36쪽; 김욱동, 앞의 책, 108쪽.

17) 레이코프, 조지·존슨, 마크. 앞의 책, 21쪽.

18) 위의 책, 23쪽.

19) 심스, 칼(2009), 『해석의 영혼 폴 리쾨르』, 도서출판 앨피, 125쪽.

20) 김욱동, 앞의 책, 152쪽.

로 적절한 상황에서 상담을 했을 때 일상적인 건조한 말로 대화하는 것보다 효과가 클 수도 있을 것이다. 그러나 보다 큰 치료 효과를 위해서는 은유의 개념을 넓게 상정할 필요가 있다. 그래서 좁은 의미의 은유뿐만 아니라 상징과 직유, 환유 등을 포함하는 비유법으로 확대하고, 그 범주도 단어적 표현을 넘어 개념적 은유, 문장과 담론으로 확대할 필요가 있다. 요즘 철학과 언어학에서 논의되고 있는 은유도 이러한 개념의 은유라고 할 수 있다.

치유적 관점에서 접근할 때 은유는 넓은 의미, 즉 비유로서의 은유를 포괄하고, 언어 은유뿐만 아니라 개념 은유, 이미지 은유까지 모두 포함하는 의미로 사용될 수 있다. 이것은 실제 치료 현장에서 자기 모습과 비슷한 인형이나 나무, 돌멩이를 가져와서 자신에 대해 설명하도록 하고, 이에 대해 참석자들과 함께 피드백·세어링하게 하는 장면에서도 확인할 수 있다. 그래서 여기에서 은유를 스토리텔링 치료와 함께 논의할 때는 의미론적으로는 상징과 환유 등까지 포함하여 비유 전체로까지 확장된 넓은 은유 개념이, 통사론적으로는 문장이나 담화까지도 포함하는 넓은 의미의 은유 개념이 사용될 수 있다. 은유의 치유적 활용에서는 은유를 넓은 의미의 개념으로 사용하는 것이 중요하기 때문이다. 이러한 은유의 속성으로 여러 가지를 언급할 수 있는데, 이에 관해 다음 절에서 그 기능과 함께 살펴보기로 하자.

🐛 치유의 관점에서 본 은유의 속성과 기능

그러면 이러한 은유를 치유적으로 활용할 수 있는 근거는 무엇인가? 은유에는 치료에 유용한 속성이 있다. 은유의 이런 속성으로는 유사성과 차별성, 창의성, 개방성·다의성·유연성, 간접성·우회성, 표현의 보편성과 개별성, 효과성 등이 있다. 특히 은유는 새로운 세계를 열어 주고 미처 깨우치지 못했거나 제대로 인식하지 못한 진리를 확실하게 알게 해 주는 기능이 있다. 은유의 기본 속성 중 대표적인 것으로 두 단어나 개념들의 차별성을 잇는 유사성을 들 수 있다. 따라서 은유의 가장 중요한 두 요소는 유사성과 차별성이라고 할 수 있다. 아리스토텔레스가 은유 개념에 대해 말하면서 "은유는 한 사실(A)에서 다른 사실(B)로 어떤 낱말을 옮겨서 쓰는 것이다."(『시학』 1457b 5-35)라고 했을 때 그 한 사실(A)과 다른 사실(B)은 일단 다르다는 것으로 전제가 되어 있다. 즉, 차별성이 전제되어 있는 것이다. A, B 양자가 완전히 같으면 은유가 성립할 필요도 없고, 아주 비슷하면 은유의 참신한 효과가 거의 없기 때문이다. 그러나 어떤 낱말이 한 사실에서 다른 사실로 옮겨서 사용되려면 그 두 사실(A, B) 사이에 어떤 유사성의 다리가 있어야 건너갈 수 있다. 그래서 은유의 핵심은 서로 다른 A와 B를 연결하는 유사성이라고 할 수 있다. 아리스토텔레스가 『수사학』 제3권(1406b)에서 예로 드는 "아킬레우스는 사자다."라는 은유에서 보면 아킬레우스와 사자는 아주 다르다는 차별성이 있다. 그런데 아킬레우스는 용맹하다는 점에서 사자와 유사성이 있다. 그래서 일상 논리로는 아킬레우스가 사자일 수 없지만 은유적으로는 "아킬레우스가 사자다."라는 표현이 성립할 수 있는 것이다. 이렇게 은유는 다른 것들 사이의 유사성을 기반으로 해서 만들어진다. 은유의 효과는 차별성이 큰 두 개념을 참신한 유사성으로 연결하여 표현할 때 가장 커진다. 은유는 이처럼 유사성의 다리를 놓아 어떤 것을 다른 것에 연결시켜 줌으로써 새로운 의미를 열어 주어 원래의 의미를 확장시키는 역할을 한다.

넓은 개념의 은유는 진리를 좀 더 뚜렷하게, 논리적으로 전달하는 도구가 될 수 있다. 은유의 이런 성격은 일찍이 그리스 시대의 학자 아리스토텔레스도 알고 있었다. 그에 따르면 "일상어는 오직 우리가 알고 있는 것만을 전달한다. 무엇인가 새로운 것을 얻게 되는 것은 바로 은유를 통해서다."[21] 은유로 연결되는 보조관념을 통해 원관념은 그 의미가 확장되고 새로운 세계로 연결된다.

---

21) Aristotle (1952), *Rhetoric*, trans. W. R. Roberts. *The Works of Aristotle* (Vol. 11). ed. W. D. Ross, Oxford: Clarendon Press, 1406b.

앞에서 넓은 개념의 은유는 비유와 비슷한 의미로 볼 수 있다고 언급했는데, 김욱동은 다음과 같이 말한다. "비유에 대한 태도는 크게 두 가지로 나뉜다. 단순히 글이나 말을 아름답고 화려하게 꾸미는 장식으로 보려는 태도가 그 하나요, 진리를 좀 더 뚜렷하게, 그리고 논리적으로 전달하려는 도구로 보려는 태도가 다른 하나다. 앞의 태도에 따르면 비유는 마치 소장(小腸)과 대장(大腸) 사이에 달려 있는 맹장(盲腸)과 같아서 있어도 그만, 없어도 그만이다. 한편 뒤의 태도에 따르면 비유는 간장(肝腸)이나 췌장(膵臟)처럼 없어서는 안 될 아주 중요한 것이다. 처음에는 비유를 부수적인 것으로 보려는 첫 번째 입장이 훨씬 우세하였다. 지금까지 적지 않은 사람들이 비유란 진리를 전달하는 데 방해가 되었으면 되었지 결코 도움이 되지 않는다고 생각해 왔다. 그러나 서양에서는 줄잡아 18세기 말엽부터 비유를 필수적인 것으로 보려는 두 번째 입장이 점차 설득력을 얻기 시작하였다. 최근에 이르러서는 비유를 아예 이 세계를 인식하는 데 꼭 필요한 도구로 보려는 태도가 널리 퍼져 있다."[22] 첫 번째 입장에 섰던 사람들은 플라톤, 공자(孔子), 토마스 홉스(Thomas Hobbes)나 존 로크(John Locke) 같은 경험론자들이었다. "플라톤이 비유를 하찮게 여긴 것은 진실이 화려한 비유에 가려진다고 생각하였기 때문이다. 동양의 플라톤이라고 할 공자도 '교언영색 선의인(巧言令色 鮮矣仁)'이라고 하여 그럴듯한 말로 번지르르하게 발라 맞추는 말이나 알랑거리는 낯빛을 하는 것은 어진 사람이 취하여야 할 도리가 아니라고 하였다."[23] 그런가 하면 두 번째 입장의 계열에 선 학자들은 아리스토텔레스를 비롯하여 프랑스의 철학자 폴 리쾨르, 스피치 행위 이론의 관점에서 이런 주장을 한 존 설(John Searle), 프랑스 해체주의를 미국에 소개하는 데에 크게 기여한 폴 드 만(Paul de Man), 미국의 인지언어학자 조지 레이코프와 미국의 철학자 마크 존슨 등이다.

---

22) 김욱동, 앞의 책, 82쪽.

23) 위의 책, 58쪽.

넓은 의미의 은유인 개념 은유를 통해서 새로운 사고가 열릴 수도 있다. 은유가 치료에 유용하게 사용될 수 있는 근거가 여기에 있다. 스토리텔링 치료는 수술이나 약제가 아니라 개인상담이나 집단상담을 통해 이루어진다. 심리적 문제에 사로잡힌 내담자에게 문제가 해결될 수 있는 새로운 길을 언어를 통해 제시해 주는 것이 치료적 상담이다. 이때 내담자의 문제를 해결할 새로운 길은 문제와는 다른 것이기는 하지만 문제를 안고 있는 동일한 내담자의 내면에서 나와야 한다.[24] 치유는 상담가나 인문학적 치유 요소의 도움을 받는 것과 더불어 최종적으로는 내담자가 가지고 있는, 문제에 물들지 않은 또 다른 내적 힘으로 이루어져야 한다. 이 새로운 해결책은 그 문제와 연결되어 있지만 새로운 대안을 가지고 있는 것이어야 한다. 차별성과 유사성의 변증법이라고 할 수 있는 은유의 기본 원리가 여기서도 작동될 수 있는 이유가 여기에 있다.

새로운 의미의 세계로 다리를 놓아 주는 은유의 성격은 추상적인 개념을 표현하는 경우에 더욱 빛을 발한다. "추상 개념은 은유 없이는 완전하지 않다. 예를 들어 사랑은 마법, 매력, 미침, 결합, 양육 등에 대한 은유가 없이는 사랑이 아니다."[25] 추상 개념인 '사랑'의 의미를 우리가 알 수 있는 길은 대부분 구체적인 은유 표현을 거침으로써 가능하다. 사랑이 엄마, 연인과 연결되는 명사적 은유로 표현되거나 포근함, 따뜻함을 표현하는 형용사적 은유로 표현되는 경우, 우리는 사랑을 쉽게 알 수 있다. 사랑을 주제로 하는 텍스트 차원의 은유적 이야기를 통해서라면 더욱 구체적으로 알 수 있을 것이다.

대표적인 추상 개념인 신을 우리가 이해할 수 있는 경우도 은유적 표현이 있기 때문에 가능하다. 기독교의 신, 이슬람교의 신, 힌두교의 신에 대해 우리가 아는 것은 그 신들에 대한 은유적인 표현을 통해서다. 예컨대 그리스신화의 주신(主神) 제우스나 게르만신화의 주신 오딘(Odin)은 제우스나 오딘에 관한 신화

---

24) Corsini, Raymond J., & Wedding, Danny (edit), *Current Psychotherapies*, 8th edition, USA: Thomson Brooks/Cole 2008, p. 3.

25) 레이코프, 조지 · 존슨, 마크. 앞의 책, 414쪽.

적 에피소드를 통해서 알 수 있을 뿐이다. 그래서 스토리텔링 치료에서 사랑과 관련된 문제로 마음의 아픔을 느끼는 내담자나 종교적인 문제로 심리적 문제를 안고 있는 내담자를 치료할 때와 같이 추상적인 문제로 고민을 안고 있는 내담자에게는 은유로써 치료적 접근을 하는 것이 좋을 것이다.

은유는 또한 무의식과 관련해서도 의미가 있다. 은유를 통해 무의식에 비교적 쉽게 접근할 수 있기 때문이다.[26] 꿈이 무의식의 표현이라면 은유는 꿈과 유사하다. 꿈은 그 표현이 은유적이다. 연상, 조합, 응축 등을 특징으로 하는 꿈꾸는 과정은 은유가 만들어지는 것과 비슷하다. 은유적 표현에는 무의식이 반영된 경우가 많다. 그래서 무의식의 문제를 안고 있는 내담자를 치료하는 경우 은유를 수단으로 하여 내담자의 무의식에 접근하고, 내담자의 무의식 속 문제들을 표출시킬 수 있을 것이다. 프로이트와 그의 친구 브로이어가 정신분석학의 기점(起點)을 이루었다고도 평가되는 책『히스테리 연구』를 1895년에 출간했는데, 이 책의 기본을 이룬 〈안나 오 양 사례 연구〉에서 우리는 은유의 이런 기능에 주목할 수 있다. 비록 친구 브로이어가 한 임상이었지만 프로이트도 처음부터 잘 알고 있던 이 사례 연구에는 은유적 표현의 치유적 기능이 잘 나타나 있다.

> 그녀의 이야기는 언제나 슬픈 내용이었는데, 그중에서 몇 가지 이야기는 매혹적이었으며, 한스 안데르센의 〈그림 없는 그림책〉 스타일이었다. 짐작컨대 그 책이 모델인 것 같다. 이야기의 처음이나 중요 시점에서는 으레 불안한 마음으로 병상 옆에 앉은 소녀가 등장한다. 다른 주제로 이야기를 꾸미기도 했다. 그녀는 이야기를 끝낸 후 곧 깨어났는데, 확실히 진정된 상태, 혹은 그녀가 이름 붙이길 "편안한(gehäglich)"[27] 상태에 놓였다.[28]

---

26) 쾨벡세스, 졸탄. 앞의 책, 27쪽; 김욱동, 앞의 책, 83쪽.

27) 'gehäglich'는 '편안한'이라는 뜻의 독일어 'behäglich' 대신 안나 오 양이 스스로 만들어 표현한 단어다.

안나는 중병에 걸린 아버지를 불안 속에서 한밤중에 간호하다 섬망 상태에 빠져 무서운 환영을 보게 된 후 몸이 경직되고 신경이 마비되는 고통을 겪기 시작한다. 그래서 팔다리가 마비되고 평소 쓰던 독일어를 잊어버리고 영어로만 말하는 등 여러 가지 장애로 고통을 당하던 그녀는 자주 공상과 자기최면 상태에 빠져들었다.[29] 앞에서 이야기의 처음이나 중요 시점에 으레 등장하는, 불안한 마음으로 병상 옆에 앉아 있는 소녀는 안나 자신의 은유적 표현이고, 그 소녀를 중심으로 한 이야기는 안나의 무의식의 은유적 표현이었다고 할 수 있다. 그녀는 이 상태에서 앞에서와 같이 무의식적으로 은유적 이야기를 함으로써 그런 신체적·정신적 고통에서 벗어나 안정을 찾는 경험을 자주 하게 된다. 그녀가 그런 증상의 원인이 된 "사건에 관해서 이야기하면 증세는 영구히 사라진다. 이런 방식으로 그녀의 마비된 수축과 지각 마비, 여러 시각 장애, 청각 장애, 신경통, 기침, 손 떨림, 그리고 언어 장애가 이야기함으로써 해소되었다."[30] 여기서 그녀가 환상 속에서 안데르센 동화 스타일의 이야기들을 함으로써 치료 효과를 얻었다는 면에서 보면 이것은 '은유적 이야기 치료'라고 불러도 될 것이다. 프로이트가 한 최면, 암시적 압박에 의한 회상, 자유연상 역시 은유적인 것이었다.

한편 무의식까지는 아니더라도 의식 속에 감추어진 욕망을 드러내게 하는 데에도 은유는 유용하다. 의식의 억압과 통제를 회피할 수 있는 우회로를 은유가 제공하기 때문이다. TV 드라마 〈겨울연가〉 제2편에 나오는 이야기 돌려짓

---

28) Breuer, J., & Freud S. (1957), *Studies on Hysteria*, The Standard Edition of The Complete Psychological Works of Sigmund Freud, Translated from the German under the General Editionship of James Strachey, In Collaboration with Anna Freud, Volume II(1893-1895), London: The Hogarth Press and The Institute of Psycho-Analysis, p. 29.

29) 이 부분은 필자가 앞선 논의에서 이미 이야기의 치유적 기능 측면에서 다룬 것을 은유의 치유적 기능 측면에서 다시 논하는 것이다. 이민용(2009. 3.),「이야기와 스토리텔링의 치유적 기능」,『독일언어문학』, 제43집, 231쪽 참고.

30) Breuer, J., & Freud, S. (1957), 앞의 책, p. 53.

기 놀이에서도 이를 알 수 있다. 여기서 준상과 유진은 서로 사랑하는 관계이며 상혁은 유진을, 채린은 준상을 짝사랑하는 관계다. 이들이 산장에 가서 이야기 돌려짓기 놀이를 한다. 이들은 영희와 철수, 민수를 주인공으로 등장시켜 이야기를 만들며 논다. 그런데 이 과정에서 점차 영희는 유진, 철수는 상혁, 민수는 준상으로 은유되면서 준상, 유진, 상혁, 채린은 자신들의 애정 관계를 놀이 속에서 은유적으로 표현한다. 상혁은 철수가 영희에게 하는 태도로써 유진을 언제나 다 받아들이며, 사랑하는 자신의 마음을 표현한다. 한편 채린은 준상을 사이에 놓고 자신과 삼각관계에 있는 유진을 염두에 두고 "민수가 영희를 차 버렸습니다."라고 표현한다. 그리고 유진이 산장에 오기 전에 준상으로부터 받았다고 생각하는 배신의 상처를 이야기 속에서 "영희는 민수가 했던 말이 전부 거짓말이라는 것을 알았습니다."라고 표현하자, 준상은 다시 이야기 속에서 민수가 영희에게 하는 말로 "미안해."라고 말한다. 그런 후 이 은유적 이야기 놀이에서 용기를 얻은 준상은 놀이판에서 먼저 빠져나간 유진을 뒤따라가 '모든 게 오해였다'면서 유진의 심리적 상처를 다독이며 화해를 시도한다. 이 장면과 곧이어 연결되는 장면, 즉 산속에서 길 잃은 유진을 상혁과 준상이 서로 찾으려 경쟁하다 준상이 먼저 유진을 구해 준 장면은 〈겨울연가〉의 전체 구도를 결정하는 아주 중요한 장면들인데, 은유를 통해 효과적으로 표현되고 있다.

　은유는 치료적 전달과 표현에서도 유리하다. 은유는 인간의 신체 경험에서 비롯된 경우가 많다.[31] 그래서 은유적 표현은 인종·국적·언어·문화의 차이를 뛰어넘어 전달될 수 있는 보편성이 있다. 물론 다른 것들과 마찬가지로 은유도 이런 차이들 안에서 이해되어야 하는 경우도 많지만, 이런 당연함을 넘어서 은유가 이런 차이들을 뛰어넘을 수도 있다는 점은 주목할 만하다. 낯선 내담자와 상담가가 만나서 이루어지는 치료적 대화에서 은유적 표현은 서로의 낯섦과 다름을 우회하여 연결할 수 있는 길을 마련해 준다. 스토리텔링 치료의 장점

---

31) 쾨벡세스, 졸탄, 앞의 책, 27쪽.

중 하나가 상담가와 내담자에게 어색하고 대립적인 대면 관계에서 벗어나서 시나 이야기, 연극을 놓고 삼각구도로 같이 접하면서 그 매개를 통해 부드럽게 상담할 기회를 준다고 할 수 있는데, 은유가 여기서 중요한 역할을 할 수 있다.

은유는 앞서 말한 대로 인간의 보편적 신체 경험에서 비롯되는 경우가 많아서, 감성적 표현에도 큰 장점과 힘을 가지고 있다. 사실 시어(詩語)에서 제일 큰 비중을 차지하고 있는 것이 은유다. 우리가 문학작품에서 정신의 황홀감과 같은 어떤 감동을 느낄 때는 은유적 표현에서 비롯된 경우가 많다. 현대인이 가지고 있는 마음의 문제 중에서 상당 부분은 정서적인 것들이다. 우리의 행복감과 불행감은 물질적 차원보다 정서적 차원에서 비롯되는 경우가 많다. 이러한 정서적 문제에 치료적으로 접근할 때 감성적 표현에 유용한 은유의 다리를 통하면 더 쉬울 것이다.

'진리를 좀 더 뚜렷하게, 그리고 논리적으로 전달하려는 도구'로서의 은유에 속하는 것으로 대표적인 것에 의인화가 있다. 홍금자 시인의 시 〈포크레인〉에서도 이것을 확인할 수 있다.

밤새
어둠을 뚫고
비만한 포크레인이
뒤뚱거리며 나온다

거대한 몸집 내세워
헐크의 괴성으로
원시의 땅을 덮는다

키 작은 마을이
아우성을 한다

우린 햇빛을 그리워한다고

만종(晚鐘)의 평화를 사랑한단다.

이 시에는 은유 중에서도 의인법이 주로 표현되어 있다. 포크레인이 사람처럼 거대한 몸집으로 비만하고, 뒤뚱거리며, 헐크의 괴성을 지른다. 마을은 사람처럼 키가 작고 아우성을 친다. 마을이 우리처럼 햇빛을 그리워하고 만종의 평화를 사랑한다. 우리는 이 시에서 땅을 파는 기계로만 알고 있던 포크레인을 통해 재개발의 어두운 면을 생생하게 느끼게 된다. 재개발의 수단이 되는 포크레인이 비만한 몸짓, 어둠의 세력, 탐욕으로 살이 쪄서 제대로 걷지도 못하는 몸집으로 은유적으로 표현된다. 괴물처럼 소리를 높이 지르며 햇볕 따사로운 원시의 땅을 갈아엎고 문명이라는 야만의 그늘을 드리우게 한다. 우리는 키 작은 집들을 쓸어버리고 높은 빌딩을 짓고 가난한 사람들의 삶을 그늘지게 하는 재개발의 어두운 단면을 이런 은유적 표현을 통해 또렷하게 인식하고 느끼게 된다.

김동명의 시 〈내 마음은〉의 한 구절을 보자. "내 마음은 호수요. 그대 저어 오오." 여기서 '마음'이라는 축어적 표현이 '호수'라는 은유적 표현으로 나타나 있다. 호수의 성질을 마음에 연결시킨 표현이다. '내 마음은 호수'라는 표현이 명사적 은유라고 한다면 "그대 저어 오오."에서는 '그대가 나에게 오다'라는 축어적 의미가 '배를 타고 노를 저어오다'라는 동사적 은유의 표현으로 되어 있다. 이런 은유적 표현은 '내 마음은 호수처럼 고요하다'라는 직유와 비교된다. 이 표현에서는 내 마음이 고요하다는 면에서 호수와 같다는 점이 명시적으로 드러난다. 이런 점에서 은유는 직유보다 간접적이고 나앙한 의미를 함축한다. "내 마음은 호수요."라는 은유적 표현에서 마음이 '호수'인 이것은 내 마음이 '호수처럼 고요하다'는 면에서 그럴 수도 있지만, '호수처럼 맑다'는 면에서 그럴 수도 있고, '호수처럼 (배를 띄우고 그 배의 운행에 따라) 물결 진다'는 것을 의미할 수도 있으며, 상황에 따라 '호수처럼 평화롭다 · 아름답다 · 정겹다' 등의 의미를 함축할 수도 있다. 여하튼 자연의 일부인 호수와는 전혀 다른 추상적인 '마음'이 그 어떤 유사한 관점에서 호수와 연결되어 '마음'이 구체적으로 표현되고 그 의미 영역을 넓히고 있는 것이다.

넓은 의미의 은유는 마음의 문제 때문에 고민하고 고통스러워하는 사람에게 자신의 문제를 편하게 직면해서 문제 해결에 나서게 해 준다는 장점도 있다. 직면은 해석과는 다르다. 자신의 심리적 문제에 대한 직면은 그것에 대한 단순한 해석과 달리 불편과 괴로움을 동반한다. 그래서 우리는 알면서도 자신의 문제를 숨기고 회피한다. 이럴 때 자신의 문제 그 자체는 아니지만 이와 유사한 형태로 은유적으로 표현된 것을 다루면 좀 더 쉽게 자신의 문제와 직면할 수 있다. 이런 은유적 모델은 또한 실제 문제를 해결하려고 했을 때 소요되는 시간과 노력을 절약시켜 주는 유익함도 있다. 그리고 그렇게 하다가 실패했을 때 안게 될 물질적·시간적 손해와 좌절감 같은 감정적 손실을 대폭 줄이게 된다. 다른 말로 하면 일종의 심리적 시뮬레이션을 은유를 통해 할 수 있는 것이다. 군대에서 적에 대한 '워 게임(war game)' 시뮬레이션을 통해 실제로 아까운 인명을 잃거나 비싼 전쟁 물자를 허비하는 일 없이 전쟁의 진행과 승패를 점검하고 예측해 보는 것과 같다. 이것 모두 차별적인 둘을 유사성으로 연결하는, 확장된 은유의 치유적 유용성이라고 할 수 있다. 은유의 두 속성, 즉 유사성과 차별성 중에서 유사성 때문에 자신의 심리적 문제를 직면할 수 있지만, 은유의 차별성 덕분에 불편함 없이 편하게 직면할 수 있는 것이다.

넓은 의미의 은유로서, 확장된 은유는 삶의 비유로서 간접체험을 제공할 수도 있다. 소녀들이 연애소설을 많이 읽는 이유도 스스로 경험하고 싶고 언젠가는 겪게 될 사건들을 은유적 작품 속에서 간접적으로 추체험(追體驗)함으로써 사랑과 결혼 등의 여러 문제를 간접적으로 경험하고 해결하는 심리적 훈련을 미리 해 보는 것이라고 할 수 있다.

은유의 치유적 활용 방법

앞 절에서 은유가 갖는 치료적 속성과 기능에 관해서 언급했다. 이를 바탕으로 이곳에서는 은유가 치유적으로 활용되는 경우나 은유를 치유적으로 활용할 수 있는 방법에 관해 구체적으로 논의해 보기로 하자. 우선 앞에서 먼저 말했던 은유의 개척적 측면에 관해 이야기해 보자. 앞에서 우리는 은유가 다른 어떤 것과의 유사성을 찾아내어 이를 매개로 다른 곳으로 나아가는 길을 개척해서 새로운 인식이나 깨달음, 정서를 열어 주는 기능을 한다고 보았다. 이런 점을 살려서 은유를 치유적으로 활용할 수 있을 것이다. 어떤 사람이 힘든 마음의 문제에 빠져서 허우적거리고 벗어날 수 없을 때 그 상황에서 가능한 정서적·인지적 탈출구를 담고 있는 은유적 표현을 활용하여 문제를 분석하게 하고 해결책까지 암시할 수 있을 것이다. 예컨대 세계문학의 고전 〈천일야화〉에서 보면, 샤리야르의 왕은 샤라자드의 이야기를 통해 자신의 심리적 병리 상태를 깨닫고 거기서 벗어난다. 샤라자드의 이야기는 샤리야르 왕의 상태와 관계없어 보이지만 그 속에는 관계된 내용을 담고 있는 경우가 많았다. 아리스토텔레스의 형상질료론이나 미메시스 이론, '언어는 연습'이라고 주장하는 비트겐슈타인(L. Wittgenstein)의 언어관의 경우와 같이 해결책을 은유적 표현 속에 담아 전달하는 것이다. 이것은 특히 은유가 지니고 있는 다의성과 간접성에 힘입은 바가 크다고 할 수 있다.

앞에서 은유는 인간의 신체 경험을 비유적으로 표현한 경우가 대부분이어서 표현에 보편성이 크다고 보았다. 이런 점에서 은유의 일종인 의인법은 치유적으로 많이 활용될 수 있을 것이다. 예컨대 치료에서 무엇보다 중요한 것은 내담자가 가지고 있는 문제, 내담자가 짓눌려 벗어나지 못하는 문제에서 내담자가 벗어나서 성찰하는 것이 중요하다. 이것은 스토리텔링 치료에서 문제를 외재화하는 방법에도 유용하게 활용될 수 있다. 문제를 외재화하는 데는 의인법이 중요하다. 그 문제를 부정적인 인물로 형상화해 격리하거나 공격하게 함으로써 문제를 극복하게 할 수도 있다. 한편 대화에서도 은유적 대화가 중요할 수 있다.

신화시대에도 의인법은 치유적으로 쓰였다. 고대 게르만족은 전투의 공포와 죽음에 대한 두려움을 승리의 신이자 저승낙원의 주재자인 오딘, 혹은 보탄(Wotan) 신에 대한 믿음과 의지로써 진정시킬 수 있었다. 싸움터에서 전사들을 도와주고 용맹하게 싸우다 죽은 전사들의 영혼을 오딘의 천상 낙원 발할로 데려가는 여전사 발키리(Valkyrie, Walküre)의 의인법도 여기에 첨가된다. 한편 천둥과 번개에 대한 두려움은 천둥과 번개의 신 토르에 대한 믿음을 통해 극복되는 효과도 있었다.

어린 아이의 두려움, 공포, 불안을 극복하고 심리적 안도감을 갖도록 하는 데에도 은유를 활용한 치료가 효과적일 수 있다. 혼자 자는 방에서 불안과 공포를 느끼는 아이를 그 방의 벽장 속에 괴물이 살고 있다는 은유적 상상력으로 치유하는 동화책도 있다.[32] 여기서는 아이가 그 괴물을 장난감 총으로 제압하여 친구로 삼고 괴물을 야단치는 상태에 이르러 공포를 극복한다는 내용으로 전개된다.

앞에서 은유는 정서적 측면에서 치유적 기능을 할 수 있고, 보편성의 속성을 통해 치유적 소통에서 유용할 수 있다고 언급했는데, 이런 측면에 은유를 구체적으로 활용하는 방법을 찾아볼 수도 있다. 은유의 일종인 의인법은 자신의 정체성을 표현하고 재정립해서 치료에 들어가는 데에도 중요하다. 그래서 내담자가 자신을 역(逆)의인법으로 나무, 숲, 저금통, 새, 바람 등으로 다양하게 은유적으로 표현하여 자신을 성찰하게 하고, 다른 사람들이 격려하는 피드백으로 힘을 보태 주며, 셰어링(sharing)으로 공감해 주는 방식으로 자존감과 사회에 대한 따뜻한 감정 등을 회복하게 해 줄 수 있다.

---

32) 머서 메이어 글 · 그림, 이현주 역(1994), 『벽장 속의 괴물』, 도서출판 보림.

한편 이러한 의인법을 비롯한 은유는 직접적인 치료뿐만 아니라 진단에도 유용하다. 자신을 나무로 표현하게 하여 정체성을 파악할 수 있고, 집과 사람을 그리게 함으로써 내담자가 처해 있는 상황과 정체성 및 가족관계를 은유적으로 파악하는 방법이다. 미술치료에서는 이것이 'HTP(House-Tree-Person)' 진단법이라고 하여 가장 많이 활용되고 있다. 이러한 자기 정체성 표현은 미술치료에서처럼 그림으로 나타나게 할 수도 있지만, 매체를 다양하게 하여 글이나 말, 행동 등으로 은유적으로 표현하게 할 수도 있다. 예컨대 문학에서는 이것을 SCT검사(문장완성검사), TAT검사(주제통각검사)에서도 활용한다. 은유적으로 표현하게 하기 때문에 직접적으로 조사받는다는 느낌을 받지 않아 저항감을 줄일 수 있고, 은유는 흥미를 유발할 수도 있기 때문에 이를 재미있게 수행할 수 있다.

은유는 NLP(Neurolinguistic Programming, 신경언어 프로그래밍) 치료에서 자신을 둘로 나누어 나뉜 또 하나의 자아가 본래의 자아를 바라보며 평가해 주고 이해해 주며, 두 자아가 서로 대화를 나누게 하는 기법에서도 확인할 수 있다. 이것은 자아라는 추상적인 개념을 은유적으로 구체화해 활용하는 것이라고 할 수 있다.

이러한 기법은 사이코드라마에서도 찾아볼 수 있다. 내담자가 주인공과 주인공의 상대 역할을 번갈아 가며 수행하게 하는 것에서도 알 수 있다. 내담자가 자신을 객관적으로 높은 위치에서 조감하게 하기 위해 의자에 올라가서 내려다보기도 하고 역할을 바꾸기도 한다. 또 이러한 은유 기법은 게슈탈트 심리치료에서도 부분적으로 활용되고 있다.

🕊 은유의 또 다른 측면

지금까지 은유의 개념과 속성을 살펴보고 은유가 치유적으로 활용될 수 있는 이유를 찾아본 후, 구체적으로 은유가 치유적으로 활용되는 방법을 살펴보았다. 그런데 여기서 살펴본 것처럼 은유가 항상 긍정적으로 활용되는 것은 아니다. 아리스토텔레스는 은유를 육류에 집어넣는 조미료에 비유하였다.[33] 양념이 지나치면 음식 본래의 맛을 훼손할 수 있듯이, 은유도 지나치면 본래의 효과를 그르칠 염려가 있다. 은유도 지나치지 않게 적재적소에 잘 활용해야 한다. 은유에서는 원관념보다 보조관념이 더 화려한 경우가 많은데, 이 두 관념이 잘 연결되지 않은 상태에서는 '쳐다보라는 달은 안 보고, 달을 가리키는 손가락만 보는' 경우가 될 가능성도 있기 때문이다.

은유는 긍정적인 면에 못지않게 부정적인 면도 지닌다. 새로운 인식작용을 불러일으킬 뿐만 아니라 그와는 반대로 고루하고 인습적인 생각을 더욱 굳건히 다지는 구실을 하기도 한다. 이것이 진실을 드러내기는커녕 오히려 그것을 감추고 숨겨 버리는 기능을 하기도 한다.[34] 또 은유를 만들 때에는 그 두 단어의 다른 점들은 무시되고 어느 한 가지 유사성만 강조되는 측면에서 오는 한계도 있다. 예를 들어 '동철이는 곰이다'라는 은유적 표현에서 동철이와 곰의 여러 다른 점은 무시되고 '미련하다'는 유사점만 강조되어 부각될 수도 있다. 그래서 은유만이 아닌 직접적이고 분명한 표현이나 개념도 필요한 곳에서는 제대로 사용될 필요가 있다.

그러나 은유는 이 글에서 밝힌 것처럼 유사성과 차별성, 유연성, 구체성, 보편성 등의 기능이 있어서 치유적으로 유용하게 활용될 수 있는 가능성이 많다. 스토리텔링 치료의 관점에서 비유적으로 말하면 은유는 '거짓 미끼로 참된 잉어를 낚는' 것이라고 할 수 있다. 이런 기능들을 잘 고려하여 은유를 치유적으로 활용하는 방법과 프로그램을 개발할 수 있다면 좋을 것이다.

앞 장에서 살펴본 대로 스토리텔링은 스토리를 포함하고, 스토리에는 인물·

---

33) Sieveke, F. G. (1980), *Aristoteles, Rhetorik*, Fink, München, 1406a 참고.
34) 김욱동, 앞의 책, 77-79쪽.

시간·공간·사건 등이 들어 있다. 이런 면에서 보았을 때 스토리텔링은 이것들이 꼭 다 갖춰지지 않아도 성립하는 넓은 개념의 은유보다 더 엄격하고 좁은 개념이면서 이 은유를 구성하는 핵심 부분이다. 그래서 은유를 활용한 치료에서 논의된 부분은 스토리텔링 치료에서도 중요한 내용이 될 수 있을 것이다.

제 2 부

스토리텔링 치료의
원리와 메커니즘

스토리텔링 치료의
치료 요인과 그 적용

제5장

STORY TELLING

🕊 치료적 이야기

우리는 예로부터 이야기를 통해 서로 의사소통을 하고 정보를 얻고 즐거움을 느껴 왔다. 그런가 하면 이야기를 통해 서로 아픔을 위로하며 마음의 문제들을 해결하곤 했다. 원시 시대나 고대는 물론이고 중세까지도 사람들은 지금의 어린아이들처럼 대부분 글도 읽을 줄 몰랐고, 축적된 지식도 많지 않았고, 학문적 개념이나 방법론도 풍부하지 않았다. 이 시기에는 현대의 아이들처럼 이야기를 통해 세상을 배우고 삶의 문제, 심리적 문제를 해결하였다. 다시 말해 우리 인류가 삶의 문제와 심리적 문제를 해결하는 지식과 노하우는 이야기를 통해 역사적으로 계속 축적되어 왔다. 원래 이렇게 치료적 능력이 있던 이야기였기에 이야기는 프로이트 이래로 상담치료에서 중요한 수단(매체)이 되었다. 그리고 여기서 더 나아가 이야기 자체로 전문적인 치료를 하는 방법들이 등장하였으니 내러티브 치료, 스토리텔링 치료, 이야기 치료가 바로 그것이다. 이렇게 치료와 치유에 기여를 해 온 이야기를 전통적으로 제일 많이 다루는 분야가 문학이었고, 이것에 관한 학문이 서사학이다. 그래서 서사학은 테라피의 기본이 되는 학문이다.

지금도 "치료적 이야기는 우리가 날마다 살아가는 삶 안에 있고, 어디에서든 찾을 수 있다."[1] 그래서 이러한 치료적 이야기를 효과적으로 사용하는 이론과 방법론을 개발하는 것이 중요하다. 지금까지 이야기를 치유적으로 활용하는 일은 상담학이나 사회복지학, 간호학 등에서 다루어 왔지만,[2] 이것들은 문학과 서사학의 바깥에서 접근한 연구들이다. 반면에 필자는 이야기를 서사학의 기반에서 치유적으로 활용하기 위해 스토리텔링 치료라는 이름으로 다루어 왔다. 그래서 이 책에서도 지금까지 스토리텔링의 치료적 효과와 그것의 구체적 사례들을 살펴보았고, 스토리텔링 치료에서 중요한 요소들이 무엇인지 논의했다. 필자는 이제 이곳에서 스토리텔링 치료의 주요 치료 원리와 메커니즘에 관해 살펴보려고 한다.

🐛 스토리텔링 치료의 근거

앞에서 스토리텔링이 역사적으로 줄곧 치유적 힘을 가지고 있었고, 또 현대에 와서 스토리텔링 치료로 발전할 수 있는 뿌리를 가지고 있다고 말했다. 그러면 이러한 스토리텔링 치료가 가능하고 그 효과를 나타낼 수 있는 근거는 구체적으로 어디에 있을까? 그 근거는 우선 『시간과 이야기』 3부작으로 유명한 프랑스의 철학자 폴 리쾨르의 철학에서 확인해 볼 수 있다.[3] 우리는 자신의

---

1) 번즈, 조지 편/김춘경, 배선윤 공역(2011), 『이야기로 치유하기: 치료적 은유 활용 사례집』, 학지사, 25쪽.
2) 상담학에서의 연구는 양유성, 박종수, 김춘경의 연구가 있고, 사회복지학에서의 연구는 고미영의 연구가 두드러지고 있다. 자세한 내용은 이 글의 참고문헌 참고.

삶을 자기가 주인공이 되어 다른 사람들과 관계를 맺으며 여러 사건을 만들고 체험해 가는 한 편의 스토리로 이해할 수 있다. 우리는 각자 내면에 자기 스토리(self story)를 마련하고 그 이야기들을 전개시켜 나간다고 할 수 있다. 그래서 우리는 이야기로써 세상을 이해하며 자신을 규정하기도 한다. 리쾨르는 이런 이야기를 통해 사람들이 자신의 정체성을 정립하고 유지한다고 주장한다. 그에 따르면 스토리텔링은 '뮈토스', 즉 플롯을 핵심으로 하는데, 짜임새 있는 이야기는 파편적인 나열 속에 있는 시간과 그 속의 사건들을 의미 있고 가치 있는 것으로 연결시켜 주는 성질이 있어서 스토리를 내면에 가지고 살아가는 사람에게 이야기 정체성(narrative identity)을 제공한다. 스토리텔링에서 뮈토스는 "흩어져 있는 복합적인 사건들을 함께 파악하여 하나의 완전한 전체 스토리로 통합해 낸다. 그리고 이로써 이야기 전반에 수반된 이해 가능한 의미를 체계화한다."[4] 그래서 새로운 이야기를 통해 기존의 이야기 정체성이 바뀔 수 있는 가능성이 있게 되고 이것이 스토리텔링 치료가 가능한 근거가 되는 것이다.

한편 스토리텔링이 치유적 힘을 가질 수 있는 근거는 우리가 내면에 갖고 있는 억압되어 있는 욕망, 원하지만 이루어지지 못한 욕망, 그래서 문제를 야기할 수 있는 욕망들을 스토리텔링 속 인물을 통해 경험하고 해소할 수 있는 점에서

---

3) 이야기 치료의 근거가 되는 리쾨르의 철학은 다음과 같다.

　Ricoeur, P. (1984)[1983], *Time and Narrative*, Volume 1, translated by Kathleen McLaughlin and David Pellauer, Chicago and London : University of Chicago Press.

　Ricoeur, P. (1988)[1985], *Time and Narrative*, Volume 3, translated by Kathleen Blamey and David Pellauer, Chicago and London: University of Chicago Press; 윤성우(2004),『폴 리쾨르의 철학』, 철학의 현실사; 김선하(2007),『리쾨르의 주체와 이야기』, 한국학술정보(주).

　그리고 이에 대해서 필자는 리쾨르의 이야기 해석학의 관점에서 연구한 바 있다. 졸고(2010. 6.),「이야기 해석학과 이야기 치료」,『헤세연구』, 249–273쪽.

4) Ricoeur, P. (1984)[1983] *Time and Narrative*, Volume 1, translated by Kathleen McLaughlin and David Pellauer, Chicago and London: University of Chicago Press, p. x.

도 확인할 수 있다.[5] 우리가 이야기를 찾는 이유 중의 하나가 이야기 속의 인물을 통해 자신의 소망과 욕망이 실현되는 느낌을 좋아하고 거기서 어떤 만족감과 위안, 용기, 깨달음을 얻기 때문인 경우가 많다. 르네 지라르는 '욕망의 삼각형 이론'을 펼치면서, 독자가 『돈키호테』를 읽는다는 것은 이를 통해 자신의 나르시시즘을 해소하는 과정이라고 했다. 일본의 중년 여성들이 한국의 드라마 〈겨울연가〉를 시청한 후 한국에까지 찾아와 그 감동의 여운을 마음 속 깊이 느끼려 한 것은 현대의 각박한 현실 속에서 이루기 어려운 순수한 사랑에 대한 갈망이 〈겨울연가〉라는 스토리텔링 작품 속 두 주인공의 사랑 이야기에서 간접적으로 해소되는 것을 느꼈기 때문일 것이다.

그런가 하면 스토리텔링 치료의 근거는 뇌과학으로도 설명될 수 있다. 인간의 "뇌는 현실과 상상을 구분하지 못한다. 상상할 때와 직접 사물을 관찰할 때 사용하는 뇌 기관은 비슷하고 어떤 동작에 대해 상상했을 때 뇌에서 적용되는 부분도 실제 그 동작을 취했을 때 일어나는 현상과 겹친다. 바로 이것이 정신 훈련의 가장 기본적인 것이다."[6] 그래서 상상의 것으로 현실에서 효과를 낼 수도 있다. 스토리텔링으로 그려진 상상의 구조물은 현실의 것과 비슷한 구조로 되어 있다. 그래서 스토리텔링은 현실과 유사한 이미지와 감정을 우리의 뇌에서 만들어 내고 이를 통해 현실의 그것과 비슷한 효과를 나타낼 수 있다. 『마음: KBS 특별기획 다큐멘터리』에서는 일본의 여자 세계 마라톤 선수권 대회 우승자, 역도와 유도에서 올림픽 금메달을 수상한 한국 국가대표 선수들이 경기 준비에서 경기 상황, 우승 후의 금메달 수상 장면까지 이미지 트레이닝을 하여 실제로도 우승한 사례를 보여 주고, 상상으로 의자를 들어올리는 훈련만으로도 실제 팔의 근육이 강화된 연구 사례도 제시하고 있다. 이미지 트레이닝은 상상의 스토리텔링, 즉 스토리텔링 시뮬레이션이라고 할 수 있다. 이것은 의료

---

5) 최예정, 김성룡(2005), 『스토리텔링과 내러티브』, 도서출판 글누림, 144-147쪽.
6) 이영돈(2006), 『마음: KBS 특별기획 다큐멘터리』, 예담, 345쪽.

계에서 이미 많이 증명된 위약(僞藥) 효과, 즉 긍정적인 플라시보 효과(placebo effect)와 부정적인 노시보 효과(nocebo effect)와도 연관되는 것이기도 하고, 교육심리학에서 연구된 로젠탈 효과(Rosenthal effect)[7]로도 증명된다. 또 덩치 큰 코끼리가 말뚝에 묶인 채 도망갈 생각을 하지 않는 것은 어린 시절 말뚝에 묶였을 때 머릿속에 박힌 도망갈 수 없다는 생각의 족쇄가 덩치가 엄청나게 큰 어른 코끼리가 되어서도 실제 행동의 족쇄로 나타난 것이기 때문이다. 즉, 상상의 스토리텔링으로 된 행동의 한계를 코끼리의 뇌에 심어 둔 것이다. 용맹한 개로 만들기 위해서는 어려서 훈련시킬 때부터 절대 때려서는 안 되고, 그래서 인간에 대한 두려움 자체를 모르게 훈련시켜야 한다는 것도 뇌에 심어지는 스토리의 힘을 현실에 적용한 것이라고 할 수 있다. 이 상상의 힘을 가장 많이 이용하고 있는 분야가 문학과 예술이고 스토리텔링이라고 할 수 있다. 이것들은 현실을 구체적으로 모방하여 형상화하는 것이기 때문이다.

한편 우리는 두뇌의 해마에 있는 기억 세포를 통해서 기억 활동을 하는데, 이때 의미 있는 기억들을 연결해서 의미와 가치를 찾도록 할 수 있다. 그리고 영상이나 행동, 글로 표현된 스토리텔링은 우리의 뇌에 있는 거울신경세포(mirror neuron)의 활동을 통해 모델링의 기능을 해서 의미 있는 모델에 공감하고 영향을 받을 수도 있다. 스토리텔링 작품을 통해 우리가 공감하고 모방하고 그것에 영향을 받을 수 있는 것은 뇌에 있는 이 거울신경세포의 활동 때문이라는 것이다.[8]

---

7) 혹은 피그말리온 효과(Pygmalion effect)라고도 하는 것으로서 타인의 관심과 기대에 따라 자신의 성과가 좋아진다는 이론이다. 교육심리학에서 교사의 기대와 관심에 따라 학생의 성적이 향상될 수 있다는 연구 내용이 로젠탈 효과다. 임의적으로 학생 집단을 선정해 지능지수가 좋다고 통보했더니 그 학생들의 성적이 올랐다는 연구에 근거한 이론이다. 피그말리온 효과는 그리스신화에서 키프로스의 왕 피그말리온이 자신이 조각한 여인상을 사랑하고 극진하게 대하자 여신 아프로디테가 도와주어서 그 조각상이 실제로 여인 갈라테이아로 변하게 되었다는 이야기에서 비롯되었다.
8) 바우어, 요아힘/이미옥 역(2006), 『공감의 심리학』, 에코리브르, 25-47쪽.

🐦 스토리텔링 치료의 원리 혹은 치료적 요인

필자는 이미 이 책의 앞 장에서 스토리텔링 치료에서 중요한 서사의 구성 요소들을 밝히고, 그것들이 문제적 상황 속에서 해결책을 고민하는 사람들에게 적용되는 양상에 대해 다루었다. 여기에서는 앞에서 살펴본 스토리텔링 치료의 근거 위에서 이것들이 구체적으로 치료 효과를 어떻게 발휘하게 되는지, 그 치료 원리들이 무엇인지, 그것들이 어떻게 치료 원리로 실현되는지 그 양상을 살펴보기로 한다.

동일화/동일시

스토리텔링이 치료적 효과를 발휘하는 원리는 여러 측면에서 살펴볼 수 있다. 그런데 그 원리들은 일반 심리상담치료나 문학치료, 예술치료, 스토리텔링 치료 등에서 공통으로 확인되는 어떤 것도 있고, 스토리텔링 치료에 고유한 것들도 있다. 이러한 것 중의 하나로 우선 이야기 수용자가 이야기 속 내용과 자신의 상황을 비슷한 것으로 여기고 심리적 유대감을 느끼는 '동일시(identification)' 혹은 '동일화'의 원리를 들 수 있다. 동일시는 독자나 청자·시청자·관객이 이야기 속 인물·사건·상황에 감정이입하고 몰입하는 과정을 통해서 많이 이루어진다. 허재홍은 다음과 같이 말한다. "동일시란 다른 사람의 일부를 자기 내면에 받아들이는 것으로 이로 인해 나 자신이 받아들인 외부 인물과 유사해지는 것을 말한다."[9] 보통 개인상담 심리치료에서 동일시는 내담자가 치료자와 자신을 동일시하는 현상을 말하지만, 집단상담에서는 동일시의 대상이 치료자뿐만 아니라 다른 집단원이 되기도 한다. 치료 초기에 치료 동맹을 맺는 과정에

---

9) 허재홍(2009), 「심리치료의 치료요인과 인문치료 방법론」, 『인문치료』, 강원대학교 인문치료사업단, 221쪽.

서 이것은 치료자의 따스하고 수용적인 태도와 함께 필수불가결한 요소다. 실증연구에서도 동일시가 치료에 도움이 된다는 연구는 일관되게 나온다.[10] 이런 동일시를 통해 내담자들은 자신의 잘못된 가치를 버리고 새로운 가치를 받아들인다. 그리고 치료자와 치료적 내용에 쉽게 라포가 형성되고 공감할 수 있으며, 마음의 위로나 위안을 느낄 수 있다. 그리고 이를 통해 욕망이 대리만족되고 해소될 수도 있으며, 주인공의 해결책을 더 쉽게 수용할 수 있다. 또한 이것은 다른 치료 원리가 가능하게 하는 토대를 마련해 주기도 한다.

그런데 스토리텔링 치료에서 동일시의 경우 이렇게 실제 치료자나 집단상담 참석자들을 자신과 동일시하는 것뿐만 아니라 스토리텔링 속의 인물과 상황에서 느끼는 동일시가 더 중요하다. 스토리텔링을 접하면서 우리는 스토리 속의 인물이 우리와 같은 인간이고 생물체라는 점에서 동일시할 수 있는 기본을 발견하게 된다. 이때 그 인물이 자신과 비슷한 인물일 경우 주인공의 상황과 감정 등을 쉽게 자신의 것으로 느끼고 거기에 몰입하게 된다. 그래서 같이 슬퍼하고 기뻐하는 감정을 나누게 된다. 그럼으로써 주인공의 문제가 자신의 문제로 느껴지고 주인공의 성공과 실패가 자신의 그것으로 느껴진다. 이를 통해 감정이입과 동병상련, 대리만족 등이 가능하다. 스토리에는 인물이 있어서 논증, 설명, 묘사에서와는 달리 우리는 쉽게 스토리의 주인공에 자신의 감정을 이입시켜 동일시의 감정을 느낄 수 있다. 비슷한 인물이 비슷한 여건에서 비슷한 사건을 경험해 갈 때 그 스토리를 접하는 독자나 청자, 관객은 그 내용에 관심을 쏟고 감정을 기울이게 되면서 자신을 스토리 속으로 몰입시키게 된다. 그러면서 자신을 스토리 속의 인물과 상황과 일치시킨다. 이러한 과정을 통해서 우리는 자신의 마음의 문제들을 스토리 속 인물의 그것과 동일시하게 된다. 이것은 내담자의 감정 상태와 비슷한 정조의 음악이나 시 등으로 치료하는 요법으로서, 음악치료에서 비롯되어 문학치료에서도 많이 사용되는 동류 요법의 원칙

10) 앞의 책, 221f쪽.

(Iso-Prinzip)과도 연관이 있다.[11]

한편 '동일화'는 이야기를 구성하는 차원에서 이야기 수용자의 인물·사건·시간·공간 등에 맞게 스토리텔링의 요소를 비슷하게 하는 것을 말하기도 한다. 동일시의 원리를 잘 실현시키기 위해서는 스토리텔링의 인물이 독자나 청자·청중·시청자·관객과 나이나 상황, 성격, 이해 등에서 코드가 서로 잘 맞을 필요가 있다. 즉, 동일화가 필요하다. 도리스 브렛(Doris Brett)은 스토리텔링을 통해 야뇨증, 따돌림, 불안 등을 치료하는 이야기를 만들 때에 나이, 성별, 가족 관계 등의 면에서 스토리텔링 속 인물을 이야기 수용자와 비슷하게 일치시키고 있다.[12] 이때 동일시는 인물뿐만 아니라 사건, 모티프, 시공간의 배경 및 분위기 등을 통해 이루어진다. 그러나 정확한 동일화는 오히려 스토리텔링의 장점인 내담자가 갖는 안도감과 편안함을 해칠 수도 있다. 정확한 일치를 통한 동일시보다는 비슷한 수준의 동일화가 더 효과적일 때도 있다.

카타르시스 혹은 감정 배출

카타르시스(catharsis)는 아리스토텔레스가 그의 『시학』에서[13] 비극의 원리나 효과로 강조한 이후 오랫동안 논의되었던 스토리텔링 효과의 원리이자 효과 그 자체라고 볼 수 있다. 그런데 이것이 치료적 베이스에서 다른 치료 요인과 연계되어 작용하면 스토리텔링 치료의 치료 요인이 될 수 있다. 우리는 이따금 잘 만들어진 스토리텔링 작품에서 내면의 문제 감정이 다 배출(ventilation)되고 해소되면서 정화되는 느낌을 갖는다. 스토리텔링 작품을 접하며 같이 울고 웃고 애통해하는 사이에 증오, 분노, 억울함, 복수심, 슬픔 등의 감정이 해소되

---

11) Leedy, Jack J. (2005), Prinzipien der Poesietherapie. in: Petzold, Hilarion G./Orth, Ilse (Hgg.), *Poesie und Therapie. Über die Heilkraft der Sprache*, Bielefeld und Locarno: Aisthesis Verlag, S. 243f.

12) 브렛, 도리스/김인옥 역(2009), 『은유적 이야기치료』, 여문각, 42쪽.

13) 아리스토텔레스, 『시학』 제6장, 1449b20~1450b20.

고 정화되는 느낌을 갖게 되는 경우가 많다. 일찍이 카타르시스의 이런 효과는 프로이트의 친구 브로이어가 주도하고 프로이트도 잘 알고 있던 안나 오 양의 치료 과정에서 그녀에 의해 '굴뚝 청소(chimney sweeping)' 효과로 인정받기도 하였다.[14] 카타르시스는 앞서 말한 동일시 원리와도 연계되어 주인공의 죽음이나 비극 등을 접하면서 발생할 수 있다. 그런데 이러한 카타르시스가 치료 원리로서 그 효과를 충분히 보일 수 있는지에 관해서는 논란이 있는 편이다. 단독으로 치료 원리의 기능을 한다기보다는 보조적인 기능을 하는 것으로 보기도 한다.[15] 그래서 카타르시스는 감정의 정화에 이어 인식의 변화, 신념의 변화와 같은 치료적 변화가 동일화, 보편화, 객관화, 통찰 등의 다른 치료 원리들로 이어졌을 때 효과적인 치료 원리로 작동된다고 볼 수 있다. 이러한 카타르시스 효과를 위해서는 특히 인물, 사건, 모티프, 시점, 관점 등이 동일화·동일시 요인의 작용을 유도해서 스토리텔링의 내용에 몰입하도록 하는 방식으로 이루어져야 한다. 베르톨트 브레히트(Bertolt Brecht)의 서사극에서처럼 시점이나 관점 등에서 관객에게 생소화 감정을 불러일으키도록 해서는 안 된다.

보편화와 상대화

스토리텔링 치료에서 보편화(universalizing)의 원리는 자신의 상황적·심리적 문제가 오직 자신에게만 해당하는 문제라고 생각하고 그 문제를 지나치게 심각하게 여기어 그 문제에 빠져 심리적 고통에 휩싸여 있는 내담자에게, 내담자만이 아니라 다른 여러 사람도 그런 문제로 고민했거나 고민하고 있거나 또

---

14) Breuer, J., & Freud, S. (1957), *Studies on Hysteria*, The Standard Edition of The Complete Psychological Works of Sigmund Freud, Translated from the German under the General Editionship of James Strachey, In Collaboration with Anna Freud, Volume II(1893-1895), London: The Hogarth Press and The Institute of Psycho-Analysis, p. 29.

15) 허재홍, 앞의 책, 218f쪽.

고민하게 될 수 있다는 사실을 환기시킴으로써 내담자가 자신이 생각하는 것
보다 그 문제가 치명적이지 않고 다른 사람도 함께 고민하고 있는 것이라는 사
실에 안도감과 위안을 느끼게 하고, 그 문제에 물들지 않은 자신의 다른 건강한
심리적 자원에 눈을 돌려 그것으로써 자신의 문제에서 벗어날 수 있도록 하는
것이다.

보편화의 원리는 내담자의 문제를 내담자 자신과 분리시켜 객관화하는 데에
도 아주 중요하게 작용한다. 그리고 이를 통해 상대화(relativization, taking easy)
도 가능하다. 상대화를 통해 문제를 상대방의 관점과 입장에서도 보고 문제를
대하는 심리적 거리도 조절할 수 있게 된다. 그래서 이것은 심리적 문제에 고통
을 겪고 있는 내담자에게 '사람이 문제가 아니라 그 문제가 바로 문제'라는 사실
을 환기시킴으로써 사람 안에서 치료의 자원을 끌어오기 위해 꼭 필요한 원리
라고 할 수 있다. 허재홍은 이것을 '보편성'이라고 규정하고 "여러 실증 연구에
서 보편성은 매우 중요한 치료 요인이라는 사실을 시사하고 있으나 이들 연구
의 방법론상 문제로 아직 치료 성과에 도움이 된다고 확실히 말하기는 어려운
상태다."라고 말한다.[16] 그러나 적어도 내담자의 심리적 문제를 그에게서 분리
해서 객관화하기 위해서는 이러한 보편화가 필요한 것은 사실이고, 이것이 치
료의 출발이라고 할 것이다.

스토리텔링 치료에서 보편화는 스토리텔링의 고유한 특성에서 얼마든지 가
능하다. 스토리텔링을 통해 상담자는 내담자에게 상상력에 의한 수많은 인물
과 사건, 모티프, 문제적 사건들을 제공할 수 있다. 그래서 내담자가 안고 있는
문제와 비슷한 내용의 스토리를 그와 다른 인물의 이야기로 제공하면 내담자
는 자신의 문제를 보편화함으로써, 궁지에 빠져 문제에 스스로 짓눌려 있던 심
리상태에서 벗어날 수 있다. 〈천일야화(아라비안나이트)〉에서 샤리야르 왕이
왕비의 불륜을 보고 느낀 수치심과 분노 때문에 받은 마음의 상처를 그 나라의

---

16) 허재홍, 앞의 책, 222쪽.

무고한 처녀들을 욕보이고 죽이는 것으로 풀던 심리적 병리 상태에서 벗어날 수 있었던 것은 샤라자드가 천하룻밤 동안 해 준 이야기에 자신과 비슷한 일을 당한 남자들의 이야기가 많았기 때문이기도 했다. 왕은 그녀의 이야기를 통해 자신의 문제를 보편화함으로써 수치심과 분노에 휩싸여 무고한 처녀들에 대한 복수만을 외곬으로 생각하던 것에서 벗어나 자신과 비슷한 일을 당한 수많은 남자의 경우에도 눈을 돌려 그 문제의 질곡에서 벗어날 수 있었던 것이다.[17)]

물론 이 보편화는 요즘 치료 방법으로 큰 세력을 얻고 있는 NLP의 메타이론에서 세 가지 핵심 원리로서 일반화(generalization), 삭제(deletion), 왜곡(distortion)이 잘못되었을 때 의사소통이나 현실인식에 문제가 생긴다고 지적하는 것처럼, 잘못된 방향으로 이루어졌을 때는 해결해야 할 문제를 희석시켜서 문제가 문제인 이유를 망각하게 할 수도 있어서 해결책을 무망하게 할 수도 있을 것이다. 〈천일야화〉의 샤리야르 왕도 왕비 한 사람의 음탕함과 배신을 일반 처녀들 모두의 그것으로 보편화해서 무고한 처녀들을 죽인다. 잘못된 보편화를 한 셈이다. 그래서 스토리텔링 치료에서 보편화 원리를 작동시킬 때도 치료자 본연의 촉매 역할이나 조종 역할이 적절히 필요할 것이다.

이 보편화의 요인이 스토리텔링 치료에서 잘 이루어지게 하려면 우선 스토리텔링의 서사 요소 중에서도 사건과 일부 모티프 등이 동일화의 요인을 잘 작동시키도록, 이야기를 듣는 사람의 문제적 사건 및 모티프와 비슷하게 구성되어야 할 것이다. 예컨대 샤리야르 왕에게 배우자의 간통과 배신으로 고통 받는 사람의 이야기가 전달되어야지, 재산 문제로 형제 간에 갈등이 빚어지는 사건에

---

17) 이 효과는 〈천일야화(아라비안나이트)〉에서 샤리야르 왕의 동생 샤자만 왕에게서 먼저 확인된다. 그는 자신의 왕비가 불륜을 저지르는 현장을 목격하고 그 남녀를 죽인 후 형의 나라로 가서도 크게 상심하여 식음을 전폐하며 중병에 걸린 것처럼 힘들었으나, 자신보다 뛰어난 형님도 형수로부터 배신당하는 장면을 목격하고 나서는 심리적 고통에서 많이 벗어나게 된다. 이 경우 직접적인 경험으로 이루어진 효과라는 면에서 이 보편화 원리는 현실의 내러티브와 픽션의 형상적 내러티브 모두에 의해 작용하는 치료적 요인이라고 할 수 있다.

탐욕과 복수, 파멸의 모티프가 엮인 이야기를 전달하면 치료적 효과는 없을 것이다. 그러나 한편으로 보편화의 요인이 진정한 치료 요인으로서 효과를 발휘하려면 인물과 일부 모티프의 구성에서 동일화의 원리를 벗어나 다른 해결책을 마련한 인물과 다른 해결책으로 나아가는 모티프로 구성된 이야기를 전달하고 객관화, 모델링, 통찰 등의 치료 요인과 연계되도록 하는 것이 필요하다.

객관화

객관화(objectification, objectifying)의 원리는 앞서 얘기한 동일시의 원리와는 대비되는 것으로서 문제를 객관화하여 보는 것이다. 이것은 보편화와도 서로 연결된다. 내담자는 자신의 문제와 비슷한 이야기를 듣는 과정에서 자신의 문제와 스토리 속의 문제를 비교하면서 객관적으로 자신의 문제를 볼 기회를 갖는다. 이러한 객관화를 통해 통찰을 얻을 수 있고 문제의 해결책을 객관적으로 찾을 수 있다. 스토리텔링 치료에서 이러한 객관화의 원리를 실현시키는 방법은 여러 가지가 있다. 우선 인칭을 변화시킴으로써 객관화를 할 수 있다. 1인칭 주인공의 문제로 표현된 것을 2인칭 상대방의 문제나 3인칭 제삼자의 문제로 표현해 보면 자신의 문제가 객관화되어 보이게 된다. 이것은 시점 및 관점과도 연관된다. 1인칭 주인공 시점의 문제를 3인칭 관찰자의 시점으로 보면 문제가 훨씬 객관적으로 보일 수 있다. 관점도 자신의 심리적 문제를 좁은 시야로 보는 것이 아니라 상대적으로 넓게 조감하는 관점으로 보거나, 지금까지 보아 오던 방향과는 달리 문제의 옆이나 뒤의 방향에서 다른 관점으로 보면 심리적 문제가 훨씬 객관적으로 보일 것이다. 이것은 문제에 대한 심리적 거리의 치유적 변용을 통해서도 가능하다. 바로 코앞에 있는 문제가 아니라 저 먼 곳의 문제로 상대화해서 보았을 때 문제가 훨씬 객관적으로 보일 것이다.

시간과 공간의 변용을 통해서도 객관화의 원리를 실현시킬 수 있다. 자신이 처한 심리적 문제를 현재의 문제가 아닌 과거의 문제, 미래의 문제로 옮겨서 객관화할 수도 있고, 여기의 문제가 아닌 다른 곳의 문제로 옮겨서 생각할 수 있으며, 이곳의 문제를 다른 곳에서 바라보는 방식으로 객관적으로 볼 수도 있을 것이다. 한편 내담자는 자신의 문제를 담은 스토리를 말, 그림, 몸짓, 영화, 만화 등의 여러 스토리텔링 매체로 표현하면 그 과정에서 자신의 문제를 객관화하는 기회를 가질 수도 있다. 이렇게 객관화 원리는 스토리텔링 요소의 치유적 변용을 통해 원래의 것에서 다른 것으로 바꾸어 보고 변화시키는 과정을 통해 실현시킬 수 있다. 그런가 하면 객관화는 이렇게 변화된 인칭, 시점, 관점, 거리감 등의 스토리를 놓고 내담자와 치료자가 상담하는 과정에서 얻어질 수도 있다. 이런 점에서 브레히트의 서사극에서 시점이나 관점 등에서 관객에게 생소화 감정을 불러일으키도록 하는 것은 스토리텔링 치료에서도 매체 표현의 측면뿐만 아니라 기법 면에서도 고려의 대상으로 삼을 만하다.

주체험과 대리 학습

우리는 마음의 문제에서 어떻게 벗어나야 할지 아직 경험해 보지 못해서 쩔쩔매고 고민하는 경우가 많다. 마음의 고통을 야기하는 문제를 실제로 어떻게든 경험해 보면 해결책이 떠오를 수 있는 경우에도 현실적인 한계 때문에 실제로 그렇게 할 수 없는 경우가 많다. 특히 소년기나 청소년기, 청년기에 많이 고민하는 발달 단계의 심리적 문제들은 더욱 그렇다. 인간은 몸을 지닌 존재로서 몸에 갇혀 있고, 시간적·공간적 한계를 지니고 사는 운명이다. 인간은 하나의 인생을 한 번밖에 살 수 없다. 그래서 아직 경험해 보지 못해서 문제의 해결책을 찾지 못하는 경우가 생기는 것이다. 그런데 우리는 스토리텔링 속 인물들을 통해 대신 경험하고 대리 학습(vicarious learning)함으로써 심리적 문제들을 해결할 수도 있다. 우리가 존재론적으로 이야기를 필요로 하고 이야기를 하면서 사는 '호모 나랜스(이야기하는 사람)'인 이유가 여기에 있다. 여기서 우리는 스토리텔링 치료의 근거를 발견하고 스토리텔링 치료의 길을 확인할 수 있다. 예컨대 대표적인 것이 사랑의 문제다. 사랑과 결혼은 인생이 걸린 문제이고 삶의 행복을 좌우하는 큰 문제다. 우리는 이것을 스토리텔링을 통해 전통적으로, 그리고 개인적으로는 소년소녀 시절부터 추체험하며 대리 학습을 해 왔다.

스토리텔링 치료에서 중요한 것이 사랑의 문제만은 아니다. 우리가 안고 있는 많은 마음의 문제에 대한 이야기를 이미 있는 것 중에서 찾아서 제공하거나, 맞춤식으로 만들어 제공할 수도 있을 것이다. 대리 학습은 스토리텔링 치료가 아닌 일반 심리상담치료에서도 치료사나 집단상담 중의 동료 내담자가 자신과 비슷한 문제를 가지고 해결책을 찾는 것을 보고 내담자가 그것을 자신의 문제에 적용하여 그 문제에서 벗어나는 경우도 많다. 스토리텔링 치료는 이러한 원리를 스토리텔링 요소의 치유적 활용으로 실현시켜 수많은 스토리텔링 이야기로 확장하는 것이라고 할 수 있다.

대안 제시 혹은 해결책의 모델링

스토리텔링을 통해 구체적으로 문제에 대한 다양한 대안이 제공될 수도 있다. 대리 학습이 스토리텔링에서 이야기를 듣는 사람이 스토리텔링을 통해 자발적이고 적극적으로 문제의 해결책을 찾는 행위라면, 대안 제시(suggestion for an alternative)는 치료적 대안이 치료자나 이야기 서술자에 의해 스토리텔링 속에 구체적으로 제시되는 것을 말한다. 심리적 문제를 안고 있으나 그 해결책을 모르는 내담자에게 해결책을 비유적으로 담은 이야기를 들려줄 수 있다. 고구려의 감옥에 투옥되어 목숨이 위태로운 지경에서 고민에 빠진 신라의 사신 김춘추에게 그 해결책을 넌지시 토끼와 자라의 우화로 알려 준 고구려 관리 선도해의 스토리텔링이 그 한 예다.[18] 이것은 창의적 이야기로 아이들의 심리적 문

---

18) 김부식, 『삼국사기』, 제41권, 열전 제1권, 김유신(상); 김부식 저/성낙수 외 편(2007), 『삼국사기 열전』, 신원문화사, 14–18쪽.

제를 해결하는 도리스 브렛의 경우에서도 사례를 많이 찾을 수 있다.[19] 이러한 경우들은 해결책을 모델로 제시해서 그것을 모방하고 창의적으로 변형시키도록 하는 것이다. 이러한 모델링(modeling)이 치유적 요인일 수 있다는 것은 심리학자 레이먼드 코르시니도 언급하고 있는 것이다.[20]

일반적으로 치료적 이야기에서 공식처럼 제시되는 긍정적인 결말 제시도 구체적인 대안 제시까지는 아니지만 이것의 연장선상에 있다고 보아야 할 것이다. 내담자는 치료자의 상담 인도나 치료의 이론이 주는 희망에 근거해서, 그리고 다른 내담자가 나아지는 것을 보고 자신도 치료될 희망을 갖고 그 의지를 굳게 다지는 것이 필요하다. 이러한 희망의 모델링은 개인상담과 집단상담에서 모두 중요한 치료원리로 작용할 수 있고, 치료의 조기 중단을 막는 원리이기도 하다. 이것은 개인상담보다는 집단상담에서 더욱 효과를 보기도 한다. 그래서 스토리텔링 치료에서는 스토리텔링 치료에 활용되는 이야기를 해피엔딩이나 희망을 고취하는 결말로 만듦으로써 내담자에게 치료될 희망을 고취하고 자발적 치료 의지를 강화하게 된다. 스토리텔링 치료 요소에서 플롯의 활용이 중요한 이유가 여기에 있다.

통찰

통찰(insight) 혹은 깨달음 역시 일반 심리치료의 원리이기도 하다. 여기서 "통찰이란 내담자가 자신의 행동이나 동기, 또는 무의식에 있던 것에 대하여 중요한 무언가를 발견하는 것을 말한다."[21] 내담자는 대개 개인상담에서는 상담자를 통해서, 집단상담에서는 상담자나 다른 집단상담의 참여자에게서 통찰을

---

19) 브렛, 도리스/김인옥 역, 앞의 책, 47쪽.

20) Corsini, Raymond J., & Wedding, Danny (edit)(2008), *Current Psychotherapies*, 8th edition, USA: Thomson Brooks/Cole, p. 9.

21) 허재홍, 앞의 책, 229쪽.

얻고 훈습을 하게 됨으로써 자신의 심리적 문제에서 벗어나게 된다.

그런데 스토리텔링 치료에서는 내담자가 스토리텔링 치료를 하는 상담자나 거기에 참여하는 집단상담의 참여자에게서도 통찰을 얻지만, 스토리텔링 작품 속의 인물이나 사건을 통해서도 통찰을 얻을 수 있다는 점이 다르다. 이때 내담자에게 깨달음을 주기 위한 의도로 이에 적합한 스토리가 선택되거나 만들어져 제공된다. 〈천일야화(아라비안나이트)〉에서 샤리야르 왕이 샤라자드가 천하룻밤 동안 해 준 이야기를 듣고 자신의 행적에 대해 잘못을 깨닫고 무고한 처녀들을 욕보이고 죽이는 악행을 더 이상 하지 않는 것은 그에게 이 통찰의 원리가 작동한 것이라고 할 수 있다.

이러한 통찰은 두 방향으로 이루어질 수 있다. 스토리텔링 작품 속 인물의 인칭, 시점, 관점, 거리 등을 통해 내담자로 하여금 자신의 문제에 대한 시점, 관점, 거리감 등을 달리하도록 유도해서 자신의 문제에 대한 통찰을 이끌어 내도록 하는 것이 그 하나라면, 상담자가 내담자의 자기 스토리를 분석해서 그 속의 인칭, 시점, 관점, 거리 등을 치료적으로 바꿀 수 있도록 플롯을 재구성하게끔 상담하는 것이 또 하나의 방향이다.

🐦 스토리텔링 치료의 메커니즘과 실제

스토리텔링 치료의 메커니즘

지금까지 스토리텔링 치료의 이론적 근거와 치료 요인에 대해 살펴보았다. 그러면 스토리텔링 치료가 이루어지는 메커니즘은 무엇인가? 원론적으로 얘기하면 이것은 스토리텔링 치료의 근거에 기초해서 그 원리나 치료적 요인을 실현시키는 방법, 즉 스토리텔링 치료의 원리가 실현될 수 있도록 스토리텔링 요소를 치유적으로 실행시키는 방법으로, 내담자가 품고 있는 문제에 물든 내면의 스토리(I-story)를 건강한 대안적인 스토리(alternative story)로 바꾸어 주는 것이다.

이러한 과정은 몇 단계로 나누어 이루어진다. 그 첫 단계는 내담자의 스토리텔링(story-telling) 단계다. 여기서는 내담자가 자신의 문제적 상황을 얘기하며 그 상황에 물든 자신의 내면의 스토리를 밝힌다. 둘째 단계는 치료자 주도의 상호적 스토리텔링(mutual storytelling) 혹은 리스토리텔링(re-stroytelling) 단계다. 치료자는 내담자의 스토리텔링을 접하고 문제적 스토리를 해결할 새로운 스토리를 구상하며 스토리텔링을 주고받는다. 이 단계에서는 동일화와 카타르시스, 보편화, 객관화가 주된 치료 요인이 될 수 있을 것이다. 셋째 단계는 치료적 스토리텔링 모색의 단계로서 새롭고 건강한 스토리를 만들어 가는 스토리 빌딩(story-building)의 단계다. 여기서는 내담자의 스토리에서 문제가 된 서사 요소를 추출해서 치유적 변용을 통해 건강한 서사 요소로 대체한다. 이때 스토리텔링 치료의 원리가 실현될 수 있도록 스토리텔링의 핵심 요소들을 변용시킨다. 플롯을 새롭게 구상하고 인칭, 모티프, 시점, 관점, 어조ㆍ음조(tone) 등을 치유적으로 바꾼다. 이러한 작업은 보편화, 객관화, 대리 학습, 대안 제시, 통찰 등의 치료적 요인이 관철되는 방식으로 이루어져야 한다. 다른 한편으로는 내담자 안에서 문제에 물들지 않은 내면의 다른 서사 요소와 자기 스토리를 찾는다. 넷째 단계는 대안적 스토리의 리텔링(retelling)과 건강한 내러티브 운용 능력의 강화 단계다. 내담자의 문제적 내면 스토리를 치료적 대안 스토리로 대체하고 그것을 내담자에게 체계적 둔감법, 자기최면, 긍정적 자기 다짐의 혼잣말과 같은 여러 가지 스토리텔링 치료 기법을 통해 심어 준다. 여기서는 동일화, 대리 학습, 통찰 등의 치료적 요인들이 힘을 발휘하게 될 것이다. 그런데 이러한 단계들은 매 단계가 명시적으로 구분되지 않고 잠재적으로 진행되어 겉보기에 뚜렷한 구분 없이 이루어질 수도 있다.

이러한 과정은 일반적인 문학치료에서와 마찬가지로 두 가지 방식, 즉 생산적 방식과 수용적 방식으로 이루어질 수 있다.[22] 생산적 방식은 상담자 직접 개

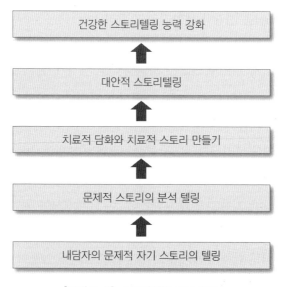

[그림 5-1] 스토리텔링 치료 단계

입 방식이라고도 할 수 있는 것으로 내담자와 상담자가 표현적 상호작용을 하면서 대안적 서사를 만들어 가는 방식이다. 다시 말해, 스토리를 만들어 가면서 내담자가 기술하거나 구술한 것에 대해 내담자와 상담자의 상호작용 속에서 내담자의 자기 스토리를 스토리텔링 요소의 적극적인 치유적 변용으로 건강한 대안적 스토리로 탈바꿈시키는 방식이다.

반면에 수용적 방식은 상담자 간접 개입 방식이라고 할 수 있다. 내담자가 자발적으로 대안적 서사를 만들어 가도록 치료자가 치료적 이야기를 제공하는 것에 그치는 방식이다. 이것은 내담자의 문제적 스토리에 대해 상담자가 스토리를 제공하는 방식에 따라 기존 이야기 제공형과 맞춤 이야기 제공형으로 나눌 수 있다. 전자가 주로 독서치료나 문학치료에서 이루어지는 것처럼 기존의 민담이나 동화, 문학작품에 있는 이야기를 제공하는 방식이라면, 후자는 다음에서 다루게 될 치료적 스토리텔링의 경우에서 보듯이 치료가 필요한 사람을

---

22) Petzold, H. G. / Orth I. (Hgg.), a. a. O. S. 27.

대상으로 그 사람에게 적합한 치료적 이야기를 직접 만들어 들려주며 치료 작업을 계속하는 것을 말한다. 앞에서 언급한 〈천일야화〉의 샤라자드와, 김춘추에게 '토끼의 간' 이야기를 들려준 선도해가 이미 자기가 들어서 알고 있는 기존의 이야기를 들려주어 치료적 효과를 보았다면 전자의 경우에 해당하겠고, 손수 이야기를 맞춤형으로 만들어 들려준 것이라면 후자에 해당할 것이다. 이러한 과정에서 스토리텔링의 어느 요소를 치유적으로 활용하여 어떤 치료 원리를 실현시킬 것인가 하는 것은 내담자의 상황과 문제에 따라서 다양한 방식으로 통합적으로 이루어져야 할 것이다.

치료 요인과 방식에서 본 스토리텔링 치료의 실제

앞에서 스토리텔링 치료의 원리와 메커니즘을 논의했다. 이제 이것이 치료적 스토리텔링에서 어떻게 실현되는지 그 양상을 연구해 보자. 스토리텔링 치료의 양상은 그 대상과 상황에 따라 다양하게 나타날 수 있다. 여기에서는 여러 가지 심리적 문제를 안고 있는 한 소녀 '아만다'의 경우를 상정하여 스토리텔링 치료의 시도를 제시하는 호주의 임상심리학자 도리스 브렛의 연구[23]를 중심으로 스토리텔링 치료의 치료 원리와 메커니즘이 실현되는 양상을 구체적인 치료적 스토리텔링에서 다루어 보기로 한다.

스토리텔링 치료의 대상자로 선정된 소녀 아만다의 심리적 문제는 다음과 같다. 그녀는 두려움, 놀림 당함, 야뇨증, 강박증 등으로 고통을 당하고 있다. 어린 소녀 아만다는 엄마와 친숙한 가정을 떠나 낯선 유치원으로 들어가 낯선 아이들과 어울려 지내야 하는 유치원 생활에 대한 막연한 두려움을 갖고 있고, 그 불안 때문에 고민하고, 유치원 입학을 싫어한다. 그리고 밤에는 혼자 자기 방에 가서 자기가 불안하다. 아만다는 유치원에서 한 친구가 지속적으로 놀려

---

23) 브렛, 도리스/김인옥 역(2009), 『은유적 이야기치료』, 여문각, 127-158쪽.

서 괴로움을 당하고 있다. 또한 그녀는 잠을 자다가 자주 옷에 오줌을 싸서 고민에 휩싸여 지낸다.

이런 상황에서 아만다에게 들려주는 치료적 이야기가 '안나 이야기'다. 이 이야기에서는 안나가 아만다와 똑같이 두려움, 놀림 당함, 야뇨증, 강박증으로 고통을 받으며 고민하고 있다. 그러나 안나는 여러 가지 방법으로 그 심리적 문제들을 극복하는 모습을 보인다. 예컨대 밤에 잘 때 어둠 속에 괴물이 있는 것 같은 생각에 늘 불안하던 안나는 마법의 등으로 괴물을 제압하고 오히려 친구로 데리고 놀게 되는 상황을 상상하고 이야기함으로써 어둠 속 괴물에 대한 공포를 불식시켜 나간다.

이와 같은 도리스 브렛의 치료적 이야기들을 바탕으로 스토리텔링 치료의 치료 원리와 메커니즘이 어떻게 실현될 수 있는지 살펴보자. 이러한 스토리텔링 치료의 핵심은 아만다가 안고 있는 심리적 문제들을 치료해 주기 위하여 안나라는 소녀를 주인공으로 하는 치료적 이야기를 아만다에게 들려주며 치료적 대화를 함으로써 그녀가 그 문제들을 해결할 수 있도록 해 주는 것이다. 이러한 치료적 이야기는 아만다가 안고 있는 심리적 · 상황적 문제들을 밝히고 그녀의 고통과 고민에 공감해 주며 그 문제의 원인이 되는 것들을 분석해 주는 부분과, 그 문제에 대한 대안적 스토리를 마련하여 제시하는 부분으로 나뉜다. 구체적으로 보면 이 치료적 스토리텔링의 전반부에서는 아만다의 괴물 공포증과 비슷한 안나의 심리적 문제를 서술하고 분석하며 그 문제에서 생긴 그녀의 고통에 공감하는 내용으로 이야기가 전개된다. 그리고 후반부에 가서는 그녀의 문제들을 해결할 수 있는 치료적 대안이 담긴 이야기가 제공된다.

우선 동일화/동일시의 측면에서 살펴보자. 도리스 브렛의 치료적 이야기인 '안나 이야기' 중에서 유치원 불안증 치료 이야기는 처음에 그녀의 딸 아만다를 대상으로 해서 만들어진 이야기다. 이 이야기를 설정하는 단계에서부터 그녀는 동일화 원리가 작동되도록 고려하였음을 다음과 같이 밝히고 있다. "아만다에게 어떤 이야기를 하나 만들어 들려주어야겠다는 생각이 떠오른 것은 바로 그때였다. 그 이야기는 안나라는 작은 소녀에 관한 것이었다. 이야기 속의 안나는 우리와 똑같은 집에서 살면서 우리처럼 개도 한 마리 기르고 있었다. 또한 남편과 나와 같은 아빠 엄마가 있었다. 무엇보다도 안나 역시 유치원에 가는 것을 두려워하고 있었다. 이야기는 안나가 유치원에 처음 가는 날부터 시작되었는데, 안나는 유치원이 생각했던 것만큼 나쁜 곳이 아니라는 것을 알게 되었으며 날이 갈수록 유치원에 흥미를 느끼게 되었다. 마침내 그 주가 끝날 무렵 안나는 아주 재미있게 유치원 생활을 하게 되었다는 이야기였다."[24]

인물과 공간, 모티프, 사건의 동일화 원리가 배치되어 있고, 이야기 결말에 희망의 긍정적 모델이 잘 설정되어 있음을 알 수 있다. 도리스 브렛의 다음과 같은 말에서도 동일화 요인을 확인할 수 있다. "이야기의 설정과 묘사가 듣는 아동의 실제 환경과 매우 흡사할수록 아동은 이야기의 메시지를 더 잘 받아들여 행동의 기준으로 삼는다는 것이 밝혀졌다."[25] 그런가 하면 다음의 언급에서는 모델링의 요인을 확인할 수 있다. "아이들에게 모방할 대상으로 성공적인 모델과 성공적이지 못한 모델을 제시했을 때 성공적인 모델을 모방한다는 것은 여러 연구들을 통해 알 수 있다. 스토리텔링 기법은 아동들의 이러한 성향을 이용하고 있다. 즉, 자신의 어려움을 해결해 나가는 안나는 바로 성공적인 모델이며, 따라서 그러한 안나의 성공을 모방하고자 하는 동기를 아이들에게 부여하는 것이다."[26]

🐦 치료 요인의 유기적 상호작용

지금까지 스토리텔링 치료의 근거와 치료원리가 되는 요인들, 치료의 메커

---

24) 브렛 도리스/김인옥 역, 앞의 책, 20쪽.
25) 위의 책, 24쪽.
26) 같은 쪽.

니즘을 살펴보고 치료적 스토리텔링에서 치료 원리의 요인들과 메커니즘이 구체적으로 어떻게 적용되는지 살펴보았다. 그래서 스토리텔링 치료의 근거로는 스토리텔링이 스토리를 내면에 안고 살아가는 사람들의 이야기 정체성을 심어 주고 변화시켜 주는 힘이 있어서 그 힘으로 치유적 효능을 발휘할 수 있음을 살펴보았다. 그리고 스토리텔링은 인간의 내면에서 실현되기를 원하는 욕망들을 이야기의 인물과 사건 등에서 해소시켜 주는 힘이 있기 때문에 그 힘에 의해 치료적 효능을 가질 수 있음을 밝혔다. 또한 우리의 뇌는 현실의 것과 상상의 것을 따로 구분하지 않기 때문에 현실과 유사한 구조를 갖는 상상의 구조로서 제일 효과적인 스토리텔링을 통해 현실에서 치유적인 힘을 발휘할 수 있고, 그래서 거기서부터 스토리텔링 치료가 가능할 수 있음을 밝혔다.

한편 스토리텔링 치료가 이루어지는 원리로서 작용하는 주요 요인으로는 동일화/동일시, 카타르시스, 객관화, 보편화, 대리 학습, 모델링, 통찰 등의 치료적 요인들이 있음을 밝혔다. 내담자는 치료적 이야기를 접하는 과정에서 동일화를 통해 이야기 속 인물과 사건 등에 감정이입하고 공감함으로써 자신의 잘못된 가치를 버리고 새로운 치료적 가치를 받아들일 수 있으며, 증오심이나 분노·억울함·슬픔 등의 억눌린 감정들을 배출하고 정화시키는 카타르시스 과정을 거침으로써 치료적 효과를 얻을 수 있다. 그런가 하면 내담자는 치료적 이야기를 통해 자신의 문제가 자신에게만 치명적으로 심각한 것이 아니라 다른 여러 사람도 비슷한 문제로 고민하고 해결책을 찾아 노력하는 것이라는 보편화·상대화의 요인을 통해 치료 단계로 이어질 수 있다. 내담자는 또한 치료적 이야기 속에서 대리 학습을 하고 긍정적 모델을 모방하고 통찰을 하게 되어 치료될 수 있다. 이러한 치료 요인들이 독자적으로 작동되는 경우는 거의 없고 상호 긴밀히 연결되어야 치료 효과를 낼 수 있다. 예컨대 동일화/동일시의 경우 독자적으로 치료 효과를 얻는 경우는 드물고 카타르시스, 보편화, 모델링, 통찰의 치료 요인과 함께 작용해야 하는 경우가 대부분이다. 특히 마지막에 대리 학습과 모델링, 통찰의 치료 요인은 거의 필수적이다.

또 이러한 치료적 요인들이 서사 요소들과 함께 스토리텔링 치료에서 작동하는 메커니즘을 살펴보았다. 그리고 이러한 근거에서 출발한 스토리텔링 치료가 치료적 스토리텔링 속에서 치료의 원리적 요인들과 치료적 메커니즘을 어떤 방식으로 실현시키고 있는지 구체적으로 살펴보았다.

그런데 이러한 스토리텔링 치료의 치료원리적 요인들과 치료적 메커니즘은 필자가 앞선 논의들에서 밝힌 스토리텔링의 핵심 요소들, 즉 스토리의 핵심 요소(등장인물과 모티프, 사건, 시간, 공간 등)와 서사 담화의 핵심 요소(플롯, 시점, 관점, 문체/어투, 시간 등) 그리고 매체의 핵심 요소들을 기본으로 하여 적용된다. 다시 말해 스토리텔링의 핵심 요소들이 스토리텔링 치료의 치료적 원리 요인과 메커니즘을 통해 치료적으로 활용되는 것이 스토리텔링 치료 활동이라고 할 수 있다. 이런 면에서 스토리텔링의 구성 요소와 스토리텔링 치료의 치료적 원리 및 메커니즘은 유기적으로 상호작용한다고 할 수 있다.

치료 원리 중에는 심리치료에서도 인정되는 부분이 있다. 그러나 스토리텔링 치료에서 고유하게 찾아볼 수 있는 것도 있다. 그러나 이 원리들이 스토리텔링 치료에서 실현되는 메커니즘을 밝히려고 하는 것이 이 글의 목적이었다.

지금까지 스토리텔링 치료의 치료적 요인과 메커니즘을 밝혔지만, 이것을 구체적으로 실행할 치료적 스토리텔링을 개발하고 이를 밑받침할 프로그램과 콘텐츠를 확충하는 연구가 앞으로 계속 축적되면 좋을 것이다.

내러티브와 스토리텔링 치료의 진단·평가

스토리텔링 치료 진단의 기본 전제 및 원리

스토리텔링은 진단과 치료 모두에 활용될 수 있다. 스토리텔링을 통한 치료에 관해서는 앞에서 언급하였고 앞으로도 추가적인 논의가 더 있을 것이다. 여기서는 진단의 측면에서 살펴보기로 하고 우선 그 진단의 기본 전제 및 원리에 대해 논의해 보자. 스토리텔링을 활용하여 진단을 한다고 했을 때 기본적으로 전제가 되는 것은 스토리텔링 치료의 인간관 혹은 세계관이다. 스토리텔링 치료의 입장에서 보면 사람들은 모두 내면에 자기 스토리(I-stories)를 가지고 산다. 그것은 내러티브가 경험적 이야기일 수도 있고 상상의 이야기일 수도 있듯이, 경험되어 형성된 스토리일 수도 있고 마음속에 마련된 그들 삶의 각본(life script)이나 삶의 시나리오(life scenario)처럼 작용할 수도 있다. 내러티브를 통해 세계관 및 인생관이 형성되고 개인의 정체성이 마련되기 때문이다. 이야기 해석학으로 유명한 폴 리쾨르에 따르면 우리 인간은 자신의 정체성을 형성할 때 주로 내러티브에 힘입는다. 우리는 시간 속에서 체험하는 사건들을 이야기를 통해 자신의 경험으로 하고 그 속에서 자기이해를 심화하면 자기 정체성을 확보하게 되는데, 이것을 리쾨르는 이야기 정체성(identité narrative; narrative identitiy)이라고 한다. 그는 다음과 같이 말한다.

> 자기 이름으로 지칭된 행동의 주체를, 출생에서 죽음에 이르기까지 늘어나 있는 삶 전체에 걸쳐 동일한 사람이라고 간주할 수 있는 근거는 무엇인가? 대답은 이야기일 수밖에 없다. '누가?'라는 물음에 답한다는 것은, 한나 아렌트(Hannah Arendt)가 역설했듯이 삶의 스토리를 이야기하는 것이다. 이야기된 스토리는 행동의 '누구'를 말해 준다. '누구'의 정체성은 따라서 이야기 정체성이다. 이야기하는 행위의 도움 없이는 인격적 정체성의 문제는 사실상 해결책 없는 이율배반에 빠지고 만다.[1]

그래서 어떤 사람에게 문제가 생기면 그것은 그 자신의 내러티브에 반영될 것이다. 이런 점에서 우리 내면의 문제는 내러티브를 통해 진단될 수 있다. 그런데 그 내면의 스토리는 하나가 아니라 많이 있다. 그 스토리 중에는 내담자의 내면에서 지배적인 영향력을 행사하는 것도 있고, 마음 한구석에 묻혀 크게 발현되지 않은 것도 있다. 내러티브 치료에서는 이러한 핵심 스토리를 지배적 스토리(dominent story)라고 하고 그렇지 못한 이야기를 빈약한 스토리(thin story)라고 한다.[2] 내담자가 어떤 심리적 문제에 휩싸였다는 것은 그를 조종하는 내면의 이 핵심 스토리에 문제가 생긴 것이라고 할 수 있다. 심리적 문제를 안고 있는 내담자는 이런 지배적 스토리에 문제가 있는 경우가 많다.

---

1) Ricoeur, P. (1988)[1985], *Time and Narrative, Volume 3*, translated by Kathleen Blamey and David Pellauer, Chicago and London: University of Chicago Press, p. 246.
2) Payne, M. (2006), *Narrative Therapy*, London: SAGE Publication Ltd, p. 5-17.

내러티브를 통한 진단은 내담자가 내면에 품고 있는 내러티브를 분석하여 내담자 내면의 지배적 스토리가 무엇이고 빈약한 스토리는 무엇인지, 지배적 스토리에 문제가 있는지, 문제가 있으면 내러티브의 어느 요소에 문제가 있는 지를 진단하는 것이다. 그런데 스토리는 내담자의 개인적 스토리도 있지만 집 단적·사회적 스토리도 있어서 개인의 스토리에 영향을 미친다. 개인이 속한 집단의 스토리도 있을 것이고 그가 속한 사회와 국가의 이데올로기나 지배적 관념을 이루는 스토리도 있을 것이다. 이것들이 개인의 스토리에 다시 영향을 미치는 측면도 있다. 스토리텔링을 활용한 진단에서는 이런 측면도 고려해야 한다.

한편 내러티브를 통해 진단을 할 수 있는 가능성은 사람들의 투사적 심리에 서 확인할 수도 있다. 심리학에서 보통 많이 알려진 '투사(projection)' 개념은 "내적인 욕망이나 생각, 느낌이 주체의 밖에, 즉 다른 주체에게로 전치되고 위치되는"[3] 자아방어기제다. 사람들이 이와 같이 방어적 투사 기제를 사용하는 것은 개인이 자신의 감정이나 욕망, 생각을 자신의 것으로 받아들이기 어려워 서 타인의 것이라고 전가하는 것이 자신에게 더 편하기 때문이다.[4] 이러한 투 사적 방어기제는 주로 정신장애 행동에서 나타나고, 다른 자아방어기제와 마 찬가지로 개인 내부의 불안이나 갈등, 외부 환경과의 갈등을 완화시켜 준다는 이점이 있지만, 이와 동시에 현실 왜곡을 통하여 현실 지각 능력을 제한하거나 손상시키는 위험이 있다는 점에서 진단과 치료과정에서 주목을 받는다.

그러나 이와 같은 방어기제로서의 투사와는 다른 투사적 현상이 있는데, 일 상적인 지각과정으로 투사가 일어나는 경우다. 영사기 안에 늘어 있는 영화 필 름이 벽에 걸린 스크린에 투사되어 영상으로 보이는 것처럼 우리에게는 스스 로 의식하지 못하지만 우리의 내면적인 모습들이 외부로 투사되고 내면의 모

---

3) 딜런 에반스/김종주 외 공역(2004), 『라깡 정신분석 사전』, 인간사랑, 406쪽.

4) Müller, A., & Müller, A. (2003), *Wörterbuch der analytischen Psychologie*, Düsseldorf: Walter Verlag, 328f.

습들이 외부에서 인식되는 투사적 지각 과정이 일상적으로 일어난다.[5] "래퍼포트[6]는 투사적 가설을 다음과 같이 설명하고 있다. '사람들의 모든 행동적 표현은 (개인은 그의 성격을 운반하는 사람이라는 원칙에 따라) 그의 성격을 반영하고 표현하고 있다.' 예를 들면 개인의 행동은 물론이고 그가 선택하는 옷이나 심지어는 가구까지도 그의 성격을 반영하고 있다는 것이다. 또 다른 투사적 가설에 대해 귀를 기울여 보자. '의미 있는 지각은 개인의 과거 경험에 대한 기억의 흔적을 바탕으로 하여 조직화되고, 개인의 내적 욕구에 따라 조직화된다'."[7] 내러티브를 통한 진단은 우리의 이런 투사적 지각 현상을 바탕으로 하고 있다.

　"한편 Frank[8]는 '외적 자극이 모호한 특징을 갖고 있을 경우, 그 자극을 지각적으로 입력하고 인지적으로 해석하는 과정에서 사람들은 자신의 욕구와 관심, 그리고 심리구조를 반영하게 된다'는 '투사적 가설'을 정리하면서, 자극 조건이 모호할수록 투사적 현상이 잘 일어난다는 점을 제시하고 있다. 그리고 이러한 자극 조건, 즉 자극의 모호성을 갖추고 있을 경우 검사 반응에 개인의 내적 욕구와 관심, 심리구조가 잘 반영되므로, 이러한 조건을 갖춘 심리검사들을 '투사적 방법(projective methods)'이라고 이름 붙일 수 있다고 제안하였다. Frank의 설명을 더 들어 보면, '검사가 덜 구조화되어 있을수록(less structured), 모호한 자극(vague stimulus)으로 구성되어 있을수록, 개인은 그의 감정과 욕구, 관심, 의미 등 심리적 구조를 검사에 더 잘 투사하게 된다'는 것이다."[9] 이런 점에서 상상력의 산물인 이야기는 이런 모호한 자극 조건으로 작용해서 내면의

---

5) 박영숙(2004), 『투사적 검사와 치료적 활용』, 하나의학사, 14-15쪽.

6) Rapaport, D. (1943), "Principles underlying projective techniques." *Character and Personality*, 10, 213-219.

7) 같은 쪽; Bellak, L. (1959), "The Thematic apperception test in clinical use." In: L. E. Abt & L. Bellak. *Projective psychology*, New York: Grove Press, Inc.

8) Frank, L. K. (1939), "Projective methods for the study of personality." In: J. E. Exner, *The Rorschach: a comprehensive system*. vol II. New York: A Wiley-Interscience Publication.

9) 앞의 책, 15-16쪽.

구조를 더 잘 투사하도록 하는 성질이 있다. 내러티브가 스토리텔링 치료 진단에 활용될 여지가 많은 것은 이 때문이다. 그런데 이렇게 내러티브를 통해 내담자의 문제를 확인하는 방법에는 여러 가지가 있을 것이다. 구체적으로 다음에서 살펴보기로 하자.

📎 내러티브를 활용한 스토리텔링 치료 진단 방법

스토리텔링을 활용한 진단 방법으로 기본적인 것은 상담자가 내담자와 라포를 형성한 후, 내담자로 하여금 자신의 문제와 관련해서 여러 내러티브를 진술할 수 있도록 한 다음 그것을 계속해서 많이 듣고 진단하는 것이다. 내담자가 자신의 문제를 잘 알고 그 문제의 원인도 잘 파악하고 있어서 그것을 내러티브의 형태로 상담자에게 밝히고 도움을 청하는 경우는 비교적 쉽게 내러티브 상담의 진단이 이루어지는 경우라고 할 수 있다. 그러나 내담자가 문제가 있어서 찾아왔지만 그 문제의 실체와 그것이 어디서 비롯되었는지를 모를 수도 있고, 또 어렴풋이 알고 있어서 의식적·무의식적 저항으로 그 원인이 드러나지 않는 경우도 많이 있다. 그런 경우 보통의 상담에서 문제가 진단되기 어려워서 다른 진단의 방법들을 찾아야 할 것이다. 그래서 내담자가 자신의 문제를 드러낼 수 있는 서사 담화의 상황을 만드는 것도 필요하다.

그런 방법 중의 하나가 내담자의 상황과 어느 면에서 연관되어 있는 이야기를 들려주고 거기에 대해 반응을 유도해서 내담자의 마음의 문제를 진단하는 것이다. 이때 들려주는 이야기는 내담자의 문제와 비슷한 것으로서 실생활에서 실제로 일어난 이야기가 될 수도 있고, 동화나 민담, 문학 속의 한 이야기일 수도 있으며, 상담자가 그 상황에 맞게 지어낸 것일 수도 있다. 실제 이야기로써 진단의 실마리를 끌어내고자 한다면 내담자에게 설득력이 있게 접근할 수도 있겠고, 우리의 마음을 훌륭하게 형상화한 문학 이야기로 접근하면 또 효과적으로 내담자의 마음을 움직일 수도 있겠다. 그리고 상담자가 내담자의 상황에 맞춤식으로 지어낸 이야기로 접근하면 문제에 초점을 맞출 수 있고 효과를 목표로 잘 설정할 수 있다는 장점이 있을 것이다. 실제로 현실의 경험적 실제 이야기가 내담자의 공감과 동일시를 쉽게 이끌어 내서 문제를 잘 드러내는 경우를 우리는 일상적으로 경험하기도 한다. "그래, 맞아요! 저도 그런 적이 있었어요." 하면서 자기 문제의 보따리를 풀어놓은 적이 있을 것이다. 이럴 때는 무엇보다도 내러티브의 치료적 원리 중에서 동일시 효과가 중요할 것이다.

이러한 방법에서 약간 변형된 것으로는 내담자에게 이야기를 들려주다가 어느 지점에서 중단한 후, 후속 이야기를 이어 보도록 함으로써 내담자가 자신의 문제를 그 후속 이야기에 실어서 표출하게 하는 경우도 있다. 이것은 집단상담에서 게임의 방식으로 할 수도 있다. 개인마다 후속 이야기를 말하게 할 수도 있고, 집단상담 참여자들이 차례로 돌아가며 후속 이야기를 만들도록 할 수도 있다. 이것은 이야기의 상상이라는 방식과 이야기의 엔터테인먼트의 힘을 빌려서 하는 것이어서 내담자의 심리적 저항을 줄이고 무의식 중에 자신의 문제를 표출하도록 할 수 있다. 이때는 진단이 예상되는 문제와 동일시 효과를 얻을 수 있도록 등장인물과 시간, 공간, 모티프, 사건 등에서 같거나 비슷하게 담긴 스토리의 이야기를 듣고 후속 이야기를 만들도록 하는 것이 효과적이다. 예컨대 가정 폭력에서 비롯된 문제를 가진 사람들이 모인 집단에서 폭력적인 아버지를 주인공으로 하고 폭력적인 모티프와 사건을 지닌 스토리를 듣고 후속 이야기를 풀어 나가도록 하면 각각의 이야기에서 내담자들의 내면의 문제를 읽을 수 있을 것이다.

그런가 하면 일부 이야기를 들려주는 대신에 개괄적인 스토리의 인물과 상황만 설정하고 자발적으로 이야기를 만들어 가도록 할 수도 있다. 이런 경우는 조금 더 자유로운 상상이 가능해서 더 깊은 무의식 속의 이야기가 가능할 수도 있고, 내면의 욕망이 표출될 수도 있을 것이다. 그리고 처음부터 인물을 하나씩 설정해 가며 사건을 만들어 가도록 이야기를 만들어 갈 수도 있다. 드라마

〈겨울연가〉의 한 장면에서 이를 비유적으로 잘 확인할 수 있다. 이것은 두 남녀 주인공 준상(배용준 연기)과 유진(최지우 연기)이 서로 사랑하는 관계였다가 어떤 오해로 관계에 금이 간 상태에서 친구 상혁, 채린, 용국, 진숙과 함께 산장으로 MT를 가서 이야기 돌려짓기 놀이를 하는 장면이다. 그들은 이 이야기 놀이 장면에서 각각 자신들의 욕망과 아픔을 노출하게 된다. 장작불 주위에 모여 고구마를 구워 먹고 있던 자리에서 진숙이가 "야, 우리 고구마 먹으면서 옛날 얘기 만들기 하면 어떨까?"라고 제안하자 모두 동의하고 이야기 만들기 놀이를 한다. 진숙이가 "내가 먼저 시작할게. '옛날에 철수와 영희가 살았습니다.'"라고 해서 시작된 이야기 놀이는 상혁이 곧 "철수와 영희는 어릴 적부터 가장 친한 친구였습니다."라고 받아서 유진과 어릴 적부터 가장 친한 친구 사이였던 자신과 유진의 관계를 철수와 영희의 관계에 투사한다. 그러자 미모의 부잣집 딸 채린이 또 "아이, 영희, 철수가 뭐야, 촌스럽게~. 오채린이 어때?"라며 장난스럽게 이야기 만들기를 망치려고 하자 친구들이 "어우, 야~" 하면서 말린다. 그러자 그녀는 다시 "알았어, 알았어."라고 말한 후 "영희 앞에 민수라는 근사한 남자가 나타나서 사랑을 고백합니다. 영희는 워낙 미인이니까. 당연한 것 아니겠어?"라고 잇는다. 영희를 자신과 동일시하면서 거기에 세련된 자신의 이미지를 투사하고, 근사한 남자 준상에게 프로포즈했다가 거절당하고 그가 자신에게 돌아오기를 기다리는 자신의 속마음을 이야기에 투영하고 있다. 다음 차례인 용국이 "영희는 철수와 민수 사이에서 갈등을 합니다. 삼각관계!"라고 말하자 친구들은 삼각관계라는 모티프에 호기심을 나타낸다. 이야기의 주요한 구성 요소인 모티프로 삼각관계가 등장한 것이다. 상혁은 "철수는 영희가 무슨 짓을 하든 화를 내지 않았습니다. 진심으로 영희를 좋아하기 때문이죠."라고 말함으로써 유진이 자신이 아닌 준상을 좋아했던 사실에 대한 자신의 생각과 감정을 투사해서 말한다. 이 이야기를 듣고 채린은 "하지만 민수는 다른 여자를 마음에 두고 있었던 거예요. 영희를 차 버렸죠."라고 말함으로써 이미 준상과 유진의 태도에서 뭔가 분위기가 변했음을 눈치챈 채린이 준상이 유진을 버리고 자신에게 돌아오기를 바라는 자신의 소망을 담아 이렇게 투영한다. 채린은 이 이야기를 하면서 유진을 쳐다보고, 이 이야기를 듣고 있던 유진은 어떤 생각에 빠져 자기 차례가 된지도 모르고 친구들이 일러 주어서야 자기 차례임을 알게 된다. 유진의 태도에도 준상과의 문제로 생각이 많아진 그녀의 속마음이 투사되어 나타난 것이다. 그리고 말한다. "영희는 민수가 했던 말들이 다 거짓말이라는 것을 알았습니다." 준상이가 사랑한다고 했던 말들이 다 거짓으로 드러났다고 생각한 자신의 마음을 이렇게 민수의 말로 표현한 것이다. 이어서 민수가 고향을 떠나는 상황의 이야기들이 이어지고, 마지막으로 준상이 이야기를 받는다. "민수가 고향을 떠나며 마지막으로 말했습니다. '미안해!'" 준상이 이 "미안해"라는 말을 하는 목소리와 표정은 진심으로 유진에게 그렇게 말하듯 진심 어린 표정이다. 그가 자신의 속마음을 투영하여 표현한 것이다. 이렇게 이야기 돌려짓기 놀이에서 참석자들의 속마음이 그대로 투사되어 나타난 것이다. 실제로 준상은 이 이야기 놀이에서 유진의 아픈 마음을 진단하고는, 그 자리를 먼저 떠나서 혼자 걷고 있던 유진이를 찾아가 자신이 전에 했던 말들이 오해라고 해명을 하며 유진의 아픈 마음을 달래려고 한다. 이야기 돌려짓기를 통해 집단상담 내담자들의 심리적 문제를 진단하는 방법을 이 사례에서 확인할 수 있다.

한편 이러한 방식을 실제로 표준화된 심리검사에서도 찾아볼 수 있다. 그 대표적인 것이 주제통각검사(Thematic Apperception Test: TAT)나 문장완성검사(Sentence Completion Test: SCT), 그림이야기법(Draw-a-Story: DAS)과 같은 투사적 검사(projective test)라고 할 수 있다. 주제통각검사에서는 앞에서 이야기한 것처럼 이야기 한 구절이나 어떤 인물, 배경이 선행 이야기로 제시되는 것이 아니라 내담자에게 도판이 제시된다. 그리고 거기에 대해 이야기를 만들게 한 후 그것을 바탕으로 내담자의 심리를 진단하는 것이다. 머리(H. A. Murray)는 검사자가 일련의 그림들을 피검자에게 제시하면서 이야기해 보도록 요청하는 주제통각검사에서 피검자의 주요 성격 측면을 나타내는 반응이 일어나는 논리적

근거를 제시하였다. 즉, 사람들은 모호한 상황을 그 자신들의 과거 경험과 현재
의 소망에 따라 해석하는 경향이 있고, 경험의 축적과 의식적·무의식적 감정
과 욕구와 일치되는 방향으로 이야기를 만드는 경향이 있다는 것이다.[10] 사건
을 재배열하고 의미를 재구성하는 이야기의 기본적인 속성을 잘 활용한 검사
방법이라고 할 수 있다. 로르샤흐(Rorschach) 검사와 함께 대표적인 투사적 검
사 방법이지만 대부분의 도판에 인물이 들어가 있어서 이야기의 핵심 구성 요
소인 인물을 배치하여 이야기를 끌어내고 그 속에서 진단을 한다는 면에서 이
야기를 활용한 대표적인 심리검사 방법이라고 할 수 있다.

　문장완성검사 역시 내러티브를 활용하여 심리검사를 하는 효과적인 방법이라
고 할 수 있다. 이것은 문장의 일부를 먼저 주고 나머지를 빈칸으로 제시한 후,
이어서 그 빈칸을 채워 문장을 완성하는 심리검사 테스트다. 여기서도 내담자
는 주어진 문장의 일부에 이어서 어떤 이야기를 완성한다고 볼 수 있다. 주제
통각검사가 제시된 도판이 추상적이고 비구조화된 것이어서 내담자의 정신역
동적이고 무의식적인 심리 상태를 진단할 수 있다면, 문장완성검사는 제시되
는 미완성 문장이 구조화된 면담법에서 제기되는 질문과도 비슷해서 의식적인
수준에서 피검자가 자각하고 있는 심리적 특성을 드러낼 수 있다고 할 수 있다.
"문장완성검사를 통하여 피검자는 평소 경험했거나 현재 마음속에서 느끼고
자각하고 있는 욕구와 갈등, 고통을 중심으로 표현해 내게 된다. 이러한 마음속
고통을 내담자가 문장완성검사를 통하여 털어놓게 되고 이러한 내용이 초기
과정에서 치료자에게 전달될 때 치료를 위한 진단과정은 신속하게 진행될 것
이므로 치료관계에도 도움을 주게 된다."[11]

　한편 그림이야기법은 그림에 이야기를 결합한 스토리텔링 진단 방법이다.

---

10) Murray, H. A. (1943). Thematic Apperception Test maual. In L.E. Abet, L. Bellak *Projective Psychology*, New York: Grove Press, Inc. [박영숙(2004), 『투사적 검사와 치료적 활용』, 하나의학사, 152쪽에서 재인용.]

11) 박영숙, 앞의 책, 260쪽.

여기서는 14개의 정해진 그림을 내담자에게 제시하여 그중 2개를 선택하고 자유롭게 상상하게 한 후 또 다른 하나의 그림으로 그리게 한다. 그리고 그 그림에 대해 제목을 붙이고 이야기를 만들도록 하여 이에 대해 다시 이야기를 나누는 방법이다. 이것은 제시된 그림을 조합하고 새로운 그림으로 만드는 과정, 그 후 이야기를 만드는 과정을 통해서 내담자의 경험과 생각, 느낌이 드러난다는 점에 근거하고 있다. 이와 비슷하게 스토리 카드를 활용하는 방법도 있다. 스토리 카드를 나눠 주고 그중에서 2장이나 몇 장을 골라 연결하여 이야기를 만들게 하거나, 그것으로 자신의 마음의 문제를 이해하고 해결책을 도모하게 하는 방법도 있다.

이야기에서 중심적인 것은 인물이다. 그런데 이런 투사적 검사에서도 핵심적인 역할을 하는 것이 인물이다. 그래서 이런 검사에서는 인물, 특히 주인공을 찾아서 분석해야 한다. 그 주인공은 내담자와 동일시된 인물이 되기 쉽기 때문이다. 예컨대 엄마가 딸에 대해 평소 다음과 같이 생각한다. '내 딸은 여자로서 정숙하고 품위 있는 품행을 유지하다 시집가야 한다. 그러기 위해서는 저녁 10시 이전에 귀가해야 한다.' 반면에 딸은 평소에 다음과 같이 생각한다. '직장 여성으로서 나는 내 일에서 프로가 되고 싶다. 그래서 맡은 일은 직장에 늦게까지 남아 열심히 해야 한다.' 혹은 '나는 대학생으로서 고등학교 때 누리지 못한 자유를 누릴 이유가 있다. 그래서 친구들과 어울리다 보면 11시, 12시까지 밖에 있을 수도 있다.' 이렇게 두 모녀가 갖고 있는 내러티브가 서로 다름으로써 갈등이 생기게 된다. 이럴 때 이 두 내러티브에서 인물, 사건, 모티프, 시점, 관점, 거리, 어투, 단어 사용, 시간, 공간 등의 내러티브 구성 요소 중 어느 점에 문제가 있는지 살펴볼 필요가 있다.

이 밖에도 내러티브를 활용해 진단하는 방법에는 상황 설정해 이야기하기, 빈 의자 기법 이야기하기, 일정 시간 동안 나이나 계급 · 위아래 없이 반말하면서 하고 싶은 말을 하는 시간인 야자 타임 형식으로 이야기하기, 가면극/역할극 이야기하기, 비유적 이야기 만들기, 스토리를 동작 · 그림 · 대중가요의 랩과 같은 다른 매체로 전환해서 전달하게 하고 진단하기 등이 있다. 예컨대 남편 뒷바라지에 우울증에 걸린 부인에게 '남편이라면 당신에게 무엇이라고 할 것 같으냐'고 묻는 등, 내담자에게 중요한 문제를 내담자에게 중요한 다른 인물의 관점에서 말하도록 질문함으로써[12] 문제를 드러내고 인식하게 할 수도 있다.

🐟 스토리텔링 치료 진단 · 평가의 장단점

내러티브를 활용한 진단은 기본적으로 객관적 검사가 아니라 투사적 검사라고 할 수 있다. 그래서 그 진단 결과를 통계 · 수치화해서 신뢰도와 타당도 등을 객관적으로 밝힐 필요도, 가능성도 크지 않다. 내러티브를 활용한 검사 방법 중에서 주제통각검사나 문장완성검사처럼 어느 정도 표준화되어 사용되는 경우도 있지만 다른 방법은 표준화되어 있지도 않다. 그래서 검사하는 사람의 경험과 능력이 기본적으로 전제되어야 할 것이다. 투사적 검사 일반의 장단점이 내러티브를 활용한 스토리텔링 치료 진단에도 어느 정도 적용될 수 있을 것이다.

투사적 검사의 장단점은 일반적으로 다음과 같은데[13] 스토리텔링 치료 진단에도 대부분 해당한다고 생각된다. 투사적 검사의 장점은 다음과 같다.

- 면담이나 행동 관찰, 객관적 검사와 다르게 매우 독특한 반응을 제시해 주며, 이러한 반응은 개인을 구체적으로 이해하는 데 매우 유용하다.
- 반응과정에서 피검자가 자신의 반응 내용을 검토하고 검사 의도를 피하여 방어적으로 반응하기가 비교적 어렵기 때문에 좀 더 심층적인 내담자의

---

12) 박민수, 오우성(2009), 『이야기 상담의 과정과 기법』, 시그마프레스, 240쪽.
13) 박영숙, 앞의 책, 43-59쪽.

문제를 확인할 수 있다.

- 검사 자극이 모호하고 검사 지시 방법이 제한되어 있지 않기 때문에 개인의 반응이 다양하게 표현되어 풍부한 검사 자료를 얻을 수 있다.
- 투사적 검사는 자극이 모호하여 평소에 의식화되지 않던 사고나 감정이 자극되고, 이러한 전의식적이거나 무의식적인 심리적 특성이 반응되어 투사될 수 있다.

투사적 검사의 단점은 다음과 같이 제기되는데 내러티브를 활용한 진단에도 해당한다.

- 검사자 간 신뢰도, 반분 신뢰도, 재검사 신뢰도 등에서 검사의 신뢰도가 부족하다.
- 검사의 타당도 면에서 볼 때 검사 결과 내려진 해석의 타당성이 객관적으로 입증되기 어렵고, 그 내용이 부정적인 것이 많다.
- 투사적 검사는 비구조적 검사이고 모호한 자극이 주어지기 때문에 검사자의 인종, 성별, 태도 및 검사자에 대한 피검자의 선입견 등이 검사 반응에 강한 영향을 미친다.
- 투사적 검사는 제대로 된 검사를 할 수 있기 위해 많은 수련과정이 요구되고 검사 시행에 시간이 많이 걸린다는 점에서 객관적인 검사에 비해 시간과 노력이 많이 소요된다. 이런 면에서 내러티브 활용 진단 방법을 사용할 때는 그 방법을 사용하는 구체적인 콘텐츠에 관한 연구도 치료자의 연구와 경험에 의지해야 할 것이다. 그래서 이것들이 축적되어 상담자들 사이에서 그 경험과 결과가 교류되면 더 좋을 것이다.

한편 진단은 치료와 연결되어 있다. 그래서 진단 후 피드백을 잘하고 진단을 치료적으로 반복하는 것도 치료에 도움이 된다. 이런 점에서 내러티브를 활용한 진단은 진단 자체로 그치는 것이 아니라 치료로 이어질 수 있다. 즉, 치료적 진단이 될 수 있을 것이다.

　지금까지 내러티브가 인문학과 스토리텔링 치료에 기본적으로 중요하고, 이것의 치유적 활용을 통해 스토리텔링 치료의 한 부분을 효과적으로 수행할 수 있음을 살펴보았다. 그리고 내러티브를 스토리텔링 치료의 진단에 활용할 수 있는 방법에 관해 논의했다. 그 구체적 방법으로는 내담자의 내러티브를 경청하고 진단하는 기본적인 활동 위에서 이야기 돌려짓기, 후속 이야기 만들기, 이야기 새로 설정해 만들어 나가기, 상황 설정해 이야기하기, 빈 의자 기법 이야기하기, 야자 타임 이야기하기, 비유적 이야기 만들기, 주제통각검사(TAT), 문장완성검사(SCT), 그림이야기법(DAS), 비언어매체 전환 등을 통한 이야기하기 등이 가능하다는 것을 논의하였다. 그리고 내러티브를 통한 진단의 기본 전제가 되는 스토리텔링 치료의 인간관과 내러티브를 통한 진단의 기본 원리, 그리고 내러티브를 통한 진단의 의미와 활용 방안에 대해서도 논의하였다.

　내러티브를 활용한 스토리텔링 치료의 진단은 기본적으로 투사적 진단이라고 할 수 있다. 그래서 투사적 검사의 장단점이 많이 적용될 수 있다. 그리고 내러티브는 진단뿐만 아니라 그 자체로도 치료적 효능이 있다. 그래서 진단이 치료나 치유와 연계되어 있는 점이 중요하다. 진단에서 중요한 동일시 효과는 보편성의 효과나 카타르시스 효과, 혹은 통찰의 치료적 효과로 쉽게 넘어갈 수 있기 때문이다.

서사 스토리와 스토리텔링 치료

🐦 스토리텔링 치료의 관점에서 본 스토리텔링의 특징

스토리텔링은 스토리와 그 스토리를 텔링하는, 즉 표현하는 부분으로 나뉜다. 여기에서는 우선 스토리에 초점을 맞추어 다루기로 한다. 그러면 이런 내러티브의 구조, 특히 내러티브와 스토리의 관계는 어떠한가? 일반 독자나 청중·관객에게는 이야기가 하나의 층위로만 되어 있는 것처럼 여겨질지 모른다. 게다가 서사학자들 사이에서도 스토리를 내러티브와 동격으로 보는 사람도 있고 다르게 보는 사람도 있어서 아직 혼동의 여지가 없지는 않다.[1] 사실 대

---

1) 예컨대, 패트릭 오닐의 책『담화의 허구』를 번역한 국문학자는 '내러티브'를 줄곧 '서사'로 옮기고, 번역 후기에서도 "서사 또는 이야기가 우리 시대의 화두로 자리 잡은 이상, 서사를 연구하는 서사학에 대한 이해는 필수적이다."라고 하며 '내러티브'와 '서사' '이야기'를 서로 대체 가능한 용어로 보았다. 그러나 책 본문의 번역(제37쪽)에서는 츠베탕 토도로프, 제라르 주네트(Gérard Genette), 미케 발의 이론 모형을 설명하면서 '스토리'에 해당하는 'histoire'를 '이야기'로, '이야기' 혹은 '서사'에 해당하는

부분의 영어 사용자들은 스토리라는 용어를 내러티브, 즉 서사의 개념과 혼동하여 사용하는 경향이 있다. 일상적인 대화에서 영어 사용자가 "I heard a good story today(나는 오늘 재미있는 이야기를 들었다)."라고 할 때, story는 내러티브, 서사, 이야기의 뜻이라고 해야 할 것이다.[2]

그러나 서사학에서 많은 서사학자가 스토리를 내러티브의 한 구성 요소로 보는 편이고, 필자도 그렇다. 패트릭 오닐의 표현에 동의하자면, "모든 현대 서사학 이론이 토대로 삼는 기초적인 층위 구분은 정확히 말해 스토리와 담화, 두 층위로 나누는 것이다."[3] 이것은 내용과 표현 층위의 구분, 즉 무엇이 일어났는가 하는 서사의 내용과 그것을 어떻게 나타낼 것인가 하는 표현 층위의 구분이다. 스토리가 내러티브의 핵심 줄거리라면, 담화는 스토리를 구체적으로 표현하여 내러티브로 구현하는 것이다.

이야기나 서사, 내러티브에는 스토리와 함께 담화의 기능이 강화되어 있다. '이야기'는 '이야기하다'와 긴밀한 관계에 있다. 그리고 서사(敍事)는 사건을 서술한다는 의미다. 스토리텔링(storytelling)은 스토리를 텔링하는 것이어서 스토리와 텔링으로 구성되어 있다. 스토리는 스토리텔링의 핵심 전달 내용이고 텔링은 그 내용을 전달하는 방식이다. 스토리는 스토리텔링물(物)로 스토리텔링되기 이전의 핵심 줄거리라고 할 수 있다.[4] 스티븐 데닝은 전통적으로 설화, 동화, 소설에서 스토리가 "주인공과 플롯을 갖추고 전환점을 거쳐 결론에 이르는 '잘 짜인 이야기'다."[5]라고 말한다. 여기서는 스토리가 플롯보다 넓은 개념이

'récit'를 '서사'로 각각 번역함으로써 '이야기'와 '서사'를 다른 것으로 다루고, 특히 '이야기'와 '스토리'를 구분하지 못하고 있다. 한 독문학자의 경우도 자신의 책 『서사의 이론. 이야기와 서술』에서 '스토리'를 계속 '이야기'로 옮기고 있고, 채트먼의 책 『Story and Discourse: Narrative Structure in Fiction and Film』을 소개할 때도 『이야기와 담론』으로 소개하고 있다(제14쪽). 그리고 실제로 이 책이 우리나라에서 번역되어 나왔을 때도 그 제목이 『이야기와 담론: 영화와 소설의 서사구조』(한용환 외 공역, 푸른사상사, 2003)로 잘못 소개되었다.

2) 애벗, H. 포터/우찬제 외 공역(2010), 『서사학 강의』, 문학과지성사, 46쪽 참고.

3) 오닐, 패트릭/이호 역(2004), 『담화의 허구, 서사 이론 읽기』, 예림기획, 35쪽.

4) 최혜실(2006), 『문화콘텐츠, 스토리텔링을 말하다』, 삼성경제연구소, 18쪽.

고 플롯이 스토리의 한 부분으로 표현되고 있지만, 일반적으로는 스토리와 플롯을 구분하고 별개의 것으로 비교한다. 스토리가 시간적인 순서에 따라 3인칭 전지적 시점으로 표현된다면, 플롯은 스토리를 다시 인과적으로 재배열하며 시간적 순서를 의도적으로 뒤바꿀 수도 있다. 과거에 서사학에서 주로 논의되던 스토리는 이런 좁은 의미의 것이었다. 그러나 앞에서 언급한 서사 개념과 범주의 확장에서도 짐작할 수 있듯이 최근에 스토리텔링에서 전제되는 스토리는 이보다는 느슨하고 단순한 것이다. 특히 스토리텔링이 문학을 넘어 다른 영역에까지 확장되어 쓰일 때는 특히 그렇다. 예컨대 경영 관리 분야에서는 스토리 개념을 다음과 같은 의미로 사용한다.

IBM의 데이브 스노든은 부정적인 <u>스토리</u>에 긍정적인 <u>스토리</u>를 첨가하면 위기를 진정시킬 수 있다는 가설을 세웠다. 그 일례로 영국의 IBM 컴퓨터 제조 현장에서 블루칼라 노동자들 사이에 공장 관리자에 대한 <u>스토리</u>가 돌았다. 관리자들이 일다운 일도 제대로 안 하면서 높은 임금만 받는다는 불만이었다. 그런데 여기에 <u>스토리</u> 하나가 첨가되었다. 어느 날 아무 예고 없이 새로 온 현장감독이 흰 가운을 입고 혼자 공장에 와서 하루 종일 싱크패드(Think Pad) 제조라인에 앉아 있었던 것이다. 그가 조립라인에 있는 직원들에게 도움을 요청하자, 누군가가 그에게 물었다. "대체 기계에 대해 하나도 모르면서 나보다 훨씬 돈을 많이 받는 이유가 뭡니까?" 그의 대답은 간단했다. "당신이 치명적인 실수를 저지르면 당신만 직장을 잃겠죠. 하지만 내가 치명적인 실수를 저지르면 3,000명이 직장을 잃습니다."
전통적인 관점에서 보면 스토리라고 할 수도 없는 이 현장감독의 말이 하나의 씨앗이 되어 관리자들이 게으르며 지나치게 높은 임금을 받는다는 불평을 잠재웠다.[6]

---

5) 데닝, 스티븐/안진환 역(2006), 『스토리텔링으로 성공하라』, 을유문화사, 19쪽.

앞에서 밑줄과 고딕체로 필자가 강조한 스토리는 위 책의 저자가 말하듯이 "전통적인 관점에서 보면 스토리라고 할 수도 없는" 것이다. 여기서 스토리는 '맥락이 있는 일련의 생각' 정도라고 할 수 있다. 블루칼라가 품고 있는 자기 스토리가 관리자가 일은 적게 하면서 임금을 많이 받는다는 불만스러운 일련의 생각들이라면, 관리자의 자기 스토리는 관리자는 노동자가 하는 일을 많이 하지도 않고 잘 알지도 못하지만 노동자 전체, 회사 전체를 위해 중요한 일을 하기 때문에 자신이 임금을 많이 받을 만하다는 일련의 생각들이라고 할 수 있다. 이러한 두 스토리가 대립하면서 집단 전체의 스토리가 불만과 갈등의 스토리로 있었지만, 두 집단의 스토리가 서로 만나 이해하며 하나가 되면서 전체 스토리가 화합의 스토리로 치유되었다고 할 수 있다. 여기서 확인할 수 있는 것은 스토리가 전통의 스토리에 비해 사건이 많이 약화되어 있고, 인물과 모티프 등은 그대로 살아 있다는 점이다. 이렇게 간단해진 스토리는 차원이 다르긴 하지만 내러티브 치료에서 중요한 내담자의 자기 스토리(I-stories) 개념과도 연관이 있다. 여기서 심리적 문제를 안고 있는 내담자는 내면에 품고 있는, 문제에 물든 자기 스토리를 상담자 앞에 내어 놓고 함께 치료의 상담을 계속하는 과정에서 문제의 해결책을 담고 있는 대안적 스토리(alternative story)로 바꾸어 지니게 된다. 이때도 스토리는 소설이나 영화 속의 스토리에 비하면 간명하다.

스토리의 규모와 단위가 어떻든 그 특징은 짜임새에 있다. 이야기나 서사, 내러티브는 일정한 맥락에서 일관성 있는 언술이라고 할 수 있는데,[7] 그 핵심에 있는 스토리가 '짜임새' 있는 것이기 때문이다. 스토리가 스토리텔링의 전부

---

6) 데닝, 스티븐/안진환 역, 앞의 책, 41쪽.

7) 심우장(2006), 「네트워크 이론으로 본 구비설화 이야기판의 구조와 특징」, 서울대학교 박사학위논문, 24-38쪽 참고. 심우장은 이야기를 다음과 같이 네 범주로 나누었는데, 모두 특정한 맥락이나 줄거리를 필수 요소로 가지고 있는 것을 알 수 있다. 이야기 1: 특정한 맥락으로 묶일 수 있는 언술들의 집합(광의의 이야기). 이야기 2: 서사적 줄거리를 갖춘 전승력 있는 언술들의 집합[경험담(설화), 민담류, 전설류]. 이야기 3: 허구적 줄거리를 갖춘 언술들의 집합(민담류, 전설류). 이야기 4: 근거 있는 줄거리를 갖춘 언술들의 집합[전설류, 경험담(실화)].

는 결코 아니다. 스토리가 어떻게 전달되느냐에 따라 스토리텔링의 성격이 많이 달라진다. 그러나 스토리는 분량으로 보면 스토리텔링의 아주 작은 일부분이지만 스토리텔링의 핵심이다. 예컨대 춘향전 같이 긴 이야기를 몇 문장으로 된 짧은 한 문단의 스토리로 추출할 수도 있다. 다시 말해, 아주 적은 분량의 스토리가 텔링의 과정을 거쳐 많은 양의 스토리텔링으로 확장되는 것이다.

한편 스토리는 매체로부터 독립해서 존립할 수 있다는 특징이 있다. 〈잠자는 숲속의 공주〉 스토리는 동화책, 만화, 애니메이션, 영화, 연극, 뮤지컬로 각각 표현될 수 있다. 이런 의미에서 각각의 스토리텔링 작품에서 독립된 자율적인 의미층이 존재하는 것을 알 수 있고, 우리는 이것을 스토리라고 하는 것이다. 이에 대해 미국의 서사학자 채트먼은 프랑스 구조주의자 클로드 브로몽(Claude Bromont)의 말을 빌려 다음과 같이 말한다. "(스토리는) 이것을 운반하는 기법들과 독립적으로 존재하며, 그 본질적인 성질을 유지한 채 하나의 매체로부터 다른 매체로 옮아 갈 수 있다. 이야기의 주제는 발레를 위한 줄거리로 쓰여질 수 있으며, 소설의 그것은 무대나 영화로 옮겨질 수 있다. 또한 우리는 영화를 보지 않은 사람에게 그 영화에 대해 말해 줄 수도 있다. 우리가 읽는 것은 말이고, 우리가 보는 것은 영상이며, 우리가 해독하는 것은 몸짓이다. 그러나 우리가 그러한 것들을 통해 따라 가는 것은 스토리이다."[8]

이렇게 스토리가 추상적인 핵심 분량으로 압축될 수 있고, 이것이 얼마든지 확장될 수 있으며, 매체에 독립적으로 존재하며 매체를 넘나들며 적용될 수 있다는 점은 스토리텔링이 치유적으로 널리 활용될 수 있는 기반이 된다. 스토리가 '짜임새'이기 때문에 이것은 삶의 의미와 가치를 우리에게 찾아준다. 세상에는 수많은 정보와 사건의 파편이 넘쳐 난다. 그러나 그것들이 스토리라는 어떤 짜임새를 이루려면 그것들을 연결하는 고리나 접착제가 필요한데, 그것이 의미와 가치이기 때문에 결국 세상의 많은 정보와 사건은 스토리를 통해 의미와

---

8) 채트먼, 시모어/한용환 역(2003), 『이야기와 담론. 영화와 소설의 서사구조』, 푸른사상, 20쪽.

가치를 지닌 것으로서 우리에게 다가온다. 스토리텔링이 치유적으로 활용될 수 있는 근거가 바로 여기에 있다.

한편 스토리는 말이나 글로 표현되는 동화나 민담에만 있는 것이 아니라 표정, 몸짓, 사진, 동영상, 소리 등으로 전달되기도 한다. 그래서 스토리텔링은 구어체 이야기, 동화책, 라디오 드라마, TV 드라마, 영화, 만화, 애니메이션, 신문기사, 박물관 전시, 놀이공원 조성, 지역 관광단지 조성 등에 두루 활용되고 있다. 스토리텔링 치료가 널리 활용되고 특히 통합적인 치료인 인문치료에 활용될 여지가 많은 이유도 여기에 있다.

🐦 스토리텔링 치료의 관점에서 본 스토리와 스토리의 구성요소

스토리텔링은 정보지나 설명서, 교과서에 있는 일반 언어 표현과는 다르다. 앞 장에서 살펴본 대로 스토리텔링은 일반 정보와는 다른 특징을 가지고 있다. 그리고 그것은 단순 정보나 지식에 없는 고유한 구성요소를 가지고 있다. 스토리텔링은 스토리와 텔링으로 구성된다. 그리고 스토리는 (등장)인물, 모티프, 사건, 시간, 공간 등으로 이루어지고, 텔링은 담화(discourse)와 매체 표현으로 구성된다. 스토리텔링의 구성요소들은 표현 매체에 따라 고유한 방식으로 변형된다. 예컨대 이것들은 표현 매체가 만화일 때와 연극일 때, 뮤지컬일 때, 영화일 때에 따라 고유한 매체 문법에 따라 다르게 표현된다. 우리는 어떤 상황을 짜임새 있게 핵심적으로 말할 때 고려해야 할 것으로 육하원칙(六何原則)을 든다. 예컨대 어떤 사건을 보도하는 신문기사를 작성할 때도 누가 · 언제 · 어디서 · 무엇을 · 어떻게 · 왜 했는지 여섯 가지 기본요소를 담아서 표현한다. 이야기의 짜임새 있는 줄거리라고 할 수 있는 스토리에서도 이 요소들은 핵심이다. 스토리텔링이 정보전달의 힘, 설득의 힘, 의미 있음과 가치 있음, 그리고 치유의 힘 등을 가질 수 있는 이유가 여기에도 있다.

스토리에서 이것을 이끌어 가는 주체는 인물(character, 등장인물)이다. 주로 사람들이 등장인물로서 활동하며 이야기의 주체가 되지만, 등장인물에 준하는 동물이나 생명체가 등장하여 사람처럼 행동하는 경우도 있다. 인물이 없으면 스토리가 아니다. 인물이 없는 말은 설명이나 묘사, 단순 정보에 불과하다. 그래서 인물이 없으면 스토리가 없고, 스토리가 없으면 스토리텔링이 아니며, 스토리텔링이 없으면 스토리텔링 치료가 불가능하다. 인물이 스토리텔링을 이끄는 주체이기 때문에 인물이 무엇이냐에 따라 스토리텔링의 성격이 크게 좌우된다. 영화라는 스토리텔링물(物)을 제작할 때 주연 배우들을 누구로 캐스팅할 것인가 하는 문제를 가장 중요하게 고려해서 여기에 돈을 아주 많이 들이는 것도 이 때문이다. 스토리텔링 치료에서 문제를 안고 있는 내담자가 내면에 품고 있는 스토리의 내용이 나에 관한 것인지, 아니면 다른 누구의 문제인지가 중요하다. 마음의 문제들은 대부분 인물들의 관계 속에서 비롯된 경우가 많고 그 해결도 그 관계의 질적인 변화를 통해서 가능한 경우가 대부분이다. 관계 맺는 인물들의 구성과 관계의 양태에 따라서 심리적 문제의 해결이 좌우된다. 예컨대 아버지와 어머니, 형제, 자식들 사이의 관계에서 문제가 생겨 마음의 문제가 생기는 경우 이들을 인물로 하는 이야기를 건강한 이야기로 새롭게 쓰도록 하는 것이 스토리텔링 치료라고 할 수 있다.

스토리의 또 다른 핵심은 사건(event)이다. 전통적 의미에서 인물들이 스토리에 등장해 있어도 이들이 행동해서 어떤 의미 있는 사건을 만들지 않으면 스토리는 존재하지 않는다. 서사는 사건을 서술한다는 뜻이다. 사건이 없으면 스토리는 단순 설명이나 묘사, 정보의 수준으로 떨어지고 말 것이다. 종래의 수사학에서는 서술의 종류를 논증/논설, 묘사, 설명, 서사로 나누었다. 이 네 가지 서술은 명백히 상이한 언어 텍스트의 유형으로 간주되었다. 논증/논설의 핵심이 주장과 설득·입증이라면, 묘사의 핵심은 사물의 외양이나 성질을 그대로 재현하는 것이며, 설명의 핵심은 논리적 해석과 풀이라고 할 수 있다. 이에 반해 서사는 사건을 표현하는 서술이다. 따라서 사건을 진술하지 않는 서술은 자연스럽게 서사 텍스트의 유형적 범주에 들어올 수 없게 된다.[9] 인물들은 원래 생명력을 갖고 살아 움직이는 존재이기 때문에 인물들의 관계 맺음 속에서 자연스럽게 사건이 만들어지게 되어 있다. 이때 그 사건이 어떤 의미와 가치를 가지게 될 때 스토리가 생명력을 발휘한다. 어떤 사건에 관한 스토리인가에 따라 스토리의 성격이 좌우된다. 그 사건이 인물에게 심리적 문제를 야기하는 경우 스토리텔링 치료의 대상이 된다. 스토리텔링 치료는 핵심적으로 스토리의 문제적 사건을 해결하는 것이라고 할 수 있기 때문이다. 트라우마를 야기한 사건이나 심리적 상처, 분노 등을 일으킨 사건인 경우 치료의 대상이 되는 것이다. 물론 앞서 언급한 대로 현대에 서사학 바깥의 경영학이나 광고 등에서는 스토리에 내포된 사건의 의미가 약화되는 측면이 있지만, 스토리텔링 치료에서는 스토리의 문제적 사건이 중요하다고 할 수 있다.

스토리에서 사건을 좀 더 깊이 분석하면 그 속에 모티프(motif)가 있다. 모티프는 사건을 추동하는 힘이다. 어원적으로 보더라도 모티프는 라틴어 'movere'에서 비롯되었고 이것은 영어의 'move'와도 비슷한 어원을 갖는 것으로서 사건을 추동하는 힘이라는 것이 드러난다.[10] 예컨대 사회에서 어떤 폭력 사건이 벌어져 내담자에게 트라우마를 안겨 주었다면, 그 사건의 모티프는 경쟁, 탐욕, 복수 등의 모티프가 관여되어 있는 경우가 많을 것이다. 이런 모티프에 문제가 있는 경우 문제적 사건이 일어나고 그래서 심리적 문제를 야기한다고 볼 수 있다. 그래서 모티프에 문제가 있는 경우 스토리텔링 치료의 대상이 되는 것이다. 가령 우울증을 앓고 있는 사람이 지니고 있는 내면의 스토리는 부정적인 모티프, 비관적인 모티프, 자학적인 모티프, 무기력한 모티프, 자살 모티프 등이

---

9) 한용환(2002), 『서사 이론과 그 쟁점들』, 문예출판사, 73-74쪽.

10) 라틴어에서 온 'motif'의 어원이 'motum' 혹은 'motivum'인데, 이것은 'motor'의 어원이기도 하다. 이로써 'motif'가 스토리텔링의 모터(추진체)라는 것을 어원적으로도 알 수 있다. (참고: Duden(1822). Das groβe Wörterbuch der deutschen Sprache. Mannheim 1967, S.).

연쇄를 이루게 되는데, 이러한 모티프들의 연쇄를 건강하고 활기차고 희망찬 모티프로 바꾸어 주는 것이 치료의 중요한 과정이 될 것이다.

한편 스토리는 구체적인 인물과 모티프, 사건으로 짜인 줄거리이기 때문에 시간(time)과 공간(space)을 초월해서 있을 수 없다. 초시간적 예술인 사진이나 회화, 건축과 달리 내러티브는 원래 시간의 구성물이다. 그래서 시간과 공간 역시 스토리의 핵심 요소다. 인물과 사건은 시간과 공간에 의해 기본적으로 규정된다. 시간과 공간이 다르면 인물과 사건은 달라질 수밖에 없다. 스토리에서 시간은 인물의 시간과 환경적 시간으로 나눌 수 있다. 인물의 연령대에 따라 사건이 달라질 수 있다. 10대 소년 때 겪는 사건과 70대 노인이 되어 겪는 사건은 다를 것이다. 또한 10대 소년이더라도 19세기의 소년과 21세기의 소년은 다를 것이다. 2017년 10대 소년으로 살아가는 사람의 이야기를 2080년 80대 노인의 시각에서 본 이야기로 바꾸어 놓으면 이야기가 많이 달라질 것이다. 스토리의 시간은 순차적으로 흐른다. 역류하거나 순서가 뒤섞이지는 않는다. 이 점에서 스토리의 시간은 같은 서사 안에서도 담화의 시간이나 플롯의 시간과 다르다.

이야기와 현실은 둘 다 시간 구조물이라는 점에서도 비슷하다. 우리는 태어나서 죽을 때까지 시간의 흐름 속에서 사건을 경험하며 성장하고 늙어 간다. 어느 누구도 시간의 흐름 밖에서 존재할 수 없다. 그림, 조각, 건축과 달리 이야기 예술/기술도 시간의 흐름 속에서 존재한다. "이야기는 시간 모델의 본보기다."[11] 아리스토텔레스가 그의 『시학』 제7장(1450b)에서 비극의 플롯에는 처음과 중간, 끝이 있어야 한다고 강조한 것도 시간 예술로서의 이야기 속성을 잘 말해 주는 유명한 말이다. 이렇게 시간을 매개로 이야기와 현실이 서로 유사한 구조를 공유하고 있기 때문에, 이야기는 현실을 해석하고 이해하는 통로가 될 수 있다. 그래서 "시간은 이야기 방식으로 진술되는 한에서 인간의 시간이 되며, 반

---

11) 심스, 칼/김창환 역(2009), 『해석의 영혼, 폴 리쾨르』, 앨피, 185쪽.

면에 이야기는 시간 경험의 특징들을 그리는 한에서 의미를 갖는다."[12] 이야기
의 시간과 실제 시간이 서로를 비추고 있기 때문에 이야기와 실제 삶 사이에 '건
강한 순환'이 존재한다고 할 수 있다. 그런데 이렇게 시간 구조물인 이야기를 통
해 역시 시간 구조물인 현실을 잘 해석하고 이해할 수 있는 메커니즘은 구체적으
로 무엇인가? "시간 안에서 늘 분열되는 현존재를 하나의 전체로 만드는 것은 무
엇인가? 리쾨르는 인간의 '이야기할 수 있는 능력'이 바로 현존재에 통일성을 부
여해 줄 수 있는 가능성이라고 본다."[13]

공간도 인물과 사건을 기본적으로 규정한다. 예컨대 한국의 10대 소녀와 아
랍 지역 10대 소녀의 삶은 다를 것이기 때문이다. 그래서 스토리에 문제가 있
어서 스토리텔링 치료의 대상이 되는 경우 시간과 공간에 대한 고려는 반드시
있어야 한다. 시간과 공간은 개인적 서사의 배경을 이루는 사회적·자연적 환
경이기도 하다. 개인적 서사는 사회적 서사에 포함되며 그것에 영향을 받는다.
정치철학자 마이클 샌델도『정의란 무엇인가』에서 "인간은 이야기하는 존재다.
우리는 서사적 탐색으로서의 삶을 살아간다."[14]라고 말하면서 "나는 개인이라
는 '자격'만으로는 결코 선을 추구하거나 미덕을 실천할 수 없다."라는[15] 매킨
타이어의 말을 인용하며 "내가 속한 이야기와 타협할 때만이 내 삶의 서사를 이
해할 수 있다."라고[16] 말한다. 시간과 공간의 치유적 배려는 스토리텔링 치료의
기본으로서 고려되어야 할 것이다. 이것에 대해 치료 공간을 배치하고 치료 시
간을 정하는 기술적인 차원에서부터 글쓰기 치료에서 현재의 나를 미래의 시

---

12) Ricoeur, P. (1984)[1983] *Time and Narrative, Volume 1*, translated by Kathleen McLaughlin and
   David Pellauer, Chicago and London: University of Chicago Press, p. 3.

13) 김애령(2004), 「시간의 이해, 이해의 시간-리쾨르의 시간의 재형상화 논의」, 『심리학과 해석학』, 한
   국해석학회 편, 철학과현실사, 175쪽.

14) 샌델, 마이클(2010), 『정의란 무엇인가』, 김영사, 309쪽.

15) MacIntyre, A. C. *After Virtue*, (Notre Dame, Ind.: University of Notre Dame Press, 1981), p. 204
   (마이클 샌델. 같은 쪽에서 재인용).

16) 샌델, 마이클. 같은 쪽.

간으로 옮겨 다루는 방법이나, 현재 한국에 와서 사는 결혼 이주민 여인을 그녀가 태어난 고향과 장소의 상황을 비교하여 치료에 나서는 경우까지를 그 예로 들 수 있을 것이다. 이러한 스토리 차원의 시간과 공간은 텔링 차원, 즉 담화와 매체 차원에서 더욱 풍성하게 변화될 수 있다.

🐛 강박증 치료 스토리텔링에서 본 스토리 요소의 치유적 변용

강박증 치료 스토리텔링

지금까지 스토리와 스토리텔링의 특징을 스토리텔링 치료의 입장에서 살펴보고 스토리텔링 치료의 핵심 요소들이 무엇인지 스토리를 중심으로 논의했다. 그러면 이러한 스토리텔링의 특징과 스토리텔링 치료의 핵심요소들이 치료적 스토리텔링으로 어떻게 구현되어야 하는지 살펴보자. 치료적 스토리텔링은 치료 대상과 상황에 따라 아주 다양하게 있을 수 있다. 여기에서는 강박증을 치료하는 스토리텔링 중의 하나를 파악하여 그 속에서 스토리텔링 요소가 치료적으로 구현되는 원리들을 살펴보기로 한다.

세익스피어(Shakespeare)의 4대 비극 중의 하나인 『맥베스(Macbeth)』에서 맥베스는 선왕인 던컨 왕을 역모로 살해하고 왕이 된다. 이때 그의 부인도 이 살인 행위에 동참해서 손에 피를 묻히게 되었는데, 얼마 후부터 그녀는 몽유병 상태에서 손 씻는 동작을 반복한다.[17] 살인자가 피로 더럽혀진 적이 있는 손을 한두 번 씻을 수는 있지만 반복적으로 씻는다면 이해되기 어렵다. 이런 행위는 더럽혀진 손을 깨끗하게 하기 위한, 혹은 증거인멸을 위한 합리적인 행위라기보

---

17) 세익스피어의 『맥베스』 제5막 1장 참고.

다는 자신의 죄책감에서 벗어나기 위해 비합리적으로 비슷한 행동을 반복적으로 하는 것이어서 이런 행동은 강박증의 전형적인 예라고 할 수 있다.

그런데 맥베스 왕비처럼 왕족이나 살인자도 아닌 평범한 사람 또한 강박적인 사고와 행동 때문에 괴로움을 겪는 경우가 있다. 이런 강박성은 미신과 관련해서, 집착 때문에, 완벽주의 성향에 의해 나타나기도 하고, 어떤 불안을 회피하고 두려움을 지연시키려는 무의식적 생각 때문에 나타날 수 있다. 이것은 상징적인 것일 수도 있으며 죄책감, 자존감 하락, 우울증과 함께 나타나기도 한다.

이러한 강박증을 치료하는 방법은 크게 두 가지가 있다. 하나는 약물치료가 있고 또 하나는 테라피(therapy)[18]가 있다. 여기에서는 다양한 테라피 중에서도 스토리텔링 테라피, 즉 스토리텔링 치료를 통해 이 문제에 접근하며 그 방법을 논의해 보겠다. 강박증에도 다양한 증상이 있다. 손을 씻는 일만이 아니라 문 단속, 가스 불 단속, 배우자의 외도를 염려하고 의심하는 일, 물건 정리 등 거의 모든 행동에서 강박적인 증상을 보일 소지가 있다. 여기에서는 어린이가 물건 정리에 강박적인 행동을 보여서 여러 가지 문제를 야기하는 상황에 대한 스토리텔링의 치료적 접근을 세계적으로 유명한 호주의 임상심리학자 도리스 브렛의 연구를[19] 예로 들어 살펴보고 스토리텔링 치료의 방법을 논의해 보기로 하자.

치료가 필요한 문제 상황은 다음과 같다. 초등학교 저학년에 다니는 '아만다'라는 여자아이가 자기 책상에 놓인 연필, 지우개, 색연필, 자, 칼 등을 동일한 순서, 동일한 간격으로 완벽하게 배열하는 행동을 강박적으로 반복해서 등교 시간에도 늦고, 식사 시간에도 늦고, 약속 시간에도 거의 매번 늦는다. 본인

---

18) 테라피의 사전적 기본 의미는 "약물이나 수술에 의존하지 않는 치료 방법"이다. 대표적인 테라피가 사이코테라피(psychotherapy)이고, 테라피는 이것의 약자로 쓰이기도 한다. 그러나 일반적으로 테라피에는 이것만 있는 것이 아니라 음악치료(music therapy), 미술치료(art therapy), 인문치료(humanities therapy), 내러티브 치료(narrative therapy), 스토리텔링 치료(storytelling therapy) 등 여럿 있다. 대체의학에서는 300가지 이상의 테라피 목록을 제시하고 있다.

19) 브렛, 도리스/김인옥 역(2009), 『은유적 이야기치료』, 여문각, 127-144쪽.

도 그로 인한 결과에 괴로워하지만 책상 위의 자기 물건들을 진열하는 순간에
는 강박적인 심리와 행동에서 벗어나지 못한다. 이런 경우에 그 아이를 스토리
텔링 치료로 치료하려면 어떻게 할 수 있을까? 도리스 브렛은 다음과 같은 강박
증 치료 스토리를 그 소녀에게 들려주고 서로 이야기를 나누면서 치료할 수 있
다고 한다. 안나를 주인공으로 하는 치료적 이야기('안나 이야기')의 내용을 스토
리 중심으로 정리하면 다음과 같다.

　　작은 소녀 안나는 밤색 벽돌집에서 엄마, 아빠 그리고 블랙키라는 크고 까
　만 개와 함께 살고 있다. 학교 버스를 타려면 서둘러야 하지만 오늘도 안나는
　엄마가 독촉함에도 책상 앞에서 자기 물건들을 완벽하게 정돈하려고 한다.
　삼색 연필 세 자루, 펜 두 자루, 연필깎이, 지우개, 분홍색 돼지 저금통, 스티
　커 북, 책 두 권, 스테이플러. 이것들을 모두 순서대로 일정한 간격으로 정리
　하려고 하였다. 하지만 어느 하나를 옮기면 다른 쪽에 너무 가까이 붙어 있는
　것 같아서 다른 것을 가까이 하면 또 다른 것 사이의 간격이 벌어진다. 안나
　는 이렇게 책상 앞에서 물건 정리를 계속하다가 30분이나 걸렸고, 결국 학교
　버스를 놓쳐서 지각하여 친구들 앞에서 선생님에게 공개적으로 야단맞고 비
　참한 심정에 휩싸인다. 그날 집에 돌아온 안나는 내일 아침도 걱정이 되어 기
　분 좋게 지낼 수 있으면 좋겠다고 생각하면서 잠에 빠져든다.
　　갑자기 '쿵' 하는 소리가 들려서 안나는 놀라서 잠에서 깼다. 어두운 방
　안을 둘러보니 수호천사 요성 내모(fairy godmother, 도움이 간절히 필요할
　때 도와주는 사람)가 방으로 날아 들어오다 바닥에 떨어져 있었다. 이렇게
　해서 안나와 요정 대모는 서로 이런저런 대화를 시작하게 되었다. 요정 대모
　는 안나와 치료적 대화를 나누면서 안나의 강박증의 원인인 완벽주의를 해
　체시키고, 그 완벽주의의 뒤에 있는 걱정과 두려움을 없애도록 이완 훈련을
　시킨다. 그리고 안나가 책상 위의 물건들을 강박적으로 정리하는 일에 집착
　함으로써 겪는 불쾌한 점과 거기서 벗어났을 때의 좋은 점들을 일깨워 주고

거기서 벗어날 수 있도록 상상 게임을 제안한다. 안나는 책상 위의 자기 물건들을 순서와 간격에 신경 쓰지 않고 이리저리 옮기는 게임을 요정 대모와 함께, 혹은 혼자 하는 과정에서, 놀이하듯 즐겁게 조금씩 강박증에서 벗어나게 된다.

강박증 치료 스토리텔링과 서사 요소의 치유적 변용

이와 같은 도리스 브렛의 강박증 치료 이야기를 바탕으로 스토리텔링 치료의 방법을 서사 요소의 치유적 변용의 관점에서 살펴보자. 여기서 스토리텔링 치료의 핵심은 아만다의 강박증을 치료하기 위하여 여자아이 안나를 주인공으로 하는 치료적 이야기를 아만다에게 들려주며 상담적 대화를 하여 치료하는 것이다. 치료적 이야기는 내담자의 심리적 문제를 서술하고 분석하며 공감하는 부분과 그 문제에 대한 대안적 스토리를 제시하는 부분으로 나뉜다. 이 이야기에서도 전반부에서는 아만다의 강박증과 비슷한 안나의 강박증 문제를 서술하고 분석하며 그로 인한 그녀의 고통에 공감하는 내용으로 이야기가 전개되다가 후반부에 가서 그녀의 문제를 해결하기 위한 치료적 대안의 이야기가 펼쳐진다.

이때 전반부 스토리에서 문제를 설명하고 분석하며 공감하기 위해서는 이야기 속 인물과 사건, 시간, 공간 등이 이야기를 듣는 치료 대상자의 그것과 비슷하게 설정되어야 한다. 그래야 이야기를 듣는 치료대상자가 이야기에 관심을 갖고 그 내용을 받아들일 가능성이 커지기 때문이다. 치료대상자가 이야기 속 인물에 공감할 수 있도록 이야기 속 인물은 치료 대상자와 같은 성별, 비슷한 연령의 인물이면 더 적합할 것이다. 안나 이야기에서도 주인공 안나는, 도리스 브렛이 일부러 그렇게 했다고 밝힌 것처럼,[20] 치료대상자 아만다와 이름도

---

20) 브렛, 도리스. 앞의 책, 27쪽.

비슷하고 성별도 같은 여자이고 나이도 같은 또래의 소녀다. 그리고 관련 인물 구성원도 비슷하다. 아만다와 똑같이 안나도 아빠, 엄마, 애완견과 함께 살고 있다.

그러나 치료적 이야기에서 모든 인물이 이야기를 듣는 치료 대상자와 동일한 차원의 인물이어서는 곤란하다. 주인공은 어쨌든 심리적 문제를 안고 있고 그 문제를 해결해야 하기 때문에 그 문제를 해결하는 데 적합하면서도 주인공이 갖지 못한 다른 장점을 가진 인물이 투입될 필요가 있다. 그래서 그 인물에 의해 대안적 스토리가 마련되어야 한다. 이때 대안적 인물은 매력적이고 치료적 파워가 있는 인물일수록 좋다. 안나 이야기에서는 수호천사 요정 대모가 바로 그런 인물이다. 수호천사는 안나에게 성스럽고 믿음직하고 존경스러운 대상이다. 그래서 안나는 호감과 공감을 갖고 그 가르침을 신뢰하며 따르게 된다.

한편 이런 이야기에서는 사건도 일단 문제적 사건과 비슷하게 형상화되어야 한다. 치료적 이야기의 존재 이유는 치료해야 할 문제를 다루는 것이다. 그래서 치료적 이야기가 내담자의 문제적 사건을 다루는 것이 반드시 필요하다. 이 '안나 이야기'에서도 아만다의 문제인 강박증의 문제를 다루고 강박증 가운데서도 아만다가 겪고 있는 물건 정리 강박증을 다루고 있다. 그래서 그녀가 강박증으로 겪게 되는 사건들, 예컨대 학교에 지각하는 사건이나 선생님과 엄마에게 야단맞는 사건들이 안나의 이야기 속에서 비슷하게 재현되면서 그 문제가 설명되고, 그로 인해 겪게 되는 심리적 고통이 공감된다. 그런데 대안적 이야기가 모색되는 전체 과정 속에서 새로운 사건이 도입되는 것은 필수적이다. 스토리텔링 치료에서는 문제적 사건이 대안적 사건으로 논리적으로 자연스럽게 넘어가는 것이 핵심이라고 할 수 있기 때문이다. 안나 이야기에서도 안나의 강박증적인 사건은 요정 대모를 만나는 사건, 그녀와 안나가 완벽주의 해체 이야기를 듣는 사건, 이완 훈련으로 두려움과 걱정을 몰아내는 사건, 상상력 게임과 현실 게임으로 강박증을 털어내는 사건 등이 새롭게 도입되어 이어진다.

그런데 치료적 이야기에서는 이렇게 사건뿐만 아니라 그 사건을 구성하는 모티프에서도 내담자와 연관되어 있어야 한다. 치료적 이야기는 전반부에서 치료의 대상이 되는 심리적·행동적 문제를 설명하고 분석하는 부분이 포함되는데, 이 작업에서 핵심적인 것은 그 문제적 사건이나 행위의 모티프를 분석하는 일이다. 강박증의 경우 그런 행동에는 완벽주의, 결벽주의, 집착, 걱정과 두려움 등의 모티프가 연결되어 있는 경우가 많다. 그래서 상담자는 내담자의 강박증 행위의 원인 심리를 파악하고 그것을 드러내어 문제로 인식하게 한 후 그 문제로 고통을 겪는 내담자에게 공감해 주는 작업이 필요하다. 이 안나 이야기에서도 안나의 강박증을 구성하는 모티프로서 완벽주의, 걱정과 두려움이 언급되어 이것을 해소해주는 이야기가 전개된다. 요정 대모가 이끄는 대화를 통해 안나가 다음과 같이 말한다. "내가 완벽하게 일을 처리하지 않으면 기분이 나빠요. 하나라도 실수하는 것이 싫어요." 그러자 요정 대모는 다음과 같이 대응해서 안나의 완벽주의를 해체시킨다.

> "세상에! 그건 어린 여자아이에게 좀 심한 주문인 듯하구나. 한 번에 모든 것을 완벽하게 하는 사람을 나는 모르는데, 너는 아니? 완벽하지 않은 건 오히려 하느님께 감사해야 할 일이야." 요정 대모가 약간 코웃음을 치며 말했어. "왜냐하면 완벽한 사람들은 정말 지루하단다. 그리고 실수를 하지 않고는 배울 수가 없단다. 항상 완벽하려고 애를 쓰면 즐거울 수 없는 거란다. 너는 배움도 없고 즐거움도 없는 삶이 좋니?"
>
> "아니요, 배움도 없고 즐거움도 없는 삶은 싫어요."
>
> "좋아." 요정 대모는 2번 옆에 "너는 완전하지 않아도 된다. 실수하는 것은 정상이야. 그러므로 자신에 대해 너그러워질 것"이라고 썼단다.[21]

치료적 이야기에서는 이와 같이 내담자의 문제적 사건을 구성하는 모티프가

---

21) 브렛, 도리스. 앞의 책, 137쪽.

분석되고 해체되어 새로운 모티프로 재구성되어야 한다. 이 이야기에서도 안나의 내면에서 완벽주의, 집착, 걱정과 두려움의 모티프 연결로 이루어지던 심리적 사건이 여유, 너그러움, 유희 모티프의 연결로 대체되어 바뀌도록 인도되었다.

　치료적 이야기의 시간과 공간의 문제에 관해 살펴보자. 치료적 이야기의 시간과 공간에 내담자의 그것은 어떤 식으로든지 연관되어 있어야 할 것이다. 그래야 치료적 이야기가 내담자 내면의 스토리와 연결되어 영향을 줄 수 있을 것이기 때문이다. 구체적으로 그 연관 방식은 개인과 상황에 따라 달라질 수 있을 것이다. 그러나 치료적 이야기를 구성하고 도입하는 단계에서는 그 방식이 상호 유사한 관계가 되는 경우가 많아야 할 것이다. 안나 이야기에서도 아만다의 시공간은 안나의 시공간과 유사하게 설정되어 있다. 안나는 아만다와 연령대도 비슷하고 사는 환경도 아만다와 비슷하게 단독 주택이며, 초등학교에 다닌다. 이러한 시공간의 일치는 치료적 요인 중의 중요한 하나인 동일시 효과[22]를 얻는 데에 긍정적으로 작용할 것이다. 이야기를 듣는 치료 대상자가 치료적 이야기의 인물에 공감하고 그 인물의 변화에 자극받아 스스로 치료적 변화를 겪는 데에는 인물의 동일화와 함께 이러한 시공간적 동일화가 기본 바탕이 될 것이다.

　지금까지 스토리와 스토리텔링의 특징, 그리고 스토리의 핵심요소들을 스토리텔링 치료의 관점에서 논의하고, 강박증 치료 스토리를 통해서 스토리텔링 치료가 스토리와 스토리텔링 핵심요소의 측면에서 어떻게 이루어지는지 그 방법에 관해 살펴보았다. 그래서 스토리의 특징은 짜임새와 가치와 의미를 가져다주는 것이고, 스토리텔링의 특징은 스토리와 텔링의 특징적인 요소를 발현

---

22) Raymond J. Corsini & Danny Wedding (edit)(2008), *Current Psychotherapies*, 8th edition, USA: Thomson Brooks/Cole, p. 9.

한 것으로서 일반 지식이나 정보와는 다른 장점과 특징을 가지고 있는 것을 살펴보았다. 그리고 스토리의 핵심 요소로서 인물, 사건, 모티프, 시간, 공간 등을 고찰하였다. 스토리텔링 치료는 치유적 원리가 실현되도록 이러한 스토리의 특징과 핵심요소들을 치유적으로 변용시키는 활동이라고 할 수 있다.

강박증 치료 스토리텔링에서 알 수 있듯이 스토리텔링의 요소들은 한편으로는 문제를 가진 내담자 혹은 문제를 안고 이야기를 듣는 사람의 상황과 (연관될 수 있도록) 비슷하게 구성되어서 이야기에의 몰입과 공감에 기여해야 하지만, 다른 한편으로는 이런 심리적 문제를 해결하기 위해 대안적 스토리를 마련하기 위해서는 문제를 안고 이야기를 듣는 사람의 스토리와는 다른 대안적 스토리가 제시되어야 한다. 그래서 인물과 사건과 모티프 등을 통해 새로운 대안적 스토리가 마련되어야 한다. 치료적 이야기의 전반부에서는 문제를 안고 이야기를 듣는 사람이 겪는 사건과 그것의 모티프가 제시되어야 하지만, 이야기의 후반부로 갈수록 그 문제를 해결할 수 있는 대안적 사건과 모티프가 제공되어야 한다.

스토리텔링 치료는 그 대상과 증상에 따라 아주 다양하게 적용될 수 있다. 이 글에서 분석한 강박증 치료 방식의 스토리텔링 치료는 성인보다는 아동이나 청소년, 노인 일부에게 보다 적합할 것이다. 성인에게는 이런 방법도 부분적으로 적용될 수 있지만 좀 더 체험적 삶의 스토리텔링 요소를 다양하게 변용하고 치료적 원리와 기법을 잘 활용한, 상담적 방식의 스토리텔링 치료가 더 많이 적용될 수 있을 것이다.

서사 담화와
스토리텔링 치료

제8장

🐦 내러티브, 서사학, 그리고 스토리텔링 치료

이야기에는 구조가 있다. 이야기가 겉보기처럼 일차원적인 단일 층위는 아니라는 것이다. 우리가 어떤 내용의 삶을 사느냐 하는 것도 중요하지만 삶을 어떻게 어떤 방식으로 사느냐 하는 것도 중요하듯이, 이야기에도 내용이 있는 반면에 방식·형식·표현이 있다. 시모어 채트먼에 따르면 서사학에서는 서사, 즉 내러티브를 스토리(story)와 담화(discourse)로 나눈다.[1] 스토리가 내러티브의 내용이라면, 서사에서 담화는 스토리의 서사적 구현 혹은 표현된 이야기라고 할 수 있다. 필자는 앞에서 스토리텔링의 특징과 핵심 요소를 밝히고 스토

---

1) 채트먼, 시모어/한용환 역(2003), 『이야기와 담론』, 푸른사상, 4쪽. 이 번역본에서는 narrative를 서사로, story를 이야기로, discourse를 담론으로 번역했지만, (그래서 서사/이야기와 스토리의 차이가 없어져 버렸기 때문에) 필자는 story를 스토리로, discourse를 담화로 번역한다. discourse가 집단적·문화적 의미를 지닐 때는 담론으로도 번역될 수 있다.

리텔링 요소 중의 스토리(story)에 초점을 맞춰 설명한 바 있다. 여기에서는 스토리텔링 요소 중에서 스토리와 함께 제일 중요한 또 다른 요소인 서사 담화(narrative discourse)에 초점을 맞춰 스토리텔링 치료를 다루기로 한다. 서사학자 포터 애벗(H. Porter Abbott)은 "아직 서사 연구에 관한 주요 논점 가운데 합의가 이루어진 것은 거의 없는 실정이다."라고 말하기도 한다.[2] 그러나 "서사 또는 이야기가 우리 시대의 화두로 자리 잡은 이상, 서사를 연구하는 서사학에 대한 이해는 필수적이다."[3] 그래서 요즘 서사학에 관한 논의들이 왕성하게 이루어지고 있는 것이다. 여기에서는 이러한 서사학의 성과들을 바탕으로 스토리텔링 치료를 논의하되, 특히 서사 담화의 측면에서 스토리텔링의 치유적 활용 방법에 관해 다루어 보겠다.

서사나 스토리는 일상의 삶 속에도 늘 우리와 함께한다. 우리는 이야기 속에서 살아간다. 사람들은 본격적으로 자리 잡고 술 한잔 나누며 자기 가문의 이야기나 인생 이야기를 하기도 하지만 일상적인 만남에서 서로 어제 있던 일, 집안이나 직장 등에서 일어난 일로 이야기꽃을 피우기도 하며, TV 드라마나 영화를 보며 이야기를 감상하기도 한다. 우리는 누구나 자기 이야기를 안고 살아간다. 그래서 인생에서 성공한 사람은 성공 이야기를, 실패한 사람은 실패의 이야기를 펼쳐 나간다. 나이 든 할머니가 자신이 살아온 이야기를 책으로 쓰면 소설책 한 권 이상은 될 것이라고 말하면서 자신의 마음속 고생담을 털어 놓고 치유받고 싶다는 욕망을 드러내는 경우를 가끔 보기도 한다. "서사는 예술가건 보통 사람이건 상관없이 모든 사람에게 관련된 것이다. 하루에도 수없이 많은 순간에, 매일의 일상적인 삶 속에서 우리는 서사를 만들고 있기 때문이다."[4]

한편, 살아가는 데서 어떤 삶에 문제가 있는 사람은 삶의 이야기에 그 문제가 반영되기 마련이다. 그리고 문제가 담긴 이야기를 안고 살아가는 사람은 앞

---

2) 애벗, H. 포터/우찬제 외 공역(2010), 『서사학 강의』, 문학과지성사, 8쪽.

3) 오닐, 패트릭/이호 역(2004), 『담화의 허구』, 예림기획, 292쪽.

4) 애벗, H. 포터. 앞의 책, 17쪽.

으로도 삶에서 또 힘든 이야기를 쓰게 된다. 그래서 삶이나 정신에 문제가 있는 사람들은 그 문제적 이야기를 가지고 정신병원이나 상담실을 찾게 되고, 그곳에서 치료자와 상담을 하면서 치료적 이야기를 나눈다. 채트먼은 스토리가 소설 등의 언어 매체에만 있지 않다고 하면서 다음과 같이 말한다. "문학비평가들은 그들 자신이 날마다 영화나 음악, 그림, 조각, 무용 등을 통해 스토리를 소화해 내고 있으면서도 언어매체만을 유일한 것으로 생각하는 경향이 있다. 이러한 예술 형태들에는 어떤 공통된 기반이 있음이 분명하다. 그렇지 않다면 『잠자는 숲속의 미녀』가 영화나 발레, 마임 등으로 변형되는 현상을 설명할 수가 없게 된다."[5] 채트먼의 말은 스토리가 매체에서 독립해서 자율적으로 존재하며, 그러다가 여러 매체의 특성에 따라 다양하게 변화되어 표현되는 속성을 가지고 있다는 얘기다. 그래서 이러한 견해로부터 스토리가 일상 속에도 들어 있다는 데에서 더 나아가 각각의 장르를 바탕으로 하는 여러 테라피에도 들어 있다고 얘기될 수 있다. 즉, 스토리는 정신분석치료, 심리상담치료, 문학치료, 어학치료, 철학치료, 스토리텔링 치료, 음악치료, 미술치료 등에도 들어가 있다. 이런 면에서 스토리텔링 치료는 인문치료를 비롯한 다른 여러 테라피 (therapy)에 어떤 공통적인 기반을 제공하는 측면이 있다.

그러나 스토리텔링 치료에서 한편으로 이보다 중요한 것은 그것의 독자성과 특성이다. 다른 테라피들이 스토리텔링의 치유적 기능을 부분적으로 가져다가 직관적으로 서사학 바깥에서 서사학적 개념 없이 사용한다면, 스토리텔링 치료는 서사학 안에서 서사학 개념과 서사 요소, 스토리텔링 치료 방법을 체계적으로 활용하여 스토리텔링으로써 치료하는 것이라고 할 수 있다. 다른 테라피에서의 이야기 활용이 수단적이고 단편적이며 부분적인 것이라면, 스토리텔링 치료에서는 이야기의 체계적 활용이 중심 활동이다. 그러면 이제 스토리텔링 치료의 고유한 특성에 관해 고찰해 보자.

---

5) 채트먼, 시모어. 앞의 책, 4쪽.

🐦 스토리텔링 치료의 관점에서 본 서사 구조와 서사 담화의 특징

스토리텔링 치료는 스토리텔링을 치료적으로 활용하는 이론과 방법 및 기법을 의미한다. 스토리텔링 치료학의 과제는 이러한 치료 이론과 방법론 및 기법을 개발하고 발전시키는 것이라고 할 것이다. 이러한 과제를 풀기 위해서는 우선 스토리텔링의 특징과 핵심 요소에서 출발할 필요가 있다. 이 글에서 주제로 삼은 서사의 담화를 의미하는 영어 'discourse', 프랑스어 'discours', 독일어 'Diskurs'는 모두 라틴어 'discursus'에서 비롯되었는데 이 단어는 '이리저리로 달리다'라는 뜻을 지닌 'discurrere'에서 파생된 명사형이다. 이것이 현대에 와서는 걸음의 행위가 말의 행위로 전위되면서 '서로 주고받는 대화나 그 상황'을 일반적으로 의미하게 되었다.[6] 그러나 이 'discourse'라는 용어는 다양한 분야에서 광범위하게, 때로는 혼란스럽게 사용되어 온 것이 사실이다. 이 용어는 우리나라에서 프랑스 구조주의를 수용하는 과정에서 프랑스어 개념 'discours'를 통해서 대중적으로 수용되기 시작했는데, 그동안 여러 용어로 번역되었다. 담화, 언술행위, 언술, 언설, 술화, 담론 등이 그것이다. 그러나 이 중에서 현재 세력을 얻고 있는 것으로는 담론과 담화가 남았다. 문화나 사회 분야에서는 '어떤 주제에 대한 깊이 있는 풍부한 언술'과 같은 의미로 '담론'이라는 용어가 우세하게 사용되고 있으며, 언어 연구 분야에서는 언어를 통한 사회적 상호작용과 소통행위로 보는 관점으로 '담화'가 널리 사용되고 있다.[7] 언어학적 의미로 담화는 시간적으로나 공간적으로 구체적인 맥락에서 특정 청자를 전제로 화자가 한 의도적인 발화행위다.[8] 이런 면에서 '담화'는 화자의 주관적 개입 없이

---

6) 남운(2010. 12), 「담론(Diskurs) 개념과 이론의 스펙트럼」, 『독어교육』, 제49집, 201-202쪽.

7) 위의 논문, 199-205쪽 참고.

8) 위의 논문, 207쪽.

객관적으로 말해지는 '스토리'와는 구별된다. 스토리텔링 치료에서도 이 단어 'discourse'를 이야기를 통한 소통행위의 관점에서 '담화'로 사용하기로 한다. 그러나 언어학적 의미의 'discourse'와 서사학적 의미의 'discourse'는 스토리와의 관계에서 차이가 두드러진다. 언어학에서는 담화가 그 자체로 얼마든지 연구의 대상이 될 수 있지만, 서사학에서 담화는 반드시 스토리와 연계되어 있다. 서사학에서 서사는 스토리가 없으면 서사가 아니기 때문이다.

그러면 서사학에서 서사의 구조, 특히 내러티브와 내러티브 담화의 관계는 어떤가? 앞에서 말한 대로 패트릭 오닐의 표현에 동의하자면, "모든 현대 서사학 이론이 토대로 삼는 기초적인 층위 구분은 정확히 말해 스토리(story)와 담화(discourse) 두 층위로 나누는 것이다."[9] 이것은 내용과 표현 층위의 구분, 즉 무엇이 일어났는가 하는 서사 내용의 층위와 그것을 어떻게 나타낼 것인가 하는 표현 층위의 구분이다. 그러나 스토리는 서사의 내용 그 자체는 아니며, 서사 내용 중에서도 핵심적인 줄거리를 말한다. 스토리가 내러티브의 핵심 줄거리라면, 담화는 스토리를 구체적인 언어, 말투, 시각, 관점, 거리, 시간과 장소의 배경 속에서 서술하여 내러티브로 구현하는 것이다.[10]

그런데 이렇게 서사를 내용과 표현으로 나누는 서사학의 2층위 모델은 패트릭 오닐 외에도 많은 서사학자가 주장하고 있을 뿐만 아니라 그 뿌리도 깊다. 이것이 현대에 와서 1920년대의 빅토르 쉬클롭스키(Victor Shklovsky)와 보리스 아이헨바움(Boris Eichenbaum)과 같은 러시아 형식주의자들의 이론에서 비

---

9) 오닐, 패트릭. 앞의 책, 35쪽.

10) 위의 책, 34-102쪽; 현대 서사학에서는 담화의 기능이 확장되는 현대 소설의 추세에 따라 스토리보다 담화의 기능을 강조한다. 그래서 담화가 "스토리를 완전히 관심 밖으로 밀어냈으며, 독자가 관심을 기울이는 스토리의 지위를 의기양양하게 빼앗고 대신 그 자리를 차지하는 데 완전히 성공하였다."(오닐, 패트릭/이호 역, 위의 책, 102쪽)라고 주장되기도 한다. 그러나 이런 주장은 포스트모더니즘 입장에 가까운 것이고, 그렇지 않은 입장에서는 이렇게까지 주장하지는 않는다. 특히 스토리텔링 치료의 입장에서는 예술적 형식 실험을 발전시켜 나가는 현대 문학의 추세를 멀리까지 따라갈 필요는 없기 때문에 여전히 스토리도 담화와 함께 중요한 것으로 간주되어야 한다.

롯된 것이기는 하지만[11], 그 연원은 훨씬 거슬러 올라가 로고스(logos: 제시된 사건들, 스토리)와 뮈토스(mythos: 사건의 재배열, 플롯)를 구분한 아리스토텔레스에게서까지 그 연원을 찾아볼 수 있다.[12] 2층위 서사 이론을 주장하는 대표적인 사람들의 이름과 서사 구성 요소는 다음과 같다. 아리스토텔레스(로고스+뮈토스), 빅토르 쉬클롭스키(1921/1965)[파블라(fabula)+수제(sjuzhet)], 즈베탕 토도로프(1966)[스토리(histoire)+담화(discours)], 시모어 채트먼(1978)[스토리(story)+담화(discourse)], 제럴드 프랭스(Gerald Prince)(1982)[서술된 것(the narrated)+서술(narration)], 코헨/샤이어스(1988)[스토리(story)+서술(narrtion)] 등이 있다.

그러나 서사 이론가들이 모두 이런 2층위 모델에 만족하는 것은 아니다. 몇몇 이론가들은 3층위 모델을 주장하며, 이것이 서사 담화의 (추론된) 과정과 그 (실제) 생산 결과를 구분하는 데에 더 효과적이라고 주장하기도 한다. 3층위 서사 이론을 제기하는 서사학자들의 이름과 핵심 개념을 정리해 보면 다음과 같다. 제라르 주네트(Gérard Genette)(1972)[스토리(histoire)+이야기(récit)+서술(narration)], 미케 발(Mieke Bal)(1977)[스토리(histoire)+이야기(récit)+서술된 텍스트], 제라르 주네트(1980)[스토리+서사(narrative)+서술하기(narrating)], 리몬-케넌(Rimmon Kenan)(1983)(스토리+텍스트+서술), 미케 발(1985)(파블라+스토리+텍스트), 마이클 툴란(Michael Toolan)(1988)(스토리+텍스트+서술) 등이 대표적이다.[13] 이 3층위 모델의 특징은 2층위 모델에 텍스트를 따로 내세우거나, 서사성을 내세우기도 한다는 것이다. 서사성은 2층위 모델의 담화를 텍스트 내적 담화로 보고 텍스트 외적 담화를 따로 강조해서 표현한 것이라고 할 수 있다. 그래서 3층위 모델은 서사의 수용자를 편입시켜 수용미학적 측면에서 고려할 수

---

11) Victor Erlich, *Russian Formalism: History-Doctrine,* 1955. New Haven, CT: Yale University Press 1981, 239f.

12) 아리스토텔레스의 『시학』의 1460b10-1461b20; Seymour Chatman(1978: 19-20); Gerald Prince (1989: 49); 패트릭 오닐(이호 역, 앞의 책, 36쪽) 참고.

13) 오닐, 패트릭. 앞의 책, 35-37쪽.

있다는 강점이 있다. 이런 점에서 보았을 때 이야기를 사이에 두고 치료적 상담자와 내담자가 마주하는 스토리텔링 치료에서는 서사의 2층위 모델보다는 3층위 모델이 더 유용할 것이다. 스토리텔링 치료의 3층위 모델은 스토리와 서사 담화 그리고 매체의 세 층위를 함께 고려하는 것이라 할 수 있다. 또한 이것은 스토리텔링 치료의 근거 이론으로 효과적인 폴 리쾨르의 이야기 해석학에서 찾아볼 수 있는 세 겹의 미메시스 이론과도 연결될 수 있다.[14]

　이런 면에서 보아 이야기나 서사에는 스토리와 함께 담화의 기능이 강화되어 있다고 볼 수 있다. '이야기'는 '이야기하다'와 긴밀한 관계에 있다. 그리고 서사는 '사건을 서술한다'는 의미다. 스토리텔링은 스토리를 텔링하는 것이어서 스토리와 텔링으로 구성되어 있다. 스토리텔링은 내러티브보다 넓은 개념이라고 할 수 있다. 내러티브의 '담화'보다 스토리텔링의 '텔링'이 더 넓은 개념이기 때문이다. 스토리텔링에서 텔링은 단순히 말이나 글로 표현하는 것을 넘어 몸짓, 그래픽, 동영상, 소리 등으로 전달하는 것을 포함한다. 앞에서 언급한 대로 원래 텔링(telling)의 사전적 의미에는 말뿐만 아니라 표정, 몸짓, 사진, 동영상, 소리 등으로 전달하는 것까지 포함되어 있다. 그래서 스토리텔링은 구어체 이야기, 동화책, 라디오 드라마, TV 드라마, 영화, 만화, 애니메이션, 신문기사, 박물관 전시, 놀이공원 조성, 지역 관광단지 조성 등에 두루 활용되고 있다. 스토리텔링 치료가 널리 활용되고 특히 통합적 치료인 인문치료에 활용될 여지가 많은 이유도 여기에 있다.

　스토리는 담화를 통해서 표현된다. 그래서 스토리에는 여러 층위가 있다. S1이 내담자의 자기 스토리(I-story, self story)라면 S2는 대안적 스토리(alternative story)라고 할 수 있다. 이것은 자크 라캉의 심리학에서 기표 S1(signifiant 1)의 담론을 기표 S2의 담론으로 바꾸어 주는 것이 치료라고 얘기할 때의 S1, S2와

---

14) 폴 리쾨르의 이야기 해석학과 세 겹의 미메시스에 관해서는 졸고(2010. 6.), 「이야기 해석학과 이야기 치료」, 『헤세연구』, 제23집, 256쪽 이하 참고.

비교될 수 있다. S1과 S2 사이에 라캉의 심리학에서는 무의식의 분석과 치료가 개입된다면, 스토리텔링 치료에서는 서사담화의 분석과 치료적 변용이 개입된다. 그러나 S1과 S2 사이에는 담화를 통해 생성된 많은 중간 스토리가 있어서 이를 거쳐 S2에 도달한다. S1을 치료적 인칭·시각·관점·거리감·시간·공간으로 변형시켜 새로운 S2를 만들어 가는 것이다. 이것은 해석학적 순환과 같고 이야기 해석학에서 폴 리쾨르가 말한 세 겹의 미메시스 활동, 즉 '미메시스 1'에서 '미메시스 2'를 통해 '미메시스 3'으로 나아가는 것과 비슷하다.[15] 그래서 지금까지 얘기한 서사의 2층위 모델과 3층위 모델을 스토리텔링의 관점으로 바꾸어 보면, 스토리텔링은 '스토리 + 텔링'의 2층위 모델과 '스토리 + 담화 + 매체표현'의 3층위 모델로 나누어 말할 수 있을 것이다.

🐦 서사 담화의 구성요소와 스토리텔링 치료

지금까지 서사의 2층위 구조와 3층위 구조를 살펴보고 그 특징에 대해 스토리텔링 치료의 관점에서 살펴보았다. 여기서는 그중에서 한 층위를 맡아 중요한 역할을 하는 서사 담화를 중심으로 살펴보자. 서사가 치유적으로 활용되려면 서사 담화가 중요한 역할을 해야 한다. 여기서 스토리텔링 치료가 이루어지기 위해서는 서사 담화가 스토리와 작용해서 치료적으로 작동되어야 하는데, 이때 서사 담화를 이루는 핵심 구성 요소들이 치유적으로 기능해야 한다.

스토리는 서사의 짜임새 있는 줄거리라고 할 수 있다. 그런데 스토리 그 자체로는 우리에게 확인되기 어렵다. 스토리는 눈에 보이지도 않는다. 우리의 머릿속에서만 추론된다. 우리가 스토리를 알 수 있는 것은 표현된 서사 담화를 접하고 나서 비로소 가능해진다. 스토리를 추론해 내는 것은 서사 담화를 통해서이

---

15) 이민용(2010. 6.), 「이야기 해석학과 이야기 치료」, 『헤세연구』, 제23집, 261-267쪽 참고.

기 때문이다. 스토리는 이야기나 스토리텔링으로 구체화될 때 담화의 구성 요소인 화자와, 인칭, 시점 등을 만나 활력을 얻게 된다.

　이러한 서사 담화의 구성 요소 중에서 우선 시점(point of view)을 중심으로 살펴보자. 스토리는 전지적 시점에서 객관적으로 표현되지만 서사 담화는 다양한 시점으로 구현된다. 서사 담화에는 1인칭·2인칭·3인칭 시점이 있고 여기에 각각 주인공 시점, 관찰자 시점이 있을 수 있으며 이를 초월한 전지적 시점도 가능하다. 예컨대 1인칭 주인공 시점으로 바라본 세계의 이야기는 스토리텔링 치료에서 3인칭 관찰자 시점으로 문제를 바라보며 객관적으로 해결책을 모색해 볼 수 있다. 이러한 스토리텔링의 핵심 요소인 인칭과 시점이 갖는 치유적 활용 가능성은 이미 사이코드라마, 게슈탈트 치료, NLP(신경언어프로그래밍) 치료를 비롯한 다른 심리치료에서 다양하게 가져다 활용하고 있는 형편이다. 서사학의 원리가 다른 치료 영역으로 확장된 대표적인 경우라 할 수 있을 것이다.

　한편 이러한 시점은 관점(perspective)과 어우러져 스토리를 다양하게 표현한다. 시점이 각 인칭에서 바라보는 주관적 시점이나 객관적 시점이라면, 관점은 각 시점에서 바라보는 각도나 방향의 문제라고 할 수 있다. 그래서 예컨대 1인칭 주인공 시점으로 보더라도 관점을 달리하여 어떤 문제를 새가 하늘에서 내려다보듯 조감(鳥瞰)할 수 있고, 개구리가 밑에서 올려다보듯 앙각(仰角)의 관점으로 바라볼 수 있으며, 정면에서 관찰하던 것을 뒤에서 볼 수 있고 측면에서 볼 수도 있다. 그러면 어느 문제를 어느 한 관점에서 보았을 때 보이지 않던 해결책이 새로운 시각에서 드러나는 것을 확인할 수 있다. 사이코드라마에서 심리적 문제를 지닌 주인공에게 역할을 바꿔 가며 말하게 시키는 것이 시점의 전환을 통한 치료라면, 의자 위로 올라서서 내려다보며 말하게 하는 것은 관점의 전환을 통한 치료적 접근이라고 할 수 있다. 스토리텔링 치료에서 심리적 문제를 해결하기 위해서는 필요한 인칭과 시점, 관점에서 그것을 볼 수 있도록 유도하는 것이 필요하다. 또한 이것들은 내담자와 소통하고 공감하는 데에도 중요한 요소다. 예컨대 어린이나 청소년을 치료할 때는 그들의 입장에서 그들의 관점으로 문제를 보고 해결책을 유도하는 것이 필요할 것이다. 이것이 다음에 얘기할 매체 표현과 연결되면 또 많은 변화가 있을 것이다. 예컨대 영화의 경우 카메라를 누구의 시점에서 어떤 각도로 찍느냐 하는 것으로도 표현될 것이다.

한편 스토리 속의 어떤 심리적·환경적 문제는 그 문제를 대하는 거리 (distance), 즉 화자의 심리적 거리나 관찰자의 거리와도 연관이 있다. 어떤 문제를 코앞에 두고 보는 것과 다양한 심리적 거리에서 보는 것은 분명히 문제에 대한 태도와 생각 등을 다르게 만들 것이다. 이것은 앞서 말한 시점이나 관점과도 긴밀하게 연결되는 것이다. 예컨대 1인칭 주인공 시점으로 보는 문제와 3인칭 관찰자 시점으로 보는 문제는 거리감에서 많이 다를 것이고, 그 문제에 대한 해결의 자세나 방법도 다를 수 있을 것이다. 관점의 경우도 앞에서 얘기한 조감의 경우는 심리적 거리가 먼 반면에 넓은 시야를 확보할 수 있다면, 정면에서 바라보는 경우는 가까운 거리에서 구체적으로 문제를 파악할 수 있을 것이다.

스토리가 서사 담화로 구현될 때는 담화로 표현하는 말투나 문체(style), 음조나 정조(情調, tone)도 중요하게 작용된다. 같은 내용을 표현할 때도 쾌활하고 유머 섞인 어투로 표현하는 것과 분노와 미움, 비판을 잔뜩 담은 욕설이나 험한 말로 표현하는 것은 그 효과가 많이 다를 것이다. 부드러운 말투와 거친 말투는 다른 효과를 낳는다. 반면에 상담자가 내담자와 친근한 비속한 표현을 잠시 쓰는 것은 라포 형성에 중요한 친밀감 조성에 도움이 될 때도 있다. 대상에 적합한 단어나 어투, 표현을 사용하는 것이 필요하다. 예컨대 아이들의 문제를 해결하려고 할 때는 그들의 언어로 공감하고 소통하는 것이 중요하다. 스토리텔링의 언어는 형상적 언어로서 이미지와 상상력을 불어넣어 주고 재미를 안겨 주어 치료에 효과적인 면이 많기 때문에 스토리텔링 치료에서는 이러한 이점을 최대한 살려야 할 것이다. 인간의 행복에는 건강한 생각 못지않게 건강한 감정도 중요하다. 심리적 문제를 안고 있는 내담자의 스토리는 우울하고 비관적인 어투나 정조를 지니는 경우가 많다. 이러한 어투나 정조를 바꾸어 주면 내담자의 감정을 행복한 쪽으로 바꾸어 주는 데에 기여할 수 있을 것이다. 상담자가 내담자와 이야기를 나누며 치료할 때 이것은 중요한 요소다.

플롯(plot)은 인간의 행복에 중요한 역할을 하는 생각을 스토리텔링으로써 바꿔 주는 데에 핵심적인 역할을 한다. 플롯은 스토리와 함께 서사학에서 중요한 것으로 많이 거론되어 온 요소다.[16) 담화나 텔링의 차원에서 가장 핵심적인 것이 플롯이다. 스토리를 어떻게 표현할 것인가의 문제를 장악하고 있는 것이 플롯이기 때문이다. 스토리텔링 치료가 내담자의 병적인 스토리를 건강한 스토리로 바꾸어 주는 것이라고 할 때 이 과정을 담당하는 것이 플롯이라고 할 수 있다. 플롯을 통해 텔링 차원의 요소들이 재조정되어 새로운 스토리텔링물이 생겨나기 때문이다. 스토리텔링 치료에서 심리적 문제를 표현하는 스토리텔링물을 건강한 치유의 스토리텔링물로 바꾸는 작업은 플롯의 조종을 통해 이루어진다. 특히 치료적 스토리텔링은 공식처럼 해피엔딩이나 희망적 결말로 끝나게 되는데, 이때 플롯이 그렇게 되도록 작동하여 모티프와 인물, 관점, 시점 등의 스토리텔링 요소들을 재구성해야 한다.

스토리에서와 마찬가지로 서사 담화에서도 시간(time)은 중요하다. 서사에서 시간은 본질적인 요소다. 시간의 흐름이 없으면 서사가 아니다. 사진, 그림, 건축이 문학과 달리 서사가 아닌 것은 거기에 시간의 흐름이 없기 때문이다. 그런데 담화 시간(discourse-time)은 스토리 시간(story-time)과 대비된다. 스토리의 시간이 스토리 속에서 주인공 등의 인물이 사건을 경험하는 데에 걸린 시간이라면, 담화의 시간은 화자가 서사를 처음부터 끝까지 진술하는 데에 걸린 시간이다. 스토리 시간이 서사 내용 차원의 시간으로서 순차성을 생명으로 한다

---

16) 스토리와 플롯의 구분은 서사학에서 전통적으로 많이 논의되었다. 흔히 스토리는 시간적인 흐름에 따른 객관적인 줄거리 전개이고 플롯은 그것을 화자나 내포작가, 작가의 의도로 시간적 흐름을 뒤바꾸면서까지 서사적 효과를 위해 논리적 인과 관계 위주로 새롭게 구성하는 것, 혹은 그렇게 한 것을 의미한다. 그러나 세부적인 구분에 들어가면 서사학자에 따라, 심지어 양자가 같다고 주장하는 것부터 시작해서 서로 다른 견해들이 여럿 있다.

면, 담화의 시간은 서사 표현 차원의 시간으로서 반드시 순차적일 의무가 없다. 오히려 담화 시간의 비순차성은 서사를 극적으로 만들고 흥미와 긴장, 효과를 강화시키는 역할을 한다. 담화 시간의 특징은 단지 비순차성에만 있지 않고, 시간 지속성의 조절에도 있다. 중요하지도 않고 흥미도 없는 사건에서는 빠른 속도로 지나가거나 건너뛰고, 의미 있고 관심 있는 부분에서는 시간을 많이 들여서 서술하는 것이 서사의 기본 속성이다. 그렇지 않으면 서사는 한없이 지루하고 무의미해질 것이기 때문이다. 이러한 시간 운용은 스토리텔링 치료에서의 시간 운용에 그대로 적용될 수 있다. 스토리텔링 치료 자체가 치료자와 내담자 사이의 서사 담화 과정이라고 볼 수 있기 때문이다.

마지막으로 매체 표현도 스토리텔링 치료에서 아주 중요하다. 지금까지 얘기된 스토리텔링 요소들은 궁극적으로 음성, 문자, 소리, 음악, 행동, 그림, 사진, 영상, 동영상 등의 매체를 통해 표현되는데, 매체의 고유한 문법에 의해 좌우된다. 앞에서 말한 시점과 관점, 거리감 등을 표현할 때도 동화, 소설, 만화, 영화 속에서 각각 그 양태가 다르다. 스토리텔링 치료에서 내면의 자기 스토리는 다양한 매체로 표현되면서 새로운 건강한 스토리로 텔링될 수 있다. 예컨대 자신의 문제를 말로 표현하게 할 수도 있지만 행동으로 표현할 수도 있고 그림으로 표현하게 할 수도 있다. 시점이나 관점이 영화에서는 카메라를 어떤 배우의 시점에서 어떤 각도로 찍느냐 하는 것으로도 표현될 것이다. 스토리텔링 치료가 문학치료뿐만 아니라 다른 사이코드라마, 연극치료, 미술치료, 영화치료 등을 관통하는 기본 치료적 요소를 제공할 수 있는 이유가 여기에도 있다.

🐦 치료 스토리텔링에서 본 서사 담화

지금까지 스토리텔링 치료의 관점에서 서사의 구조와 서사 담화의 특징을 살펴보고, 스토리텔링 치료의 핵심 요소들이 무엇인지 서사 담화를 중심으로 논의했다. 그러면 이러한 서사의 특징과 스토리텔링 치료의 핵심 요소들이 치료적 스토리텔링으로 어떻게 실현되어야 하는지 살펴보자. 스토리텔링 치료가 실제로 적용되는 양상은 치료 대상과 상황에 따라 아주 다양하게 나타날 수 있다. 여기에서는 강박증을 치료하는 스토리텔링 치료 케이스의 이야기 하나를 파악하여 그 속에서 스토리텔링 요소가 치료적으로 구현되는 원리들을 서사 담화를 중심으로 살펴보기로 한다.

여기에서는 자기 물건을 정리하는 일에 강박증적인 행동에 빠져서 여러 가지 문제를 안고 있는 한 소녀 아만다에 대해 스토리텔링 치료의 접근을 하는 호주의 임상심리학자 도리스 브렛의 연구[17]를 살펴보면서 스토리텔링 치료의 방법을 서사 담화의 관점에서 논의해 보기로 하자.

구체적으로 아만다의 강박증 증세를 살펴보면 다음과 같다. 어린 소녀 아만다는 자기 물건들을 강박적으로 순서대로 반듯하게 정렬하지 않으면 못 견디는 증상에 매여 있다. 특히 책상 위에 학용품을 일정한 순서와 간격으로 정리하는 강박적인 행동 때문에 학교에 지각하고 약속에 늦는다. 그래서 선생님과 엄마에게 야단맞고 친구들에게 창피를 당해서 속상하고 고민이 많다.

이런 상황에서 아만다에게 들려주며 치료하는 이야기가 '안나 이야기'다. 이 이야기에서는 안나가 아만다와 똑같은 강박적인 행동을 할 수밖에 없어 고민하고 있었다. 그런데 꿈에서 만난 그녀의 수호천사 요정 대모가 그녀의 강박증에 대해 공감과 위로를 함께 나눈 후, 강박증의 원인을 분석해 주고 치료적 대안을 이야기 형식으로 제공해 준다. 그리고 게임 방식으로 강박증에서 서서히 벗어나게 해 준다.

이와 같은 도리스 브렛의 강박증 치료 이야기를 바탕으로 스토리텔링 치료의 방법을 서사 담화의 치유적 변용의 관점에서 살펴보자. 이러한 스토리텔링 치료의 핵심은 아만다의 강박증을 치료하기 위하여 여자아이 안나를 주인공으

---

17) 브렛, 도리스/김인옥 역(2009), 『은유적 이야기치료』, 여문각, 127-158쪽.

로 하는 치료적 이야기를 아만다에게 들려주며 상담적 대화를 함으로써 그녀가 강박증에서 벗어날 수 있도록 해 주는 것이다. 이러한 치료적 이야기는 아만다의 강박증을 밝히고 그녀의 고민에 공감해 주며 그 문제의 원인이 완벽주의, 기분 나빠짐에 대한 두려움 등이라는 점을 분석해 주는 부분과 그 문제에 대한 대안적 스토리를 제시하는 부분으로 나뉜다. 구체적으로 이 이야기의 전반부에서는 아만다의 강박증과 비슷한 안나의 강박증 문제를 서술하고 분석하며 그로 인한 그녀의 고통에 공감하는 내용으로 이야기가 전개되다가 후반부에서 그녀의 문제를 해결하기 위한 치료적 대안의 이야기가 펼쳐진다.

앞에서 스토리텔링의 구조를 스토리와 텔링 두 부분으로 나눌 수 있다고 했다. 스토리를 중심으로 한 분석은 앞 장에서 언급했기 때문에 여기서는 스토리텔링의 텔링 부분, 즉 서사 담화와 매체 표현에 초점을 맞추어 치료적 스토리텔링의 핵심 요소들을 살펴보기로 하자. 우선 인칭과 시점·관점의 측면에서 보기로 하자. 안나 이야기에서는 아만다에게 이야기를 들려주는 전지적 시점으로 서술되고 있다. 그래서 이야기의 내용이 독자와 청자에게 인물들의 겉모습을 뚫고 마음속 정보까지 전달하고 있다.

> 요정 대모는 안나의 침대에 앉더니 안나를 쳐다보았단다.
> "입을 벌리고 있구나. 뭐 할 말 있니?"
> 안나는 입을 다물었어. 입을 벌린 채 누군가를 뚫어지게 바라보는 것은 무례하다는 것이 갑자기 떠올랐어. "예… 아니… 저는… 예…"
> 요정 대모는 격려하듯이 안나에게 고개를 끄덕였단다. "그래서?"(130f)

관점도 인물과 결부되어 조명되고 있다. 그래서 아만다와 비슷한 문제를 가진 안나의 이야기가 안나의 관점에서 제시되고 있다. 그러나 대안적 이야기가 마련되는 지점에서는 대안적 인물의 관점에서 조명된다. 안나 이야기에서도 이 지점에서는 요정 대모의 관점으로 문제가 조명된다. 다음에 언급할 예에서 알 수 있는 것처럼 완벽주의를 해체하는 요정 대모의 발언이 바로 그런 경우다. 1인칭이 아닌 3인칭 인물로 이야기가 전개된다는 점에서 내담자가 객관적으로 흥미를 가지고 자기 노출의 염려 없이 안정된 심리로 살펴볼 수 있는 장점이 있다. 물론 내담자 본인과 무관한 일로 여기거나 거리감을 느낄 가능성도 있으나, 이럴 때는 스토리텔링의 다른 요소로써 그 가능성을 막을 수 있다. 이 이야기에서도 등장인물 안나가 치료 대상자 아만다와 같은 성별, 나이, 환경, 모티프, 사건을 지니는 인물이어서 동일시 효과와 공감 효과에 적합하게 구성되어 있다.

한편 이렇게 이야기를 듣는 사람이 이야기의 내용에 몰입하고 동일시할 수 있도록 인칭과 시점, 관점에서 이야기를 듣는 사람의 인칭과 시점·관점과 유사하게 이야기가 전개되는 것이 중요하지만, 대안적 이야기를 마련하도록 한다는 점에서는 이와 다른 방식으로 적용되는 것도 필요하다. 그래서 안나 이야기에서도 안나가 보는 시각과 관점은 아만다의 시각과 관점과 비슷하지만 아만다의 문제이기도 한 안나의 문제, 즉 강박증에 대해 안나가 보는 시각·관점과는 다른 시각과 관점이 요정 대모에 의해 제시된다.

안나는 생각했어. "내가 완벽하게 일을 하지 않으면 기분이 나빠요. 하나라도 실수하는 것이 싫어요."

"그렇구나." 요정 대모는 "2. 완벽해야 한다. 실수가 있으면 안 된다."라고 썼어. 그러고는 말했어. "너는 항상 모든 것을 완벽하게 해야 한다고 생각하는구나."

안나는 고개를 끄덕였어.

"세상에! 그건 어린 여자아이에게 좀 심한 주문인 듯하구나. 한 번에 모든 것을 완벽하게 하는 사람은 나도 모르는데, 너는 아니? 완벽하지 않은 것은 오히려 하느님께 감사해야 할 일이야." 요정 대모는 약간 코웃음을 치며 말했어. "왜냐하면 완벽한 사람들은 정말 지루하단다. 그리고 실수를 하지 않고는 배울 수가 없어. 항상 완벽하려고 애를 쓰면 즐거울 수가 없는 거란다. 너는 배움도 없고 즐거움도 없는 삶이 좋니?"

"아니요, 배움도 없고 즐거움도 없는 삶은 싫어요."

"좋아." 요정 대모는 2번 옆에 "너는 완전하지 않아도 된다. 실수하는 것은 정상이야. 그러므로 자신에 대해 너그러워질 것."이라고 썼단다.(136f)

텔링의 또 다른 요소인 어휘나 어투의 측면에서 보았을 때 치료적 이야기는 이야기를 듣는 치료 대상자에게 친근하게 접근해 갈 수 있는 어휘나 어투, 정조를 유지하는 것이 좋다. 이 '안나 이야기'의 액자 이야기에서도 엄마가 심리적 문제를 안고 있는 딸 아만다에게 들려주는 어투나 어조가 주로 펼쳐진다. 이 이야기의 속이야기에서도 요정 대모가 어린 소녀 안나와 대화를 나누며 상담을 하는 구도 속에서 어휘 선정이 이루어지고 적당한 어투가 사용된다. 한국어는 특히 대화 상대자에게 맞는 어미와 호칭, 존대법 등이 필수적이기 때문에 이런 원칙은 당연히 준수되어야 할 것이다.

🐦 스토리텔링 치료의 활용 가능성

테라피(therapy) 차원의 치료에서는 핵심적인 치료 요소를 잘 파악하여 그 요소들을 치유적으로 활용하는 것이 중요하다. 지금까지 서사의 구조와 서사 담화의 핵심 요소들을 스토리텔링 치료의 관점에서 연구하고 강박증 치료 스토리텔링을 통해서 스토리텔링 치료가 이루어지는 방법에 관해 살펴보았다. 그래서 스토리를 구현해 주는 실질적인 기능에서 서사 담화의 특징을 확인하였다. 스토리텔링의 두 핵심은 스토리와 텔링이다. 그중에서 스토리를 텔링하는 핵심 요소로는 인칭(화자), 시점, 관점, 거리, 시간, 공간, 어투 등의 담화 요소가 있고, 음성·문자·그림·음악·동영상 등의 매체를 통한 표현이 있다. 스토리텔링 치료에서 중요한 것은 치료적 원리가 실현되도록 이러한 스토리텔링의 특징과 핵심 요소들을 치료적으로 잘 변용시키는 활동이라고 할 수 있다.

강박증 치료 스토리텔링 '안나 이야기'에서 알 수 있듯이 스토리텔링 치료의 요소들은 한편으로는 심리적 문제를 안고 있거나 문제적 상황에 빠져서 그 치료적 이야기를 듣고 있는 사람의 상황과 잘 연계되어야 한다. 그래서 문제적 상황과 치료적 이야기가 비슷하게 구성되어 이야기에 쉽게 공감하고 몰입할 수 있도록 해야 한다. 다른 한편으로는 이런 심리적·상황적 문제를 해결하기 위해서는 그 이야기를 듣는 사람의 시각과 관점·거리와는 다른 시각과 관점·거리가 제시되어야 한다. 그래야 치료 효과를 지니는 대안적 스토리가 마련되기 때문이다. 그러나 어투, 어휘, 어조 등에서는 일관되게 내담자에게 친근하게 접근할 수 있는 방식으로 내담자에 가까운 어투나 어휘, 어조를 사용하는 것이 중요할 것이다. 물론 상담자의 치료적 권위를 높이기 위한 어휘나 어조, 어투의 사용도 함께 고려되어야 하는 경우도 있을 것이다.

스토리텔링 치료는 그 대상과 상황, 증상에 따라 아주 다양하게 전개될 수 있다. 여기에서 분석한 강박증 치료 방식의 스토리텔링 이야기는 성인보다는 아동이나 청소년, 그리고 일부 노인들에게 좀 더 적합한 방식이다. 성인들에게는 이런 방법이 부분적으로 적용될 수 있지만 다른 방식의 스토리텔링 치료가 적용될 수도 있을 것이다. 즉, 치료적 원리와 기법을 잘 살려서 체험적 삶에 근거한 스토리텔링의 요소들을 다양하게 변용하고 스토리와 서사 담화를 좀 더 내담자가 주도적으로 재구성할 수 있는 방식으로 이루어질 수 있을 것이다. 여기에서 다룬 강박증 치료 스토리텔링이 꼭 스토리텔링 치료의 대표 스토리텔링이라는 것은 아니다. 다만 스토리텔링 치료를 설명하기에 좋은 하나의 스토리텔링으로 선택된 것이라고 할 수 있다. 더 좋은 여러 치료적 스토리텔링을 개발하는 것도 앞으로 스토리텔링 치료가 감당해야 할 과제라고 할 것이다.

스토리가 민담, 동화, 소설, 연극, 뮤지컬, 영화, 애니메이션 등으로 표현되고 일상 삶의 서사에서도 표현된다는 점에서 서사 이론이 여러 예술과 삶의 현상을 두루 설명하는 틀이 될 수 있는 것처럼, 스토리텔링 치료 이론은 상담치료, 문학치료, 인문치료, 철학치료, 영상치료, 예술치료, NLP, 교류분석 이론, 게슈탈트 치료 등 여러 테라피의 기본 바탕이 될 수 있다. 스토리텔링 치료의 이론과 방법론에 대한 연구와 실천 프로그램의 지속적인 개발이 필요한 이유가 여기에 있다.

스토리텔링 치료의 근거
−정신분석학과 인지과학

정신분석학과 **스토리텔링** 치료

제9장

🐦 내러티브와 정신분석학

프로이트는 정신분석학이 문학 행위와 어떤 연관성이 있음을 일찍이 알아채고 이에 관해 관심을 여러 번 표명하였다. 그는 자신의 70회 생일 때 그의 업적을 칭송하는 사람들에게 무의식의 세계를 자신이 처음 발견한 것이 아니라 시인과 철학자들이 먼저 발견했다고 말하기도 했고, 문학과 꿈·몽상·무의식 등의 관계에 주목하기도 했으며,[1] '오이디푸스 콤플렉스'나 '에로스'와 '타나토스' '나르시시즘' 등과 같이 문학과 신화에서 가져온 개념으로 정신분석학을 전개

---

1) Freud, S. *Jensen's 'Gradiva' and Other Works*, The Standard Edition of The Complete Psychological Works of Sigmund Freud, Translated from the German under the General Editionship of James Strachey, In Collaboration with Anna Freud, Volume IX (1906-8), London: The Hogarth Press and The Institute of Psycho-Analysis 1959 (여기에서 앞으로 이 전집은 S.E.로 약칭하기로 함), pp.141-153; 프로이트/정장진 역(2007), 「작가와 몽상」, 『예술, 문학, 정신분석』, 열린책들, 143-157쪽.

하기도 하였다.[2] 그가 정신분석학과 관련해서 언급한 문학가와 문학 작품도 적지 않다. E. T. A. 호프만(Hoffmann)의 〈모래 사나이(Der Sandmann)〉, 빌헬름 옌젠(Wilhelm Jensen)의 〈그라디바(Gradiva)〉, 하인리히 하이네(Heinrich Heine)의 〈여행화첩(Reisebilder)〉, 셰익스피어의 〈햄릿(Hamlet)〉, 〈리처드 3세(Richard III)〉, 〈맥베스(Macbeth)〉, 소포클레스의 〈오이디푸스 왕〉, 그리고 도스토옙스키(Dostoevsky)의 〈카라마조프가의 형제들(Bratya Karamazovy)〉〈시와 진실〉의 괴테 등이 있다. 이런 연장선상에서 문학 연구자들도 정신분석학을 통해서 문학을 조명하는 연구들을 많이 해 왔다. 정신분석학을 통해 작가의 심리를 분석하고 그 작가에 의해 창조된 작품 속 인물의 심리적 모티프를 분석하는 등의 다양한 연구를 많이 해 왔다.

한편 이처럼 정신분석학의 입장에서 정신분석학을 통해 문학을 보는 것과는 반대로, 문학의 입장에서 문학을 통해 정신분석학을 보는 관점도 생겨나게 되었다. 그래서 문학의 입장에서 정신분석학을 설명하고 문학의 입장에서 주체적으로 정신분석학과 관계를 맺어 가려는 견해들이 등장하였다. 이에 따르면 정신분석학의 주된 대상인 무의식 활동이나 이것의 반영인 꿈을 꾸는 과정이 기억과 상상력, 욕망 등에 의해 추동되어 은유, 직유, 환유, 비유, 상징 등의 방법으로 이루어진다는 점에서 문학 행위와 비슷하다고 간주된다. 그래서 꿈과 무의식을 분석하는 정신분석은 문학 행위나 문학비평과 비슷하다고도 보고 있다.[3]

그런가 하면 이런 문학 중에서도 내러티브와 서사학의 관점에서 정신분석학에 접근할 수도 있다. 사실 프로이트는 정신분석학이 진술의 형태로서나 설명의 구조로서 내러티브에 의존할 수밖에 없다는 사실을 정신분석학이 태동

2) 밀네르, 막스/이규현 역(1997), 『프로이트와 문학의 이해』, 문학과지성사 참고; 프로이트는 노벨상 후보로 거론된 적도 있는데, 노벨의학상이 아니라 노벨문학상의 후보였다고 한다. 도라(Dora) 치료와 같은 프로이트의 사례 보고서들이 일종의 문학과도 비슷하다고 말하는 연구자들도 있다. [미산, 한자경 등(2009), 『마음, 어떻게 움직이는가』, 운주사 참고.]

3) 박찬부(1996), 「정신분석학과 서사(narrative)의 문제」, 『비평과 이론』, 제1집, 한국비평이론학회, 110쪽.

하던 시기부터 인식하고 있었다. 그는 1895년에 나온 『히스테리 연구』에서 "내가 쓰는 분석 사례 보고서들이 단편소설들과 같이 읽히고 엄격한 과학성을 띠지 못하고 있다는 사실에 나는 당혹스럽다."[4]라고 고백함으로써 정신분석학의 서사적 성격을 심각하게 받아들이고 있었다. 최근에는 도널드 스펜스(Donald Spence)와 로이 셰이퍼(Roy Schafer)와 같은 서사학적 정신분석학자들과 피터 브룩스(Peter Brooks), 박찬부와 같은 정신분석학적 문학비평가들[5]이 등장하여 "정신분석학과 문학, 특히 서사문학은 같은 뿌리에서 나온 두 가지 문화현상"[6]이라는 주장을 하게 되었다. 셰이퍼와 같은 서사론적 정신분석학자들은 정신분석학을 서사의 관점에서 접근하고 있고, 스펜스는 심리적 문제를 야기한, 실제로 일어난 경험적 사실로서의 "역사적 진리"와 내러티브로 구성되는 심리적 문제에 대한 "서사적 진리"를 구별하면서 후자를 새롭게 강조한다. 그런데 이렇게 내러티브의 관점에서 정신분석학을 바라볼 수 있게 된 것은 "서사 또는 이야기가 우리 시대의 화두로 자리 잡은"[7] 현실의 반영이라고 할 수 있다. "인간이 하는 거의 모든 담화에서 서사가 나타난다는 점 때문에 이론가들은 서사를 언어 다음가는 인간적인 특징으로 삼는다."[8] 프레데릭 제임슨이 '내러티브의 모든 정보화 과정'을 '인간 사고의 중심 기능 혹은 심급(instance)'이라고 설명[9]한 것도 이와 비슷한 맥락이다.

---

4) Breuer J., & Freud, S. (1893-1895), *Studies on Hysteria*, S.E. Volume II, p.160.

5) 이에 관한 중요한 연구서들은 다음과 같다. Spence, D. P. (1982), *Narrative Truth and Historical Truth*, New York: W. W. Norton; Schafer, R. (1994), *Retelling A Life: Narration and Dialogue in Psychoanalysis*, New York: W. W. Norton; Brooks, P. (1994), *Psychoanalysis and Storytelling*, Oxford: Blackwell; Brooks, P. (1992), *Reading for the Plot. Design and Intention in Narrative*, Cambridge: Harvard University Press.

6) 박찬부(1996), 「정신분석학과 서사(narrative)의 문제」, 『비평과 이론』, 제1집, 한국비평이론학회, 110쪽.

7) 패트릭 오닐/이호 역(2004), 『담화의 허구』, 예림기획, 292쪽.

8) 애벗, H. 포터/우찬제 외 공역(2010), 『서사학 강의』, 문학과지성사, 18쪽.

9) Jameson, Frederic (1981), *The Political Unconscious: Narrative as a Socially Symbolic Act*, Ithaca: Cornell University Press, p. 13; H. 포터 애벗/우찬제 외 공역(2010), 『서사학 강의』, 문학과지성사, 18쪽에서 재인용.

이렇게 인류 역사와 함께해 온 내러티브가 일상적인 서사, 개인 삶의 이야기로까지 확장되어 세상에 수없이 많이 존재한다는 사실은 정신분석에도 해당한다. 문학과 내러티브는 특히 정신분석과도 밀접한 관계에 있다. 정신분석학은 그 자체가 내러티브다.[10] 사실 정신분석은 분석가가 피분석자에게 자유연상 등의 방법으로 진술하게 한 내러티브를 듣고 이에 대해 치료적 내러티브를 제공하면 다시 피분석자가 이에 반응하여 자신의 새로운 내러티브를 들려주는 방식으로 이루어지고 있다. 프로이트가 안나 오 양, 엠마(Emma), '늑대인간', '쥐인간' 등을 대상으로 치료한 사례를 보고한 글들을 읽어 보면 한 편의 이야기를 접하고 있는 느낌이 들기도 한다.

그런데 정신분석학이 문학과 문학비평, 특히 서사와 비슷하다는 논의는 문학과 문학비평에 새로운 연구의 모티프를 제공하고는 있었지만, 문학과 서사를 치유적으로 활용하는 데에 대한 본격적인 논의는 아직 아니었다. 여기에서는 내러티브를 기반으로 해서 내러티브를 치유적으로 활용하는 면을 정신분석학에서 탐구하고 이를 바탕으로 내러티브의 치유적 활용에 의미 있는 성과를 이끌어 내는 방향으로 논의할 예정이다. 그리고 이러한 이야기에 관한 학문은 서사학이어서 서사학의 관점에서 내러티브를 심층적으로 이해할 수 있고 이를 통해 정신분석학에 접근할 수 있을 것이다. 그래서 여기에서는 프로이트의 정신분석학을 서사와 서사학으로 해석해서 스토리텔링 치료의 이론적 근거를 다질 계획이다. 지금까지 정신분석학에 기대어 이루어진 문학연구들이 주로 있었지만 내러티브의 치유적 활용에 관한 연구는 아니었다. 서사를 치유적으로 활용하는 서사학의 관점에서 문학치료에 접근한 연구는 정운채 교수[11] 등의 연구가 있지만, 정신분석학과 스토리텔링 치료를 직접 연결한 연구는 아니었다.

---

10) Brooks, P. (1994), *Psychoanalysis and Storytelling*, Oxford: Blackwell, p. 76.

11) 정운채(2010), 「프랑스의 서사이론과 문학치료학의 서사이론」, 『문학치료연구』, 제17집, 한국문학치료학회, 191-206쪽; 정운채(2011), 「리몬 케넌의 서사이론과 문학치료학의 서사이론」, 『문학치료연구』, 제18집, 한국문학치료학회, 273-289쪽.

여기에서는 프로이트의 엠마 치료 사례를 내러티브의 관점에서 다루고 치유적 관점의 서사학에서 정신분석학을 논의하겠다. 구체적으로 치유적 서사와 정신분석학의 상관성을 밝히고, 이를 통해 스토리텔링 치료의 근거를 정신분석학에서 찾음으로써 내러티브와 정신분석학을 기반으로 한 문학치료와 인문치료에 조금이라도 발전의 계기를 마련하려고 한다.

🐦 내러티브의 치유적 활용과 정신분석학

내러티브가 정신분석에서 활용되는 측면은 크게 두 가지로 생각해 볼 수 있다. 하나는 내러티브가 직접적인 치료 효과를 낸다기보다는 분석가와 내담자 사이에서 주고받는 대화나 상담의 기본 수단으로서 활용되는 경우다. 내러티브가 요즘 병원에서 정신의학 전공 의사들뿐만 아니라 일반 의사, 간호사들에게도 주목받는 것은 이 때문이다. 의료진은 환자의 고통을 줄여 주고 환자를 낫게 하는 데에 수술이나 약물이 전부는 아니라는 점을 요즘 더 많이 생각하고 있다. 환자의 병을 진단할 때부터 환자가 자신의 질병에 대해 호소하는 이야기가 중요하고, 치료 도중에 환자가 받아들이고 느끼는 치료적 이야기 역시 치료에 중요한 요소라는 점을 더욱 인식하게 되었다. 그런가 하면 진료 후에도 의료진과 환자 사이에 주고받은 내러티브가 환자의 마음에서 살아서 작용하는 것이 중요하고, 앞으로 완쾌를 기대하는 환자의 마음속 이야기 역시 아주 중요하다. 정신분석을 할 때도 이와 비슷하다. 정신분석가와 피분석가의 정신분석 활동 역시 근본적으로는 이러한 의료진과 환자의 기본 구도 속에서 내러티브를 주고받는 가운데에서 이루어진다. 정신분석은 기본적으로 내담자와 정신분석가가 치료실에서 만나 서로 이야기를 나누는 구조 속에서 이루어진다. 이때 그 이야기는 내담자의 자유연상이나 꿈을 중심으로 마련되며, 심리적 문제를 핵심 내용으로 하고, 내담자의 정신건강 회복을 목적으로 한다는 점에서 다른 경우의 이야기들과 다르다.

정신분석 현장에서 내러티브는 다면적이다. 정신분석 과정의 초기 면담에서는 내담자가 자신의 심리적 문제에 대해 서술하는 이야기가 있고, 내담자의 자유연상과 꿈에 나타난 이야기가 있다. 그리고 이를 듣고 분석가가 제기하는 진단의 이야기가 있고, 분석가가 피분석가의 내면에서 끌어내는 숨겨진 이야기 등이 있다. 정신분석의 주된 대상이 되는 이야기는 바로 내담자의 자유연상이나 꿈에 나타난 이야기들이다. 이렇게 보았을 때 정신분석은 내담자의 무의식에서 비롯된 이야기를 의식차원의 이야기로 전환시키는 과정이라고 할 수 있다.

그런데 내러티브가 이렇게 정신분석을 비롯한 의료현장에서도 대화나 상담의 기본 바탕으로 활용될 수 있는 이유는 무엇인가? 그것은 내러티브가 지닌 기본 속성 때문이다. 이야기에는 스토리가 있어서 짜임새 있는 연결이 전제되는데, 이것이 이야기를 의미 추구, 가치 판단과 밀접하게 한다. 또 이야기에는 그필수 구성 요소로 인물이 있어서 이야기를 하는 사람에게 정체성을 부여하는 힘이 있고 다른 사람과의 관계를 조명해 주는 힘이 있다. 그리고 이야기는 사건을 필수 요소로서 담고 있다. 그래서 이야기에는 현실을 해석하고 이해하게 하는 힘이 있다. 또한 이야기에 함유되어 있는 인물과 사건 등을 통해 삶을 반영할 수 있고, 이야기를 추동하는 인물들을 통해 감정을 표현하고 전달하며 감동을 줄 수 있는 힘 등이 있다. 이야기가 지닌 이러한 힘에 의해 내러티브가 정신분석 현장에서도 기본 수단으로서 널리 활용되고 있다고 볼 수 있다.

한편 내러티브가 정신분석에서 활용되는 또 하나의 측면은 내러티브 행위 그 자체로서 직접 치료적 효과를 거두는 것이다. 프로이트는 1896년 '정신분석'이라는 용어를 정식으로 제시하기 이전에 이미 이 점을 확인하고 있었다. 그는 1895년에 요제프 브로이어와 함께 발행하여 정신분석학의 기초를 놓았다는 평가를 받는 연구서 『히스테리 연구』의 뒷부분에 실린 글 「히스테리의 심리치료」에서, 이미 몇 년 전에 브로이어와 공동으로 발표했던 히스테리 현상의 심리적 기제에 관한 예비적 보고서의 한 부분을 다음과 같이 다시 인용한다.

다음의 사실을 발견하고 처음에 우리는 매우 놀랐기 때문이다. 즉, '히스테리 증상을 불러일으킨 사건에 대한 기억을 뚜렷하게 상기시키는 데 성공하고, 또 거기에 얽혀 있는 감정들을 다시 불러일으키는 데 성공하면, 그리고 환자가 <u>그 사건에 대하여 가능한 한 자세히 서술하고 그 감정을 말로 표현</u>하게 되면, 개별적인 히스테리 증상은 각각 곧 소멸되고 두 번 다시 일어나지 않는다'는 것이다.[12]

내러티브는 서사이며, '서사'는 '사건을 서술한다'는 뜻이다. 앞의 인용문에서 필자가 밑줄을 그어 강조한 부분, 즉 "그 사건에 대하여 가능한 한 자세히 서술하고 그 감정을 말로 표현"한다는 것은 바로 사건을 서술하는 서사, 즉 이야기를 말하는 것이다. 여기서 프로이트는 내러티브로써 히스테리가 치료될 수 있음을 밝히고 있다. 우리는 이야기의 치유적 효능을 직접적으로 활용하는 스토리텔링 치료가 그 치유적 근거를 정신분석학에 둘 수도 있음을 여기에서 알 수 있다.

그런데 앞의 인용문에서 프로이트가 밝힌 바에 따르면 이렇게 내러티브를 통해 치료적 효과를 얻는 방법은 두 가지가 있다. 하나는 심리적 증상을 "불러일으킨 사건에 대한 기억을 뚜렷하게 상기시키는 데 성공"하고 "그 사건에 대하여 가능한 한 자세히 서술"하는 방법이고, 또 하나는 "거기에 얽혀 있는 감정들을 다시 불러일으키는 데 성공"하고 "그 감정을 말로 표현"하게 하는 방법이다. 이것은 내러티브를 활용한 인지적 스토리텔링 치료와 정서적 스토리텔링 치료 두 가지라고 할 수 있다. 이러한 스토리텔링 치료의 두 가지 길은 프로이트의 다음 언급에서 더욱 구체화된다.

---

12) Breuer, J., & Freud, S. (1893-1895), *Studies on Hysteria*, S.E. Volume II. p.255. 프로이트와 브로이어가 공동으로 발행한 이 책은 정신분석학의 기점(起點)을 이루었다고도 평가된다. 여기서 연구된 히스테리 연구가 정신분석학의 토대를 닦았다고 할 수 있다.

우리의 치료법은 처음에 그 사건이 일어났을 때 소산되지 않은 관념의 작
용력을 제거해 준다. 질식되어 있던 감정이 언어를 통해 표출되도록 함으로
써, 그리고 그 관념을 정상 의식 상태(가벼운 최면)로 끌어들여 연상에 의해
수정할 수 있게 함으로써, 아니면 치료자의 암시를 통해 관념을 제거함으로
써(건망증을 수반한 몽유 상태라 해도) 그것이 가능한 것이다.[13]

여기서도 스토리텔링 치료의 두 가지 길이 제시되고 있다. "질식되어 있던
감정이 언어를 통해 표출되도록 함으로써" 처음에 심리적 문제를 야기한 "그 사
건이 일어났을 때 소산되지 않은 관념의 작용력을 제거해" 주는 정서적 스토리
텔링 치료 하나와, "그 관념을 정상 의식 상태(가벼운 최면)로 끌어들여 연상에
의해 수정할 수 있게 함으로써, 아니면 치료자의 암시를 통해 관념을 제거함으
로써" 심리적 문제를 야기한 "그 사건이 일어났을 때 소산되지 않은 관념의 작
용력을 제거해" 주는 인지적 스토리텔링 치료의 길이 또 하나 있다. 여기서는
인지적 스토리텔링 치료가 더욱 구체화된다. 앞선 인용문에서는 심리적 문제
를 야기한 사건에 대한 기억을 단순히 뚜렷이 상기시키고 그 사건에 관한 기억
을 자세히 표현하는 것이 치료에서 중요한 것이었다. 그런데 여기서는 치료자
가 적극적으로 어떤 역할을 해서, 그 기억을 의식 상태로 끌어들여 연상에 의해
수정할 수 있게 하고 치료자의 암시를 통해 그 기억의 관념을 제거하도록 하고
있다. 물론 프로이트가 이후에 피분석가에게서 흔히 제기된, 기억되지 않거나
기억해 낼 수 없는 문제로 연구의 중심을 이동하여 억압의 문제를 제기하고 이
를 전이의 문제를 해결하는 과정에서 풀어내려고 정신분석학을 발전시켜 나갔
지만 그 기원은 여기『히스테리 연구』에서 확인되는, 내러티브의 치유적 힘을
활용하는 데에서 시작되며, 이 점에서 스토리텔링 치료의 정신분석학적 근거
도 여기에서 출발한다고 볼 수 있다.

---

13) Breuer, J., & Freud, S. (1893–1895), *Studies on Hysteria*, S.E. Vol. 2., p. 255.

앞의 인용문에서 정서적 스토리텔링 치료는 흔히 널리 알려져 있는 카타르시스 치료이기도 하다. 이에 관해서는 필자가 정신분석학과 관련한 앞선 연구[14]에서 특히 프로이트의 안나 오 양 치료 사례(case)를 중심으로 다룬 적이 있다. 그래서 여기에서는 인지적 스토리텔링 치료의 관점에서 정신분석학을 논의하기로 한다. 이 작업은 우선 다음과 같이 서사학을 통해서 시작하게 될 것이다. 서사학은 내러티브에 관한 체계적 학문이어서 이를 통해 정신분석학과 스토리텔링 치료의 핵심을 잘 이해하고 여기에 잘 활용될 수 있기 때문이다.

🐦 프로이트의 엠마 치료에서 본 스토리텔링 치료

스토리텔링 치료와 서사학

필자는 앞선 논의에서 서사학의 관점에서 이야기를 활용한 치료에 접근하면서 내러티브의 층위와 서사 요소의 치유적 변용 등에 관해 언급하였다. 이에 따르면 서사학에서는 내러티브를 여러 층위로 구분한다. 2층위로 구분하기도 하고, 3층위나 4층위로 구분하기도 한다. 이 중에서 "모든 현대 서사학 이론이 토대로 삼는 기초적인 층위 구분은 정확히 말해 스토리와 담화, 두 층위로 나누는 것이다."[15] 이것은 내용과 표현 층위의 구분이다. 스토리는 무엇이 일어났는가 하는 내용의 층위에 있고, 서사 담화/디스코스는 그것을 어떻게 나타낼 것인가 하는 표현 층위에 있다. 그러나 스토리는 내러티브의 내용, 그 자체는 아니며 그것의 핵심적인 줄거리를 말한다. 스토리가 내러티브의 핵심 줄거리라면, 담화는 스토리를 구체적으로 표현하여 내러티브로 구현하는 것이다.

---

14) 졸고(2012),「불안공포 신경증과 이야기치료의 정신분석학적 근거」,『뷔히너와 현대문학』, 제38집, 한국뷔히너학회, 153-175쪽.

15) 오닐, 패트릭/이호 역(2004),『담화의 허구』, 예림기획, 35쪽.

스토리의 구성요소로는 인물, 사건, 모티프, 시간, 공간 등이 있고, 디스코스의 구성요소로는 인칭, 시점, 관점, 심리적 거리감, 어투와 문체, 시간, 공간 등이 있다. 스토리가 시간의 자연적 순서에 따라 인과적으로 사건이 배열된 추상적인 줄거리라면, 디스코스는 이러한 스토리를 디스코스의 구성 요소를 통해 내러티브로 표현해 내는 것이다. 그래서 정신분석은 이러한 요소들의 측면에서 고찰될 수 있다. 스토리 차원의 내담자 진술에서는 심리적 문제와 연관되는 인물 및 그 인물을 둘러싼 다른 인물들과의 관계, 문제 되는 사건, 그리고 그 사건을 추동하는 모티프가 무엇인지 분석해 내는 것이 중요하다. 그리고 그 인물이 활동하고 사건이 전개되는 시간과 공간의 배경도 눈여겨보아야 한다. 그런가 하면 디스코스 차원의 내담자 진술을 고려해서는 앞에서 언급한 디스코스의 구성요소들도 분석해야 한다.

앞에서 내러티브와 정신분석이 치유적으로 밀접한 관계에 있으며 내러티브가 치유적으로 활용되는 스토리텔링 치료에는 정서적 스토리텔링 치료와 함께 인지적 스토리텔링 치료가 있다는 것을 확인했다. 서사학 관점에서의 인지적 스토리텔링 치료는 프로이트의 엠마 치료에서도 잘 나타난다. 이를 구체적으로 살펴보기로 하자.

스토리의 논리적 틈새와 심리적 문제의 발견

프로이트는 『과학적 심리학을 위한 프로젝트』[16]에서 '엠마'[17]의 가게 불안신

---

16) Freud, S. (1895), *Project for a scientific psychology*. in: *S.E.*

17) 엠마 에크슈타인(Emma Eckstein, 1865~1924)이다. 프로이트의 가장 중요한 여자 환자 중의 한 명이었고, 나중에는 정신분석가가 되어 프로이트의 동료가 되었다. 그녀는 27세 때 프로이트를 찾아와 치료를 원하면서 위가 아프고 우울증 기미가 있으며, 특히 생리 기간에 더욱 심하다고 호소했다. 이로써 그녀는 프로이트가 '지연 작용' '유혹설' 등의 정신분석학 이론을 개발하도록 하는 데에 큰 기여를 하였다. 프로이트의 『꿈의 해석』에 첫 꿈 사례로 나오는 '이르마(Irma)의 주사'라는 사례의 실제 주인공이기도 하다. 김서영(2010), 『프로이트의 환자들, 정신분석을 낳은 150가지 사례 이야기』, 프로네시스, 516~519쪽 참고.

경중 사례를 보고하였다. 그녀가 가게 불안신경증을 갖게 된 상황을 설명하는 프로이트의 내러티브는 다음과 같다.

> 엠마는 현재 혼자서는 가게에 갈 수 없는 증상에 빠져 있다. 그 이유로 그녀는 (사춘기가 시작된 지 얼마 되지 않았던) 열두 살이던 당시의 기억을 꺼내 놓았다. 그녀는 뭔가를 사러 가게에 들어갔는데, 보조 점원 두 명이—그중 한 명은 그녀가 기억할 수 있는 사람이었다—함께 웃고 있는 것을 보고 깜짝 놀라 도망쳐 나왔다는 것이다. 이와 연관해서 그녀는 그 두 남자가 그녀의 옷을 보고 웃고 있었고, 그중 한 남자는 그녀에게 성적으로 기분 좋은 느낌을 주었다고 말했다.[18]

엠마가 프로이트에게 들려준 후속 이야기에 따르면 그녀는 그 상황에서 갑자기 질겁해서 가게를 뛰쳐나온 후 집에 돌아가 2주 동안 앓았으며, 그 후에는 손님이 없는 가게에 혼자 가지 못하는 심리적 불편 증세에 계속 시달렸다. 정신분석 치료는 이와 같이 심리적 문제를 안고 있는 내담자/환자의 내러티브 진술로부터 시작된다. 치료는 이러한 내러티브에서 제기된 심리적 문제를 해결하기 위한 과정이라고 할 수 있다.

그런데 앞의 인용문은 엠마의 이야기를 듣고 프로이트가 진술한 내러티브다. 이를 엠마의 내러티브로 소급해서 그 속의 스토리에 들어 있는 스토리의 구성 요소, 즉 인물(엠마, 젊은 가게 보조 점원), 시간(열두 살 때의 어느 날), 장소(손님 없는 가게), 사건(가게 방문, 성적으로 기분 좋은 느낌 받음, 옷을 보고 웃음, 놀라서 가게를 뛰쳐나옴, 2주 동안 앓음, 가게 불안신경증을 갖게 됨)을 연결하여 스토리를 순서대로 나열하면 다음과 같다.

---

18) Freud, S. *Project for a scientific psychologie*, in: *S.E.* Volume I, p.353.

S1: 엠마는 전에 어떤 한 가게의 남자 판매원에게서 성적으로 끌리는 느낌을 받았다.

S2: 엠마는 혼자 그 가게에 갔다.

S3: 엠마는 손님 없는 가게에서 그 남자 판매원과 또 다른 판매원을 만났다.

S4: 남자 판매원들이 엠마의 옷을 보며 웃었다.

S5: 엠마는 질겁해서 가게를 뛰쳐나왔다.

S6: 엠마는 집에 와서 2주일 동안 심하게 앓아누웠다.

S7: 엠마는 혼자서는 손님 없는 가게에 가지 못하는 불편 증상에 시달린다.

그런데 여기서 스토리들이 논리적으로 연결되지 않는다. 프로이트도 이를 알아챘다.[19] 그의 말을 스토리 연결의 측면에서 정리하면 다음과 같다. 엠마의 이런 가게 경험과 가게 공포증 이야기에는 논리적 일관성이 없다. 이 스토리에서 가게의 남자 점원이 엠마의 옷을 보고 웃은 것과 그녀가 깜짝 놀라 가게를 뛰쳐나온 것(S4에서 S5로의 연결), 그리고 그 남자에게서 그녀가 성적으로 좋은 느낌을 받은 사실이 제시되어 있지만 서로 연관성이 드러나 보이지 않는다. 엠마가 나이에 비해 성숙하게 옷을 입고 다니긴 했지만 웃음거리가 될 정도는 아니었다(S4). 그랬으면 그녀가 그렇게 옷을 입고 다닌 것이 그때가 처음이 아니었기 때문에 그 사이에 이미 알아차리고 옷차림을 고쳤을 것이다. 그리고 옷차림이 웃음거리가 된다고 해도, 그것이 그녀가 그 후 2주일 동안 앓았고 가게에 혼자 가는 것에 공포를 느끼게 된 증상을 설명해 주지도 못한다(S4에서 S6, S7로의 연결). 또한 이런 것들과 그 보조 점원 남자가 성적으로 엠마에게 좋은 느낌을 주었다는 것도 연관성이 없어 보였다(S1에서 S5, S6, S7로의 연결). 이처럼 정신분석학적으로 보았을 때 환자는 자신의 심리적 문제를 설명해 줄 수 있는 내면의 스토리가 단절적이다. 프로이트도 다음과 같이 이것을 잘 알고 있었다.

---

19) Freud, S. *Project for a scientific psychologie*, in: *S.E.* Volume I, p.353.

"환자들이 그의 생활사가 그의 병력과 일치하는 한 그것을 제대로 질서정연하게 진술할 능력을 결여하고 있다는 사실은 노이로제의 특징일 뿐만 아니라 이론적으로도 중요한 의미를 지닌다 하겠다."[20]

신경중 환자들이 상담 초기에 하는 이야기에는 병의 원인을 드러내 주는 일관성 있는 논리적인 스토리가 결여되어 있다. 병에 물든 그 스토리는 오래전에 잊힌 과거의 것이고, 많은 부분은 무의식에 억압되어 있기 때문이기도 하고, 환자 스스로는 그 병의 원인을 알 수 없는 경우가 많기 때문이다. 이런 면에서 보면 자신의 문제를 설명해 주는 일관된 스토리를 갖고 있지 못하다는 사실이 바로 환자임을 입증해 주는 것이다. 이것을 발견해서 제시해 주는 사람이 바로 치료자다. 우리는 정신적으로 정상적이지 않은 어떤 사람을 구별할 때 그 사람의 외모나 신체가 아니라 그가 하는 말을 통해서 금세 알 수 있다. 그 말 속에 있는 논리에 맞지 않는 내러티브, 상황에 맞지 않는 스토리, 횡설수설하는 내러티브 등에서 우리는 정신적으로 정상인과 비정상인을 구별하게 된다.

지금까지 심리적 문제가 있는 환자를 내러티브를 통해 구별해 낼 수 있는 측면을 살펴보았다. 이제 내러티브를 통해 구체적으로 문제를 진단하고 치료하는 것에 대해 알아보자.

🐦 서사학으로 본 정신분석

내러티브 요소와 정신분석학적 내러티브 진단

앞에서 환자의 내러티브에서 발견되는 논리적 단절에서 환자에게 문제가 있다는 것을 알 수 있음을 확인했다. 그러면 이러한 내담자 환자가 갖고 있는 심

---

20) Freud, S., *S.E.* Vol.7, p. 17.

리적 문제의 구체적인 원인은 어떻게 밝혀 낼 수 있을까? 그것은 바로 내담자의 내면에 감추어진 스토리와 무의식에 잠긴 스토리들을 드러나게 해서 내담자의 단편적이고 비논리적인 이야기를 메꾸고 이어 주어서 논리적으로 병의 원인과 결과를 설명해 주는 이야기를 구성하는 데서부터 출발해야 할 것이다.

프로이트는 앞에서처럼 환자의 내러티브 스토리들에 틈새가 있다는 것을 발견하고는 엠마에게 몇 달 동안 자유연상 작업을 시켜서 의미 있는 또 다른 기억을 끄집어냈다. 그녀가 앞의 사건이 벌어질 때는 전혀 기억하고 있지 않았다고 하면서—그렇다는 증거도 없지만—생각해 낸 스토리를 프로이트는 다음과 같이 내레이션한다.

그녀는 여덟 살 어린이였을 때 사탕 같은 것을 사려고 구멍가게에 갔다. 그런데 그 가게 주인이 그녀의 옷 속으로 손을 집어넣어 성기를 거칠게 만지작거렸다. 이런 일을 경험하고도 그녀는 그곳에 한 번 더 갔다. 그다음부터는 가지 않았다.[21]

여덟 살 엠마의 이 스토리가 열두 살 엠마의 가게 공포증과 어떤 연관이 있는가? 여덟 살 때 그녀는 가게 주인 남자에게 성추행을 당하고도 마음의 상처나 신경증이 없었다. 그런데 열두 살 때 그녀는 아무렇지도 않아 보이는 그 가게 사건을 겪고 나서 심하게 앓고 가게 공포증에 빠졌다. 프로이트는 엠마의 이 스토리에서 보이는 틈새를 연결해서 설득력 있는 다음과 같은 스토리로 엮었다. 엠마가 여덟 살 때 성추행을 당했지만 아직 어려서 그것이 성추행인 줄 몰랐기 때문에 마음에 상처를 입지 않았다. 하지만 열두 살 때 가게에 혼자 간 그녀는 성적으로 끌리는 느낌을 받은 그 남자 판매원과 다른 남자 판매원이 자신의 옷을 보고 웃자, 무의식에 있던 여덟 살 때 가게에서 주인 남자가 자신의 성기를 만

---

21) Freud, S., *S.E.* Vol. 1, p. 354.

지던 장면이 순간적으로 연결되었다. 그런데 이제 사춘기에 접어든 그녀에게 여덟 살 때의 그 상황이 성추행으로 해석되었고, 그래서 열두 살 때 간 그 가게에서도 그런 일이 벌어질까 봐 깜짝 놀라서 뛰쳐나왔다는 것이다. 정신분석은 이처럼 내담자의 스토리에서 보이는 틈새를 메우고 연결해서 일관된 논리적 내러티브를 마련하는 것이라고 할 수 있다. 그 성공 여부는 내담자의 수용 반응과 증상의 호전으로 판가름이 나게 된다.

이때 프로이트가 통합해서 추정했을, 열두 살 엠마가 그 순간에 가게에서 내면에 쓴 내러티브는 다음과 같을 것이다. 저 남자가 내 옷을 보고 웃는다(S1) → 저 남자가 나를 성추행하려고 한다(S2) → 나는 그것이 두렵다(S3) → 나는 가게에서 혼자다(S4) → 가게가 두렵다(S5) → 가게 밖으로 도망쳐야겠다(S6). 이런 내러티브의 연결은 무의식과 연결되어 순간적으로 이루어졌다. 원래 정신에서 이루어지는 일은 순간적으로 이루어지지만 특히 일부는 무의식에 잠재해 있던 것과 연결되었기 때문이다. 여기서 S1의 가게 점원 남자의 웃음은 엠마의 여덟 살 때의 에피소드와 열두 살 때의 에피소드에 비슷하게 있는 것이지만 S2의 성추행 사건은 열두 살의 때의 에피소드에는 없고 여덟 살의 때의 에피소드에만 있던 것이다. 그런데 이렇게 엠마의 서로 다른 시기의 스토리들이 연결될 수 있는 것은 무엇 때문인가? 그것은 두 에피소드의 스토리 요소들이 서로 비슷했기 때문이다. 여덟 살 때 가게 장면에서 가게 주인이 엠마의 옷 속으로 손을 집어넣어 그녀를 성추행할 때 씨익 웃었다는 사건의 스토리가 앞의 열두 살 때의 가게 체험 스토리에 잘못 들어가서 스토리 오점속을 이끈 것이다. 사실 가게 보조 점원이 엠마의 옷을 보고 웃은 것은 엠마를 성추행하려는 것이 전혀 아니었는데, 여덟 살 때의 그 스토리가 중간에 들어와 잘못 연결된 것이다. 이렇게 스토리 요소들이 잘못 연결되는 것은 심리적 문제를 분석하는 데에 아주 중요하다. 이렇게 잘못 연결된 것은 두 장면의 스토리 요소가 너무 비슷했기 때문이다. 스토리의 핵심 요소는 인물과 사건, 모티프, 시간과 공간 등이다. 이 중에서 우선 인물의 측면에서 보면 여덟 살 때의 가게 장면에 등장하는 인물과 열두 살 때의 가게 장면의 등장인물들이 비슷하다. 모두 가게에는 남자 판매원이 있었고 여성은 어린 엠마 혼자였다. 여덟 살 때의 가게에는 중년의 남자 주인이 있었고 열두 살 때의 가게에는 보조 판매원인 젊은 남자 두 사람이 있었다. 또 스토리 요소 중에서 공간의 측면에서 보면 여덟 살 때 가게 장면의 공간과 열두 살 때 가게 장면의 공간은 모두 손님이 없는 가게라는 점에서 비슷하다. 또한 사건으로서 성적인 사건도 비슷하다. 여덟 살 때의 가게 주인이 엠마의 성기를 만진 사건과 열두 살 때 가게에서 엠마가 보조 점원 남자에게서 성적으로 기분 좋은 느낌을 받은 일이 비슷하다. 그리고 여덟 살 때의 가게 주인이 엠마의 성기를 만지면서 씨익 웃던 사건과 열두 살 때의 가게 판매 보조원 남자가 엠마를 보며 웃던 일이 비슷하다. 또한 스토리의 핵심 아이템(물건)에서도 비슷한 점이 있다. 엠마의 옷이 두 장면의 에피소드에서 모두 등장한다. 여덟 살 때의 가게 주인이 엠마의 성기를 만지려고 속으로 손을 집어넣은 엠마의 옷과, 가게 보조 점원이 보고 웃은 엠마의 옷이 두 장면에 비슷하게 나타난 핵심 물건이다. 그래서 두 장면의 스토리가 순식간에 연결되었고, 이때 그 스토리 중의 일부 요소가 서로 잘못 조합되어 앞에서 언급한 대로 열두 살 때의 가게 장면의 스토리가 쓰인 것이다.

한편 이것을 내러티브의 스토리가 아닌 내러티브 디스코스(담화)의 측면에서 해석할 수도 있다. 이렇게 두 장면의 에피소드의 스토리들이 오접속되고 착종된 것은 우선은 이렇게 스토리의 구성 요소들이 비슷하기 때문이지만, 근원적으로는 두 장면의 에피소드의 스토리들 사이에서 디스코스가 변화되었기 때문이다. 여덟 살 때보다 별 문제 없던 열두 살 때의 장면에서 심리적 문제가 더 심각해진 것은 스토리에 대한 디스코스 방식이 달라졌기 때문이다. 엠마는 사춘기 이전이었던 여덟 살에서 시간이 지남에 따라 나이가 변해 열두 살의 사춘기 소녀가 되어 그 스토리를 새롭게 디스코스하게 된 것이다. 여덟 살 어린 소녀의 입장, 관점, 심리적 거리감 등이 열두 살 사춘기 소녀의 그것으로 변해서 디스코스가 새로워지는 것을 프로이트는 사후작용(Nachträglichkeit, deferred action)이라고 불렀다.[22]

　무의식 속에는 스토리가 해체되어 이미지 형태로 존재한다. '여덟 살 때 가게에서 가게 주인이 씩 웃으며 엠마의 옷 속으로 손을 집어넣어 성추행했다'는 스토리도 무의식 속에서는 가게 주인, 엠마의 옷, 성추행 행위, 가게 주인의 씨익 웃는 웃음 등이 제각각 따로따로 해체되어 무의식 속에 부유하고 있었다. 그러다가 이 스토리 잠재 요소와 비슷한 스토리 요소가 있는 상황에서 은유와 환유와 같은 비유의 유사성과 연결고리에 이끌려 의식으로 나와서 스토리로 재조합될 때 그 스토리 요소들이 잘못 연결된 것이다. 그래서 여덟 살 때 가게 주인의 씩 웃는 웃음은 열두 살 때 보조 점원의 웃음으로 대체되고, 이때 그 가게 주인의 웃음과 결부된 성추행도 보조 점원의 것으로 연결된 것이다. 그래서 보조 점원이 엠마를 성추행하려는 것으로 스토리가 잘못 조합된 것이다. 이때 그 잘못 조합된 스토리 연결로 신경증이 생겼던 것이다. 여기서는 특히 그 연결이 엠마의 리비도(성 욕동)에 의해 추동되어 이루어졌기 때문에 그 충격 에너지가 컸다고 볼 수 있다. 그래서 엠마는 손님 없는 가게에 다시는 혼자 가기 힘든 증상에 빠지게 된 것이다. 이처럼 스토리는 시기와 상황에 따라서 재조합되고 재해석된다. 프로이트의 말처럼 "기억 흔적들의 형태로 현전하는 재료들은 새로운 환경에 따라서 시시각각으로 재배열되고 다시 쓰인다."[23] 여기서 우리가 내러티브의 구성요소와 관련해서 알 수 있는 것은 두 가지다. 하나는 비슷한 스토리 요소들을 통해서 자유연상을 이끌 수 있어서 심리적 문제의 원인을 발굴할 수 있다는 점이고, 다른 하나는 내러티브의 구성요소를 스토리텔링 치료의 진단에 활용할 수 있고 스토리를 통합하여 스토리의 틈새를 연결하는 데 활용할 수 있다는 것이다.

---

22) Freud, S., S.E. Vol.1, p.356; 프로이트; 지그문트/임진수 역(2005), 『정신분석의 탄생』, 열린책들, 292쪽.
23) Freud, S., S.E., Vol. I. p. 233.

지금까지 살펴본 것처럼 엠마의 불안신경증의 원인을 밝히는 작업은 그녀의 과거 무의식 속 기억에 있던 심리적 문제와 연관된 스토리를 찾아서 그것이 어떻게 신경증을 유발했는지 분석하는 것이었다. 그리고 이것은 상담이나 자유연상을 통해 털어 놓은 그녀의 수많은 내러티브 중에서 신경증의 원인이 된 사건의 스토리를 발굴해서 신경증을 유발하기까지의 경과를 설명하는 스토리를 엮어 가는 과정이라고 할 수 있다. 이것은 예컨대 짤막한 한 문단 정도의 『홍길동전』의 스토리가 아주 긴 소설로 표현되고, 이것이 애니메이션, 영화, 뮤지컬 등으로도 표현되는 것과 같다. 신경증은 환자 내면의 심리적 스토리들이 단절되고 잘못 연결되었기 때문이고, 이것을 밝히는 정신분석은 내담자의 증상과 관련된 수많은 내러티브 중에서 심리적 문제의 원인을 밝혀 줄 스토리를 찾아서 이해시키는 작업이라고 할 수 있다. 이를 치료의 관점에서 더 논의해 보자.

스토리 연결과 스토리텔링 치료

그러면 이렇게 엠마의 경우처럼 무의식에서 비롯된 심리적 문제를 안고 있는 사람을 내러티브를 통해 치료하려면 어떻게 해야 할까? 우선 이것은 진단과 연결된 지점에서부터 시작해야 한다. 앞에서 밝힌 내러티브 분석을 통해 드러난 스토리의 오접속, 즉 내러티브에 나타난 비합리적 사고와 행동을 인식하도록 하는 것이다. 여기서는 무의식과 연관된 것들을 의식화해서 인식하도록 하는 것이 중요하다. 어떤 문제의 심리적 원인이 된 사건으로부터 내담자의 행동과 증상이 비합리적으로 도출되었음을 밝히고 내담자의 내러티브 속에서 어느 부분에서 어떻게 잘못되었는지 분석하고 이해시키는 작업이 필요할 것이다. 심리적 문제의 원인이 된 사건을 중심으로 한 내러티브와 그 결과로 나타난 심리적 문제의 이야기가 합리적으로 연결되지 않는 틈새를 찾아 그 틈새를 정신'분석'하고 그 틈새를 연결할 스토리를 만들어 이해시켜야 한다. 그래서 '정신분석'은 내러티브 '분석'이 전부는 아니고 반드시 내러티브 '종합'으로 나아가야 한다.

병이 생기는 것은 스토리의 단절, 서사 담화의 변질 때문이라고 생각할 수 있다. 그러므로 연결 스토리를 발굴해서 스토리를 연결하고, 잘못된 스토리 연결과 디스코스를 설명하고 이해시키는 것도 치료다. 스토리 연결과 디스코스의 치유적 변화를 통해 치료하는 것이 중요하고 이때 스토리텔링의 요소와 원리가 중요하다. 엠마의 경우 열두 살 때의 가게 경험 이야기가 그 자체에서 그녀의 가게 공포 이야기로 합리적으로 자연스럽게 연결되지 않는 부분을 설명하고 그 틈새를 설명해 줄 스토리를 찾아야 한다. 프로이트는 이러한 틈새를 메워 연결해 주는 이야기를 자유연상, 꿈, 농담, 실언 등에서 찾았다. 스토리텔링 치료에서는 이와 함께 상상을 바탕으로 내러티브를 자유롭게 풀어 펼치는 이야기 놀이, 시쓰기, 글쓰기, 문학과 연극 등을 통해서도 엠마의 방법으로 무의식에서 억압되었던 스토리를 끌어내어 틈새 스토리를 메워서 전체 스토리가 합리적으로 연결되도록 할 수 있다. 정신분석 과정을 내러티브의 과정으로 설명하면, 내러티브의 표현(1차 표현: 내담자의 편안한 진술, 의식 차원), 내러티브의 분석, 내러티브의 틈새 발견하기, 내러티브 끌어모으기(특히 무의식이나 망각에서)(2차 표현: 자유연상, 꿈, 상상, 시쓰기), 내러티브의 종합·연결, 내러티브 설명의 순서로 이루어진다. 그리고 여기에 내러티브 만들기, 내러티브를 마음 속에 굳히기, 내러티브를 사회적 관계 속에 고정하기 등이 또 필요하다. 앞에서 언급한 것처럼 내러티브 끌어모으기에서 비슷한 내러티브 요소의 활용이 중요하며, 내러티브 만들기에서는 스토리텔링 요소의 치유적 변용이 중요하다. 그리고 '내러티브를 마음 속에 굳히기'에서는 스토리텔링 치료 원리의 실현이 중요하다.

지금까지 서사학과 내러티브의 관점에서 정신분석학을 논의하고 내러티브를 활용한 치료의 가능성을 살펴보았다. 정신분석은 기본적으로 정신분석가와 피분석가 환자 사이에서 내러티브를 통해 이루어진다. 그리고 정신분석은 이뿐만 아니라 내러티브를 통해 진단하고 치료하는 것이기도 하다. 프로이트도 자신의 치료행위가 내러티브의 성격을 지닌다고 인식하고 있었다.

내러티브에 관한 학문은 서사학이다. 그래서 서사학의 관점에서 내러티브를 잘 분석할 수 있고, 이를 통해 정신분석학에도 잘 접근할 수 있다. 이 글에서는 서사학이 탄생하기 이전에 서사학 바깥에서 이루어진 프로이트의 정신분석 활동을 서사학의 입장에서 살펴보았다. 구체적으로 프로이트의『히스테리 연구』에서 내러티브가 치유적으로 활용될 수 있다는 프로이트의 믿음을 확인하여 내러티브 활용 치료의 근거를 정신분석학에서 확인할 수 있었다.

그리고 프로이트의 엠마 치료 사례를 통해서는 정신분석이 스토리텔링 치료일 수 있는 이유를 잘 확인할 수 있었다. 정신분석은 환자가 진술한 내러티브에서 스토리의 틈새를 찾아 이를 메울 새로운 내러티브를 자유연상을 통해 발굴하고 이로써 내러티브의 틈새를 연결하여 완전한 내러티브를 재구성하는 내러티브 활동임을 확인하였다. 이때 스토리의 단절과 스토리의 잘못된 디스코스, 그리고 스토리의 오접속과 착종이 심리적 문제의 원인임을 확인하였고, 이 심리적 문제의 해결은 스토리의 요소와 디스코스의 요소들을 치유적으로 활용하는 것이 중요하다는 것을 확인했다. 여기에서는 지면의 한계로 내러티브의 두 층위 중에서 스토리의 층위에 중점을 두었고 서사 담화 차원의 정신분석학 접근은 충분히 다루지 못했다. 그러나 정신분석학을 바탕으로 한 내러티브 활용 치료는 스토리와 디스코스 모두를 충분히 고려해서 이루어져야 한다. 이런 면에서 서사 담화 중심의 논의가 후속 연구에서 보완될 필요가 있다.

서사 담화와 정신분석학 기반의 스토리텔링 치료

제10장

🐦 스토리텔링과 서사 담화, 그리고 정신분석학

요즘 병원에서 일반 의사들도 내러티브에 관심을 기울이고 있다. 수술이나 약물로 치료하는 시간을 제외한 모든 치료 시간, 즉 치료 전의 면담과 진단, 치료 도중의 면담, 치료 후 입원이나 귀가 상태에서 치료 지침을 지키도록 하는 단계에서도 환자와 의료적 소통을 잘하고, 환자의 치료 마인드를 견지시켜 주는 데에 내러티브가 중요하다고 인식했기 때문이다.[1] 그리고 내러티브는 치료 (cure)뿐만 아니라 치료적 돌봄(care) 차원에서도 필요한 것으로 간주되고 있다. 그래서 간호학에서도 환자를 의료적으로 잘 보살피기 위해서는 내러티브를 통한 소통이 중요하다는 점을 잘 인식하고 있다.[2] 의료적 care도 cure의 한 부분

---

1) 전우택, 김상현, 오승민(2010), 『인문사회의학』, 청년의사; 인제대학교 인문의학연구소 편(2008), 『인문 의학-고통! 사람과 세상을 만나다』, 휴머니스트 참고.

으로서 중요하기 때문이다. 그런가 하면 상담심리학이나 상담학에서도 내러티브는 중요하다. 이미 상담(相談)이라는 말 자체에 '이야기'라는 의미가 들어 있듯이 심리상담 분야에서 내러티브는 기본 재료라고 할 수 있다. 그래서 이야기를 어떻게 치유적으로 효과적으로 잘할 것인가 하는 것이 상담학의 관건이라고 할 것이다.[3] 이런 맥락에서 상담심리학과 상담학의 기본 이론을 이루는 정신분석학도 마찬가지로 내러티브의 관점에서 접근해 볼 수 있다.

앞 장에서 살펴보았듯이 정신분석은 내러티브와 밀접한 관계에 있다. 서사학자들이 지적하는 바와 같이 현대에는 내러티브가 여러 영역에서 다양한 매체를 통해서 전달되고 있다. 그런데 이런 내러티브가 정신분석학과도 특별히 밀접한 관계를 맺는 이유는 무엇일까. 이것은 다음과 같이 설명될 수 있다. 정신분석 치료에서 분석가는 내담자를 맞아 이야기를 나누다가 내담자를 카우치에 눕히고 자유연상으로 그에게 떠오른 이야기를 듣는다. 그리고 그 이야기를 분석한 후 자신의 치료적 이야기를 환자에게 들려준다. 환자의 이야기가 필요하고 분석가의 이야기가 필요하다는 점에서 정신분석학은 내러티브를 재료로 삼아서 이루어지는 이론이라고 할 수 있다. 그런가 하면 분석가가 환자의 증상을 환자의 이야기를 통해 이해하고 진단하며, 치료적 이야기를 구성해서 다시 환자와 이야기를 나누어서 환자의 내면에 새로운 치료적 이야기를 심어 준다는 면에서 보면 정신분석학은 내러티브를 구성 원리로 삼는 이론이다. 이런 면에서 피터 브룩스의 말처럼 정신분석은 내러티브라고 말할 수 있다.

한편 내러티브가 정신분석학과 밀접한 관계를 갖는 것은 이와 같이 분석가와 피분석자 내담자가 서로 이야기를 주고받으며 이루어지는 정신분석 과정에

2) Catherine Kohler Riessman 외/대한질적연구간호학회 역(2005), 『내러티브 분석: 질적 연구 방법 총서 1』, 군자출판사; 기타 간호학의 내러티브 관련 논문들 참고.

3) 박성희(2007), 『동화로 열어가는 상담 이야기』, 이너북스; 브렛, 도리스/김인옥 역(2009), 『은유적 이야기치료』, 여문각; 번즈, 조지/김춘경 역(2009), 『마음을 치유하는 101가지 이야기. 은유를 사용한 심리치료』, 학지사 참고.

내러티브가 필수적인 요소라는 소재적인 측면의 이유 외에도, 그 속성의 측면에서 내러티브와 정신분석학이 서로 통하는 면이 있기 때문이다. '스토리텔링의 제왕' '전 세계 스토리텔러들의 구루(guru, 스승)'로 일컬어지는 로버트 매키(Robert McKee)는 이야기란 어떤 힘에 의해 삶의 균형이 무너진 상태에서 그 균형을 회복하고자 적대자들과 싸워 가며 자신의 욕망을 구현해 나가는 과정을 표현한 것이라고 말한다.[4] 이것은 우리가 대표적인 이야기로 많이 알고 있는 영웅설화나 민담, 소설의 경우를 생각하면 쉽게 공감할 수 있는 말이다. 여기서 "삶의 균형이 무너진 상태"는 정신분석학이나 상담학의 입장에서 보면 치료가 필요한 상황이다. 이러한 상황을 극복하고자 노력하려는 속성을 갖고 있는 것이 내러티브라고 한다면, 스토리텔링은 치료적 본능을 이미 자신의 속성으로 품고 있다는 의미가 될 것이다.

내러티브는 우리말로 이야기 또는 서사라고 하는데, 서사는 '사건을 서술하는 것'이다. 그래서 서사에는 사건이 본질적인 요소이며, 사건은 앞에서 말한 삶의 균형을 깨는 갈등이나 순조로운 상태의 진행을 막는 어떤 장애의 발생 때문에 일어난다. 삶의 균형이 계속 유지되는 것은 그런 상태의 지속일 뿐이고 상태의 지속은 사건이 아니다. 내러티브의 또 다른 중요한 속성으로 '시간'의 요소를 든다. 이야기는 미술, 건축 등과 달리 시간을 필수 요소로 갖는다. 그런데 시간만 있고 사건이 없으면 서사가 아니다. 물론 내러티브의 개념을 다소 느슨하게 잡고 보았을 때는 시간의 흐름에 따라서 삶의 균형이 깨지는 것과는 다소 거리가 있는 단순한 상황이 전개되는 경우도 있다. 그러나 흔히 이야기에서 효과적인 스토리 전개를 위해서는 갈등의 요소가 중요하다고 말하는 것은 갈등이나 어떤 장애가 있어야 사건이 전개될 수 있기 때문이다. 이런 점에서 볼 때 갈등이나 장애가 이야기의 핵심 구성 요소라면, 이것이 정신분석학이나 상담

---

4) EBS 다큐프라임 이야기의 힘 제작팀(2011), 『이야기의 힘(매혹적인 스토리텔링의 조건)』, 황금물고기, 64쪽; 매키, 로버트/고영범 역(2002), 『시나리오 어떻게 쓸 것인가』, 민음인.

학에서는 해결해야 할 내담자의 중요한 심리적 문제라고 할 수 있다. 이야기에서 그 갈등이나 문제를 해결하려고 스토리가 전개되는 것은 정신분석이나 심리상담에서 심리적 갈등이나 문제의 해결이라는 목표를 설정하고 이를 위해 계속 노력하는 것과 비슷하다.[5] 그래서 현재 영미 서사학계를 중심으로 인지주의 서사학의 논의를 이끌고 있는 데이비드 허먼(David Herman)은 내러티브를 "여러 맥락 속에서의 문제 해결 전략(problem-solving strategy in many contexts)"으로 정의한다."[6] 내러티브에서는 다양한 상황을 가능한 상상력의 힘으로 전개시키면서, 갈등과 사건의 문제들을 해결해 나가는 전략을 재미있고 설득력 있게 풀어 나가는 것이 핵심이기 때문이다. 정신분석이나 심리상담도 결국 심리적 문제를 해결하기 위한 전략이라고 할 수 있는데, 이런 점에서 보면 스토리텔링은 이와 기본적으로 속성을 같이한다고 할 수 있을 것이다.

내러티브가 이렇게 치료적 속성, 문제해결의 속성을 갖기 때문에 우리는 내러티브를 통해서 정신분석에 잘 접근할 수 있다고 할 수 있다. 그런데 앞에서 언급한 대로 내러티브를 통해서 정신분석학에 잘 접근하는 길은 내러티브에 관한 학문인 서사학을 통해서 가는 것이다. 그래서 우리는 정신분석학이나 이에 기반을 둔 치료들을 서사학의 관점에서 접근하면 보다 생산적인 성과를 기대할 수 있다. 서사학에서는 내러티브에 스토리와 서사 담화라는 두 가지 층위가 있다고 본다. 따라서 정신분석학에 접근할 때도 이 두 측면에서 접근할 수 있다. 필자는 앞에서 스토리 중심의 내러티브 관점에서 정신분석학적 근거들을 다루었다. 여기에서는 그 연장선상에서 내러티브의 중요한 다른 한 축인 서사 담화의 측면에서 정신분석학적 근거를 다루고자 한다. 지금까지 정신분석

---

5) 물론 특히 현대 문학에서는 갈등이나 문제의 제시에만 그치고 해결이 없는 열린 구조로 작품을 끝내는 경우가 많다. 이 점이 내러티브 치료와 내러티브 예술이 갈라지는 지점이라고 할 수 있다. 목표와 방향이 다르기 때문이다.

6) Herman, D. (2003), "Stories as a tool for thinking", in *Narrative theory and the cognitive sciences*, ed. by David Herman, Stanford California: CSLI Publications, p. 163. [최용호(2009), 『서사로 읽는 서사학』, 한국외국어대학교출판부, 120쪽에서 재인용].

학과 내러티브에 관한 연구는 주로 로이 셰퍼나 도널드 스펜스와 같은 서사학적 정신분석학자들,[7] 그리고 피터 브룩스 등 미국 예일 대를 중심으로 한 정신분석학적 문학비평가들이나 한국의 박찬부 교수와 같은 학자[8]에 의해 이루어졌다. 그러나 이것들은 특별히 서사 담화의 관점에서 다루어진 것들은 아니었고, 스토리텔링 치료의 관점에서 이루어진 것 또한 아니었다. 그래서 여기에서는 정신분석학을 기반으로 하여 스토리텔링 치료를 하는 면을 내러티브의 서사 담화의 관점에서 다루고자 한다.

서사 담화, 즉 디스코스에는 플롯 개념으로 포괄되는 사건의 인과적 재배열이라는 의미 외에도 서술 인칭, 시점, 관점, 심리적 거리, 어투와 문체 혹은 정조(情調, tone)나 목소리(voice), 시간, 공간 등의 요소들이 포함되어 있기 때문이다.

그래서 이것은 정신분석학적 접근에서도 유용하다. 정신분석은 정신분석가와 피분석자 내담자가 내러티브를 주고받는 작업이라고 할 수 있어서, 내담자가 내면에 품고 있는 자신의 스토리들, 그리고 외부에서 받아들여 자신의 이야기로 통합하는 이야기들을 내면에서 서술하는 인칭과 시점 및 관점, 심리적 거리 등이 중요하고 이것들의 치료적 변용을 통해 내러티브의 치료적 활용에 접근할 수 있기 때문이다. 그래서 정신분석은 이러한 요소들의 측면에서 고찰될 수 있다. 정신분석을 받으러 온 내담자의 진술에서는 서사 담화 차원에서 심리적 문제와 연관되는 인물 및 사건을 진술하는 내담자의 입장과 시점, 관점, 그리고 그 문제를 바라보는 심리적 거리, 표현하는 어투나 목소리, 각 사건을 표현하는 시간 등을 분석해 내는 것이 중요하다. 그래서 내담자의 심리적 문제가

---

7) 이에 관한 중요한 연구서들은 다음과 같다. Donald P. Spence (1982), *Narrative Truth and Historical Truth*, New York: W. W. Norton; Roy Schafer (1994), *Retelling A Life: Narration and Dialogue in Psychoanalysis*, New York: W. W. Norton.

8) Brooks, P. (1994), *Psychoanalysis and Storytelling*, Oxford: Blackwell, 1994; Brooks, P. (1992), *Reading for the Plot. Design and Intention in Narrative*, Cambridge: Harvard University Press; 박찬부(1996),「프로이트와 서사적 진리의 문제」,『외국문학』(Vol. 46), 174-200쪽.

생긴 원인을 내담자 내면의 스토리가 디스코스되는 차원, 즉 내담자가 스토리로 담은 자신의 인생에 대한 입장·관점, 심리적 거리, 표현 어투나 목소리 등의 요소에서 찾을 수 있고, 치료자가 치료적 내러티브를 내담자의 내면에 심어 줄 때도 치료적 자기 스토리에 대한 내담자의 디스코스 태도와 능력을 치료해 주는 것이 중요하다.

🕊 서사 담화와 정신분석학적 스토리텔링 치료의 진단

내러티브를 중심으로 살펴보면 정신분석을 받으러 온 내담자는 자신이 안고 있는 심리적 문제의 원인을 논리적으로 설명할 수 없는 경우가 대부분이다. 내담자가 상담 초기에 와서 진술하는 내러티브에는 신경증 같은 자신의 병을 설명해 주는 논리적 연관성이 결여되어 있는 경우가 많다. 내담자가 진술하는 내러티브는 심리적 문제에 물든 내러티브가 지배적이고, 그것은 오래전에 잊힌 과거에서 비롯된 것인 경우도 많고, 또 대부분 무의식에 억압되어 있기 때문이다. 요컨대 환자는 자신의 문제를 설명하는 일관된 내러티브를 갖지 못하기 때문에 치료자를 찾아온 것이며, 치료자가 그 문제의 원인과 이유를 찾아서 설명해 주고 그 문제를 치료해 주기를 기대하고 있음을 알 수 있다. 그래서 정신분석 치료는 내담자가 자신의 내러티브를 진술하고 이를 치료자가 분석하여 진단하는 데서 시작한다고 할 수 있다. 내러티브를 통한 진단을 우선 살펴보기로 하자.

스토리의 관점에서 보았을 때 내담자가 어떤 마음의 문제를 안고 있는 사람이라는 것은 내담자의 내러티브를 진단하면 알 수 있고, 그것은 내담자 내면에 있는 스토리에서 보이는 논리적 연결의 틈새를 통해 확인할 수 있다. 그러면 그 스토리 연결의 틈새가 생기는 원인은 무엇인가? 그것은 스토리의 착종과 오접속, 그리고 잘못된 스토리 때문이라고 할 수 있다. 그런데 이렇게 스토리에 틈

새가 생기고 내러티브의 착종이나 오접속이 생긴 데에는 스토리 차원의 문제
뿐만 아니라 서사 담화 차원의 문제가 작용했기 때문은 아닌지 살펴볼 필요가
있다. 이러한 점을 프로이트의 엠마 치료를 예로 들어 논의해 보기로 하자.

프로이트는 「과학적 심리학을 위한 프로젝트」(1895)[9]에서 '엠마 에크슈타인
(Emma Eckstein, 1865~1924)'의[10] 가게 불안신경증 사례를 보고하였다. 그녀는
자신이 이러한 증상을 갖게 된 사건을 프로이트에게 털어 놓았는데, 이를 전하
는 프로이트의 내러티브를 통해 엠마를 주인공으로 하는 당시 이야기의 스토
리를 추출하면 다음과 같다.

엠마는 사춘기가 막 시작되었던 열두 살 때 뭔가를 사러 가게에 들어갔다.
그 가게에는 남자 보조 점원 두 사람이 있었다. 그중 한 명은 전에도 본 적이
있는 사람이었다. 그런데 그 두 남자가 엠마의 옷을 보며 함께 웃었다. 그중
한 남자가 그녀에게 성적으로 기분 좋은 느낌을 주었다. 그러자 그녀는 갑자
기 두려운 느낌이 들어 깜짝 놀라 가게를 빠져나왔다. 그런 일이 있은 후 그

---

9) Freud, S. "Project for a Scientific Psychology," in *Pre-psychoanalytic Publications and Unpublished Drafts*, The Standard Edition of The Complete Psychological Works of Sigmund Freud, Translated from the German under the General Editionship of James Strachey, In Collaboration with Anna Freud, Volume I. (1886-99), London: The Hogarth Press and The Institute of Psycho-Analysis 1966. (여기에서 앞으로 이 전집은 *S. E.*로 약칭하기로 함). 이것은 프로이트가 초기에 이론적 논의를 위해 베를린에 있던 이비인후과 의사 빌헬름 플리스(Wilhelm Fliess)와 편지와 방문으로 교류를 하던 1895년에 작성되었으나 생전에 발간되지 않았던 수고(手稿)다. 이 제목 '과학적 심리학을 위한 프로젝트'는 원래 수고에는 없었으나, 프로이트 전집의 영어본 번역자로 유명한 제임스 스트레이치(James Strachey)가 직접 붙인 것이다.

10) 그녀는 27세 때 프로이트를 찾아와서, 배가 아프고 우울증이 있는데 특히 생리 기간에 더욱 심하다고 호소하며 치료받기를 원했다. 프로이트는 그녀를 치료하는 과정에서 '지연 작용', '유혹설' 등의 정신분석학 전개 과정에서 중요한 이론을 개발할 수 있었다. 그녀는 프로이트의 『꿈의 해석』의 첫 번째 꿈 사례로 나오는 '이르마의 주사'라는 사례의 실제 주인공이기도 하다. 그녀는 프로이트의 가장 중요한 여성 환자 중의 하나였고, 나중에는 정신분석가가 되어 프로이트의 동료가 되었다. 김서영(2010), 『프로이트의 환자들, 정신분석을 낳은 150가지 사례 이야기』, 프로네시스, 516~519쪽 참고.

녀는 20대 후반이 된 현재까지 혼자서는 손님 없는 가게에 들어갈 수 없는 강
박증에 빠지게 되었다.[11]

　엠마의 이와 같은 내러티브 진술을 듣고 진단에 나선 프로이트는 우선 그녀
의 내러티브들이 논리적으로 서로 잘 연결되지 않는다는 것을 알아챘다.[12] 남
자 보조 점원이 엠마의 옷을 보고 웃은 사건, 한 남자 점원에게서 그녀가 성적
으로 기분 좋은 느낌을 받은 사건, 그리고 그녀가 갑자기 두려움을 느껴 가게를
뛰쳐나오게 된 사건이 서로 논리적으로 연결이 안 된다고 생각했기 때문이다.
내러티브의 스토리들은 사건의 연결인데, 그 사건들이 논리적 인과 관계를 기
본으로 연결되어 있어야 하기 때문이다.

　그러면 이렇게 엠마에게 마음속에서 비정상적으로 내러티브가 전개되도록
만든 그녀의 디스코스 구조는 다른 사람의 그것과 왜 그렇게 다를까? 프로이트
가 엠마의 내러티브를 들으며 가졌을 의문일 것이다. 그래서 그는 이것을 밝히
기 위해 그녀에게 관련된 내러티브를 더 확보하려고 했다. 그는 몇 개월 동안
엠마에게 자유연상을 시켜 유용한 내러티브를 얻을 수 있었다. 프로이트의 내
레이션 속에서 필자가 얻을 수 있는 스토리는 다음과 같다.

　　여덟 살 때 엠마는 과자를 사려고 구멍가게에 들어갔다. 거기에는 남자 가
　게 주인이 혼자 있었다. 그런데 그 남자가 다가오더니 씨익 웃으면서 엠마의
　옷 속으로 손을 집어넣었다. 그리고 그녀의 성기를 와락 움켜쥐었다. 그런
　일을 경험하고서도 엠마는 다시 한 번 그 가게에 간 적이 있다.[13]

　앞의 스토리는 일반적으로 보아 아동 성추행 상황으로 가게 주인의 파렴치

---

11) Freud, S. (1966), "Project for a scientific psychology" in S. E, (1895), Volume I. (1886-99), p. 353.
12) 같은 쪽.
13) Freud, S. S. E. Vol. 1, p. 354.

한 행위를 지탄하고 고발하고 처벌하려는 행동을 유발할 수 있는 스토리다. 그러나 여덟 살 어린 나이의 엠마는 당시에 어떤 불쾌함이나 심리적 상처를 입지는 않았다. 그래서 그녀는 그 일을 경험하고도 아무렇지도 않게 그 가게에 다시 한 번 갔다. 그런데 이 장면의 스토리가 열두 살 때 엠마가 가게 공포를 느끼게 된 상황의 디스코스와 무슨 상관이 있는가? 엠마의 이 여덟 살 때의 스토리가 열두 살 엠마의 담화에서 보이는 논리적 연결의 틈새들을 설명해 준다. 열두 살 때 가게에 혼자 간 그녀는 성적으로 끌리는 느낌을 받았던 그 남자 판매원과 다른 남자 판매원이 자신의 옷을 보고 웃자, 무의식에 있던 여덟 살 때 가게에서 주인 남자가 자신의 옷 속으로 손을 집어넣어 성기를 만지던 장면이 순간적으로 연결되었다. 그런데 여덟 살 때의 그 상황이 이제 사춘기에 접어든 그녀에게 성추행으로 해석되었고 그래서 열두 살의 가게에서도 그런 일이 벌어질까 봐 깜짝 놀라서 뛰쳐나왔다는 것이다. 비슷한 스토리 요소에[14] 이끌려 여덟 살 엠마의 스토리가 열두 살 엠마의 입장과 관점, 심리적 거리 등을 내용으로 하는 디스코스 체계를 통해 무의식 속에서 구현되어, 여덟 살 엠마의 디스코스와는 달리 새롭게 디스코스된다. 그래서 여덟 살 상황의 스토리가 새롭게 성추행으로 인식되고, 이것이 열두 살 스토리와 연결되어 달리 디스코스된 것이다.

　열두 살 때 엠마는 여덟 살 때의 그 사건에 비하면 아무렇지도 않아 보이는 그 가게 사건을 겪고 나서 가게 공포증에 빠졌다. 이것의 의미를 찾으려면 엠마의 디스코스 변화가 언급되어야 할 것이다. 여덟 살 때의 사건과 열두 살 때의 사건을 각각 내면외 담화로 표현하는 엠마가 다르기 때문이다. 특히 열두 살의 엠마는 이제 사춘기 소녀로 접어들고 있었다. 그리고 유럽도 당시는 특히 성에 상당히 보수적인 담론을 가지고 있었다. 그래서 이 사회 속에서 사는 사춘기

---

14) 여덟 살 때의 스토리와 열두 살 때의 스토리는 각각 남자 점원, 손님 없는 가게, 가게 주인이 성추행할 때 손을 집어넣은 엠마의 옷과 보조 점원이 보고 웃은 엠마의 옷, 성추행할 때 가게 주인이 보인 웃음과 가게 보조 점원이 엠마의 옷을 보고 나타낸 웃음 등이 서로 비슷하다. 그래서 여덟 살 때의 가게 스토리가 열두 살 때의 가게 사건 스토리에 끼어들어가 뒤섞일 가능성이 있었다.

소녀 엠마가 디스코스의 주체가 되어 열두 살 때의 가게 사건을 계기로 여덟 살 때의 사건을 내면에서 무의식적으로 리스토리텔링하게 되자, 여덟 살 때의 사건은 이제 새롭게 디스코스된 것이다. 무의식에서 떠오를 때는 무의식에 억압되어 있던 내용이 기억이나 의식에 떠올리는 당시의 디스코스 필터를 통해서, 즉 새롭게 디스코스되면서 기억에 떠오르거나 의식된다. 프로이트의 견해대로 "기억 흔적들의 형태로 현전하는 재료들은 새로운 환경에 따라서 시시각각으로 재배열되고 다시 쓰인다."[15] 여기서 "새로운 환경"은 공간만은 아닐 것이다. 시간도 새로운 시간이며, 그 속에서 새롭게 달라진 관점과 시점, 심리적 거리 등 디스코스의 핵심 구성요소들이기도 할 것이다.

이렇게 두 장면의 에피소드의 스토리들이 오접속되고 착종된 것은 우선은 이렇게 스토리의 구성 요소들이 비슷하기 때문이지만, 근원적으로는 두 에피소드의 스토리들 사이에서 디스코스가 변화되었기 때문이다. 여덟 살 때보다 별 문제 없었던 열두 살 때의 장면에서 심리적 문제가 더 심각해진 것은 스토리에 대한 디스코스 방식이 달라졌기 때문이다. 엠마는 사춘기 이전 여덟 살에서 시간이 지남에 따라 열두 살의 사춘기 소녀가 되어 그 스토리를 새롭게 디스코스하게 된 것이다. 여덟 살 어린 소녀의 입장, 관점, 심리적 거리감 등이 열두 살 사춘기 소녀의 그것으로 변해서 디스코스가 새로워진 것이다. 프로이트는 엠마의 이 경우를 사춘기의 지연에서 비롯된 사후 작용이라고 불렀는데,[16] 서사학의 관점에서 볼 때는 디스코스 주체의 시간 변화에 따른 디스코스의 변화라고 할 수 있다.

앞에서 예로 들었던 엠마 사례에서도 엠마가 여덟 살 때의 사건과 열두 살 때의 사건을 겪은 후에 가게 공포를 갖게 된 것은 스토리를 어떻게 디스코스할

---

15) Freud, S., S.E., Vol. I. p. 233.

16) Freud, S., S.E. Vol. 1, p. 356; 프로이트, 지그문트/임진수 역(2005), 『정신분석의 탄생』, 열린책들, 292쪽.

것인가와도 연관이 있다. 어른들의 관점에서 보면 엠마의 여덟 살 때 사건의
이야기가 사실 열두 살 때 사건의 이야기보다 훨씬 파렴치하고 충격적인 것이
다. 반면에 여덟 살 엠마의 시점과 관점, 심리적 거리감으로 내면에서 서술했
을 당시의 이야기는 그렇게 충격적이지 않은 것이었다. 당시 그녀가 아직 성을
잘 모르던 어린이였기 때문이다. 그러나 사춘기가 된 열두 살의 엠마는 그때
다시 떠올렸을 여덟 살 때의 이야기를 이제 내면에서 전혀 다르게 디스코스한
다. 그 이야기가 성추행으로 해석된 것이다. 그리고 그녀는 여덟 살 때 성추행
을 당하고 나서도 다시 한 번 그 가게에 간 것에 대해서 혹시 자신이 그것을 스
스로 원해서 다시 찾아간 게 아닌가, 혹은 사람들에게 그렇게 비치는 것은 아
닌가 하는 자책에 빠진다. 자신이 서술하는 인칭과 입장, 시각, 관점뿐만 아니
라 타인의 그것들도 염려하는 것이다. 여덟 살 때 자신이 겪은 스토리가 다른
사람에 의해 어떻게 잘못 디스코스될지까지 염려하는 것이다. 이는 당시 엄격
한 성윤리 교육을 받던 시대적 분위기 속에서 여덟 살 때의 그 사건을 다시 해
석하고 굉장한 충격에 빠졌기 때문이다. 그래서 이제 손님 없는 가게에는 들어
갈 수 없는 가게 공포증을 갖게 된 것이다.

　서사학에 따르면 이야기 요소에는 화자나 내포작가가 있고, 이야기의 내용
은 이 화자나 내포작가의 해석을 거쳐서 전달된다. 이야기는 사후 해석에 따라
재구성될 수 있고 그에 따라 의미가 달라질 수 있는 것이다. 이런 점에서 엠마
의 이야기도 여덟 살 때의 가게 이야기가 열두 살 때의 가게 이야기를 촉매로
해서 열두 살 엠마의 시각에서 다시 내면에서 디스코스된 것이라고 할 수 있다.

　지금까지 엠마의 신경증이 발생된 병인론에 관해 논의했다. 문제적 스토리
의 존재, 스토리의 왜곡과 착종뿐만 아니라 스토리의 디스코스가 달라짐에 따
라 신경증이 발생할 수 있음을 살펴보았다.

🐦 서사 담화와 스토리텔링 치료

앞 절에서 서사 담화 차원에서 정신분석학 기반의 스토리텔링 치료를 다루면서 내러티브를 통한 증상의 진단과 원인 규명에 관해 살펴보았다. 그러면 내러티브를 통한 본격적인 치료는 이제 서사 담화의 차원에서 어떻게 할 수 있을지 살펴보기로 하자. 앞에서 언급한 것처럼 문제에 얽힌 스토리를 찾아내고 그 스토리의 틈새를 발견하며, 그것을 메울 또 다른 스토리를 발굴해서 문제가 된 스토리의 틈새를 연결하여 논리적으로 이해시키는 것은 치료의 시작이고 기본이다. 엠마의 경우도 열두 살 엠마의 문제적 스토리에 얽힌 심리적 문제의 논리적 틈새는 여덟 살 엠마의 스토리를 발굴해서 메우고 연결할 수 있었다. 치료는 여기에서 시작한다.

그런데 여기서 내담자에게 심리적 문제에 얽힌 스토리의 틈새를 이해시키고 연결을 납득시켜서 새로운 치료적 스토리가 환자의 내면에 심어지게 하는 것은 디스코스 작업을 통해서 가능하다. 새로운 디스코스는 시점, 관점, 거리감 등의 디스코스 구성요소의 새로운 설정을 통해서 가능하다. 우선 서술 인칭과 입장에서 보면, 치료가 되도록 하기 위해서는 심리적 문제에 빠져 있는 인칭과 입장에서 벗어나 다른 인칭과 입장에서 문제적 사건의 스토리를 구체적으로 마음속으로 서술하여 내러티브 차원으로 표현할 수 있도록 해야 한다. 그래서 문제에 빠져 있던 당시의 서술 인칭과 입장에서 벗어나 새로운 서술 인칭과 입장에 서도록 하고 그 입장에서 스토리를 새롭게 구성해서 건강하게 내러티브로 표현할 수 있도록 해야 한다.

이러한 새로운 서술 인칭과 입장은 서술 시점 및 관점과도 연결되어 있다. 문제를 바라보는 시점은 내담자 일인칭 시점에서 상대방의 시점, 제3자의 시점, 보편적인 일반자의 시점으로 전환시켜 볼 때 문제적 스토리는 각각 새롭게 디스코스될 수 있다. 서술 관점은 시점과 비슷하지만 약간 다를 수 있다. 관점은 시점에 비해 문제를 바라보는 각도와 방향, 거리와 더욱 밀접하다. 심리적 문제를 위에서 내려다보는 경우와 정면에서 보는 경우, 밑에서 올려다보는 경우가 다를 것이다. 엠마의 경우 여덟 살 때의 스토리에 담긴 성추행 문제를 열두 살 엠마의 관점에서 내려다보는 것과 20대 후반이 된 엠마가 내려다보는 것은 다를 것이다. 서술 방향도 심리적 문제를 앞에서만 보는 것과 측면에서 보는 것과 뒤에서 배후까지 살펴보는 것은 다른 것이다. 한편 서술의 거리는 문제를 바라보며 서술하는 심리적 거리의 문제다. 어떤 문제를 코앞에 놓고 보면 그 문제는 대단히 크고 심각하게 보일 수 있지만 아주 멀리 심리적으로 밀쳐 놓고 보면 사소한 것으로서 그리 심각하지 않게 보일 수도 있을 것이다.

엠마의 경우 열두 살의 서술 인칭과 시점과 관점을 여덟 살 때의 그것들과 비교해서 이해하고, 다시 20대 후반이 된 현재 엠마의 그것으로써 그 사건들을 새롭게 디스코스할 수 있도록 만들어 주어야 한다. 구체적으로 보면, 여덟 살 때의 성추행 사건을 사춘기 이전 여덟 살의 서술 인칭과 시점 및 관점으로 보는 것의 의미와 열두 살 엠마의 서술 인칭과 시점 및 관점으로 내면에서 디스코스하는 의미를 잘 살펴보고, 20대 후반이 되어서 이것들을 그 나이의 서술 인칭과 시점 및 관점으로 다시 디스코스하게 하는 것이 중요하다. 여덟 살 때의 성적으로 순진하던 엠마의 서술 인칭과 입장, 시점, 관점, 심리적 거리는 충분히 이해할 만한 것이었고 열두 살의 엠마가 그것을 부끄럽게 여기거나 자책할 성질이 아니라는 것을 20대 후반 성인인 엠마의 서술 인칭과 시점 및 관점에서 다시 살펴보도록 해야 할 것이다. 이러한 과정 속에서 새로운 디스코스를 통해 새로운 스토리가 내면에 쓰이게 하는 것이다. 엠마의 경우 '내 잘못이 아니다.' '수치스럽게 생각할 이유가 없다. 두려워 할 것 없다.'라고 대안적 스토리를 새롭게 내면에 디스코스하도록 해 주면 된다.

디스코스와 스토리는 밀접한 관계를 갖는다. 그래서 원래의 병리적 스토리가 새롭게 디스코스되어 건강한 새로운 스토리로 재탄생하고, 그것이 내담자의 내면에 납득되고 심어지도록 하는 것이 바로 치료라고 할 수 있다. 그리고 이 능력을 지속적으로 지닐 수 있도록 해 주는 것 또한 중요하다. 이러한 작업은 보편성, 객관성, 통찰, 카타르시스 등 스토리텔링 치료에 적합한 치료적 원리를 통해서 가능할 것이다.[17)]

건강한 서사 주체를 강화하고 정립해서 건강한 서사능력을 키우는 것이 스토리텔링 치료의 핵심이다. 스토리의 속성이 추상적이어서 시공간을 보편적으로 추상화시킬 수 있겠지만, 디스코스는 '지금 여기(here and now)'의 성질이 강하다. 특히 시간과 공간에서 그렇다. 그래서 사후작용이 가능하다.

내러티브를 활용하여 치료하는 경우에 스토리 층위에서는 트라우마나 심리적 문제에 물든 스토리 부분을 카타르시스하게 하거나, 잘라내서 건강한 스토리로 대체하는 작업이 중요하다. 문제를 안고 있는 스토리를 충분히 이야기하게 해서 내면의 문제에 물든 심리적 에너지를 방출하게 하는 카타르시스 치료도 필요하다. 그리고 그 문제에 물든 스토리를 다른 건강한 스토리로 대체하게 하는 것 역시 중요하다. 문제에 물든 스토리들은 논리적 틈새나 납득하기 어려운 연결이 많다. 이런 부분을 메울 스토리를 발굴하여 연결하는 작업도 중요할 것이다. 앞에서 보았듯이 프로이트의 엠마 치료의 경우 엠마의 열두 살 사건의 스토리에서 보이는 틈새를 여덟 살 사건의 스토리를 발굴함으로써 연결해 납득할 만한 스토리로 구성할 수 있었다.

그런데 이러한 작업에는 내러티브의 다른 층위로서 스토리와 긴밀한 관계에 있는 서사 담화 층위에서도 치료 작업이 이루어져야 한다. 디스코스의 구성요소인 서술 인물과 시점 및 관점, 심리적 거리, 서술 시간과 공간 등을 치료적으로 활용하여 문제에 물든 스토리들을 치료적으로 디스코스할 수 있도록 해야 한다. 이를 통해 문제적 스토리가 건강한 스토리로 다시 디스코스될 수 있도록

---

17) 내러티브를 활용한 치료에서 강조될 수 있는 치료적 원리로는 동일시, 보편화, 상대화, 객관화, 카타르시스, 추체험과 대리 학습, 해결책의 모델링, 통찰 등을 생각해 볼 수 있다. 이에 관해서는 졸고 (2011. 6.), 「스토리텔링 치료의 치료 요인과 그 적용」, 『헤세연구』, 제25집 참고.

해야 한다. 이때 디스코스할 수 있는 내담자의 건강한 능력을 바로잡아 주고 피분석자 내담자가 가지고 있던 문제적인 디스코스 방식을 교정해 주기도 해야 한다. 결국 건강한 서사 능력을 키워서 건강한 서사 주체를 강화해서 정립하는 것이 스토리텔링 치료의 핵심이라고 할 수 있다.

정신분석은 정신분석가와 피분석자 내담자가 내러티브를 서로 주고받으며 이루어지는 활동이며, 내러티브의 주요 기능을 치료의 중요한 원리로서 이용한다. 내러티브에는 치유적 속성이나 문제 해결의 성질이 있다. 이런 점에서 필자는 지금까지 내러티브가 정신분석과 밀접한 관계에 있다는 사실을 밝혔다. 그리고 이러한 내러티브를 통해 정신분석학에 접근하기 위해서는 내러티브에 관한 학문인 서사학적인 연구들을 기반으로 하는 것이 필요하다고 했다. 그래서 서사학의 중요한 성과인 스토리와 디스코스 등에 관해 살펴보았고, 특히 디스코스의 측면에서 정신분석에 접근하는 연구를 하였다.

구체적으로 정신분석 기반의 스토리텔링 치료에서 심리적 문제를 진단하는 경우에 디스코스를 통해 접근하는 문제에 관해 논의하였다. 심리적 문제를 안고 찾아온 내담자는 내러티브의 진술에서 진단을 의뢰하게 되는데, 내담자의 내러티브에는 스토리에 논리적 틈새가 많고 문제적 스토리가 많을 수밖에 없다는 것을 확인했다. 그런데 이러한 스토리의 틈새와 문제적 스토리는 서사 담화의 입장과 관점, 심리적 거리 등 디스코스 요소의 병리적 문제에서 비롯되는 경우가 많다는 것을 프로이트의 엠마 치료에서 확인하였다.

그리고 이러한 문제를 치료하는 경우에도 서사 담화를 통해 접근할 수 있는 가능성들을 논의하였다. 이 경우에 디스코스의 구성 요소를 치료적으로 변화시켜 활용하는 문제를 살펴보았다. 그리고 궁극적으로는 디스코스 체계를 건강하게 구축하여 건강한 디스코스 능력을 가지는 것이 중요하다는 것을 확인하였다.

이것은 정신분석의 주된 요소이기도 한 내러티브에서 스토리와 디스코스가 불가분의 관계에 있다는 점에서 시작하는 것들이다. 결국 내면의 건강한 자기 스토리가 선명하고 굵고 일관되고 합리적으로 디스코스되고 있는 사람은 건강하고, 그렇지 못한 사람은 건강하지 못하다고 할 수 있다.

그러나 이러한 서사 담화를 통한 치료는 담화 요소의 인지적 변화 활용에 그치면 일회적이고 제한적인 한계를 지니는 경우가 많다. 그래서 감성적 변화 활용, 습관적 활용도 함께 이루어지도록 훈련하고 습관화하는 프로그램이 필요할 것이다. 그리고 이를 위해서는 내담자 개인을 가정과 친구, 사회 집단이 지원할 수 있는 치유적 담론의 시스템을 구축하는 것도 필요할 것이다.

스토리텔링 치료의 정신분석학적 접근

제11장

🐦 불안신경증, 정신분석학, 스토리텔링 치료

이야기에는 여러 기능이 있다. 즐거움과 쾌락을 주는 기능, 정보와 지식을 주는 기능, 지혜와 깨달음을 주는 기능, 정서적 교류의 기능 등이 있다. 그리고 이와 함께 본질적인 기능 중의 하나로 치유적 기능도 있다. 이야기에는 우리의 마음을 위로하고 치유하는 기능이 있다. 그래서 예로부터 사람들은 슬프고 가슴 아픈 일이 있으면 그것을 이야기로 풀어내서 가까운 사람들과 나누곤 하였다. 그러면 듣는 사람은 다시 자신의 이야기로 화답함으로써 상대방의 아픔과 고통을 공감하며 어루만지려고 하였다. 이런 이야기가 언어적으로 정제되어 표현되면 시가 되고, 전래 동화, 전설, 신화, 소설이 되었다. 이런 점에서 문학 자체에 치유적 효과가 있다고 할 수 있다.

이야기의 이런 치유적 기능은 현대에 와서 심리상담이나 심리치료(psycho-therapy), 문학치료에서 체계적으로 활용되고 있다. 가족치료와 정신복지학, 아동학에서 많이 이용되고 있는 내러티브 치료나 문학치료에서 이야기되고 있는 스토리텔링 치료, 심리학에서 이야기되고 있는 내러티브 심리학 등이 바로 그것이다. 내러티브 치료는 외국에서 이미 수천 건의 연구가 쌓여 있고,[1] 국내에서도 관련 학회가 생겼으며[2] 관련 저·역서만 해도 현재 스무 권 가까이 될 정도로 관심이 높아져 있다. 그런데 이러한 스토리텔링 치료가 마음의 문제뿐만 아니라 마음에서 비롯된 육체적 문제까지 해결할 수 있을까? 예컨대 신경증처럼 마음에서 비롯되어 몸에 문제가 생겼지만 그 몸이 마음대로 제어되지 않고 계속 병리적 상태에 있는 경우에도 이야기가 치료적 기능을 다할 수 있을까? 그리고 이러한 이야기의 치유적 근거를 정신분석학에서도 찾아볼 수 있을까? 이것이 이 글이 제기하는 문제다.

사람들은 세상을 살아가면서 불안에 직면하는 경우가 많다. 산다는 것 자체가 불안을 내포한 것이기도 하다. 그래서 프로이트도 불안에 관하여 많은 관심을 갖고, 불안에서 생기는 심리적 문제들을 해결하려고 노력했다. 정신분석학의 기초를 놓은 『히스테리 연구』에도 히스테리 원인으로서의 불안·공포에 대한 연구가 근저에 있었다. 프로이트가 불안을 주제로 삼아 직접 쓴 중요한 글만 살펴보면, 『정신분석강의』(1916~1917)의 25번째 강의 제목이 「불안」이고, 『새로운 정신분석강의』(1933)의 32번째 강의 제목도 「불안과 본능적 삶」이다. 그 사이인 1926년에 그는 「불안의 문제」라는 글을 쓰기도 했고, 『억압, 증상 그리고 불안』이라는 책을 내기도 했다. 프로이트에 따르면 "불안은 하나의 정서적 상태로서 지나간 위협적인 사건의 재생 작용이고, 자기보존의 목적에 기여하는 새로운 위험에 대한 신호이며, 어떤 이유에서 사용할 수 없게 된 리비도에서부터 발생하고 억압 과정 중에 일어난다."[3]

---

1) 모건, 앨리스/고미영 역(2003), 『이야기치료란 무엇인가』, 청목출판사, 3쪽.
2) 이야기의 치유적 활용을 연구하는 관련 학회로는 한국이야기치료학회, 한국문학치료학회, 한국통합 문학치료학회, 대한문학치료학회, 한국독서치료학회 등이 있다.
3) 프로이트, 지그문트/임홍빈, 홍혜경 공역(2011), 『새로운 정신분석 강의』, 열린책들, 115쪽.

　　프로이트는 불안을 현실불안(Realangst)와 신경증적 불안(die neurotische Angst)으로 나누어서, 일상적인 현실에서 겪게 되는 삶의 불안과 신경증이나 심인성 육체적 마비 등을 불러오는 병리학적인 불안으로 구분해서 생각하였다.[4] 전자(前者)의 불안도 물론 스토리텔링 치료에서 많이 다룰 수 있는 대상이라고 할 수 있지만, 여기에서는 후자의 불안에 대한 스토리텔링 치료의 입장에서 접근해 보려고 한다. 여기서는 특히 정신분석학 연구의 토대가 되었다는 평가를 받는 히스테리 치료 사례를 중심으로 불안·공포[5] 신경증에 대한 스토리텔링 치료적 접근 방법 및 스토리텔링 치료와 문학치료의 심층심리학적 근거를 논의하려고 한다.

　　지금까지 스토리텔링 치료에 직접 관련된 연구는 문학치료보다는 상담치료나 심리치료의 관점에서 접근한 것이 많았다. 불안의 문제를 다룬 연구로는 이야기를 활용하여 심리적 문제들을 치유하려는 책 속에서 불안의 문제를 다루는 경우가 있었지만,[6] 불안신경증을 치유하는 정신분석학과 스토리텔링 치료의 관계에 관해 본격적으로 논의한 연구는 아직 보지 못했다. 문학연구자들이 정신분석학을 다룬 경우는 적지 않지만 스토리텔링 치료 차원이 아니고 문학연구나 문학비평 차원의 것들이 대부분이었다. 정신분석학과 내러티브에 관련해서는 박찬부의 연구가 두드러진다.[7] 그러나 이것은 주로 문학 연구의 관점에서 내러티브와 정신분석학을 다룬 것이어서 아직 스토리텔링 치료나 문학치료

---

4) 프로이트, 지그문트/임홍빈, 홍혜경 공역, 앞의 책, 114쪽.

5) 프로이트는 '불안(Angst)'이 대상보다는 상태에 관계된 개념이라면, '공포(Furcht)'는 특정 대상에 대한 경각심이며, '경악(Schreck)'은 불안의 준비 태세로는 감당할 수 없는 위험에서 비롯되는 감정이라고 나누어 설명하면서도, 이것들의 구분에 대해 자세히 묻고 싶은 생각이 없다고 했다. 그는 불안이라는 개념이 어느 정도 다의성과 모호성이 불가피하다고 말한다. [임홍빈, 홍혜경 공역(2011), 『정신분석 강의』, 열린책들, 532쪽.]

6) 브렛, 도리스/김인옥 역(2009), 『은유적 이야기 치료: 아동을 위한 스토리텔링기법』, 여문각; 번즈, 조지/김춘경, 배선윤 공역(2011), 『이야기로 치유하기: 치료적 은유 활용 사례집』, 학지사.

7) 박찬부(2007), 『기호, 주체, 욕망 : 정신분석학과 텍스트의 문제』, 창비; 박찬부(1996), 「정신분석학과 서사(narrative)의 문제」, 『비평과 이론』(Vol. 1), 한국비평학회.

관점이 뚜렷한 것은 아니었다. 여기에서는 스토리텔링 치료의 관점에서 정신 분석학의 불안공포 신경증 치료를 살펴봄으로써 불안공포 신경증에 대한 스토리텔링 치료적 접근 가능성과 스토리텔링 치료의 심층심리학적 근거를 찾아볼 것이다.

🐦 스토리텔링 치료의 관점에서 본 불안신경증의 병인

신경증과 '안나 오 양'의 사례

프로이트에 따르면 신경증은 넓은 의미로 자아 기능이 의식의 뜻대로 온전히 발현되지 못하는 상태 일반을 의미하는데, 이것은 현실신경증과 정신신경증으로 구분된다. 현실신경증은 정신적 외상이나 갈등으로 발생한 것이 아니라, 단지 리비도 분출의 부적절함으로 인한 자아 기능의 마비 상태를 지칭한다. 따라서 현실 경험을 통해 리비도를 적절히 분출해 주면 해소될 수 있다. 현실신경증은 '불충분한' 리비도 분출로 인한 불안신경증과 '불만족스러운' 리비도 분출 경험에 기인된 신경쇠약증으로 구분된다. 반면에 정신신경증은 전이 신경증과 자기애적 신경증으로 구분된다. 전이 신경증에는 히스테리, 강박신경증, 공포신경증이 있고, 자기애적 신경증에는 편집증, 분열증이 있다. 프로이트는 리비도가 외부 세계에서 철수하여 자신의 자아에 부착된 자기애적 신경증은 분석가와 피분석자 사이의 정신분석 관계가 맺어지지 않기 때문에 정신분석 치료가 불가능하다고 본 반면에, 리비도가 자기 밖의 타자에게 전이될 수 있는 전이신경증만이 정신분석 관계 설정과 치료가 가능하다고 본다.[8]

---

8) Freud, S. (1895). *Pre-Psycho-Analytic Publications and Unpublished Drafts*, *The Standard Edition*

스토리텔링 치료의 관점에서 신경증의 문제에 접근하려는 이 글에서는 이렇게 치료 가능한 불안공포 신경증에 우선 주목하게 되는데, 이에 대한 사례로서 관심을 끄는 것이 정신분석학에서 카타르시스 치료로 유명한 '안나 오 양(Fräulein Anna O.)의 치료 사례'다. 『히스테리 연구』(1895)에[9] 소개된 이 사례는 프로이트의 동료 선배인 브로이어가 치료를 하고 프로이트도 이에 관해 잘 알고 있었으며 이에 관해 자기 글에서도 여러 번 언급한다. 당시 스물한 살 처녀였던 안나 오는[10] 불안과 공포로 인해서 팔다리가 마비되고 평소 쓰던 독일어를 갑자기 까맣게 잊어버리고 영어로만 말할 뿐만 아니라, 여러 가지 시각 장애, 청각 장애, 신경통, 기침, 손떨림 등으로 고통을 겪게 된다. 그녀가 이런 병에 처음 걸리게 된 상황을 브로이어는 다음과 같이 보고하고 있다.

> 1880년 7월 그녀의 아버지가 시골에 머무는 동안 심한 흉막하농양(胸膜下膿瘍)을 앓고 있었다. 안나는 어머니와 역할을 분담하여 아버지를 간호하였다. 그녀는 밤에 높은 열에 시달리던 아버지에 대한 불안감에 휩싸여 잠에서 깨어났다. 그녀는 수술을 집도하기 위해 빈으로부터 도착할 예정이었던 외

---

of *The Complete Psychological Works of Sigmund Freud*, Translated from the German under the General Editionship of James Strachey, In Collaboration with Anna Freud, Volume I, London: The Hogarth Press and The Institute of Psycho-Analysis 1966, p. 189-195; 이창재(2000), 「병리적 정신현상의 원인론과 극복론: 사후작용」, 『철학과 현상학 연구』(Vol. 15), 한국현상학회, 80f쪽 참고.

9) Josef Breuer and Sigmund Freud, *Studies on Hysteria*, The Standard Edition of The Complete Psychological Works of Sigmund Freud, Translated from the German under the General Editionship of James Strachey, In Collaboration with Anna Freud, Volume II (1893-1895), London: The Hogarth Press and The Institute of Psycho-Analysis 1957, pp. 25-55. 프로이트와 브로이어가 공동으로 발행한 이 책은 정신분석학의 기점(起點)을 이루었다고도 평가된다. 여기서 연구된 『히스테리 연구』가 정신분석학의 토대를 닦았다고 할 수 있다.

10) 가명으로, 본명은 베르타 파펜하임(Bertha Pappenheim)이다. 가명의 첫 알파벳 'A. O.'는 본명의 첫 알파벳 'B. P.'의 순서를 하나씩 앞당겨 만들어진 것이라고 한다. 그녀는 나중에 여성해방론자로서, 그리고 사회복지사로서 명성을 얻었으며 여성의 권리를 주장하는 책을 번역하고, 유대인 학살 희생자들을 위한 안식처를 설립하기도 했다. [김미리혜(2003), 「해설」, 『히스테리 그리고 정신분석』, 『히스테리 연구』(J. 브로이어, S. 프로이트 지음), 열린책들, 438쪽 등 참고.]

과 의사를 기다리면서 초조해하고 있던 참이었다. 그녀의 어머니는 잠시 다른 곳에 있었고, 안나는 자신의 의자 등받이에 오른팔을 올려놓은 채 병상을 지키고 있었다. 그때 그녀는 백일몽 상태에 빠졌고 검은 뱀 한 마리가 벽에서 나와 아버지 쪽으로 가서 물려고 하는 것을 보았다. (실제로 집 뒤에 뱀이 있었고, 이전에 그 뱀들 때문에 그녀가 놀랐을 가능성이 매우 크다. 그래서 그 뱀들이 환각의 소재를 제공했을 것이다.) 그녀는 이 뱀을 쫓아 버리려고 했지만 마치 마비가 된 듯 몸이 움직이지 않았다. 의자 뒤에 있던 그녀의 오른팔이 저렸기 때문에 마비가 되어 감각이 없었다. 그녀가 오른팔을 내려다보았을 때 손가락들이 죽은 사람의 머리를 한(손톱 부분) 작은 뱀들로 변했다 (그녀가 뱀을 쫓기 위해 마비된 오른팔을 사용하려 했고, 그 결과 무감각과 마비가 뱀의 환각과 결합되었을 것이다.) 뱀이 사라졌을 때 공포의 와중에서도 그녀는 기도하려 하였다. 그러나 말이 나오지 않았다. 그 어떤 언어로도 말할 수가 없었다. 드디어 영어로 된 어린이용 성구를 생각해 내었고, 그런 영어로 기도할 수 있게 되었다. 그녀가 기다리던 의사를 태우고 온 기차의 기적 소리에, 그녀는 마력의 주문에서 깨어났다.

그 다음 날 게임을 하던 중 그녀는 덤불숲에 고리를 던졌다. 고리를 주우려고 들어갔을 때 구부러진 나뭇가지가 뱀의 환각을 다시 불러일으켰고, 동시에 오른팔이 뻣뻣하게 경직되었다. 그 후로 뱀과 비슷한 어떤 형체를 한 물체에 의해 환각이 되살아날 때마다 오른팔의 경직이 일어났다.[11]

안나는 아버지에 대한 사랑이 지극했기 때문에 아버지에 대한 염려와 아버지가 죽으면 어떡하나 하는 불안이 남보다 컸을 것이다. 그래서 그 불안이 한밤중에 혼자 병상을 지키는 20대 초반의 처녀에게 공포심으로 작용했을 것이다. 그러나 일반적으로는 불안과 공포가 곧바로 환각을 불러일으키고, 그것이 마

---

11) Breuer, J., & Freud, S. 앞의 책, p. 38f. [김미리혜 역(2003), 『히스테리 연구』, 열린책들, 57-58쪽.]

비 등의 신체적 장애로까지 이어지지는 않는다. 그런데 안나의 경우는 그랬다. 앞에서의 환각으로 마비를 경험하기 이전, 겉보기에 건강할 때에도 "그녀는 간호하는 동안 아버지의 머리가 죽은 사람의 머리가 된 환각을 본 적이 있었다. 당시 그녀는 친척집을 방문했다가 돌아와 문을 여는 순간 의식을 잃고 그 자리에 쓰러졌다."[12] 신체 마비, 독일어 실어증, 시력 장애와 같은 안나의 심각한 신체적 병리 현상이 불안과 공포라는 심리적 원인에서 비롯될 수 있는 이유, 즉 증상의 병인(病因)은 무엇인가? 스토리텔링 치료의 관점에서 보면 그 원인이 어디에서 비롯된다고 할 수 있을까?

스토리텔링 치료의 관점에서 본 불안신경증의 원인과 발생

스토리텔링 치료에서는 우리가 이야기를 통해 현실을 이해하고 해석하며, 현실에 대한 우리의 판단과 행동도 자기 내면의 스토리에 따라 이루어진다고 본다. 이야기가 치유적 힘을 발휘할 수 있는 기본적인 힘은 바로 이야기를 통해 우리가 세계를 해석하고 이해하며 자신의 정체성과 생각을 확립할 수도 있고 그것을 바꿔갈 수도 있다는 사실에서 비롯된다.[13] 리쾨르는 우리가 이야기를 통해 현실을 해석하고 이해할 수 있으며, 우리 자신의 정체성과 생각을 정립할 수 있다고 주장한다. 이것을 그는 이야기 정체성(identité narrative; narrative identitiy)이라고 한다.[14] 이야기가 현실 해석과 이해에서 중요한 역할을 할 수

---

12) Breuer, J., & Freud, S. 앞의 책, p. 56: 브로이어는 그녀를 치료하는 동안 그 장면을 다시 떠올리도록 하기 위해 그 장소에 다시 그녀를 데리고 갔는데, 그녀는 방 안으로 들어가자마자 문 반대편에 걸린 거울에 비친 모습이 자신의 창백한 얼굴인가 했는데, 그것이 아니라 그 얼굴 자리에 죽은 사람의 얼굴을 한 아버지의 모습이 있는 것으로 보여 다시 한 번 정신을 잃고 바닥에 쓰러졌다.

13) Vgl., Payne, M. (2006), *Narrative Therapy*, London: SAGE Publication Ltd, p. 5-17; White, M. (2007), *Maps of Narrative Practice*, New York, London: W.W. Norton Publication.

14) Ricoeur, P. (1988)[1985], *Time and Narrative, Volume 3*, translated by Kathleen Blamey and David Pellauer, Chicago and London : University of Chicago Press, p. 246.

있는 이유는 우선 이야기가 지닌 현실과의 구조적 유사성에서 찾아볼 수 있다. 서사학에서 담화와 함께, 이야기의 핵심적인 두 요소 중의 하나로 꼽히는 스토리에는[15] 인물·사건·배경(시간, 공간) 등의 핵심요소가 있다. 이야기는 이런 면에서 삶의 구조와 비슷하다. 우리는 현실 속에서 자기 삶의 주인공으로 살아간다. 자기 삶의 이야기에서 주인공 역할을 하면서 살아가는 것이다. 한편 이야기에는 이렇게 등장인물이 있을 뿐 아니라, 사건도 필수요소다. 우리는 끊임없이 행동하고 살아가며 사건을 만들어 간다. 이런 점에서 삶의 사건들은 이야기의 사건으로 전환될 수 있다. 그래서 삶은 비슷한 구조를 지닌 이야기를 통해 해석되고 효과적으로 이해될 수 있다.[16] 이와 관련해서 안나 오가 지니고 있던 백일몽 습관에 주목할 필요가 있다. 브로이어의 다음 보고를 살펴보자.[17]

　　이 소녀는 지적인 활기로 넘쳐나고 있었으나 청교도적 사고방식을 지닌 가족들과 함께 매우 단조로운 생활을 영위하고 있었다. 그녀는 그 단조로운 생활을 흥미롭게 만들기 위해 자신이 〈개인 극장〉이라고 부른 백일몽으로 윤색하고 있었다. 아마도 이것이 그녀가 병에 걸리는 데 영향을 미친 것이 아닐까 싶다. 사람들이 그녀가 주위에 함께 있다고 생각할 때, 실상 그녀는 자신의 상상 속에서 동화의 삶을 살고 있었다. 그렇지만 누군가가 그녀에게 말을 걸면 그녀는 항상 자기가 있던 자리로 돌아오기 때문에 아무도 그 사실을 눈치채지 못했다. 그녀는 집안일을 나무랄 데 없이 잘하는 동안에도 이러한 공상을 거의 끊임없이 계속하였다.[18]

---

15) 오닐, 패트릭/이호 역(2004), 『담화의 허구. 서사이론 읽기』, 예림기획, 35쪽.

16) 졸고(2010), 「이야기해석학과 이야기치료」, 『헤세연구』, 제23집, 한국헤세학회, 6. 255-257쪽.

17) 브로이어는 안나 오에게 먼 친척 중에 정신병을 앓았던 사람이 있는 것으로 보아 유전적으로도 약간 신경증적인 소인이 있지 않나 생각했다. (Breuer, J. & Freud, S. 앞의 책, p. 21.)

18) 위의 책, p. 22.

여기서 보듯 안나는 평소에 사회생활도 하지 않고 집 안에서 단조로운 무료한 생활을 하고 있었기 때문에 어떤 재미가 필요했다. 마치 직장도 없고 사회생활을 하지 않는 아이들이 놀이에 빠지는 것과 비슷하다. 안나에게는 백일몽과 상상, 동화, '개인극장'이 서로 연결되어 있는 것이다. 프로이트는『작가와 몽상』에서 이런 어린애의 놀이와 어른들의 몽상, 몽상과 문학, 놀이와 문학이 쾌락을 바라는 리비도의 욕구와 유희성에서 서로 유사하다고 말했다.[19] 그러면서 그는 몽상에서 신경증으로 전환될 수 있는 위험을 다음과 같이 밝힌다.

> 신경증과 정신 이상이 발생할 수 있는 조건들을 형성하는 것은 다름 아니라 여러 몽상이 모였을 때 그로부터 몽상들이 얻게 되는 지배적인 지위인 것이다. 몽상은 이성적인 정신 활동의 마지막 단계이면서 또한 환자들이 종종 호소해 오는 고통스러운 증후들의 전 단계이기도 하다. 바로 이 지점에서 병으로 이어지는 넓은 측면도로가 갈라지게 된다.[20]

앞에서 언급된 것처럼 프로이트에 따르면 과거와 현재, 미래에 얽혀 있는 욕망의 표현인 몽상이 그 현실과의 연결고리를 끊고 이성보다 지배적 위치를 차지할 때 신경증이 생긴다. NLP에서는 잘못된 믿음으로 굳어진 생각의 고리들이 병을 만든다고 한다.[21] 예를 들어 폐쇄공포증 환자가 승강기에 타서 공포를 느끼는 경우 다음과 같이 생각의 고리들이 자동적으로 연쇄적으로 이어져서

---

19) Freud, S. *Jensen's 'Gradivia' and Other Works*, The Standard Edition of The Complete Psychological Works of Sigmund Freud, Translated from the German under the General Editionship of James Strachey, In Collaboration with Anna Freud, Volume IX (1906-8), London : The Hogarth Press and The Institute of Psycho-Analysis 1959, p. 141-153. [정장진 역(2007),『작가와 몽상』『예술, 문학, 정신분석』, 열린책들, 143-157쪽.]

20) 위의 책, p. 150.

21) 전경숙(2008),『NLP 심리치료, 원리와 실제』, 학지사, 241-254쪽; 딜츠, 로버트 외/전경숙, 박정자 공역(2006),『신념의 기석, NLP 기본법칙을 통한』, 학지사, 16-53쪽.

고통을 느낄 수 있다. '나는 폐쇄되었다. → (나는) 빠져나갈 수 없다. → (나는) 두렵다. → 공포심에 숨 쉬기가 어렵다. → 목이 조이는 것 같다.' 여기서 말하는 믿음으로 굳어진 생각의 고리들을 스토리텔링 치료에서는 내면의 자기 스토리(I-stories)라고 말한다. "뇌는 상상과 현실을 구별하지 못한다. 상상할 때와 직접 사물을 관찰할 때 사용하는 뇌 기관은 비슷하고 어떤 동작에 대해 상상했을 때 뇌에서 적용되는 부분도 실제 그 동작을 취했을 때 일어나는 현상과 겹친다."[22] 바로 이것이 정신 훈련의 가장 기본으로서 문학과 이야기를 통한 치유 과정의 기본 전제라고 할 수도 있지만, 몽상이 불안공포 속에서 신경증으로 변할 수 있는 이유이기도 하다.

안나는 단조롭고 무료한 생활 속에서 백일몽에 빠져 지내기를 좋아했기 때문에 습관적으로 머릿속으로 이야기를 이어 가고 있었고 이것이 환각을 일으켜서 그녀의 병을 유발하게 한 소인이 된 것으로 볼 수 있다. 그래서 병이 처음 발병했던 앞의 상황에서도 집 뒤에 있는 뱀에 대한 무의식 속 공포심과 결합해서 환각이 일어났을 것이다. 상상 속 이야기가 현실의 공포와 결합해 정신적 · 신체적 장애를 유발했던 것이다. 자극에 근거하지 않는 지각은 환각이고[23] 여기에 공포가 작용해서 신경증으로 이행했다고 할 수 있다. 환각에 기초해서 공포심을 느낀 자아가 강력하게 리비도를 억압해서 불안을 심하게 느껴 마음과 달리 몸이 제대로 움직여지지 않는 공포신경증으로 전환된 것이라고 할 수 있다.

우리가 어떤 이야기를 만들어 낼 때는 지각하고 있는 것과 이미 지각하여 기억으로 저장해 놓았던 것을 인출하여 재구성하여 만들어 낸다. 영국의 심리학자인 프레더릭 바틀릿(Frederic Bartlett)은 영국인들에게 다른 문화권의 전설에서 따온 이야기들을 들려주고 다시 쓰도록 하였더니 자신들에게 익숙한 영국

---

22) 이영돈(2006), 『마음-KBS 특별기획 다큐멘터리』, 예담, 345쪽.
23) 글레이트먼, 헨리/장현갑 외 공역(1999), 『심리학 입문』, 시그마프레스, 188쪽.

의 설화를 근거로 해서 엉뚱한 이야기로 재생하는 것을 발견하였다. 이것이 심리학에서 얘기하는 기억에서의 간섭(interference) 현상이다. 이후 수많은 실험을 통해 사건이나 이야기에 대한 기억이 그 사건이나 이야기를 이해하도록 만들어 주는 사전 지식의 틀에 의해서 강력한 영향을 받는다는 바틀릿의 주장이 입증되었다. 바틀릿 이후 심리학자들은 그러한 개념적 틀을 스키마(schema)라고 부르고, 스키마의 특수한 부분집합을 스크립트(script)라고 부르고 있다. 그래서 사람들이 이러한 스키마와 스크립트를 바탕으로 해서 이야기를 구성한다는 것이 밝혀졌다.[24] 지각과 기억은 매우 유사하게 둘 다 상향 처리뿐만 아니라 하향 처리의 영향을 받는다. 그런데 상향 처리가 없는 지각, 즉 자극에 근거하지 않는 지각은 환각에 해당하고, 상향 처리가 없는 기억, 즉 기억 흔적을 참조하지 않는 기억은 지각적 망상에 해당한다.[25] 무의식에서 비롯된 생각이 현실원칙을 무시할 때 망상이 되기도 한다. 안나의 경우 백일몽 습관으로 자극과 유리된 상태에서 상향적 처리가 헐거워지고 공포가 덮쳐서 현실적 감각이 마비되었을 뿐만 아니라, 백일몽으로 이미 기억 속에 스키마로 자리잡은 것, 즉 뱀 공포, 죽음의 공포 등이 하향적으로 작용하여 신경증이 유발된 것이라고 볼 수 있다.

한편 이야기에는 현실의 이야기와 픽션으로서의 이야기가 있다. 우리는 일상 속에서 자신의 인생사를 이야기하고, 오늘 있었던 일을 서로 이야기하는 등 현실 이야기로써 의사소통하고 감정을 나눈다. 현실 속에서 경험하는 사건을 이야기로 인식하고 그 이야기를 통해 현실을 이해하고 해석하는 것이다. 그런가 하면 우리는 옛날이야기나 소설, TV 드라마, 영화, 애니메이션, 컴퓨터게임 등을 통해서 허구적 이야기를 접하며 살고 있다.

그러나 우리는 일반적으로 현실의 이야기와 허구적 이야기를 혼동하지는 않는다. 우리 내부에 서사 요소들을 제대로 연결하는 서사 능력(narrative

---

24) 글레이트먼, 헨리. 앞의 책, 183f쪽: 스크립트의 예로는 '식당 가기' 스크립트의 경우 '자리에 앉기' '메뉴 보기' '주문하기' '음식 먹기' '계산하기' '식당 나가기' 등 일련의 행동을 포함한다.
25) 위의 책, 188쪽.

competence)이 제대로 작동하기 때문이다. 이것은 인간이 정상적인 생활을 할 수 있는 기본 능력으로서 현실에서 습득하고 유지해야 할 능력이다. 주어, 동사, 목적어 등이 연결되어 문장을 이루는 것처럼 서사를 구성하는 요소로는 인물, 사건, 모티프, 시간, 공간 등이 있다. 우리는 서사를 구성할 때 이런 서사 요소들을 합리적으로 연결하게 된다. 만약 그렇지 못하면 스토리텔링 치료의 관점에서 보았을 때 심리적 문제에 빠지게 된다. 우리는 어렸을 때부터 수없이 이야기를 듣고 만들면서 서사능력을 형성해 왔다. 그래서 어떤 인물이 어떤 시간과 공간에서 어떤 사건을 만들어 갈 수 있는지 우리는 잘 알고 있다. 가령 "삼성전자의 과장 김철수 씨가 청동기 시대에 조선의 수도 로마에서 신데렐라와 데이트했다."라는 이야기가 문법적으로는 옳을지 모르지만 서사학적으로 틀렸다는 것을 누구나 안다. 서사 구성 요소들의 관계가 엉망이기 때문이다. 인물, 시대, 공간 등의 서사 요소가 서로 맞지 않는다. 현실적 인물 김 과장이 동화 속 인물 신데렐라와 같은 차원(시공간)에 존립할 수 없다. "조선의 수도 로마"도 시간과 공간의 조건에서부터 서로 맞지 않는다. 그래서 인물이 관계를 맺어 벌이는 사건, 즉 '김 과장이 신데렐라와 데이트한다'는 사건도 인물·시간·공간 등의 다른 서사 요소와 호응하지 않는 것이다. 서사 구성 능력은 이런 서사 요소들의 관계를 정확하게 일치시켜서 구성하는 능력이고, 정상적인 현실에서 기본적으로 요구되는 능력이다. 이 '삼성전자 김 과장의 이야기'를 현실의 이야기로 한다면 이상한 사람으로 취급받을 것이고, 허구적 이야기로 한다고 해도 서사적 진정성이 없는 이야기로 생각될 것이다. 우리가 미친 사람을 구별할 때 외모나 육체적 이상을 보고 구별하는 것이 아니라 그와 몇 마디 이야기를 나누어 미친 사람임을 금세 구별해 낼 수 있는 이유가 여기에 있다.

그런데 안나의 경우는 그렇지 못했다. 리비도의 충족을 위한 공상이나 환각에 의한 공포로 이루어진 이야기가 그녀의 머릿속에서 이루어져서 현실의 서사와 상상의 서사가 내면에서 뒤엉켜 비정상적인 스토리로 형성되었다. 안나가 앞의 상황에서 스토리를 잘못 구성한 것이다. 즉, '아버지가 병들어 꼼짝을 못하고 병상에 누워 있다'는 현실의 서사에 '검은 뱀 한 마리가 벽에서 나와 기어가서 아버지를 물려고 한다' '내 손의 손가락이 죽은 사람의 머리를 한 작은 뱀들이 되어 꿈틀거린다'는 이야기를 연결해 현실을 환각한다. 그리고 아버지가 그 뱀에 물려서 죽을 위기에 처했다는 환상의 이야기를 짓고, 거기서 엄청난 공포를 느낀 나머지 오른손 마비를 비롯한 여러 신체적 장애까지 겪게 되는 것이다. 그래서 안나의 경우는 환상 속에서 만들어지는 이야기가 이런 현실의 이야기에 잘못 연결되어 현실 속 이야기처럼 인식되면서 공포가 솟아오르고, 이것이 다시 무의식에 억압되어 신경증이 생긴 것이라고 할 수 있다. 이때 서사 요소들을 잘못 연결시키는 원인은 리비도의 추동에 따른 백일몽 습관과 여기서 비롯되어 스키마로 굳어진 서사의 간섭, 그리고 공포로 인한 서사 능력의 마비가 작용한 결과라고 할 수 있다. 프로이트의 정신분석학에서는 병인론(病因論)이 크게 외인론(外因論)과 내인론, 혹은 외상설(外傷說)과 환상설로 나뉜다. 강한 외적 자극이 정신에 상처를 주어 그것이 트라우마(trauma)로 작용하기 때문에 정신장애가 생기는 경우 외인론(외상설)으로 설명될 수 있다.[26] 그런데 안나 오 양의 사례에서는 잘못된 내러티브가 병인으로 작용한 것으로 보면 내인론, 즉 환상설로 설명할 수 있을 것이다.

🐦 스토리텔링 치료의 관점에서 본 정신분석학의 불안신경증 치료 방법

이야기에 의한 문제 감정의 정화 – 정서적 스토리텔링 치료

앞에서 안나 오 양의 신경증이 생기게 된 원인을 스토리텔링 치료의 관점에

---

26) 이창재(2000), 「병리적 정신현상의 원인론과 극복론: 사후작용」, 『철학과 현상학 연구』(Vol. 15), 한국현상학회, 94f쪽 참고.

서 살펴보았다. 그러면 그녀의 신경증은 어떤 방식으로 치료될 수 있는가? 스토리텔링 치료의 관점에서 살펴보기로 하자. 브로이어는 안나 오가 잠시나마 신경증에서 벗어나는 계기를 다음과 같이 말한다. 안나는 이미 언급한 바와 같은 신경증을 얻은 다음부터 정상적인 정신 상태와 환각에 빠져 있는 상태, 혹은 자기 최면의 상태에 번갈아 있게 된다. 그런데 그녀가 자기 최면 상태에서 다음과 같이 이야기를 하게 되고, 이를 통해 어떤 치유 상태가 있었다는 것이다.

> 그녀의 이야기는 언제나 슬픈 내용이었는데, 그중에서 몇 가지 이야기는 매혹적이었으며, 한스 안데르센의 『그림 없는 그림책』 스타일이었다. 짐작컨대 그 책이 모델인 것 같다. 이야기의 처음이나 중요 시점에서는 으레 불안한 마음으로 병상 옆에 앉은 소녀가 등장한다. 다른 주제로 이야기를 꾸미기도 했다. 그녀는 이야기를 끝낸 후 곧 깨어났는데, 확실히 진정된 상태, 혹은 그녀가 이름 붙이길 "편안한" 상태에 놓였다.[27]

앞에서 말한 신경증에 걸린 안나는 이렇게 자기최면 상태에서 자기 내면에서 떠오르는 어떤 이야기들을 스스로 표현함으로써 그런 신경증적인 심리적·신체적 병리 상태에서 벗어나 치유되는 경험을 자주 하게 된다. 앞의 인용문에서 그녀는 환상 속에서 안데르센 동화 스타일의 이야기들을 하고 난 후 진정되고 편안한 효과를 얻게 되었다. 필자는 이것이 '이야기를 활용한 치료 효과'라고 생각한다. 그녀가 이런 불안공포 신경증의 원인이 되는 "사건에 관해서 이야기하면 증세는 영구히 사라진다. 이런 방식으로 그녀의 마비된 수축과 지각 마비, 여러 시각 장애, 청각 장애, 신경통, 기침, 손떨림, 언어 장애가 해소되었다"[28] 안나는 이렇게 이야기해서 치료받는 것을 브로이어에게 스스로 "talking

---

27) Breuer, J., & Freud, S. op. cit., p. 29.
28) 위의 책, p. 53.

cure"[29]라고 이름을 붙여 말했는데, 이것이 요즘도 많이 듣게 되는 유명한 '토킹 큐어'라는 용어가 되었다. 프로이트는 『히스테리 연구』의 뒷부분에 실린 글 '히스테리의 심리치료'에서 신경증 치료 사례들을 연구한 결과를 정리하면서 몇 년 전에 이미 브로이어와 공동으로 발표했던 히스테리 현상의 심리적 기제에 관한 예비적 보고서의 한 부분을 다음과 같이 다시 인용한다.

> 다음의 사실을 발견하고 처음에 우리는 매우 놀랐기 때문이다. 즉, '우리가 개별적인 히스테리 증상을 일으킨 사건에 대한 기억을 뚜렷하게 상기시켜 거기에 얽혀 있는 감정들을 다시 불러일으키는 데 성공하면, 그리고 환자가 그 사건에 대하여 가능한 한 자세히 서술하고 그 감정을 말로 표현하게 되면, 개개의 히스테리 증상은 곧 소멸되고 두 번 다시 일어나지 않는다'는 것이다.[30]

앞의 인용에서 고딕체로 필자가 강조한 글 중에서 사건에 대해 자세히 서술하는 것은 서사, 즉 이야기를 말한다. 이야기로써 히스테리가 치료된다는 점을 프로이트가 밝히고 있는 것이다. 스토리텔링 치료의 정신분석학적 근거가 여기에 있다. 그런데 여기서 밝힌 이러한 이야기를 통한 치료의 핵심적인 방법은 '히스테리 증상을 일으킨 사건에 대한 기억을 뚜렷하게 상기시켜 거기에 얽혀 있는 감정들을 다시 불러일으키는' 방법, '그 감정을 말로 표현하게' 하는 방법이다. 안나 오는 앞에서 언급한 것처럼 유최면, 즉 자기최면이나 브로이어가 유도한 최면 중에 자신의 증상을 야기했던 환각과 관련된 이야기를 하자면 "완전히 진정이 되고, 다음날에는 다루기 쉬워지며 부지런해지고 쾌활해지기까지

---

29) Breuer, J. & Freud, S. 앞의 책, p. 30. 대화치료라고 번역된다. 그러나 talking cure에서는 이야기가 중심이라고 할 수 있다. 수사학에서는 언술의 네 가지 모드(mode)로 이야기와 묘사, 설명, 논증을 꼽는다. 이야기에서는 인물과 사건이 필수이지만 묘사 · 설명 · 논증에서는 꼭 그럴 필요가 없다는 점에서, 바로 이야기와 묘사 · 설명 · 논증이 서로 구분된다. talking cure에서는 내담자와 관련 인물, 증상과 관련된 사건을 핵심으로 포함하여 대화한다는 점에서 이를 스토리텔링 치료라고 할 수 있다.

30) Breuer, J. & Freud, S. 앞의 책, p. 255.

했다."[31] 브로이어는 이에 관해 다음과 같이 보고했다.

> 그녀는 이러한 과정을 적절하게 표현했는데, 진지하게 말할 때는 '토킹 큐
> 어(talking cure)'라고 말하고, 농담식으로 말할 때는 '굴뚝 청소(chimney-
> sweeping)'라고 말했다. 그녀는 자신의 환각들을 말로 표현하고 나면 자신
> 의 모든 고집스러운 언행과 스스로 '에너지'라고 표현한 것을 잃게 된다는 것
> 을 알고 있었다.[32]

여기서 알다시피 신체적 장애까지도 유발하는 심리적 문제를 야기한 사건을
최면이나 최면 비슷한 상황 속에서 거기에 얽힌 감정까지 생생하게 살려내서
그 감정을—마치 연기가 잘 빠져나가도록 굴뚝을 깨끗이 청소해서 막히지 않
고 열효율이 높아지도록 하는 것처럼—말로 충분히 표출해 내면 치료가 된다
는 것이다. 인물과 사건, 배경을 지닌 내러티브의 감성적 측면을 최대한 살려서
히스테리 증상을 일으킨 사건에 대한 기억을 이야기로 뚜렷이 상기시켜 거기
에 얽혀 있는 감정을 다시 불러일으켜서 구체적으로 이야기하는 것이 치료의
원리라는 것이다. 이것을 프로이트와 브로이어는 이 책에서 '카타르시스' '카타
르시스 효과' '카타르시스 치료' 등이라고 표현하여 이후 심리치료에서 유명한
용어가 되도록 하는 계기를 제공했다. 물론 그들이 이 '카타르시스'라는 용어를
쓰게 된 것은 이것이 서양에서 아리스토텔레스의 『시학』에서 비극의 효과로 언
급된 이후 서양 문화사에서 2000년 동안이나 얘기되어 그들에게도 잘 알려져
있었기 때문이다. 다시 말해 오랜 기간 서양에서 이야기되던 문학의 심리적 효
과를 히스테리를 치유하는 방법이자 효과로 처음 이 책에서 과학적으로 확인
해 둔 것이라고 볼 수 있다. 정신분석학에서는 이런 카타르시스 효과가 문제의

---

31) Breuer, J. & Freud, S. 앞의 책, p. 29.

32) 같은 쪽.

원인이 된 사건과 관련된 이야기를 최면, 자기 최면, 자유 연상 상태에서 표출해 내는 방식으로 이루어진다면, 문학치료에서는 자동기술(自動記述), 몽상적 표현, 예술적 표현이 이와 비슷한 상황을 제공하도록 해야 할 것이다. 이야기가 몽상 속에 있으면 신경증의 원인이 될 수도 있지만, 표현되어 표출되면 카타르시스의 수단이 되어 치료 효과를 보인다는 점에 주목할 필요가 있다.

카타르시스의 한계와 인지적 스토리텔링 치료: 이야기에 의한 '관념의 교정과 제거'

그런데 아리스토텔레스가 『시학』에서 말한 카타르시스는 동일시 원리를 통해 수동적으로 작용되는 효과라고 할 수 있다. 이것은 공연되는 비극 작품을 관객들이 보면서 느끼는 감정의 효과이기 때문이다.[33] 그러나 정신분석학의 카타르시스는 앞에서 보았듯이 심리적 문제의 사건과 관련된 감정을 적극적으로 표현하는 행위를 통해서 작용하는 표현치료적 효과라고 할 수 있다. 힐라리온 페쫄트(Hilarion G. Petzold)에 따르면 문학치료의 방식은 수용적 방식과 생산적 방식으로 나뉠 수가 있다.[34] 수용적 방식의 문학치료가 문학작품을 읽거나 낭송되는 것을 듣고서, 혹은 관람하는 방식으로 이루어진다면, 생산적 방식의 문학치료는 시를 쓰고, 이야기를 만드는 과정에서 혹은 글쓰기를 하는 과정에서 치료적 효과를 거두는 방식이다. 그래서 『시학』의 카타르시스가 주로 수용적 방식의 카타르시스라면, 정신분석학의 카타르시스는 생산적 방식의 카타르시스라고 할 수 있다. 엄밀하게 말하면 생산적 방식, 즉 표현적 방식의 카타르시

---

33) 아리스토텔레스/천병희 역(2002), 『시학』, 문예출판사, 49쪽; 아리스토텔레스/이상섭 역(2005), 『시학』, 문학과지성사, 40-48쪽, 193-203쪽; 유종호(1998), 『문학이란 무엇인가』, 민음사, 272-278쪽 참고.

34) Petzold, H. G. / Orth, I. (2005)(Hgg.), *Poesie und Therapie. Über die Heilkraft der Sprache*, Bielefeld und Locarno: Aisthesis Verlag, S. 37.

스는 수용적 방식의 카타르시스와는 성격이 좀 다르고 이보다 더 효과적이라고 할 수 있다. 그래서 문학치료에서는 수용적 방식뿐만 아니라 생산적·표현적 방식을 더 많이 이용하게 된다. 문학 작품을 읽거나 이야기를 듣는 방식 혹은 연극·영화 등을 관람하는 것을 통한 수용적 방식뿐만 아니라 이를 매개로 내담자 내면의 것들을 무의식적인 것까지 의식으로 끌어올려 표현하는 방식을 통해 카타르시스를 느끼게 될 때 치료 효과가 있기 때문이다.

그런데 이러한 생산적 방식의 카타르시스라 해도 한계가 없는 것은 아니다. 이를 프로이트도 일찍이 간파하고 "카타르시스 요법은 대증(對症) 요법이고 원인을 근본적으로 치료하는 요법(원인 요법)이 아니다."[35]라고 말한다. 물론 그는 그렇다고 해서 이것이 "가치가 없는 것으로 간주되어서는 안 된다. 왜냐하면 원인 요법의 실상은 단지 예방 차원인 경우가 많기 때문이다. 즉, 원인 요법은 해가 되는 작동인(作動因)이 더 이상 확대 작용하는 것을 멈추게 할 뿐이지 이미 그 작동인이 가져온 결과를 제거하지 못하는 경우가 대부분이다. 일반적으로 치료의 두 번째 단계는 증상을 치료하는 것일 텐데, 히스테리의 경우 카타르시스 요법은 제2의 치료 단계에서 매우 효용이 크다."[36]라고 말한다.

그러나 카타르시스의 한계는 프로이트의 다음과 같은 언급에서도 여러 번 확인될 수 있다. "나 스스로는 종종 카타르시스에 의한 정신요법을 외과적 수술에 비유하여 '심리 치료적 수술'이라고 명명하였고, 고름이 찬 화농 부위의 절개나 부식된 환부를 긁어내는 것 등과 유사점을 찾고자 하였다. 그러나 이러한 유사점은 병적 요소를 제거한다는 데 있기보다는 오히려 회복의 방향으로 진행과정을 이끌 만한 상태를 만드는 데 더욱 큰 의의가 있다."[37] 그래서 그는 카타르시스 요법이 절대적이라고 말하지 않는다. 만성 히스테리 환자와 같은 "그

---

35) Breuer, J., & Freud, S. 앞의 책, p. 262.

36) 위의 책, P. 262.

37) 위의 책, P. 305.

런 환자들에게는 지속적인 슈퍼비전과 이따금의 '굴뚝 청소'가 많은 도움을 준다."라고[38] 말하고, 카타르시스적 심리치료를 안정 요법, 휴양 요법 등과 병행하는 수가 많다고도 말한다.[39]

이렇게 프로이트는 이야기를 통한 감성적 치료, 특히 카타르시스를 통한 치료가 효과적이기는 하지만 근원적 치료가 아니어서 보완할 필요가 있다고 생각하였다. 이것은 프로이트가 발견한 신경증 치료법이 어떤 과정을 통해 효과를 보이게 되는지 설명하는 다음 표현에서도 알 수 있다.

> 우리의 치료법은 처음에 그 사건이 일어났을 때 소산되지 않은 관념의 작용력을 제거해 준다. 질식되어 있던 감정이 언어를 통해 표출되도록 함으로써, 그리고 그 관념을 정상 의식 상태(가벼운 최면)로 끌어들여 연상에 의해 수정할 수 있게 함으로써, 아니면 치료자의 암시를 통해 관념을 제거함으로써(건망증을 수반한 몽유 상태라 해도) 그것이 가능한 것이다.[40]

여기서 프로이트는 불안과 공포의 신경증을 치료하는 방법으로 두 가지를 제시하고 있다. 하나는 "질식되어 있던 감정이 언어를 통해 표출되도록" 함으로써 문제의 원인이 되는 사건이 일어났을 때 생긴 억압된 감정을 이야기를 통해 카타르시스, 즉 정화에 이르도록 하는 것을 말하고, 또 하나는 "그 관념을 정상 의식 상태(가벼운 최면)로 끌어들여 연상에 의해 수정할 수 있게 함으로써, 아니면 치료자의 암시를 통해 관념을 제거함으로써" 그 욕동과 문제를 일으키는 힘이 되었던 관념을 수정하거나 제거하는 것이다. 여기서 그 문제된 관념을 수정하는 것은 환자의 주체적인 노력을 강조한 것이고, 그 관념을 제거하도록 암시를 주는 것은 치료자의 활동을 제안한 것이라고 볼 수 있다.

---

38) Breuer, J., & Freud, S. 앞의 책, P. 265.

39) 위의 책, P. 267.

40) 위의 책, P. 255.

이것은 불안을 보는 프로이트의 관점이 나중에 달라져 둘로 나뉘는 것과도 연관이 있다. 프로이트의 사상은 보통『쾌락 원칙을 넘어서』(1920년)를 기점으로 전기와 후기로 나뉘는데, 불안에 관하여 1916~1917년에 간행된『정신분석강의』에서 피력한 그의 생각과 1926년에 나온『억압, 증상 그리고 불안』및 1920년대 후반에서 1930년대 초반에 집필된『새로운 정신분석강의』에서 밝힌 견해가 서로 약간 다르다. 초기에 그는 불안은 이드의 산물이고, 리비도의 에너지가 억압되어 막혀서 해소되지 못할 때에 생기는 것이라고 보았다. 그러다가『새로운 정신분석강의』의 글에서는 불안이나 정신적인 갈등을 치료해야 하는 경우 자아의 역할, 즉 인간의 능동적인 자기해석과 인지적 사고의 기능에 주목해야 한다고 하였다.[41] 스토리텔링 치료에서는 내담자의 문제에 물든 지배적 자기서사를 극복할 잠재적 가능성이 있는 다른 대안적 자기서사를 내면에서 찾아내고, 필요하면 치료자와 외부의 문학 이야기를 통해 대안적 서사를 만들어 나가는 것이 치료의 핵심과정이라고 본다. 이런 점에서 보았을 때 프로이트가 말한 "문제가 된 관념의 제거와 수정"이라는 지적은 이러한 스토리텔링 치료의 핵심을 인지적 측면에서 미리 제안한 것이라고 할 수 있다.

🐚 스토리텔링 치료의 심층심리학적 기반 확충

이야기는 상담이나 심리상담치료에서 아주 중요하게 여겨지고 있다. '상담'이라는 용어에 이미 치료자와 내담자가 서로 이야기를 주고받는다는 뜻이 들어 있다. "정신분석학은 본질적으로 서사학이다."[42] 사실 심리치료의 길을 처

---

41) 프로이트, 지그문트/임홍빈, 홍혜경 공역(2011),『새로운 정신분석강의』(프로이트 전집 2), 열린책들, 115~117쪽.

42) Brooks, P. *Psychoanalysis and Storytelling*, Blackwell, 1994. [박찬부(1996),「정신분석학과 서사(narrative)의 문제」,『비평과 이론』,(Vol. 1), 한국비평학회, 83쪽에서 재인용.]

음 열었다고 할 수 있는 프로이트의 심리치료도 내담자를 카우치에 눕히고 자기 내면의 이야기를 자유연상하게 한 후 그 이야기를 듣고 치료자가 자신의 치료적 이야기를 들려주며 서로 건강한 이야기를 맞추어 나가는 것이라고 할 수 있다.

이 글은 불안공포 신경증을 치료한 정신분석학적 방법을 스토리텔링 치료의 관점에서 조명해 보고, 이를 통해 스토리텔링 치료나 문학치료의 정신분석학적 근거를 찾아보려는 데에 목적을 두었다. 구체적으로 브로이어와 프로이트가 공동으로 연구하여 정신분석학의 토대를 놓았다고 하는 『히스테리 연구』를 중심으로 하여 특히 안나 오 치료 사례를 스토리텔링 치료의 관점에서 살펴보았다. 그리하여 불안신경증의 원인과 발병 과정으로는 환자가 강한 불안과 공포 상황에 직면하였을 때 그것에 관한 내면의 자기 스토리들이 비합리적으로 조합되어 강력한 스토리 에너지 때문에 자아의 현실 대응 능력과 몸의 현실 반응 능력이 교란되어 신경증에 걸리는 것으로 확인했다.

한편 이에 대하여, 이야기를 활용한 치료 방법은 다음과 같이 정리될 수 있다. 불안공포 신경증을 치료하려면 우선 무의식에 억압된 불안과 공포의 장면을 이야기로 표현한다. 리비도 중심의 관점에서 이야기의 표출적·상상적·감성적 측면을 활용하고, 이야기의 카타르시스 효능을 실현시킨다. 그리고 자아 중심의 관점에서는 이야기의 이성적 측면을 활용하는 이야기의 재해석 능력을 동원한다. 여기서는 이야기의 재구성 기능에 의해 의미와 가치가 재해석된다. 이때 은유와 환유와 같은 문학의 비유적 방법을 동원해 자유연상으로 증상의 원인이 되는 문제와 관련된 스토리를 무의식에서 의식으로 이끌어 내면 효과적이다. 치료자는 내담자가 치료자의 재해석 이야기에 촉발되어 대안적 스토리를 스스로 마련하도록 촉매자 역할을 해 준다. 이 과정에서 내담자가 자신의 이야기 정체성을 확립하고 현실적인 서사능력을 강화함으로써 정상적인 스토리 조합을 주도하는 내담자의 자아(ego)를 튼튼하게 하는 것이 결국 중요하고, 그래야 증상이 재발되지 않고 건강한 상태가 지속될 수 있을 것이다.

　문학치료나 스토리텔링 치료가 정신분열 등과 같은 모든 정신질환을 다룰 수는 없고, 카타르시스 역시 신경증치료에 효과가 있지만, 그 원인까지 제거해 줄 수 있는 것은 아니었다. 그러나 이것들이 지금까지 살펴본 대로 심리적 장애와 신체장애가 동시에 일어나는 신경증에까지도 적용될 수 있음이 확인되었다. 그리고 불안공포 신경증이 이야기에 의한 문제 감정의 카타르시스와 정신분석 이야기에 의한 병리적 개념의 수정 및 제거로써 치료될 수 있다는 면에서 정신분석학에는 초창기부터 스토리텔링 치료의 핵심적인 두 측면, 즉 정서적 측면과 인지적 측면의 치유적 근거가 놓여 있었다는 것을 확인할 수 있었다.

인지과학과
스토리텔링 치료

제12장

STORY TELLING

🐦 내러티브의 치유적 활용 경향과 인지과학

문학과 이야기는 우리에게 즐거움과 감동을 주기도 하지만, 우리의 고통과 마음속 상처를 진정시키고 치유하는 데에도 의미 있는 역할을 해 왔다. 우리는 문학과 이야기를 통해 마음에 위안을 느끼기도 하며, 삶의 문제들을 해결하기도 한다. "이야기가 사람들에게 영향을 미치는 이유 중의 하나는 견디기 힘든 좌절이나 고통을 '의미 있고 가치 있는 것'으로 재구성해 주기 때문이다."[1] 최근에 문학과 이야기를 치유적으로 활용하려는 활동들이 많이 이루어지고 있다. 문학치료, 이야기치료, 독서치료 등의 이름을 내걸고 관련 학회[2] 활동이 활발하고 관련 연구물들이 세상에 나오고 있다. 치유의 성격을 지니는 이야기는 요

---

1) 시몬스, 아네트/김수현 역(2001), 『스토리텔링. 대화와 협상의 마이다스』, 서울: (주)한언, 68쪽.

2) 관련 학회로는 한국문학치료학회, 한국통합문학치료학회, 대한문학치료학회, 한국이야기치료학회, 한국시치료학회, 한국독서치료학회, 한국인문치료학회 등이 있다.

즘 상담치료에서 소통의 기본 수단으로 이용되고 있다. '상담'이라는 말 자체에 이미 이야기가 사용된다는 뜻이 내포되어 있다. 그뿐만 아니라 내러티브는 그 자체로서 치료나 치유에 체계적으로 활용되고 있다.

한편 최근에는 마음을 직관적이고 성찰적으로 연구하는 것을 넘어서 자연과학적으로 연구하는 뇌 과학, 인지과학, 인지심리학의 발달이 눈부시다. 그래서 생각이나 정신은 물론이고, 전통적으로 가슴에 있다고 생각되어 왔던 마음이나 감정까지도 뇌 신경세포 활동의 결과일 뿐이라는 연구와 주장들이 쏟아져 나오고 있다. 뇌 연구가 다 이루어지면 인간의 생각과 감정에 대한 수수께끼가 결정적으로 풀리고 인간 연구의 신천지가 열릴 것처럼 전망하는 경우도 있다. 그러나 다른 한편으로는 인지과학자들 사이에서도 이러한 환원론적인 뇌과학 결정론 주장에 거리를 두고 인간의 뇌와 뇌가 연결되어 있는 몸, 그리고 그 몸이 관계하고 있는 문화와 역사 · 사회 · 예술 · 인문학 등을 함께 고려해야 한다는 주장들이 나오고 있다. 최근에 신경인문학회, 윤리인지과학회 등의 모임이 등장한 것은 이 때문이다. 여기에서는 이런 연구 중에서 문학과 내러티브와의 연계를 주장하는 인지과학 연구들을 살펴보고 마음을 연구하는 이런 연구들에서 문학과 내러티브, 그리고 스토리텔링의 치유적 활용 근거를 찾아보기로 하겠다.

🐦 마음의 기본 원리로서의 내러티브와 문학

인간의 마음에 대한 학문적 관심은 이미 고대 동서양의 철학에서부터 시작되었다. 이러한 철학적 연구는 객관적 · 과학적 증명 가능성과는 거리가 있는 형이상학적 논의에 머물러 왔다. 인간의 마음과 정신활동에 대한 과학적 · 경험적 연구 방법론이 등장한 것은 1879년 빌헬름 분트(Wilhelm Wundt)가 독일 라이프치히에 심리학 실험실을 처음 개설하면서부터였다. 이후 프로이트의 정신분석학과 카를 융(Carl Gustav Jung)의 분석심리학 등이 등장하여 심리학의 길을 확실하게 개척하였다. 그러나 이와 같은 직관적 내성법(introspection)의 심리학은 얼마 후 경험주의로부터 비판을 받게 되었으니, 그것은 행동주의 심리학의 대두로 나타나게 되었다. 행동주의 심리학은 자극과 반응(행동)을 중심으로 한 객관적 관찰만을 분석의 대상으로 삼으면서 인간의 언어와 사고까지도 행동의 관점에서 설명하려고 하였다.[3] 그러자 이에 대한 비판으로 1950년대 후반부터 행동주의 심리학을 비판하면서 '마음' 개념을 다시 중시하면서도 이를 경험과학적으로 다루려는 새로운 접근이 시작되었다. 이 새로운 접근 방식은 정보처리 체계를 개념적 틀로 이용하여 인간의 마음을 파악하려는 인지 혁명을 가져왔다.[4] 이러한 인지주의 패러다임에서는 마음과 컴퓨터의 원리를 서로 비슷하게 보고 마음을 본질적으로 정보처리 체계로서 이해하려고 하였다. '마음'을 본질적으로 컴퓨터 정보처리 과정의 원리로써 구명하려는 맥락에서 인지과학이 성립된 것이다.[5]

한편 이러한 인지과학은 1980년에 후반에 다시 질적인 변화를 이루게 되는데, 그것은 정보처리의 센터라고 할 수 있는 뇌에 관한 관심이 커져서 뇌과학 연구가 크게 발전한 것에서 비롯된다. 여기에서 인지철학자 등도 합류하여 이제 단선적인 정보처리가 아닌 신경망적 접근의 연구가 중심이 되는 제2의 인지과학 혁명이 일어나게 되었다. 그리고 이러한 연구는 뇌 자체를 독립적으로 연구하는 것을 넘어서 뇌가 관계를 맺고 있는 몸과 그 몸을 에워싸고 있는 환경을 함께 고려하는 방향으로 나아가게 되었다.

그런데 이와 같이 사회와 문화·역사·환경·상황 등을 고려하는 "체화된 인지(embodied cognition)"[6]를 연구하는 새로운 인지과학 경향은 내러티브와 문

---

3) 앤더슨, 존 로버트/이영애 역(2012), 『인지심리학과 그 응용』, 이화여자대학교출판부, 19–28쪽 참조.

4) 이정모(2009), 『인지과학』, 성균관대학교출판부, 120–143쪽.

5) 이정모, 강은주 외(2009), 『인지심리학』, 학지사, 29–37쪽.

학에 관심을 갖는 데에까지 나아가게 되었다. 인지과학 분야에서 상당히 유명한 마크 터너(Mark Turner) 교수는 『문학적 마음(The Literary Mind)』(1996년)이라는 책에서 "인지과학의 핵심 주제가 실은 문학적 마음의 문제다." "스토리가 마음의 기본 원리다."라고 주장한다.[7] 그러면서 그는 대부분의 우리 경험, 지식 그리고 우리의 사고가 스토리로서 구조화되어 있으며(organized as stories), 비유(parable)는 사고 · 앎 · 행동 · 창조 · 말하기 등과 같은 인간 마음의 근본이라고 말한다.[8] 이로써 그는 문학과 인지과학을 서로 연결하고, 내러티브적 인지과학이라는 하나의 새로운 인지과학적 접근 방법을 제시하였다. 그런데 이러한 터너 교수 등의 노력은 1930년대의 영국 심리학자 바틀릿과 1960년대 이후 제롬 브루너(Jerome Bruner)가 이룩해 놓은 연구의 연장선상에서 마련된 것이라고 볼 수 있다. 바틀릿 교수는 이야기 스키마(schema, 도식)를 통해 의미를 구성하려는 노력이 바로 마음의 활동이라는 주장을 하였으며, 인지과학의 출발에 큰 역할을 하였던 브루너는 특히 일상의 문화심리학에 근거하여 내러티브적 접근의 필요성을 주장하였다. 브루너는 『의미 행위들』(1990), 『이야기 만들기: 법, 문학, 삶』(2001) 등에서 일상의 문화심리학 관점에서 보았을 때 내러티브가 인간 삶에서 의미를 만드는 수단으로 중요한 역할을 하고 있다는 점을 강조하며, "일상 심리학의 조직 원리는 개념적이라기보다는 오히려 내러티브적이기 때문에"[9] 일상 심리학에서 내러티브에 관한 연구가 핵심적으로 중요하다

---

6) 인지 또는 마음이 뇌의 작용만은 아니라는 이 새로운 이론들은 '체화된 인지' 외에도 확장된 인지 (extended cognition), 착근된 인지(embeded cognition), 행위적 인지(enactive cognition), 분산된 인지(distributed cognition), 상황적 인지(situated cognition) 등으로 불린다. 이영의(2012. 11.), 「확장된 마음 이론의 쟁점들」, 『철학논집』, 제31집, 서강대학교 철학연구소, 30-31쪽 참고.

7) Turner, M. (1996), *The Literary Mind*, New York, Oxford: Oxford University Press, p. V.: "The central issues for cognitive science are in fact the issues of the literary mind", "Story is a basic principle of mind."

8) ibid.

9) Bruner, J. (1990), *Acts of Meaning: Four Lectures on Mind and Culture* (Jerusalem-Harvard Lectures), Harvard University Press. [강현석 외 공역(2011), 『인간 과학의 혁명−마음, 문화, 그리고 교육』, 아카데미프레스, 61쪽에서 재인용.]

고 말한다.

'이야기가 마음의 기본 원리'라는 이러한 주장은 인지철학에 의해서도 비슷하게 뒷받침되고 있다. 철학자 로이드(D. Lloyd)는 『단순한 마음들(Simple Minds)』(1989)이라는 책에서 마음의 원리를 세 가지 층위로 주장하며 내러티브의 중요성을 강조하고 있다.[10] 그에 따르면 마음의 원리에는 세 가지 층위가 있는데, 마음의 가장 낮은 층위에서는 실행(implementation) 차원에서 신경망적 연결주의 원리가 작용하고, 두 번째 마음의 층위에서는 심리서사학 원리(psychonarratology principle)가 작용하며, 그 위의 세 번째 층위에서는 필요에 의해서만 합리적 이성의 원리가 작용한다. 로이드에 의하면 우리의 마음에서 합리적 이성이 작용하기 전에 그 일차적 형태로 내러티브 패턴(narrative pattern)이 있고 그 위에서 이차적으로 논리적 패턴이 작동한다. 내러티브가 인지의 기본 구조를 이루고 있어서 인간이 정보를 처리할 때 기본적으로 내러티브 원리에 따라 이루어지는 경향이 있다는 것이다. 로이드는 이것을 '심리서사학'이라고 부르고 이러한 유형의 사고가 일차적이며 원초적인 사고 패턴이고, 여기서부터 합리적 이성이 뒤늦게 진화하였다고 본다.[11]

한편 대니얼 데네트(Daniel Dennett, 1992)[12] 역시 비슷하게 내러티브 원리를 마음 이론에 도입한다. 그는 '여러 초벌 모델(multiple drafts model)'이라는 이론을 제시하며 온갖 지각과 사고, 그리고 마음의 활동들이 두뇌에서 병렬적으로 처리되어 진행되며 이야기의 '여러 초벌 모델'로 나타난다고 본다. 여기서는 입력된 감각 정보들이 우리의 두뇌에서 여러 길(tracks)로 병렬적으로 처리되면서 끊임없이 정교하게 연결되고 수정된다. 그리고 여기에 다양하게 첨가되고 통합되는 작업이 여러 수준에서 일어나고, 이 과정이 어느 정도 계속되어 시간이 흐르면 이것들이 점차 어떤 이야기의 흐름이나 장면(narrative stream or

10) Lloyd, D. (1989), *Simple Minds*, Massachusetts: The MIT Press, 228-233.

11) 이정모 편(1996), 『인지심리학의 제 문제 I』, 도서출판 성원사, 296쪽.

12) Daniel C. Dennett(1992), *Consciousness Explained*, Back Bay Books(1st ed.).

sequence)으로 전개되어 나타나게 된다는 것이다. 데네트에 의하면 인간의 의식이나 마음은 단일적이고 통일적인 어떤 주체(agent)에 의해 이루어지는 것이 아니라, 다원적이고 역동적인 복잡한 여러 주체(agents) 또는 다원적 초보적 이야기들(drafts)에 의해 엮이는 것이라고 할 수 있다.[13]

그러면 문학과 내러티브가 마음의 기본 원리로서 작용할 수 있는 힘의 이론적 근거는 어디에 있는가? 질 포코니에와 마크 터너의 이론에[14] 기대어 말하는 인지심리학자 이정모의 주장에 따르면 인간 마음의 내러티브적 작용의 역동을 이해하는 개념적, 이론적 바탕 틀로 등장한 것이 '개념적 융합(conceptual blending)의 이론 틀'이라고 할 수 있다. 개념적 융합(혼성)이란 의식 수준에서보다는 하위 의식 수준에서 작동하는 일반적인 인지 현상으로서 현재의 문제와 관련되는 2개 이상의 상황에 관계되는 시나리오적 요소과 핵심적 관계성이 결합되고 융합되는 인지적 과정을 지칭한다. 이것은 "갈대와 같은 여자의 마음" "내 마음은 호수"와 같이 문학적 표현에서 많이 사용되는 은유, 유추, 비유 등의 이해 과정에서 나타나는 바와 비슷하다. 이 개념적 혼성 과정들은 인간의 인지와 행동, 특히 일상적 사고와 언어의 도처에 산재하여 있다고 할 수 있다.[15]

이러한 '개념적 융합' 개념은 "인간의 사고에는 개념은유적인 성격이 있다."라고 하는 미국의 인지언어학자 조지 레이코프와 인지철학자 마크 존슨의 주장과도 비슷하다. 그들은 은유가 언어적 현상만이 아니라 언어, 사고, 사회, 뇌, 몸에 속하는 것으로서 삶의 수단이라고 주장한다.[16] 그래서 은유는 개념체계

---

13) 이정모 편(1996),『인지심리학의 제 문제 I』, 도서출판 성원사, 296-299; 이정모(2010),『인지과학: 과거-현재-미래』, 서울: 학지사, 제12장 5절 참고.

14) Fauconnier, G. & Turner, M. (2002), *The Way We Think: Cenceptual Blending and The Mind's Hidden Complexities*, Basic Books (Chiho Publishing House, 2009) [김동환, 최영호 공역(2009),『우리는 어떻게 생각하는가』, 지호.]

15) 이정모,『내러티브적 마음과, 정치, 종교에 대한 지나가는 한 생각』in: http://blog.naver.com/metapsy/40174779281

16) 레이코프, 조지 · 존슨, 마크/노양진, 나익주 공역(2008),『삶으로서의 은유』, 도서출판 박이정, 35쪽.

다.[17] "우리가 생각하고 행동하는 관점이 되는 일상적 개념체계의 본성은 근본적으로 은유적이다."[18] 레이코프와 존슨은 이러한 은유에 대해 다음과 같이 말한다. "우리의 주장 중 가장 중요한 것은 은유가 단순한 언어의 문제, 즉 낱말들의 문제가 아니라는 것이다. 오히려 우리는 인간의 사고 과정의 대부분이 은유적이라고 주장하려고 한다. 이것은 인간의 개념체계가 은유적으로 구성되고 규정된다는 의미다. 언어적 표현으로서 은유가 가능한 것은 바로 인간의 개념체계 안에 은유가 존재하기 때문이다."[19]

그래서 "그동안에 진행되어 온 인지과학의 서사심리학(narrative psychology) 등의 접근을 연결하여 보고, 1930년대의 영국의 심리학자 바틀릿 교수의 주장을 연결하고, 최근의 마크 터너(1996 등) 교수의 주장을 종합하여 본다면, 내러티브란 마음의 기본적·일차적·근원적 작동 원리이고 내러티브가 큰 힘을 발휘할 수 있는 인지적 바탕이 개념적 혼성이라고 할 수 있다."[20] 우리는 나 자신의 일상의 정체성이건, 우리의 미래 모습이건, 사랑하는 사람에 대한 생각이건 간에 열심히 스토리를 만들어 내는 것에 바탕을 두고 우리의 존재가, 서로의 존재적 관계가 의미를 지니게 된다고 할 수 있다. 말하자면 우리는 각자가 아침부터 밤까지(심지어는 꿈속에서도) 열심히, 부지런히 쉬지 않고 '이야기'를 양산하여 내는 그러한 존재다. 우리는 우리가 그때그때 자신이 짜 내는 이야기 판본(drafts)(Dennett, 1991)에 의하여 나 자신, 다른 사람, 세상의 여러 상황을 보고, 이해하고 생각하게 된다. 있는 그대로를 지각·이해·생각하는 것이 결코 아니다. 이러한 면에서 인지과학자 이정모는 마음을 '작지만 강력한 내러티브 생산 공장'이라고 할 수 있다고 말한다.[21]

---

17) 쾨벡세스, 졸탄/김동환 역(2009), 『은유와 문화의 만남-보편성과 다양성』, 연세대학교 출판부, 36쪽; 김욱동(1999), 『은유와 환유』, 민음사, 108쪽.
18) 레이코프, 조지·존슨, 마크, 앞의 책, 21쪽.
19) 앞의 책, 23쪽.
20) 이정모, 「내러티브적 마음과, 정치, 종교에 대한 지나가는 한 생각」 in: http://blog.naver.com/metapsy/40174779281

이러한 논의는 자신의 책『마음과 마음의 스토리, 서사적 보편소와 인간의 감정(The Mind and Its Stories, Narratives Universals and Human Emotion)』에서 마음과 스토리의 관계, 이야기 보편소와 인간의 감정 등에 관해 다룬 패트릭 호건(Patrick Colm Hogan)의 견해에서도 알 수 있다. 우리의 관념 속에 신은 항상 하늘과 같은 저 위에 살고 인간이나 피조물은 땅 위에 산다. 그리고 천국은 항상 위에 있고 지옥은 항상 아래에 있다. 이런 것들은 수많은 이야기와 문학 속에서 예나 지금이나, 아시아나 유럽이나 세계적으로 비슷하다. 호건은 이처럼 시대와 장소를 초월하여 등장하는 문학적 요소를 '문학적 보편소'라고 부르고 이것들이 인간의 '보편적인 인지 구조와 과정의 산물'이라고 주장한다. 그래서 그는 이러한 생각을 바탕으로 "문학적 보편소 연구가 인지적 연구의 하위 분야"라고 주장한다.[22] "이런 점에서 인지과학이 단지 문학적 보편소 연구에 중요한 것만이 아니다. 문학적 보편소 연구가 인지과학에 동일하게 중요하다."[23] 문학은 이제 언어학, 심리학, 인류학, 인공지능 등과 함께 인지과학의 하위 분과학문으로 자리를 잡게 된 것이다.[24]

그런데 우리 인간들이 이렇게 내러티브를 마음의 기본 작동 원리로 삼는 이유는 무엇일까? 첫째, 우리는 살면서 받아들이게 되는 수많은 파편적인 정보들을 그대로 수용하고 기억하기에는 정보처리에 너무 부담이 되기 때문에 그것들을 의미와 가치, 자신과의 연관성 등의 기준으로 취사선택하고 상호 연결해서 내러티브 방식으로 구성할 필요를 느끼기 때문이다. 둘째, 그리고 더 중요한 것은 인간이 환경 속에서 다른 개체와 생존을 걸고 경쟁을 하는 상황에서는 상

---

21) 이정모, 앞의 글.

22) Hogan, P. C. (2003), *The Mind and Its Stories, Narratives Universals and Human Emotion*. Cambridge: Cambridge University Press, p. 4. [최용호(2009),『서사로 읽는 서사학―인지주의 시학의 관점에서』, 한국외국어대학교출판부, 109쪽에서 재인용.]

23) 같은 쪽.

24) 최용호, 같은 쪽.

황을 예측하고 대비하는 계획을 짜고 대처 방법을 고민하는 것이 필요한데, 이것이 어떤 상황에 대한 이야기나 소설 혹은 시나리오를 짜서 예측하고 대비하며, 검증하고 실천하는 방식과 같기 때문이라는 것이다. 인간이 자극에만 주로 반응하는 하등동물들과 달리 고등동물을 넘어 오늘날의 인간으로 진화할 수 있었던 것도 이러한 '문학적 마음'의 힘 때문이라는 것이다.[25]

지금까지 문학과 내러티브가 마음의 기본 원리로서 작동한다는 인지과학적 연구를 살펴보았다. 그러면 우리의 마음에 문제가 생겨서 마음의 고통을 느끼고 잘못된 생각을 해서 잘못된 행동으로까지 나아가게 되는 경우에 이렇게 마음의 기본 원리로 작동하고 있는 문학과 내러티브를 조종하여 인지과학의 이론에 기반을 두고서 마음의 문제들을 해결하고 치유할 수 있지 않을까? 그 구체적인 방법은 무엇일까? 이러한 문제를 다음 절에서 살펴보기로 하자.

🐦 내러티브 인지모델의 치유적 활용

앞 장에서 지금까지 이야기와 문학이 인간 마음의 기본 작동원리로서 기능한다는 것을 살펴보았다. 그러면 이야기가 마음속에서 만들어지고 작동하는 구체적인 방식은 어떤 모습일까? 이것을 제대로 알면 이야기를 치유적으로 활용하는 데에 도움이 될지도 모른다. 우리는 이야기를 통해 자신과 세상을 이해하고 설명하며 자신을 표현하고 남과 소통한다. 그런데 이러한 이야기는 어떻게 만들어지는가? 우리가 어떤 이야기를 만들 때는 지각하고 있는 것과 이미 지각하여 기억으로 저장해 놓았던 것을 인출하여 재구성한다. 1932년 영국의 심리학자인 바틀릿이 영국인들에게 다른 문화권인 아메리카 인디언들의 '유령들의 전쟁'이라는 설화를 들려주고 다시 쓰도록 했다. 그랬더니 그들이 자신에게

---

25) 이정모, 앞의 글 참고.

익숙한 문화적 고정관념에 맞추어 이야기를 왜곡하는 것을 발견하였다.[26] "피험자들이 자기들의 도식(schema, 스키마)과 부합되지 않는 이야기를 읽을 때, 그들은 이야기를 왜곡해 도식에 맞추려는 강한 경향성을 나타낸다."[27] 이것이 심리학에서 말하는 '기억에서의 간섭' 현상이다. 이후 수많은 실험을 통해 사건이나 이야기에 대한 기억이 그 사건이나 이야기를 이해하도록 만들어 주는 사전 지식의 틀에 의해서 강력한 영향을 받는다는 바틀릿의 주장이 입증되었다. 바틀릿 이후 심리학자들은 그러한 개념적 틀을 스키마라고 부르고 스키마의 특수한 부분집합을 스크립트(script)라고 부르고 있다. 그래서 사람들이 이러한 스키마와 스크립트를 바탕으로 해서 이야기를 구성한다는 것이 밝혀졌다.[28] 이와 비슷하게 롤로 메이(Rollo May)에 따르면 이야기는 "우리의 내적 자아가 외부 세계와의 관련 속에서 빚어내는 자기 해석의 틀"이다.[29] 이야기를 통해 자기 해석과 자기 이해의 기틀을 마련한다는 것이다.

　　이러한 스키마, 스크립트 등의 개념은 인공지능 연구에도 잘 활용되고 있다. 예컨대 일상생활에서나 소설, 드라마에서 자주 등장하는 레스토랑 장면을 보자. 우리에게 이것은 일상생활에서 너무나 익숙한 장면일 뿐만 아니라 기계적으로 루틴(routine)하게 진행되는 부분으로 인식되는 측면이 있다. '들어가기' '자리에 앉기' '메뉴 보기' '주문하기' '음식 먹기' '계산하기' '식당 나가기' 등의 일련의 행동들이 바로 그것이다. 이것이 바로 '레스토랑' 스키마와 스크립트이다. 이것은 소설이나 드라마에서도 마찬가지다. 그런데 인공지능 로봇을 만들어서 레스토랑 서비스를 맡기려고 할 때는 이러한 레스토랑 스키마가 인공지능 프

---

26) Bartlett, Frederic, C. (1967), Remembering: A Study in Experimental and Social Psychology, New York: Cambridge University Press, p. 65. (초판 인쇄는 1932년) [앤더슨, J. 로버트/이영애 역(1988), 『인지심리학』, 을유문화사, 209f에서 재인용]

27) 앤더슨, J. 로버트/이영애 역, 앞의 책, 211쪽.

28) 글레이트먼, 헨리/장현갑 외 공역(1999), 『심리학 입문』, 시그마프레스, 183f쪽.

29) May, R. (1991), The Cry for Myth, New York: W. W. Norton & Company, p. 20. [양유성(2004), 『이야기 치료』, 학지사, 19쪽에서 재인용.]

로그램 구성에 들어가야 한다. 다시 말해 일상의 스토리나 소설·드라마의 스토리, 그리고 인공지능 로봇의 두뇌에 심어질 스토리의 스키마가 비슷하다는 것이다.[30] 마음 구성 원리로서의 스토리 기능을 여기서도 간접적으로 확인할 수 있다.

"인공지능에서 스키마는 구체적인 경험적 지식의 구조를 논리적인 처리가 가능한 형태로 모델링한 것으로 정의된다."[31] 스키마는 슬롯(slot)과 필러(filler)로 구성되고, 슬롯은 다시 소도구(props), 참여자(participants), 입력조건(entry condition), 결과(results), 사건 시퀀스(sequence of events) 등의 구성요소로 세분될 수 있다.[32] 피터 스톡웰(Peter Stockwell)은 인공지능에서 사용하는 이 모델을 서사학적 관점에서 수정 보완하여 문학 스키마 모델을 제시한다. 이에 따라 앞에서 언급한 레스토랑 스키마를 분석하면 다음과 같다.[33]

레스토랑 스키마	
슬롯(slot)	필러(filler)
소도구(props)	테이블, 메뉴, 음식, 계산서, 돈 등
참여자(participants)	손님, 종업원, 지배인, 요리사, 주인 등
입력조건 (entry condition)	손님은 배가 고픔. 손님은 돈이 있음.

---

30) 시모어 채트먼과 같은 서사학자들에 따르면 스토리는 내러티브의 내용으로서 핵심 줄거리다. 그에 따르면 내러티브는 스토리와 서사 담화로 구성된다. 참고: Chatman, Seymour (1978), *Story and Discourse, Narrative Structure in Fiction and Film*. Ithaca: Cornell University Press, p. 19-27.

31) 최용호, 앞의 책, 155쪽.

32) Schank R. C., & Abelson R. P. (1977), *Scripts, Plans, Goals and Understanding*, New York, Toronto, London, Sidney: John Wiley& Sons. [최용호, 같은 곳에서 재인용.]

33) 최용호, 앞의 책, 같은 쪽.

결과(results)	손님은 돈을 덜 가지게 됨. 주인은 돈을 더 가지게 됨. 손님은 배가 고프지 않음. 손님은 만족함.
사건 시퀀스 (sequence of events)	들어가기 착석하기 주문하기 식사하기 계산하기 나오기

여기서 스키마의 슬롯과 필러를 구성하는 것들은 전통적인 서사학에서 다루던 인물, 사건, 배경, 모티프 등이 새롭게 변형되어 사용된 것임을 알 수 있다. 문학과 인공지능의 연결지점을 확인할 수 있다.

그런데 "스톡웰에 따르면 스키마는 판에 박힌 고정관념이 아니라 확장(accretion), 조정(tuning), 재구조화(restructuring) 등이 가능한 유연한 구조적 형태를 취한다."[34] 이와 비슷한 맥락에서 인지 프레임(cognitive frame) 개념을 생각해 볼 수 있다. 민스키[35] 등이 주장하는 이 개념은 인지심리학에서 출발하여 인지서사학, 언어학, 문학에 이르기까지 다양한 분야에서 적용되고 있다. 볼프강 이저(Wolfgang Iser)의 독자 중심 수용미학과 인지과학의 만남으로 탄생한 인지서사학에서 프레임 개념은 독자가 문학작품을 읽고서 이해하는 틀로서 "관습화되고 표준화된 정보 세트"[36]라고 이해될 수 있다. 이때 독자는 해석학적

---

34) Stockwell, R. (2002), *Cognitive Poetics, an Introduction*, London and New York: Routledge. [최용호, 앞의 책, 154f쪽에서 재인용.]

35) Minsky, M. (1975), 'A Framework for Representing Knowledge'. In P. El Winston (Ed.) *The Psychology of Computer Vision*, New York: McGraw-Hill 참고.

36) Zerweck, B. (2002), Der cognitive turn in der Erzähltheorie: kognitive und natürliche Narratologie S. 222, in: Ansgar Nünning&Vera Nünning(hg), Neue Ansätze in der Erzähltheorie, Trier, S. 222.

순환 모델처럼 처음 자기가 가지고 있는 인지 프레임으로 작품을 대하기 시작
한다. 하지만 점차 작품을 읽고 정보를 새롭게 받아들임에 따라 그 정보가 기존
의 인지 프레임으로 잘 설명이 되면 그 프레임은 그 정보를 해석하고 수용하는
틀로서 유용하게 계속 활용되지만, 새롭게 수용되는 자료가 기존 인지 프레임
으로 설명하기 어려운 것들이면 기존의 인지 프레임을 재검토하기 시작한다.
그래서 독서를 통해 새로 들어오는 자료들에 맞는 새로운 프레임을 모색하고
결국 거기에 맞는 새로운 인지 프레임을 구축하게 된다. 이러한 작업은 스키마
에서도 비슷한 것이어서 우리가 내면에 구축하고 있는 자기 스토리들의 묶음
에도 비슷하게 적용될 수 있다.

　지금까지 살펴본 대로 인지과학과 인지심리학, 인지서사학에서 논의되는 스
키마, 스크립트, 인지 프레임 등은 이야기가 만들어지고 교체되는 메커니즘을
설명해 주고 있다. 인간 마음에 문제가 생겼을 때는 마음의 기본원리로서 작용
하는 내면의 내러티브에도 문제가 생겼다고 볼 수 있다. 이럴 때 이러한 인지
모델들을 통해 내러티브의 스크립트와 스키마, 프레임을 치유적으로 바꾸는
작업이 필요할 것이다. 기존의 문제적 내러티브로 결정된 인지 모델에 새로운
내러티브를 제공함으로써 인지 스크립트와 스키마, 프레임을 치유적으로 갱신
할 필요가 있을 것이다. 이러한 인지과학의 연구 내용들은 스토리텔링 치료나
이야기 해석학 등에도 그대로 적용되어 그 근거가 될 수 있을 것이다.

　스토리텔링 치료에서는 사람들이 내러티브를 통해 세계를 이해하고 해석하
며, 현실을 살아가는 우리의 판단과 행동도 우리 내면의 스토리에 따라 이루어
진다고 본다. 내러티브가 치유적 힘을 발휘할 수 있는 기본적인 이유는 바로 내
러티브를 통해 우리가 현실을 해석하고 이해하며 우리 자신의 정체성과 생각
을 정립하고 그것을 바꿔 갈 수도 있다는 데에 있다.[37] 한편 서사해석학자 폴

---

37) Vgl., Payne, M. (2006), *Narrative Therapy*, London: SAGE Publication Ltd, p. 5–17; White, M.
　　(2007), *Maps of Narrative Practice*, New York, London: W.W. Norton Publication.

리쾨르 역시 우리가 내러티브를 통해 현실을 해석하고 이해하고 설명할 수 있으며, 우리 자신의 정체성과 생각을 정립할 수 있다고 주장한다. 이것을 그는 이야기 정체성(identité narrative; narrative identitiy)이라고 한다.[38] 이렇게 내러티브가 현실을 해석하고 이해하는 데에서 중요한 역할을 할 수 있는 이유는 우선 내러티브가 현실과 유사한 구조를 가지고 있기 때문이다. 서사학에서 서사 담화와 함께, 내러티브의 핵심적인 두 요소 중의 하나로 꼽히는 스토리(story)에는[39] 인물·사건·시간·공간 등의 핵심 요소가 있다. 내러티브는 이런 면에서 삶의 구조와 비슷하다. 우리는 현실 세계 속에서 자기 삶의 주인공으로서 다른 인물들과 함께 살아간다. 자기 삶에서 주인공 역할을 하면서 삶의 이야기들을 전개시키며 살아가는 것이다. 내러티브에는 등장인물뿐만 아니라 사건도 필수 요소다. 우리는 끊임없이 다른 인물들과 만나 이런저런 사건들을 만들며 살아간다. 이런 점에서 삶의 사건들은 내러티브의 사건으로 반영될 수 있다. 그래서 우리는 내러티브를 통해 현실을 효과적으로 해석하고 이해하며 그 속에서 올바로 살아가려고 노력할 수 있다.[40]

　　그런데 "리쾨르는 이야기 정체성이 확고부동하고 완벽한 정체성이 아님을 지적한다. 동일한 사건에 대하여 여러 가지 줄거리를 만드는 것은 가능한 일이다. 나아가 한 삶에 대해 상반되는 줄거리를 짜는 것도 언제나 가능하다."[41] 여기서 이야기를 치유적으로 활용할 때, 잘못된 문제가 있는 이야기 정체성을 가진 내담자에게 새로운 이야기 정체성을 대체하여 갖도록 권할 근거를 발견할 수 있다. 우리는 내면에 여러 이야기를 가지고 있다. 이것을 자신의 정체성으로 통합하여 지배적인 이야기로 가지고 있는 경우도 있지만, 마음 한 구석에 방

---

38) Ricoeur, P. (1988)[1985], *Time and Narrative, Volume 3*, translated by Kathleen Blamey and David Pellauer, Chicago and London : University of Chicago Press, p. 246.

39) 오닐, 패트릭/이호 역(2004), 『담화의 허구, 서사이론 읽기』, 예림기획, 35쪽.

40) 졸고(2010. 6.), 「이야기해석학과 이야기치료」, 『헤세연구』, 제23집, 한국헤세학회, 255-257쪽.

41) 김선하(2007), 『리쾨르의 주체와 이야기』, 한국학술정보(주), 262쪽.

치하고 있는 자기 내면의 다른 이야기로도 가지고 있다. 그래서 마음의 문제를 안고 있는 내담자는 그 지배적 이야기 이면에 있는, 문제에 물들지 않은 자신의 이야기들을 끄집어내서 새롭게 구성할 수도 있다. 이와 같은 작업들은 앞에서 설명한 인지 프레임의 변화로써 설명될 수 있을 것이다.

🐦 내러티브 공감의 근거 및 그 치유적 활용 가능성

앞에서 이야기와 문학을 통한 마음 치유의 가능성을 인지적인 방식으로 살펴보았다. 그런데 이것은 뇌과학을 통해서도 그 근거가 마련된다. 인간의 뇌에는 거울 신경세포가 있어서 문학과 내러티브를 통해 상상으로 모방하고 그것에서 실제적인 치유의 힘을 얻을 수 있기 때문이다.

거울 뉴런은 원래 원숭이의 뇌에서 처음 발견되었다. 1996년 이탈리아 파르마 대학에서 자코모 리졸라티(Giacomo Rizzolatti)를 중심으로 한 신경과학 연구팀이 원숭이의 특정 행동과 특정 뉴런의 활성화 관계를 연구하고 있었다.[42] 그러던 어느 날, 원숭이가 뭔가를 쥘 때 활성화되는 복측 전운동피질(Ventral Premotor Cortex, 이른바 'F5 영역')이 갑자기 활성화되는 것을 발견했다. 그런데 그때 원숭이는 자신이 땅콩과 같은 뭔가를 쥐었던 것이 아니라 인간 실험자가 무언가를 쥐는 행동을 보고 있었던 것이다. 연구자들은 이미 F5 영역이 운동과 연관된 영역임을 알고 있었지만, 원숭이가 행동할 때가 아니라 볼 때도 그 영역이 활성화된다는 사실을 그때 우연히 발견한 것이다. 통념과 달리 지각과 운동이 연동되어 있음을 뜻하는 놀라운 발견이었다. 즉, 원숭이가 어떤 운동을 수행할 때 활성화되는 F5 영역의 뉴런들은 다른 개체(원숭이 또는 인간)가 똑같은 운동을 수행하는 것을 관찰하는 경우에도 동일하게 활성화된다(di Pellegrino,

---

42) 바우어, 요아힘/이미옥 역(2006), 『공감의 심리학』, 에코리브르, 22쪽.

Fadiga et al. 1992; Rizzolatti and Fabbri-Destro 2010).[43]

내러티브와 문학이 감동을 주고 메시지를 줌으로써 그것이 치유적으로도 활용될 수 있는 이유는 우리 뇌에 거울 뉴런이 있기 때문이라는 것이다. "우리는 거울 뉴런계를 통해 타인의 행동을 관찰하는 것만으로도 그의 행동을 온몸으로 이해할 수 있으며, 그 행위를 나의 운동 계획과 비교해 실행으로 바꾸는 과정을 용이하게 함으로써 타인의 행동에 대한 모방을 가능하게 한다. 전자는 공감에 관한 것이고 후자는 모방 능력에 관한 내용이다. 공감은 도덕성의 기초이고, 모방은 문화의 동력이다."[44] 이것은 아리스토텔레스의 『시학』과 플라톤의 『국가』에서부터 언급되어 인류문학사에 지대한 영향을 미친 미메시스 이론의 효과가 가능한 이유를 우리 몸의 뇌 세포를 통해 설명해 준다는 점에서 의미가 크다고 할 수 있다.

거울 뉴런에서도 알 수 있듯이 어떤 면에서 우리의 "뇌는 상상과 현실을 구별하지 못한다. 상상할 때와 직접 사물을 관찰할 때 사용하는 뇌 기관은 비슷하고 어떤 동작에 대해 상상했을 때 뇌에서 적용되는 부분도 실제 그 동작을 취했을 때 일어나는 현상과 겹친다."[45] 바로 이것이 문학과 이야기를 통한 치유 과정의 기본 전제라고 할 수도 있다.

한편 내러티브와 문학이 공감을 줌으로써 치유적으로 활용될 수 있는 근거를 거울 뉴런에서 찾을 수 있다는 점도 중요하다. 앞에서 인지 프레임 변경을 통해 심리적 문제를 안고 있는 사람들의 자기 정체성과 생각을 바꿈으로써 치유가 가능하다고 했다. 그러나 인지 변화만으로는 한계가 있는 경우가 있을 것이다. 감정이 인지와 함께, 혹은 전적으로 치유적으로 변화해 주지 않으면 생각의 변화만으로 치유적인 힘을 발휘하지 못하는 경우도 있기 때문이다. 이럴 때

---

43) 장대익(2012), 「거울 뉴런과 공감 본능」(신경인문학 연구회 편), 『뇌과학, 경계를 넘다』, 바다출판사, 181-182쪽.

44) 위의 책, 181쪽.

45) 이영돈(2006), 『마음-KBS 특별기획 다큐멘터리』, 예담, 345쪽.

내러티브와 문학이 거울 뉴런을 거쳐 인지 변화뿐만 아니라 상대방의 공감 능력까지 극대화할 수 있다면 치유의 효과는 아주 커질 것이다. 최근 심리상담 치유에서 가장 중요한 요소로 생각되는 공감은 사실 예술과 문학, 내러티브에서 심리상담으로 도입된 개념이기 때문이다. 공감(empathy)이라는 용어가 심리학 분야에서 사용된 것은 미학 심리학을 연구한 테오도르 립스(Theodor Lipps)(1903)에 의해서였다.[46] 그는 예술을 감상할 때 감상자의 내적인 모방에 의해 예술과 감상자 사이에 동일시가 일어나고 이 과정에서 발생하는 내적 상태가 작품과 동일한 정서 상태를 유발하게 된다고 하면서, 이를 감정이입이라고도 번역되는 'Einfühlung'이라는 용어로 표현하였다. 이후 티히너 Tichner(1909)가 립스의 'Einfühlung'을 희랍어의 empatheia로 번역하였고, 여기서 'empathy(공감)'라는 용어가 탄생하였다.[47] 결국 내러티브와 문학의 인물, 사건 등과 동일시함으로써 감정이입과 공감이 일어나 치유적인 효과를 나타낼 수 있다는 것이다. 내러티브와 문학을 능동적으로 치유에 활용할 수 있는 근거를 인지과학에서도 확인할 수 있는 셈이다.

지금까지 뇌과학, 인공지능학, 인지심리학, 인지철학, 인지언어학, 인지서사학 등의 관점에서 내러티브와 문학에 관한 인지과학적 연구 성과들을 살펴보고, 문학과 내러티브가 인간 마음의 기본 원리로 작동하고 있음을 확인하였다. 그리고 이야기와 문학이 만들어지는 인지심리학적 메커니즘을 살펴보고 이를 통해 이야기와 문학을 치유적으로 활용할 수 있는 방법을 연구하였다.

---

46) Lipps, Theodor. (1903), *Ästhetik. Psychologie des Schönen und der Kunst. Erster Teil. Grundlegung der Ästhetik*, Hamburg und Leipig, S. 121f. [구연정(2012. 11.),「문학적 역사 기술에 나타나는 공감의 구조 분석」,『뷔히너와 현대문학』, 제39호, 156-157쪽에서 재인용.]

47) 박성희(2004),『공감학』, 학지사, 30-33쪽. ein=into; fühlung=feeling; em=into; pathy= diseases, suffering, emotion. 여기서 박성희는 공감의 요소를 셋으로 나누어 인지적 · 정서적 · 의사소통적 요소로 나눈다. 또 그는 공감이 도구 · 분위기 · 기제 등으로 정의되기도 하고 과정 혹은 결과로 정의되기도 한다고 설명한다.

내러티브가 스키마와 프레임을 거쳐서 이야기로 구체화되는 성질이 있는 것은 이것들이 원래 정보처리의 부담을 줄여 주고 부족한 정보의 틈새를 보완해 주고 정리해 주는 기능이 있기 때문이다. 그러나 이 때문에 자동화된 사고, 편견이 비롯되고 그래서 치료가 필요한 인지적 문제가 생길 수도 있다. 그런데 스키마나 프레임은 고정된 것으로서 변할 수 없는 것이 아니다. 새롭게 유입되는 정보와 계속 어긋나는 경우 거기에 맞게 수정될 수 있는 탄력성을 지니고 있다. 이런 점을 이용해서 치유적인 내러티브를 제공하고 받아들임으로써 스키마와 인지 프레임을 새롭게 치유적으로 수정할 수 있을 것이다. 이것이 성찰과 깨달음을 통한 인지의 변화, 서사 정체성의 변화, 내면의 자기 스토리의 변화로 나타나 치유적 효과를 나타내는 것이다. 이러한 작업은 거울뉴런을 통해 정서적 공감의 형태로 이루어지면 더욱 효과적일 수 있을 것이다. 내러티브는 문학뿐만 아니라 역사, 철학 우화, 예술에 두루 들어 있는 요소어서 내러티브가 지닌 치유의 힘은 인문학을 인지과학적 배경에서 치유적으로 활용하는 데에도 도움이 될 것이다. 이런 점에서 현대적인 마음이론에 기반을 둔 문학치료, 내러티브 치료, 스토리텔링 치료의 활용 가능성을 확대하는 후속 연구가 이어질 필요가 있다.

STORY
TELLING

제 4 부

스토리텔링 치료의
방법과 활용

내러티브 텍스트와
스토리텔링 치료

🐛 스토리텔링 치료와 텍스트

스토리텔링 치료는 텍스트를 기본으로 하는 치료다. 스토리텔링 치료는 초기부터 텍스트를 중심으로 이루어져 왔지만, 요즘은 그 영역이 더욱 넓어져서 전통적인 문학 책뿐만 아니라 그림책, 만화, 애니메이션, 영화 등도 그 치료적 매체로 잘 활용하고 있다. 그렇다고 해서 현대 스토리텔링 치료가 텍스트에서 분리되어 간다고 생각되지는 않는다. 현대적 의미에서 텍스트의 개념과 영역 또한 이제는 문자 텍스트에만 갇혀 있지 않기 때문이다.

원래 라틴어 동사 'textere(짜다, 엮다, 구성하다)'에서 파생된 '직물(texture)'이나 '조직(組織)'을 뜻하는 라틴어 'textus'에서 "언어단위들이 하나의 길고 짧은 글의 조직체로 연결되었다는 뜻으로 전이(轉移)된"[1] 것이라고 볼 수 있는 텍스트(text)

---

1) 고영근(1995), 『난어 · 문징 · 텍스트』, 한국문화사, 5쪽.

는 "발화, 작품, 문서, 영상 등 인간의 의도적인, 언어로 번역 가능한 문화적인 산출물로 규정"[2]될 수 있다. 다시 말해 텍스트는 다양한 영역에 있다. 학교 교과서나 문학 작품에도 있고, 만화, 그림책, 신문, 일반 문서에도 있다. 그리고 나아가 이것은 라디오 뉴스와 같은 소리 텍스트 및 영화나 애니메이션으로 된 영상 텍스트로도 존재하며, 일상의 구어(口語)에도 있다고 본다. 그래서 일찍이 성서나 법전과 같이 중요한 텍스트를 제대로 해석할 필요에서 출발하여 원전(原典) 및 그 너머의 세계에 대한 해석과 이해의 이론체계로까지 발전한 철학 이론도 생겨났으니, 프리드리히 슐라이어마허(Friedrich Schleiermacher), 빌헬름 딜타이(Wilhelm Dilthey), 마르틴 하이데거(Martin Heidegger), 한스 게오르크 가다머(Hans Georg Gadamer), 폴 리쾨르 등을 거쳐 연구된 해석학(Hermeneutics, Hermeneutik)이 바로 그것이다. "해석학에서 말하는 텍스트는 인간의 모든 이해 대상과 해석 대상"을[3] 말한다. 이렇게 해석학에 오면 텍스트의 범위는 더 넓어진다.[4]

한편 텍스트에 관한 보다 직접적인 학문인 '텍스트학(textology; Textologie, Textwissenschaft)'도 20세기 후반에 대두하였는데, 이것은 그야말로 다학제적인 학문이다. 『텍스트학』을 쓴 반 데이크(Van Dijk)는 텍스트학의 대상이 되는 텍스트의 다양한 종류와 그에 대한 여러 연구의 의의와 방법을 다음과 같이 밝히고 있다.

---

2) 고영근, 앞의 책, 10쪽.

3) 강영계(2007), 『리쾨르가 들려주는 해석 이야기』, (주)자음과 모음, 64쪽.

4) 그런데 이렇게 해석학이나 텍스트학에서 논의되는 것처럼 텍스트의 영역이 넓고 세상의 모든 것이 텍스트인 것처럼 보인다면, '그럼 텍스트 아닌 것이 무엇이고, 텍스트의 고유한 특성이 무엇이냐' 하는 의문이 제기될 수도 있을 것 같다. 텍스트의 중요한 속성은 주로 응결성과 응집성, 원본성, 해석의 대상성 등이 될 것이다. 다시 말해 텍스트에는 전달하려고 하는 의미가 어느 정도 명확하도록 말과 기호에 통사론인 응결성(cohesion)과 의미적 결속성인 응집성(coherence)이 있어야 한다는 것이다 (고영근, 1999: 141). 텍스트의 응결성, 응집성은 텍스트의 소통성이나 의미 전달성이라는 텍스트의 존재 가치를 보장하는 핵심 성질이라고 할 수 있다. 그리고 텍스트는 그 개념이 확장되면서 조금 희석된 느낌이기는 하지만 해설서나 설명서보다는 독자적인 사상이 담긴 '원문'이나 '본문'으로서의 의미가 크다는 것이며, 해석의 대상으로 될 만한 것이어야 한다는 것이다.

언어 사용과 커뮤니케이션 및 상호행위는 무엇보다도 텍스트 형식으로 수
행된다는 것을 전제할 때 학제적 텍스트학에서 일상회화, 치료적 대화, 신문
기사, 설화, 소설, 시, 광고, 연설, 사용지침, 학교 교과서, 표제와 비문, 법률
텍스트, 규칙 등과 같은 다양한 텍스트류, 텍스트 구조와 그 구조의 여러 가
지 조건, 기능, 작용을 체계적으로 분석하는 것은 의의가 있는 일이다.[5]

이와 같은 텍스트학 학자들의 주장에서도 알 수 있듯이 텍스트학에는 여러
학문이 연계될 수 있다. 이에 따라 텍스트학과 관련될 수 있는 학문을 거론하면
텍스트언어학, 문학(시학), 수사학, 서사학, 기호학, 상담학, 사회심리학, 사회
학, 언론학, 광고학, 인류학, 법학, 종교학, 인지과학 등이 있다.[6]

이 가운데에서 필자가 특히 관심을 갖고 있는 분야는 서사학 · 인지과학 · 상
담학 관련 텍스트학이다. 앞에서 언급한 『텍스트학』의 서문에서 반 데이크는
"이 책의 가상독자들은 언어학, 문학, 사회학 분야의 대학생뿐만 아니라 직업적
인 이유에서 텍스트 분석을 해야 하는 교사, 교육자, 심리학자, 심리상담자, 심
리치료사, 신학자, 법률가, 사회학자 및 인류학자들이다."[7]라고 밝히고 있다.
지금까지 문학치료 · 스토리텔링 치료와 관련된 연구를 해 오면서 텍스트를 통
한 발달적 교육과 치료적 상담에 관심을 많이 가져 온 필자는 반 데이크가 언급
한 '텍스트학의 가상독자들' 가운데에서 특히 '교육자, 심리학자, 심리상담자,
심리치료사'들이 직업적인 이유에서 관심을 두고 있는 텍스트에 스토리텔링 치
료적 관점에서 접근하고자 한다.

그런데 텍스트와 텍스트학이 텍스트를 활용한 스토리텔링 치료에 어떻게 연
결될 수 있을까? 다시 말해 텍스트의 영역이 광활하고 그중에서 치료와 무관한
텍스트들이 대부분이며 텍스트 자체로 치료를 보장해 준다고 할 수도 없는데,

---

5) 반 다이크/정시호 역(1995), 『텍스트학』, 민음사, 8쪽.
6) 위의 책, 11~15쪽.
7) 위의 책, 9쪽.

어떻게 텍스트학의 성과를 텍스트 활용 스토리텔링 치료에 이용할 수 있을까? 문학치료나 독서치료, 스토리텔링 치료처럼 실제로 텍스트를 활용한 치료들이 있는 상황에서, 텍스트를 활용한 치료를 텍스트학의 입장에서 설명하고 나아가 텍스트를 활용한 치료의 근거를 텍스트학에서 뒷받침해 줄 수 있으면 좋을 것이다. 이런 점에서 필자는 내러티브 텍스트학을 중심으로 인지과학을 텍스트와 관련하여 다룸으로써, 텍스트를 활용한 치료 가운데 대표적인 치료인 스토리텔링 치료를 텍스트학의 관점에서 연구해 보고자 한다.

　지금까지 텍스트학 연구는 주로 텍스트 언어학에서 많이 이루어졌으나 이것들이 스토리텔링 치료와 연계되어 이루어진 것은 아니었다. 자신의 책 『텍스트학』에서 가상독자로 심리학자, 심리상담자, 심리치료사를 꼽았던 반 데이크도 이 책에서 실질적으로 치료와 연관해서 언급한 것은 거의 없다.[8] 독일어권 유럽에서도 서사학과 스토리텔링 치료에 대한 연구가 조금씩 이루어지고 있다. 대표적인 스토리텔링 치료 연구로는 독일 스토리텔링 치료로 유명한 프리츠 펄스(Fritz Perls) 연구소의 힐라리온 페촐트와 일제 오르트(Ilse Orth)의 연구(Petzold/Orth 2005), 아돌프 무쉭(Adolf Muschg)의 연구(Muschg 1981), 페터 랍(Peter Raab)의 연구(Raab 1988) 등이 있다. 서사학 연구로는 20세기 초까지만 해도 내러티브에 대한 연구로 독일어권에서 케테 함부르거(Käte Hamburger), 볼프강 카이저(Wolfgang Kayser), 에버하르트 렘머르트(Eberhart Lammert), 프란츠 슈탄첼(Franz K. Stanzel) 등의 저명한 학자들을 통해 두드러진 성과가 있었지만, 이후 러시아 형식주의와 프랑스 구조주의 서사학, 그리고 미국 등에서의 포스트고전서사학까지 이어진 서사학 연구의 흐름에서 독일어권의 서사학 연구가 그리 두각을 나타내지 못했던 것은 사실이다. 그러나 최근 뉘닝의 연

---

8) 다만 그(반 데이크)가 심리학자 발터 킨치(Walter Kintsch)와 함께 인지과학에 접목해 연구한 다른 텍스트학 논문(1978)이 있기는 하다. 스토리텔링 치료와 텍스트학의 매개고리로서 인지과학이 중요할 수 있는데, 이런 관점에서 그의 연구가 주목할 만하다.

구(Nünning & Nünning 2002), 발터 그륀츠바이크와 안드레아스 졸바흐의 연구 (Walter Grünzweig & Andreas Solbach 1999), 볼프 슈미트(Wolf Schmid)의 연구 (Schmid 2005) 등을 통해 과거 독일어권 서사 이론 연구의 전통을 되살리려는 노력들이 이어지고 있다. 하지만 아직 독일어권의 스토리텔링 치료 연구가 서 사학 연구의 성과를 흡수하여 스토리텔링 치료의 이론적 토대의 일부를 서사 학과 텍스트학에서 크게 마련하고 있는 것 같지는 않다. 이런 면에서 이곳에서 는 캐나다의 독문학자 패트릭 오닐(Patrick O'Neill)의 내러티브 텍스트학 연구 를 스토리텔링 치료의 관점에서 다루고자 한다. 여기에서 필자는 특히 패트릭 오닐의 내러티브 텍스트 연구인 『담화의 픽션들: 서사 이론 읽기(The Fictions of Discourse: Reading Narrative Theory)』(1996)를 바탕으로 스토리텔링 치료에 접근하기로 한다. 이 책에서 스토리텔링 치료에 관해서는 한 마디도 언급되고 있지는 않지만, 필자는 이 책에서 스토리텔링 치료의 근거들을 찾을 수도 있겠 다고 생각했다. 결국 서사학과 텍스트학의 관점에서 스토리텔링 치료를 연구 한 다른 국내외 학자들의 성과를 필자가 아직 본 적이 없는 상황에서, 이 글의 의의는 스토리텔링 치료와 인지과학의 관점에서 텍스트학에 접근함으로써 스 토리텔링 치료 근거의 일부를 서사 텍스트학에서 찾고자 하는 데 있다고 할 수 있다.

🐦 텍스트와 내러티브, 그리고 스토리텔링 치료

스토리텔링 텍스트는 내러티브 텍스트다. 그래서 스토리텔링 치료의 관점 에서 텍스트학에 접근하려 할 때는 텍스트와 내러티브(narrative)의 관계에 대 해 살펴볼 필요가 있다. 텍스트는 그 안에 인물·사건·시간·공간·관점 등을 포함하고 있는 내러티브 텍스트와 그렇지 않은 비(非)내러티브 텍스트 (nonnarrative text)로 구분될 수 있다. 텍스트는 내러티브 텍스트와 이를 제외한 논증(argumentation) · 설명(explanation, exposition) · 묘사(description) 텍스트의 4가지 유형으로 구분될 수 있다.[9] 앞에서 텍스트의 영역이 상당히 넓다는 점을 언급했는데, 내러티브의 영역 또한 다양하다는 것은 이미 1960년대 말에 롤랑 바르트가 내러티브는 인류 역사와 함께 시작되어 모든 시대와 장소, 모든 사회에 있다고 주장한 데에서도 확인할 수 있다. 텍스트가 내러티브 텍스트와 비내러티브 텍스트로 나뉜다는 면에서 보면 내러티브보다 텍스트가 더 넓은 개념인 것처럼 보인다. 하지만 이 글의 뒤에서 살펴보겠지만, 서사학이나 텍스트학에서 개념을 구분할 때 텍스트는 스토리와 담화와 함께 내러티브 세 층위 중의 하나로 간주된다. 그래서 내러티브와 텍스트가 단순히 부분과 전체의 포함 관계에만 있는 것은 아니다. 텍스트가 다양한 수사학적 양식(mode)으로 문자 등의 매체에 담긴 문화적 · 외적 실체라면, 내러티브는 수사학적 언술 양식 중의 하나이고 결국 매체를 통해 표현되기는 하지만 매체를 떠나 추상적으로 존재하기도 한다는 점에서 구분될 수 있다.

텍스트에 비내러티브 텍스트도 있고 내러티브 텍스트도 있듯이, 스토리텔링 치료에 자기계발서들(self-help books)이 이용되기도 하지만 대부분 내러티브 텍스트가 활용되고 있다. 이것은 내러티브 텍스트가 치료적 속성과 치료적 힘을 더 많이 지니고 있기 때문이다.[10] 내러티브 텍스트에서 "독서치료의 3대 심리역동적인 원리인 동일시의 원리, 카타르시스의 원리, 통찰의 원리"[11]가 더 잘 이루어질 수 있다. 치료적 상황은 인물 · 사건 · 시간 · 공간 · 관점 등이 있는

---

9) Beers, S. F., & Nagy, W. F. (2010), Writing development in four genres from grades three to seven: Syntactic complexity and genre differentiation. *Reading and Writing, 24*(2), 183-202; Mather, P., & McCarthy, R. (2009), *The art of critical reading: Brushing up on your reading, thinking, and study skills.* New York, NY: McGraw-Hill.

10) Petzold, H. G. / Orth, I. (Hgg.), *Poesie und Therapie. Über die Heilkraft der Sprache.* Bielefeld und Locarno. 2005, p. 22-25 참고.

11) 이영식(2006), 『독서치료, 어떻게 할 것인가』, 서울: 학지사, 19쪽.

구체적 경험의 상황이다. 내담자와 치료자가 구체적 시간과 공간에서 그 속의
문제가 되는 사건을 다루기 때문이다. 그런데 인물·사건·시간·공간·관점
은 곧 내러티브 텍스트의 속성을 이루는 기본 요소들이어서 내러티브의 인물
(캐릭터)들을 활용해서, 즉 스토리텔링 치료의 동일시나 통찰 등의 원리를 활용
해서 치료자는 내담자에게 치료적으로 접근할 수 있고, 치료적 내러티브 텍스
트 속의 사건은 카타르시스나 통찰 등의 원리를 통해서 문제가 되는 치료 대상
사건에 적용될 수 있으며, 치료적 내러티브 텍스트의 시간·공간·관점은 동
일시와 통찰 등의 원리를 통해 내담자와 치료자가 처해 있는 시간과 공간 등의
상황과 연결될 수 있다. 이런 점에서 '현실 적응력 향상, 자기 이해력 확대, 인
간관계의 개선 등을 목표로 하는 문학치료'의[12] 텍스트학적 근거들을 살펴보기
위해서는 내러티브를 중심으로 서사학과 텍스트학의 관점에서 살펴볼 필요가
있다. 이러한 스토리텔링 치료를 텍스트의 관점에서 필자가 간단하게 표로 나
타내면 다음과 같다.

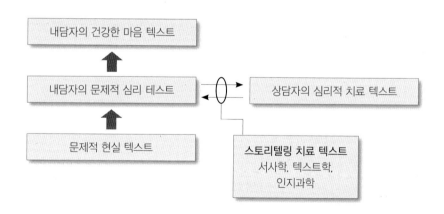

---

12) Hynes, A. M., & Hynes-Berry, M. (2012), *Biblio/Poetry Therapy*. MN St. Cloud: North Star Press
of St. Cloud, p. 14-30 참고.

🐛 내러티브 텍스트의 스토리와 스토리텔링 치료

내러티브 텍스트 속 스토리의 위상

텍스트는 그것으로 전달하려는 내용과 그 내용을 전달하는 표현으로 나누어볼 수 있다. 이때 그 내용은 추상적인 어떤 것이고, 그 표현은 구체적이다. 앞 장에서 이미 언급한 바 있지만 서사학에서도 일찍이 내러티브 방식으로 된 텍스트의 내용과 그 표현에 주목하였다. 러시아 형식주의 이론가들은 문학 텍스트의 특성에 관심이 많았는데, 쉬클롭스키 같은 이론가들은 문학 내러티브의 내용을 '파불라(fabula)'라고 하고 그것의 표현을 '수제(sjuzhet)'라고 하면서, 특히 시문학적인 특성을 비문학 텍스트의 '수제'와 다른 문학적 '수제'에서 찾았다. 그런가 하면 제라르 주네트와 츠베탕 토도로프는 이것을 각각 '이스타르(histoire, 스토리)'와 '디스쿠르(discours, 담화)'라고 하고, 시모어 채트먼은 내러티브 텍스트의 내용을 '스토리(story)'라고 하고 그것의 표현을 '디스코스(discourse: 담화)'라고 하였으며 패트릭 오닐 역시 이것을 각각 '스토리'와 '(내러티브) 디스코스'라고 하였다. 여기에서도 주네트, 채트먼, 오닐의 견해에 따라 우선 내러티브 텍스트에 가장 기본이 되는 두 층위를 스토리 층위와 (서사)담화 [(narrative) discourse] 층위로 보고 스토리텔링 치료적으로 접근하겠다. 스토리가 "내러티브의 내용(the content of the narrative)"이라면 담화는 "내러티브의 표현(the expression of the narrative)"[13] 혹은 "서사 제시 방법(narrative presentation)"[14]이라는 것이다. 이것을 필자가 도표로 표시하면 다음과 같다.

---

13) O'neill, Patrick (1994), *Fictions of discourse: Reading narrative theory.* Toronto Buffalo London: University of Toronto Press Incorporated[Reprinted in paperback 1996].

14) 위의 책, p. 3.

　그러면 이제 스토리와 담화의 관계에 대해 살펴보자. 전통적인 견해로는 내러티브에서 스토리가 담화보다 우선하고 담화는 스토리를 나타내는 수단으로 인정되는 면이 많았다. 예컨대 〈오디세이아〉 스토리가 있기 때문에 이 스토리를 운문으로 표현한 서사시 〈오디세이아〉와, 산문으로 표현한 〈오디세이아〉 소설, 선(線)과 글자로 표현한 오디세우스 만화, 그리고 이를 영상으로 표현한 영화 〈오디세우스〉 등이 2,500년 이상의 세월 속에서 가능했다는 생각이었다. 이것들이 〈일리아드〉 서사시·소설·애니메이션·영화 등과 구분되는 것은 그 스토리가 〈일리아드〉 스토리가 아니기 때문이다. 이런 면에서 보면 담화보다 스토리가 원본으로서 중요하고 담화는 그 스토리를 표현하는 차원으로만 간주될 수 있다. 오닐도 "그래서 서사 담화의 가장 명백하고도 '당연한' 기능은 한편으로는 스토리를 담는 완전히 투명한 그릇이 되는 것, 즉 그 자신을 완전히 말소시키고, 스토리와 일치하고, 스토리가 말하도록 만드는 데 있다."[15]라고 말한다. 내러티브 스토리 중심의 이것을 필자가 도표로 나타내면 다음과 같다.

인지과학으로 본 스토리의 스토리텔링 치료적 의의

　이러한 스토리의 속성을 스토리텔링 치료적으로 활용하기 위해서 인지과학

---

15) O'neill, Patrick. 앞의 책, p. 3f.

의 기억 이론을 통해 접근해 보자. 이러한 관점에서 스토리텔링 치료 텍스트와
연관해서 고찰해 볼 때 필자가 보기에 스토리의 속성으로 중요한 것은 시간 순
차적 연결성, 의미 응집성, 추상성과 추출성, 매체 전환성, 기억과의 연관성 등
이다. 첫째, 스토리의 시간순차적 연결성은 스토리가 내러티브의 핵심 사건들
을 시간 순서에 따라 연결한 것이라는 뜻이다. 이것은 예컨대 영화에서 플롯에
의해 사건 등장 순서 등이 변화된 내러티브라 하여도 스토리로 간추려지면 시
간순차적인 연결로 표현되는 것에서 알 수 있다.

　둘째, 스토리의 의미 응집성이라는 것은 내러티브 텍스트에서 스토리로 간
추려진 것은 핵심적인 내용이나 사건이 의미 있게 연결되어 설명되는 방식으
로 이루어진다는 뜻이다. 어떤 내러티브에 대해 그 스토리를 말할 수 없다는 것
은 보통 합리적으로 설명되는 사건 연결이 불가능하다는 뜻으로 해석되는 것
에서도 알 수 있다. 우리 인간은 현실이라는 텍스트이건 영화나 소설 같은 만들
어진 텍스트이건, 텍스트를 경험하면 그 속에서 핵심 스토리를 추출하여 이해
하고 기억하려는 본능이 있다. 세상에서 살아가려는 본능적인 한 방법일 것이
다. 우리 인간은 복잡하게 많은 사건 정보 중에서 핵심적인 사건들을 추출하여
일어난 순서대로 원인과 결과에 따라 정리하여 이해하고 받아들여야만 세상을
이해했다고 생각하고 안심할 수 있기 때문이다.

　셋째, 스토리의 추상성에 대해 살펴보면, 오닐이 언급하고 있듯이 스토리는
현실이라는 텍스트(the reality as text)나 허구적 텍스트에서 재구성된 "일종의
추상적 개념(an abstraction)"[16]이다. 여기서 'abstraction'은 추상적 개념이라는
뜻도 되지만 추출되었다는 뜻도 된다. 즉, 텍스트에서 추출되어 추상화된 것이
바로 스토리라고 할 수 있다. 텍스트와 스토리는 각각 두 종류가 있다. 텍스트
가 현실 텍스트(현실이라는 텍스트)와, 소설이나 영화처럼 만들어진 텍스트(the
created text)로 나뉠 수 있다면, 스토리는 말이나 글 등으로 표현되기 이전에

---

16) O'neill, Patrick. 앞의 책, p. 24.

현실이라는 텍스트에서 추출되어 추상적으로 존재하는 것(이것이 나중에 말이나 글, 영상 등으로 표현된다. rT → S → cT: the reality as text → story → the created text)과, 소설책이나 영화와 같은 어떤 텍스트를 감상하고서 추출한 것(cT → S: the story abstracted from the created text)이 있다. 전자의 경우는 오닐이 설명한 것처럼 '누군가가 현관 앞에서 내 머리를 때려 넘어뜨리고 지갑을 뺏어갔다'는, 실제 발생한 것을 현실 텍스트라고 했을 때 이것에서 추상적으로 재구성된 스토리를 예로 들 수 있다. 나는 내가 실제로 당한 강도 사건조차도 이 사건을 경찰서에서 신고하고 진술하려 할 때는 물론이고, 이 사건을 스스로 파악하고 이해하려 할 때조차도, 나는 일어났음이 틀림없는 이 사건을 재구성하기 위해 경찰 혹은 나 자신에게 이야기를 해야만 한다.[17] 이때 이러한 이야기하기를 통해 추출되어 경찰에게 전달되거나 내 두뇌에 저장되는 것이 스토리다. 그래서 이것은 그 이야기 전체가 아니라 그중에서 추상적으로 추출되어 기억으로 저장된 어떤 것이다. 예컨대 경찰서에서 내가 두 시간 동안 그 사건에 대해 진술했다면, 그 시간 동안 제스처와 독특한 어투를 포함한 음성으로 표현된 세세한 이야기 전부가 아니라 이 과정에서 추상적으로 추출되어 경찰관의 기억에 들어갔다가 다시 진술 조서로도 표현된 것이 이 사건 내러티브의 스토리다.

　이러한 추상성에서 비롯된 스토리의 또 다른 특성은 자유로운 매체 전환성이다. 스토리는 이렇게 추상적인 것이어서 말, 문자, 선, 영상, 음악과 같은 여러 매체로 이동하며 쉽게 표현될 수 있다. 동일한 '오디세이아' 스토리가 2,500년 넘게 그리스어로, 라틴어로, 운문으로, 신문으로, 애니메이션으로, 영화로 만들어져 소통될 수 있었던 것은 스토리의 이러한 매체 전환성 때문이다. 그런데 스토리텔링 치료의 관점에서 보았을 때는 이런 매체에 인간 자신도 포함된다는 것이 중요하다. 스토리가 이렇게 추상적인 것이어서 여러 매체로 자유롭게 들어가서 표현될 수 있다는 것은 인간이라는 매체에도 해당한다는 말이다. 현실

---

17) O'neill, Patrick. 앞의 책, p. 35 참고.

이라는 텍스트에서 추출되거나 여러 매체로 표현된 텍스트를 통해 내 몸에 받아들여진 스토리가 나를 지탱하고 움직이게 하는 힘이 되는 경우가 많다.

한편 이런 스토리가 우리의 몸, 특히 두뇌에 담기고 꺼내질 때는 기억을 통해서 그렇게 된다. 스토리의 보관과 추출이 기억 과정과 맞물려 있다는 것이다. 그리스신화에서 시가(詩歌)의 여신들인 무사(Mousa) 여신들이 제우스와 므네모시네(Mnemosyne: 기억) 여신의 딸들인 것처럼, "서사는 기억의 예술이다. (…) 서술자는 경험하고 기억한 사건들을 배열하고 독자는 자신의 경험과 기억으로 그것을 풀이한다."[18] 우리가 어떤 것을 영화나 소설로 접하거나, 혹은 현실에서 실제로 경험할 때도 시간적인 흐름 속에 있는 앞선 사건들을 기억하고 지금 경험하는 것과의 관계를 따져서 맥락적으로 이해한다. 두뇌의 단기기억 기관인 해마를 손상당한 사람이 얼마 전의 일을 기억하지 못하고 매번 현재에만 살기 때문에 겪는 영화 같은 사례들을 우리는 잘 알고 있다.[19] 세세한 순간들의 연속인 사건들 모두가 그대로 우리 두뇌에 오래 기억되는 것은 아니다. 우리 머리가 무슨 커다란 창고여서 질량과 부피를 지닌 그 경험 대상이 그대로 우리 두뇌에 들어와 보관되는 것이 아니라, 그 대상에서 비롯된 이미지 등의 인지 감각 정보가 두뇌에 기억되어 저장될 뿐이다. 그리고 우리 기억의 용량에는 한계가 있다. 그래서 그중에서 핵심적인 정보와 감정들만이 추출되고 추상화되어 우리의 두뇌에 저장된다. 이것은 우리 두뇌의 단기 기억, 장기 기억, 편도체 연관 감정 기억 시스템을 통해서 이루어진다.[20]

이렇게 우리의 두뇌에 저장된 스토리 중에서 자신의 정체성과 생각의 기본 흐름을 지탱해 주는 스토리를 스토리텔링 치료에서는 '자기 스토리(I-stories, self-stories)'라고 하는데, 이것은 우리에게 지대한 영향을 미친다. '자기 스토리'

---

18) 권택영(2009), 서사학 패러다임의 변모: 구조분석에서 개별 독서 경험으로, 『오토피아 OUGHTOPIA: The Journal of Social Paradigm Studies』, 24권 2호.

19) 김윤환, 기억 제작팀(2011), 『기억 (KBS 사이언스 대기획 인간탐구)』, KBS미디어·예담. 30-37쪽 참고.

20) 캔델, 에릭/전대호 역(2009[2014]), 『기억을 찾아서』, 알에이치코리아. 138-154쪽 참고.

는 우리의 정체성을 형성하고 우리의 생각에 영향을 미치며, 우리가 세상을 바라보고 이해하고 해석하는 바탕이 되기도 한다.[21] 이러한 '자기 스토리'는 스토리텔링 치료나 문학치료에서도 핵심적인 역할을 한다. 마이클 화이트 등의 이야기치료나 정운채 등의 문학치료에서도 이것은 핵심 개념으로 간주되고 있다.[22] 이런 점에서 스토리는 우리 인간들의 심리적 문제를 해결하고 우리가 성장하고 발전하며 행복하게 지내는 데에 결정적인 작용을 한다.[23] 교육학자 문용린은『스토리: 행동의 방향을 바꾸는 강력한 심리처방』이라는 책의 추천사 제목을 "스토리가 행동을 지배한다"라고 붙였다. 그리고 이 책의 핵심 주장을 다음과 같이 정리했다.

> 저자의 주장은 간단명료하다. 삶에 변화를 일으키고 싶으면, 그 변화의 내용을 중심으로 해서 자기 삶 속에 전개되어야 할 이야기(story)를 분명하고 절실하게 창작(editing)해 내라는 것이다. 이 스토리가 절실하고 합리적일수록 의도한 변화는 더 잘 일어날 수 있다고 그는 장담한다.[24]

---

21) Payne, M. (2006), Narrative Therapy. An Introduction for Counsellors. London: SAGE Publications Ltd., p. 29-33 참고.

22) 이야기를 활용한 치료 중에서 마이클 화이트와 데이비드 엡스톤 등에 의해 주창된 '내러티브 치료(Narrative Therapy)'는 사회복지상담이나 심리상담에서 널리 활용되고 있다. 한국에도 '이야기 치료'라는 이름으로 소개되어 가족치료 등의 심리상담에서 이용되고 있다. 외국에서 관련 연구논문이 수천 건이 있고 우리나라에도 관련 저·역서가 20여 권이 넘는다. 이것은 스토리와 내러티브의 치유적 힘을 활용하여 많은 성과를 내고 있다. 하지만 이것이 서사학이나 텍스트학의 개념과 내용을 알고 이를 활용하는 차원에서 이루어지고 있는 것은 아니다. 정운채는 '자기 스토리' 대신 '자기 서사(the epic of self; self-epic)'라는 개념을 사용한다(정운채: 「〈구운몽〉의 독후감을 통한 자기서사의 탐색과 문학치료 방향 설정」,『문학치료연구』, 제1집, 2004. 08, 54쪽 참고). 여기서는 '서사'를 'narrative'가 아니라 'epic'으로 표현하는 것이 특이하고, 여기에도 서사를 스토리와 담화, 인물, 사건, 모티프, 시간, 공간, 관점, 서술거리 등으로 구체적으로 구분하여 활용하는 서사학적 인식이 포함되어 있는 것 같지는 않다. [Michael White (2004), Narrativie means to Therapeutic Ends. Adelaide: Dulwich Centre Publications; 정운채(2006),『문학치료의 이론적 기초』, 문학과치료 참고].

23) 모건, 엘리스/고미영 역(2003),『이야기치료란 무엇인가?』, 청록출판사, 17-31쪽 참고.

위 글에서 스토리가 행동의 방향을 결정한다고 했을 때, 인간을 매체라고 하면 인간 속에 들어가 기억되어 있는 것이 스토리이고 행동은 그것을 표현해 내는 담화라고 할 수 있다. 이러한 내면의 자기 스토리가 건강하지 못하고 문제에 물든 스토리가 마음을 지배하게 되면 그 사람은 마음의 건강을 상실하고 마음의 문제로 고통받게 된다. 또한 이런 스토리의 연결이 순조롭게 이루어지지 않을 때에도 마음의 문제가 생긴다. 사실 이것을 해결하는 것이 인지행동치료(CBT)의 핵심 방법이기도 하다. 그리고 이것은 프로이트가 '엠마' 치료 케이스 등에서 밝혀 놓은 바 있다. 초기에 엠마가 프로이트에게 말하는 자신의 가게 공포증 설명 이야기에는 그 스토리에 의미 응집성이 결여되어 있었다. 이에 프로이트가 엠마의 내면에 잠겨 있던 스토리들을 자유연상의 방법으로 끌어내어 그것들을 의미 있게 연결한다.[25]

이처럼 내면의 자기 스토리를 건강하게 유지하는 것이 행동과 삶을 좌우하는 것이라고 할 때, 현실에서뿐만 아니라 이야기나 그림책, 소설, 시, 영화 등으로 창조된 텍스트에서 추출되어 내면에 받아들여진 스토리들도 중요하다. 문학치료 텍스트의 스토리는 내담자 내면의 스토리를 의식으로 끌어올려 통찰하고 수정할 수 있도록 하는 촉매 역할을 할 수 있기 때문이다.[26] 건강한 자기 스토리로 자기 정체성을 확립하고 세상을 건강하게 대하고 받아들일 수 있는 내면의 바탕을 마련하는 것이 중요하다. 그리고 심리적 내면을 지배하는 건강하지 못한 자기 스토리를 치료할 건강한 대안적 스토리를 내담자의 내면에서 발굴하여 문제에 물든 지배적 자기 스토리를 대체할 수 있도록 문학 텍스트의 스

---

24) 윌슨, 티모시/강유리 역(2012),『스토리. 행동의 방향을 바꾸는 강력한 심리처방』. 웅진 지식하우스, 8쪽.

25) Freud, S. (1953~1973), The Standard Edition of The Complete Psychological Works of Sigmund Freud, 24 Vols. Translated from the German under the General Editionship of James Strachey, London: The Hogarth Press, (SE로 약칭함). SE 1, p. 353 참고; 이민용(2012. 10.), 내러티브를 통해 본 정신분석학과 내러티브 치료. 『문학치료연구』, 제25집, 103–130쪽.

26) Petzold, Hilarion G./Orth, Ilse (Hgg.)(2005), Poesie und Therapie. Über die Heilkraft der Sprache, Bielefeld und Locarno: Aisthesis Verlag. 21f.

토리가 촉매제로 활용되도록 하는 것도 필요하다. 이것은 예방적 · 발달적 치료에서도 중요할 수 있다. 여기에 문학 텍스트를 통한 치료의 당위성과 가능성이 있다고 할 수 있다. 그런데 이러한 스토리는 다시 세분될 수 있으니, 그 스토리 요소들은 인물, 사건, 모티프, 시간, 공간 등이다. 이것을 필자가 도표로 표시하면 다음과 같다.

스토리텔링 치료는 이러한 스토리 요소들을 치료적으로 활용하는 작업이기도 하다. 그래서 텍스트 스토리의 그것들은 현실의 인물, 사건, 모티프, 시간, 공간으로 연결되어 현실의 그것들을 치유적으로 변화시킬 수 있는 촉매제 역할을 할 수 있다. 다양한 방법이 있지만, 예컨대 책상 위의 학용품들을 가지런히 정리하느라 통학 버스를 놓쳐 지각하곤 하는 소녀의 강박증을 치료하는 데에 동화를 활용하는 경우도 그중의 하나다. 그 소녀와 비슷한 나이와 비슷한 환경의 소녀를 주인공으로 하여 마찬가지로 비슷한 강박증에 고통스러워하는 주인공의 문제를 요정이 나타나 강박증에 관해 서로 놀이하는 방식으로 이야기하면서 그 원인이 완벽주의 성향에 있음을 인식시키고 그 모티프를 해체시키는 훈련을 하게 하는 동화를 들려준다. 그리고 이를 매개로 그 소녀가 강박증 행동에 관해 인식을 바꾸고 행동을 바꾸게 함으로써 강박 증세를 벗어나게 한다. 강박증 소녀의 내면에 있는 자기 스토리의 인물, 사건, 모티프, 시간, 공간을 활용하여 관련된 스토리의 내러티브로써 문제에서 해방된 새로운 행동을 하도록 하는 경우다.[27]

---

27) 브렛, 도리스/김인옥 역(2009), 『은유적 이야기치료』, 여문각, 121-158쪽.

🐦 (서사)담화의 서사 전복과 스토리텔링 치료

내러티브 텍스트 속 담화의 성격

앞에서 살펴본 내러티브 텍스트의 중요한 두 층위 중에서 스토리 외에 또 다른 층위는 서사 담화 층위다. 오닐은 주목해야 할 서사 담화의 기능으로서 "서사 담화, 특히 문학적 서사 담화는 또한 스토리가 단지 표현되도록 할 뿐만 아니라 재미있게 말해지도록 하리라는 기대를 받고 있다는 데에, 말하자면 담화가 그 자신을 말소시키기는커녕 사실상 그 자신을 전면에 내세울 필요가 있다는 데에 있다."[28]라고 말한다. 이것은 같은 스토리로 된 작품이라 하여도 어떤 작가나 감독의 소설이나 영화는 전혀 관심을 끌지 못하여 소통되지 않는 반면에, 어떤 사람들의 작품의 경우 대중의 재미와 의미가 있다고 호평을 받는 경우가 많은 데에서도 알 수 있다. 앞 절(節)에서는 내러티브 텍스트에서 스토리가 우선이고 스토리에서 담화가 표현될 수 있음을 살펴보았다. 그러나 다른 한편으로 우리가 처음 접하는 영화나 소설을 보거나 읽고서 그 영화나 소설의 스토리를 추출하는 경우를 생각해 보자. 이런 경우 영화나 소설을 담화라고 하면 우리에게 그 스토리는 담화를 통해서 생겨난 것이다. 다시 말해 담화가 있기 때문에 스토리가 있다고 볼 수 있지 않을까? 사실 우리가 스토리를 알 수 있는 대부분의 경우는 담화가 있기 때문에 가능한 것이라는 면에서 담화의 중요성을 말할 수 있다.

그런데 서사 담화는 이렇게 스토리만큼 중요하다는 데에서 더 나아가 스토리를 새로 만들어 낼 수도 있어서 "스토리보다 담화가 우위에 있는 것(the primacy of discourse over story)"[29]이라고 주장될 수도 있다. 오닐은 "서사 담화에 관해

---

28) O'neill, Patrick. 앞의 책, p. 4.

핵심적으로 중요한 것은 스토리와 담화라는 이런 구분의 결과로 담화가 도구 내지 매개 수단으로서 수행하는, 표면상 '당연한 것처럼' 보이는 역할을 전도시킬 잠재성을 항상 갖고 있다는 점이다."[30]라고 강조한다. 즉 '담화가 지닌 서사 전복(discursive subversion)'[31]의 힘을 말한다. 그는 『담화의 픽션들』의 서두에서 일찍이 2,500년 전에 엘레아의 제논(Zeno of Elea)에 의해 제기되었던 유명한 역설들, 즉 '아킬레우스의 역설(the Achilles paradox)'과 '양분(兩分)의 역설 (the dichotomy paradox)', 그리고 '화살의 역설(the arrow paradox)'을 소개한다.[32] 그러면서 그는 제논이 이 역설로써 사람들의 기억 속에 있는 운동에 관한 상식적인 스토리를 깨고 '빠름의 느림 추월 불가능성' '앞으로 달리기의 후퇴성' '운동의 정지성'이라는 역설적인 새로운 스토리를 표현하려고 하는 담화를 제시했다고 주장한다. 예컨대 '아킬레우스의 역설'을 통해서는 '아킬레우스는 거북이보다 100배는 빠르다. 그러므로 거북이를 아킬레우스보다 100야드 앞에서 출발하게 해도 아킬레우스는 거북이를 곧 추월할 수 있다'는 것이 이 사건의 스토리라면, 이 '아킬레우스의 역설'처럼 경주가 펼쳐지는 과정을 중심에 놓고 제시하면 거북이가 있던 자리에 아킬레우스가 도달하는 동안 거북이는 그 사이에 이미 그 자리에서 전진해 있는 상황이 계속되기 때문에 아킬레우스는 거북이를 영원히 추월할 수 없다고 이야기하는 것이 서사 담화(discourse)라고 할 수 있다. 이러한 담화를 통해 상식적인 원래 스토리가 전복되는 효과가 발생한다. 오닐은 이런 맥락에서 대표적인 인물이 소크라테스 이전 시대의 철학자인 '엘레아의 제논'인데 그는 서사 담화의 가능성들을 바로 능숙하게 과시함으로써 우리 모두 전적으로 가능하다고 알고 있는 스토리들이 예상과 달리 결코 가능할 수 없다고 논증해 보였다고 말한다.[33]

---

29) O'neill, Patrick. 앞의 책, p. 52.

30) 위의 책, p. 4.

31) 위의 책, p. 131.

32) 위의 책, p. 4 참고.

오닐은 이렇게 담화 자체가 어떤 스토리를 산출할 수 있고 담화를 통해 스토리가 달라질 수 있는 사례로 프랑스 소설가 레이몽 크노(Raymond Queneau)의 작품 『문체 연습(Exercices de style)』(1947)을 든다.[34] 이 작품에서는 하나의 스토리가[35] 찬가, 소네트, 꿈, 편지, 전보, 연설, 광고, 철자 바꾸기 놀이, 속어 등 각기 다른 99가지의 담화 방식으로 재구성되어 표현된다. 크노가 J. S. 바흐(Johann Sebastian Bach)의 푸가에서 영감을 받아 동일한 스토리를 99가지의 담화로 변주해 냈다고 하는 이 작품에서 우리는 스토리보다 담화가 중요할 수 있다는 것을 알게 된다. 이 작품에는 1개의 스토리와 99개의 '개별 담화들(microdiscourses)'이 있지만, 이 개별 담화들로써 작품 전체를 아우르는 또 하나의 '거대 담화(macrodiscourse)'가 생겨났다고 볼 수 있다. 그래서 이 개별 담화들이 공통적으로 표현하는 스토리가 '성격이 급하지만 유행에 민감한 젊은 통근자'에 관한 이야기라면, 이 작품 전체 텍스트의 스토리는 "서술자가 고도의 예술적 기교를 부려 행한 퍼포먼스의 스토리(the story of narrator's bravura performance)"[36]라고 할 수 있다. 그런데 후자, 즉 99번의 담화에 의해 생성된

---

33) O'neill, Patrick. 앞의 책, p. 4 참고.

34) 위의 책, p. 56f.

35) 이 작품은 첫 번째 담화 『약기(略記)』와 16번째 담화 『이야기』의 스토리를 중심으로 99가지 담화로 변형되어(크노는 이것도 확정된 숫자가 아니라 더 늘어날 수 있다며 『가능한 문체 연습들』이라는 제목하에 124개의 다른 잠재적 가능성을 제시하기도 한다) 실험되는데, 그 첫 번째 담화 『약기(略記)』의 텍스트 전문은 다음과 같다(이 담화를 읽고 우리가 추출하게 되는 추상적인 줄거리가 이 작품 개별 담화의 스토리가 되겠다).

S선 버스에서 사람들이 몰리는 시간. 26살 정도 먹은 한 녀석. 리본 대신 끈이 달린 펠트 모자를 썼는데, 마치 누가 위로 잡아당긴 것처럼 목이 너무 길다. 사람들이 내린다. 문제의 그 녀석은 옆에 있는 사람에게 화를 낸다. 사람들이 지나갈 때마다 자기를 떼밀었다고 비난한다. 심술궂게 보이려는 듯 투덜거리는 목소리로. 그는 빈자리를 보자 서둘러 그곳으로 달려간다.

두 시간 후 나는 생−라자르 역 앞 로마 광장에서 그를 만난다. 그와 같이 있던 친구가 말한다. "넌 외투에 여분의 단추를 하나 달아야 해." 그 친구는 그에게 어느 곳인지 (깊게 파인 부분) 그리고 왜 그래야 하는지를 보여 주고 있다."[Queneau 2006, 5; 김미성(2012. 6), 「레이몽 크노와 에크리튀르의 혁신」, 『인문언어』, 제14권 1호, 144쪽에서 재인용 수정].

36) O'neill, Patrick. 앞의 책, p. 57.

거대 담화의 스토리는 담화가 99번이나 연행되는 과정 속에서 개별 담화들의 원래 스토리를 밀어내고 작품의 중심을 차지하고 말았다. 그래서 이것은 담화에 의해서 새로운 스토리가 생겨날 수 있다는 것을 보여 주는 작품이라고 할 수 있는데, 이와 같은 것은 현실과 예술에서 얼마든지 일어날 수 있다. 그래서 제임스 조이스(James Joyce)의 문학작품들, 마르셀 뒤샹(Marcel Duchamp)의 미술작품 〈샘(Fountain)〉, 존 케이지(John Cage)의 피아노 소나타 〈4분 33초(4′33″)〉, 기타 퍼포먼스 예술 등과 같은 많은 포스트모더니즘 작품 텍스트에 대해서도 이와 같은 서사 텍스트학적 설명이 가능하다.

오닐은 크노의 『문체 연습』을 두고 제논의 망령이 되살아났다고 표현한다. 오닐은 제논의 이러한 노력을 통해 스토리로서는 논리적 오류임이 분명하지만 동시에 그 자체의 담화라는 견지에서 보면 전혀 반박할 수 없는 담화적 역설을 제시하고 있는 셈이다. 이와 같은 담화의 서사 전복 가능성, 담화의 능동성, 담화에 의한 스토리 생성 가능성을 필자가 도표로 정리하면 다음과 같다.

(서사)담화의 스토리텔링 치료적 의의

이제 구체적인 현실이라는 텍스트로 담화의 스토리텔링 치료적 중요성에 대해 얘기해 보자. 대학 교실에서 칠판에 영어 문장 하나를 쓰고 학생들에게 의미가 되게 읽어 보라고, 즉 말로 표현해 보라고 했다. 그리고 그것을 문장 부호를 사용해서 적어 보라고, 즉 글로도 나타내 보라고 했다. 그 문장은 "Woman without her man is nothing."이었다. 그런데 남학생들은 대부분 "Woman / without her man / is nothing."이라고 읽고 "Woman, without her man, is nothing(여자는, 남자가 없으면, 아무것도 아니다)."라고 문장 부호를 사용해 적었다. 그러나 여학생들은 대부분 "Woman / without her / man is nothing."이라고 읽고 "Woman! without her, man is nothing(여자! 그 여자가 없으면, 남자는 아무것도 아니다)."라고 문장 부호를 사용해 적어 제출했다.[37] 여기서 우리는 동일한 텍스트 "Woman without her man is nothing."이라도 그것을 어떻게 표현하고 제시하느냐에 따라, 즉 어떻게 담화하느냐에 따라 그 텍스트의 내용 혹은 의미, 즉 스토리가 달라진다는 것을 알 수 있다.

이것은 프로이트가 엠마의 가게 공포증 치료 사례나 '늑대인간' 치료, 꼬마 한스(Hans) 치료 사례를 얘기하면서 사후 관점에 의해 이전의 같은 경험이 달리 해석된다고 밝힌 '사후성(Nachträglichkeit, deferred action)의 원리'와도 일맥 상통하다고 할 수 있다. 예컨대 엠마의 사례에서, 그녀가 여덟 살 때 갔던 손님이 없던 가게에서 남자 주인이 씨익 웃으며 그녀의 옷 속으로 손을 넣어 자신에게 성추행을 했어도 당시에는 아직 어려서 아무런 이상을 느끼지 못했지만, 사춘기 이후 유사하게 손님이 없는 가게에서 남자 점원 둘이 자신의 옷을 힐끔거리며 웃는 모습을 보고 경악하여 가게를 뛰쳐나가고 여덟 살 때의 그 경험을 성추행으로 관점을 달리하여 다시 해석하게 되면서 그때부터 손님이 없는 가게에 가기 힘든 불안공포를 느끼게 된 경우다(Freud, SE 1, 352f 참고).

이처럼 관점, 심리적 거리 등의 서사 담화에 따라 스토리가 달라질 수 있기 때문에 스토리텔링 치료에서는 텍스트의 스토리뿐만 아니라 담화도 치료적으로 잘 활용할 필요가 있다. 이때 스토리 요소의 활용이 중요한 것처럼 담화 요소도 잘 활용할 필요가 있다. 서사 담화의 주요 요소는 서술자-피서술자, 인칭-시점-관점-초점, 심리적 서술 거리, 서술 시간, 서술 공간 등이다. 이를 필자가 도표로 정리하면 다음과 같다.

---

37) 번즈, 조지/김춘경 역(2009), 『마음을 치유하는 101가지 이야기』, 학지사, 78쪽 참고.

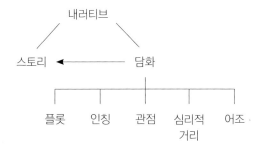

스토리텔링 치료에서 텍스트를 치료 자료로 활용할 때는 텍스트에 드러난 서술자(화자)의 서술 인칭과 서술 시점-관점-초점을 잘 파악해서 텍스트의 내용을 파악하게 하고, 이를 통해 내담자가 텍스트 스토리의 사건과 관련된 내담자의 문제를 바라보는 관점이나 태도 등을 수면 위로 끌어올려 성찰하여 치료적으로 변화시킬 수 있는 촉매제로 삼아야 한다. 그런가 하면 텍스트 서술자의 사건에 대한 심리적 거리의 문제도 활용해서 내담자가 안고 있는 심리적 문제에 대한 심리적 거리 조절의 문제를 치료적으로 고민하도록 하는 계기로 삼으면 좋다. 그리고 스토리텔링 치료 활용 텍스트에 드러난 서술 시간과 서술 공간의 문제 역시 내담자가 심리적 문제를 다루는 시간과 공간의 방법을 고민하게 하는 촉매제로 활용할 수도 있다. 이때 시간의 순서·빈도·길이의 관점에서 살펴볼 수 있고, 이것들은 다른 요소, 즉 관점이나 심리적 서술거리와 결부되어 고려될 수도 있다. 예컨대 어떤 심리적 문제나 문제적 인물에 어떤 순서로 얼마나 자주, 얼마 동안 어떤 관점에서 심리적 거리감을 어떻게 조절하며 접근할 것인가를 고민하게 하는 방법이다. 이것들은 내담자가 문학 텍스트를 구체적으로 경험하고 함께 논의하는 과정에서 내담자의 심리적 저항을 줄이면서 자연스럽게 마음의 문제에 접근하는 촉매제로 활용될 수 있을 것이다. 지금까지 내러티브 텍스트의 층위를 두 가지로 제시하였다. 내러티브의 스토리와 서사담화의 관계를 통합적으로 정리하면 다음과 같이 표시될 수 있다.

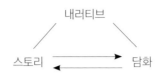

🐦 스토리-서술-텍스트의 내러티브 3층위로 본 스토리텔링 치료

한편 지금까지 살펴본 (서사)담화는 엄밀하게 얘기해서 이중적인 개념이었다. 영어는 한 단어가 명사도 되고 동사도 되며, 그리고 그 동사의 결과물을 의미하는 경우가 있다. 'work'가 '일하다' '일' '작품(저작물)'을 의미하고, 'play'가 '놀다' '놀이' '연극'의 의미를 함께 갖는 것에서도 알 수 있다. 이렇듯이 '디스코스(discourse)'도 '담화' 혹은 '담론'이라는 명사적 의미와 '담화하다' 혹은 '담론하다'라는 동사적 의미, 그리고 그 담화하거나 담론한 결과물, 즉 텍스트를 의미한다. 그래서 우리가 지금까지 다룬 서사 텍스트의 '디스코스(discourse)'도 과정이나 행위로서의 '담화'뿐만 아니라 그 결과물인 '텍스트'를 이중적으로 의미하고 있었다. 따라서 디스코스 개념의 분화가 필요하다. 이런 면에서 내러티브 텍스트를 스토리와 담화의 2층위로 보지 않고 3층위로 보는 견해도 눈여겨볼 필요가 있다. 내러티브 텍스트를 3층위로 보는 견해를 이미 앞 장에서 언급하였다. 그 내용을 이론가와 핵심 세 개념으로 간단하게 다시 살펴보면 다음과 같다. 즉, 주네트(1972): 스토리(histoire)-이야기(récit)-내레이션(narration), 발(Bal)(1977): 스토리(histoire)-이야기(récit)-서술된 텍스트(texte narratif), 주네트(Genette)(1980): 스토리(story)-서사물(narrative)-서술하기(narrating), 리몬-케넌(1983): 스토리-텍스트-내레이션(narration), 발(1985): 파블라-스토리-텍스트, 툴란(1988): 스토리-텍스트-내레이션 등으로 정리될 수 있다.[38] 이 가운데에서 필자가 보기에 개념 사용이 가장 정확한 것은 리몬-케넌과 툴란의 스토리-텍스트-내레이션 개념이다.

　리몬-케넌이나 툴란의 서사 3층위론, 즉 '스토리-텍스트-내레이션 이론'은 서사 2층위론에서 담화(함)(discourse)로 포괄한 것을 표현 행위와, 그 결과 생겨나 객관적으로 존재하는 텍스트로 다시 구분할 필요가 있다고 보았기 때문이다.[39] 다시 말해 서사 3층위론에서는 서사 2층위론의 '디스코스' 부분을 디스코스의 결과물인 '텍스트'와, 디스코스의 동사적·명사적 성격을 아울러 지니는 동명사적 개념인 '내레이션(narration, 서술, 서술함)'으로 다시 나눌 필요가 있었던 것이다. 이를 통해 여기에서 비로소 텍스트 개념이 더욱 구체적으로 등장하는 것에 주목할 필요가 있다. 텍스트를 사용하여 치료적 활동을 하는 스토리텔링 치료의 근거를 여기에서 확인할 수 있다. 이를 도표로 표시하면 다음과 같이 정리될 수 있다.

---

38) O'neill, Patrick. 앞의 책, p. 20f 참고.

39) 텍스트이론을 우리나라에 소개하는 데에 선구적인 역할을 한 고영근은 그의 저서 『단어·문장·텍스트』에서 텍스트와 담화를 비록 서로 대체 가능한 것으로 간주하면서도 이것들의 미묘한 차이를 의식한 발언을 하였다.

　　텍스트(text)는 흔히 담화(discourse)와 같은 뜻으로 쓰이기도 한다. 전자는 주로 전 독일과 영국을 비롯한 유럽에서 쓰이고 후자는 미국에서 쓰이는 경향이 우세하다. 그러나 텍스트를 담화와 대립시키는 일도 있어 용어의 선택문제가 그리 쉽지 않다는 사실을 알 수 있다. 필자는 양자가 대립된다는 관점을 취하기보다는 담화를 관찰적인 층위의 단위로 보고 텍스트를 추상적인 층위의 단위로 보아 전자가 후자에 종속되는 개념으로 파악하는 태도를 취하고자 한다. 따라서 이 글에서는 "텍스트"라는 용어만을 일관성 있게 쓰는 흐름을 따르려고 한다(고영근, 1995: 266f).

고영근의 이 글은 담화에 텍스트 의미까지 포함되는 서사 2층위론을 언급하면서도 서사 3층위의 필요성도 느끼고 있지만 그것을 명확히 주장하지 못하고 있다. 그래서 내러티브의 생산과정과 생산결과를 구분하지 않고 절충적이고 모호한 입장에 동조하는 것이라고 볼 수도 있다. 그런데 패트릭 오닐은 이런 점을 명확히 한 장점을 보여 준다. 이 글의 필자도 패트릭 오닐과 마찬가지로 텍스트와 담화를 구분하는 입장이지만 고영근이 "담화를 관찰적인 층위의 단위로 보고 텍스트를 추상적인 층위의 단위로" 본다는 구분에 주목한다. 다만, 그와 달리 필자는 텍스트가 '구체적인' 것이고, '추상적인 것은 담화'라고 생각하지만, "담화를 관찰적인 층위의 단위로" 본다는 말은 내러티브의 과정적이고 생산적인 층위인 담화의 속성을 잘 간파한 것이라고 생각하고, 이에 동의하는 입장이다.

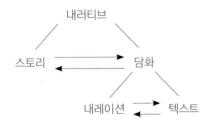

이와 같이 내러티브, 스토리, 담화, 내레이션 개념들이 텍스트 개념과 유기적으로 연결됨으로써 스토리텔링 치료의 근거를 내러티브 텍스트학에서 체계적으로 찾아 활용할 가능성이 더 커졌다고 할 수 있다. 그래서 스토리텔링 치료에서 독립된 텍스트뿐만 아니라 텍스트의 문화적·사회적·관계적 맥락까지 고려할 수 있는 가능성이 열려서 포스트고전 서사학을 활용한 스토리텔링 치료의 길도 가능해진다.

지금까지 필자는 스토리텔링 치료와 인지과학의 관점에서 서사학과 텍스트학을 살펴봄으로써 스토리텔링 치료의 서사학적·텍스트학적 근거를 찾으려고 했다. 스토리텔링 치료는 텍스트의 스토리를 통해 내담자 내면의 스토리를 분열되지 않게 연결하며 건강한 스토리로 자극하고 대체하고 충전하는 작업이다. 이때 스토리의 구성요소인 인물, 사건, 모티프, 시공간 배경을 치료적으로 잘 활용해야 한다. 또한 스토리텔링 치료는 치료가 필요한 '현실이라는 텍스트'를 심리적으로 서술하는 내담자의 담화 능력, 즉 서사 능력을 건강하게 유지하게 하는 것이기도 하다. 이때도 서사 담화의 요소인 관점, 심리적 서술거리 등을 스토리텔링 치료적으로 잘 활용할 필요가 있다. 그리고 이것은 내담자의 인지 프레임과 인지 스키마를 건강하게 유지하고 보수하며 수정하는 작업과 함께 이루어져야 한다.

이 글의 의의는 소설 텍스트에 대한 관심에서 주로 전개되었을 뿐이고 스토리텔링 치료에 대한 접근이 전혀 없던 (패트릭 오닐의) 텍스트학 이론에서 스토리텔링 치료의 원리와 근거를 설명하는 방법을 찾았다는 데에 있다고 할 수 있다. 텍스트를 활용한 치료의 가능성은 문학치료, 독서치료, 스토리텔링 치료 등에 다양하게 열려 있다. 그리고 텍스트의 의미를 확장하면 영화치료, 사진치료 등에서도 가능할 것이다. 이렇게 텍스트를 이용하여 치료에 나설 때 텍스트에 관한 체계적인 연구인 텍스트학의 성과들을 활용할 수 있으면 유용할 것이다. 다만, 여기에서는 지면 관계상 스토리와 담화의 구성요소들을 치료적으로 활용하는 문제와 포스트고전서사학은 별로 다루지 못했는데, 전자는 필자가 이에 관해 이미 선행 연구에서 다룬 것들을 추후에 이 연구와 통합하여 더 논의하기로 하고, 후자는 후속 연구에서 다루기로 한다.

포스트고전서사학과 인지과학, 그리고 스토리텔링 치료의 메커니즘

제14장

STORYTELLING

🐾 스토리텔링 치료와 포스트고전서사학의 필요성

내러티브에는 예로부터 치유적·치료적 힘이 있었다. 우리는 마음을 아프게 하거나 고민이 되는 문제가 생기면 도움이 될 만한 적당한 사람과 이야기를 나눔으로써, 혹은 관련 이야기를 다룬 책이나 영화를 보고 나서 위안을 느끼고 그 문제들을 해소하거나 해결하기도 하였다. 내러티브는 "다양한 맥락에서의 문제 해결 전략"[1]이고 사람들의 사고와 정체성을 형성하기 때문이다. 폴 리쾨르는 『시간과 이야기』 3부작 저서에서 인간은 내러티브를 통해 소통하고 세상을 이해하며, 자신의 정체성을 형성한다고 주장한다. 리쾨르는 이야기를 통해 형성되는 인간의 정체성을 내러티브 정체성(identité narrative; narrative identity)이

---

1) Herman, D. (Ed.)(2003), Narrative theory and the cognitive sciences. Stanford, California: CSLI Publications, p. 163.

라고 명명하기도 하였다. 한편 인지과학에서는 내러티브 원리가 마음의 기본 원리를 이룬다고 밝히기도 하였다.[2] 이렇게 내러티브가 인간의 마음과 정체성에서 중요한 역할을 하기 때문에 내러티브를 활용하여 인간의 정체성을 올바로 형성하고 마음의 문제를 해결하고 건강한 마음으로 바꾸는 일을 할 수 있다. 그런데 이러한 내러티브를 치료적으로 활용하기 위해서는 내러티브의 속성과 구조 및 구성요소들을 잘 알고 그 치료적 원리를 잘 이용할 필요가 있다.

고전서사학에서부터 내러티브는 기본적으로 내용과 표현, 즉 스토리와 담화 두 구조로 이루어져 있다고 보고 있다. 스토리가 내러티브의 줄거리로서 핵심 내용이라면, 담화는 그것의 표현이라고 할 수 있다.[3] 내러티브의 구조, 특히 스토리와 서사 담화를 중심으로 한 치료적 접근은 내러티브의 스토리와 서사 담화의 구성요소들을 치료적으로 잘 활용하는 것이 중요하다. 필자는 이러한 관점에서 접근하는 스토리텔링 치료 연구를 어느 정도 해 왔다. 그런데 이러한 관점의 서사학은 독립적인 내러티브, 독립적인 텍스트의 관점에서 접근한 구조주의적인 고전서사학적 논의들이었다. 고전서사학은 텍스트 내적 영역을 주로 연구하고, 텍스트 외부 상황이나 맥락, 텍스트와 텍스트의 상호작용, 텍스트와 독자 및 작가 등의 관계에도 관심을 많이 기울이지 않는다. 이것은 정태적이며 고립적이어서 집단 요인을 설명하기 어렵고, 역사적 · 문화적 맥락과 상호작용, 시간적 변화 등의 요소를 제대로 반영하지 못한다. 그래서 내러티브 활용 치료에서도 이러한 한계는 그대로 반영되어 내담자와 상담자의 이분법에 머물고, 스토리텔링 치료 자료 활용의 수동성 · 경직성 · 도식성에 머무를 가능성이 있다. 이것은 또 집단상담이나 자기치유를 설명하는 데에도 충분하지 않다. 이

---

2) Turner, M. (1989). *The Literary Mind*, New York, Oxford: Oxford University Press; Lloyd, D. (1989). Simple Minds. Massachusetts: The MIT Press.

3) Chatman, S. (1978), Story and Discourse, Narrative Structure in Fiction and Film. Ithaca: Cornell University Press; O'neill, P. Fictions of Discourse. Reading Narrative Theory. Toronto Buffalo London: University of Toronto Press Incorporated[Reprinted in paperback 1994[1996].

런 점에서 내러티브나 텍스트 상호 간의 공시적·통시적 관계와 그 상호작용을 고려하는 포스트고전서사학적 고찰이 함께 필요하다. 이런 면에서 이 글은 포스트고전서사학의 관점에서 스토리텔링 치료에 관해 고찰할 예정이다. 포스트고전서사학의 방향을 인지서사학과 수사학적 서사학, 두 갈래로 보기도 한다.[4] 여기에서도 인지과학을 포스트고전서사학과 연결하여 스토리텔링 치료에 접근하겠다.

내러티브나 텍스트를 읽거나 듣고 말하는 것 자체가 곧바로 스토리텔링 치료는 아니듯이, 서사학과 텍스트학이 스토리텔링 치료 이론 그 자체는 아니기 때문에 이 사이를 잇는 연결고리로서 인간학, 인지과학, 심리학, 상담학 등을 바탕으로 한 이론, 특히 기억과 인지서사학에 관한 이론이 필요하다. 이런 관점에서 여기에서는 인지과학과 기억 이론을 패트릭 오닐의 포스트고전서사학과 연결하여 스토리텔링 치료를 다루기로 한다. 지금까지 포스트고전서사학과 인지과학을 연결한 관점에서 스토리텔링 치료를 다룬 연구를 보지 못한 상황에서 이 글은 이러한 분야를 새롭게 개척한다는 의미가 있을 것이다.

🐌 후기구조주의 서사학

포스트고전서사학의 기반이자 극복 대상: 패트릭 오닐이 본 고전서사학

앞 절에서 언급한 대로 우리의 마음과 정체성을 형성하는 데에 큰 역할을 하는 내러티브를 활용하여 스토리텔링 치료를 하기 위해서는 내러티브의 구조 및 요소를 잘 알고 그 치료적 원리를 잘 이용할 필요가 있다. 스토리는 추상성

---

4) 권택영(2009), 「서사학 패러다임의 변모: 구조분석에서 개별 독서 경험으로」, 『오토피아 OUGHTOPIA: The Journal of Social Paradigm Studies』, 24권 2호, 215쪽.

과 매체 전환성이 있기 때문에 인간이라는 매체에도 들어갈 수 있어서 우리 마음의 기본 줄기와 가지를 이루고 생각의 무의식적·의식적 흐름을 형성하게 할 수 있다. 우리는 스스로 내면에 자기 스토리를 건강하게 유지하고 이를 잘 활용함으로써 건강한 자아상과 정체성을 형성하고 건강한 사고와 행동을 할 수 있다. 이때 스토리의 구성요소, 즉 인물·사건·모티프·시간·공간 등을 치유적으로 잘 활용하면 좋을 것이다. 이런 면에서 문학의 스토리도 인간의 내면 스토리를 견인하고 수정하고 발전시키는 데에 중요한 역할을 할 수 있다.

한편 내러티브의 담화는 우리가 세상을 바라보고 자기 내면의 스토리를 세상에 표현하고 실천하는 방법으로 작용할 수 있다. 세상을 바라보는 관점, 세상을 대하는 입장이나 심리적 거리 등은 서사 담화의 기본 내용이다. 이런 점에서 심리적 문제를 대하는 관점과 시점, 입장, 심리적 거리 조절 등 담화의 구성 요소를 치유적으로 활용함으로써 내담자에게 마음의 문제를 새로운 관점과 심리적 거리 조절 등의 방법으로 접근하게 하여 치료적 효과를 얻을 수 있다. 그런데 스토리텔링 치료가 이런 고전서사학의 성과를 바탕으로 하는 데에서 더 나아가 그 한계를 넘어 포스트고전서사학의 성과도 활용하면 더 좋을 것이다. 패트릭 오닐의 포스트고전서사학 이론에 관심이 가는 이유가 여기에 있다.

패트릭 오닐은 자신의 포스트고전서사학적 견해를 본격적으로 전개하기 전에 그 기본 전제로 서사 2층위론부터 서사 4층위론까지 서사 층위론을 다루면서 고전서사학을 정리한다.[5] 포스트고전서사학(postclassical narratology, postklassische Erzähltheorie)은 고전서사학에 뒤이어서 나오거나 거기에서 벗어난 서사학이기 때문이다.[6]

---

5) O'neill, Patrick (1994), *Fictions of discourse: Reading narrative theory.* Toronto Buffalo London: University of Toronto Press Incorporated[Reprinted in paperback 1996].

6) '포스트(post-)'라는 용어에는 두 가지 의미, 즉 '후기-'와 '탈-'의 의미가 있다. 그래서 포스트고전서사학은 후기고전서사학 혹은 탈고전서사학으로 번역될 수도 있다. 그래서 후기고전서사학이 전기고전서사학의 연장선상에서 크게 보아 고전서사학 안에 있는 것이라면, '탈고전서사학'은 고전서사학에

'서사학(narratology, narratologie, Narratologie)'이라는 용어는 츠베탕 토도로 프에 의해 1969년 그의 저술『데카메론의 문법(Grammaire du Decameron)』에 서 처음 등장하였다. 서사학의 뿌리는 아리스토텔레스의『시학』에까지 거슬 러 올라가지만, '고전서사학'이라 하면 보통 러시아형식주의와 이에 이어서 등 장한 프랑스구조주의를 말한다. 러시아형식주의는 블라디미르 프로프(Влад имирПропп, Vladimir Propp), 빅토르 쉬클롭스키(Viktor Borisovich Shklovskij), 보리스 토마솁스키(Boris Tomashevsky), 로만 야콥슨(Roman Jakobson) 등에 의 해 주로 20세기 전반기에 러시아와 체코 등에서 전개되었다. 그리고 이러한 연 구 경향은 20세기 전반기의 소쉬르에서부터 비롯되어 주로 20세기 후반기에 츠베탕 토도로프, 롤랑 바르트, 제라르 주네트 등에 의해 발전한 프랑스 구조 주의 서사학으로 이어졌다. 여기에는 프로프의 '민담 형태론'과 쉬클롭스키의 '낯설게 하기', 토마솁스키의 '파불라'와 '수제' 개념, 소쉬르와 야콥슨의 '계열체 (paradigme)와 통합체(syntagme)' 이론 혹은 '선택(selection)과 결합(connection, combination)' 이론, 그리고 그 이전에 이론적 토대가 된 소쉬르의 '랑그(langue)' 와 '파롤(parole)' 등의 구조주의 개념이 유명하다. 이러한 이론은 내러티브를 체계적으로, 과학적으로 연구할 수 있는 기둥들을 세워 주었는데, 특히 파불라 와 수제 개념에서 비롯되어 토도로프, 주네트, 채트먼 등을 거쳐 정착된 스토리 와 담화 개념은 내러티브를 이해하는 데에 중요한 역할을 하였다. 패트릭 오닐 도 고전서사학을 아리스토텔레스로부터 시작한 내러티브 2층위론으로 정리한 후 이를 보완하는 내러티브 3층위론과 4층위론까지 제시하는 방식으로 정리한 다. 그는 내러티브를 스토리와 담화 등으로 설명하는 내러티브 2층위론들을 정 리한 후, 여기서 더 나아가 '담화' 개념이 과정 개념과 결과 개념을 아울러 지니

서 벗어난 것으로 이해될 수 있다. 그런데 포스트고전서사학은 사실 이 두 가지 의미를 다 포함하고 있다고 볼 수 있다. 얼마 전까지 많이 얘기됐던 포스트모더니즘도 마찬가지다. 필자는 이런 의미에서 후기고전서사학이나 탈고전서사학이라는 용어 대신 포스트고전서사학이라고 부르기로 한다.

고 있음을 지적하고 담화를 과정 담화로서의 '내레이션'과 결과 담화로서의 '텍스트' 개념으로 세분하여 내러티브를 스토리-내레이션-텍스트의 3층위로 설명하였다. 여기서부터 텍스트 개념이 등장하여 서사텍스트학이 전개된다. 그러나 이 경우 오닐은 텍스트를 생산 결과, 즉 이미 '짜여 있는' 생산품(textum, 짜인 것), 다시 말해 언어로 구성된 인공품 내지 작품(work)이라고 말함으로써[7] 여기서 텍스트는 아직 물질적인 산물에 불과한 차원에서 다뤄지고 있다.

그런데 오닐은 여기서 더 나아가 '텍스트성' 개념도 도입하여 내러티브 4층위론까지 제시한다. 그래서 여기서 내러티브는 '스토리-텍스트-서술-텍스트성'의 4층위로 간주된다.[8] 여기서 텍스트성은 아직 물질적인 텍스트를 주로 의미했다. 그는 자신의 내러티브 4층위론을 다음과 같이 도표로 제시한다.[9]

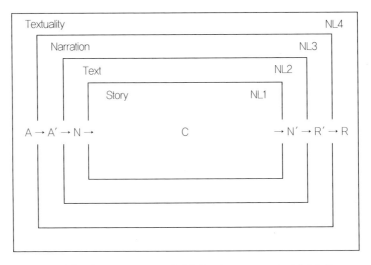

[NL: Narrative Level(서사층위), A: Real Author(실제작가), A´: Implied Author(내포작가), N: Narrator(서술자), C: Character(등장인물), N´: Narratee(수신자), R´: Implied Reader(내포독자), R-Real Reader(실제독자)]

[그림 14-1] 내러티브 4층위

---

7) O'neill, Patrick. 앞의 책, p. 24.

8) 위의 책, p. 111.

9) 같은 쪽.

앞의 도표에서 보듯이 텍스트성 층위는 실제작가와 실제독자가 있는 현실
층위이고, 서술 층위와 텍스트 층위, 스토리 층위는 각각 내포작가와 내포독자,
서술자와 수신자, 캐릭터들이 있는 작품 내적 층위들이다. 그리고 앞의 층위에
서 텍스트가 눈에 보이는 구체적인 층위라면 나머지 세 층위는 눈에 보이지 않
는 추상적 층위라고 할 수 있다. 이렇게 구조주의적 고전서사학으로 설명하는
방식은 한편으로 내러티브를 체계적으로, 과학적으로 이해할 수 있도록 하지
만, 다른 한편으로는 구조의 경직성, 고정된 주체의 역동성 미약, 텍스트 내적
연구에 제한됨과 같은 한계를 보여 준다. 여기에는 집단성, 역사성, 시간성, 문
화적 맥락, 상호작용, 텍스트 수정보완의 여지 등도 없었다. 앞의 내용은 고전
서사학과 문학에 국한된 시각이다. 그래서 이것은 포스트고전서사학 개념으로
보완될 필요가 있다.

고전서사학의 극복: 포스트고전서사학

오닐은 이러한 한계를 넘어서기 위해 포스트고전서사학 이론을 전개하는데,
우선 그는 스토리와 서사 담화의 관계에서 담화에 의해 스토리가 바뀔 수 있음
을 강조함으로써 포스트고전서사학의 길을 내러티브 2층위론에서부터 제시한
다. 그는 담화에 의한 서사의 전복을 얘기하면서 제논의 역설이나 크노의 소설
『문체 연습』을 예로 든다.[10] 내러티브 담화는 스토리를 재현하기도 하지만, 스
토리를 변화시키고 만들기도 하기 때문이다. 그래서 텍스트 개념을 포함한 서
사 3층위론의 관점에서 이것을 보면 스토리가 외향적 내레이션을 통해 텍스트
담화로 표현되기도 하지만 텍스트에서 내향적 내레이션을 통해 스토리로 추출
되어 기억되기도 한다. 상호작용이 가능한 것이다. 그리고 오닐은 지금까지 언
급한 내러티브 4층위론까지의 논의들이 대부분 텍스트 내적 관점에 국한되어

---

10) O'neill, Patrick. 앞의 책.

있다고 보고, 여기에 텍스트 외적 담화 개념을 도입함으로써 포스트고전서사학으로 넘어간다. 고전서사학에서는 작가와 독자 간의 의사소통 같은 텍스트 외적인 의사소통에는 별로 관심이 없었고, 주로 허구적 서술자와 허구적 수신자 사이의 의사소통 같은 텍스트 내적인 의사소통에 관심이 국한되어 있었다. 오닐은 여기에 텍스트 외적 의사소통 개념을 포함시킴으로써 이때까지 전통적 서사학에서 무시되어 온, 서사적 거래 본래의 상호작용적 본질에 더욱 관심을 두게 되었다.

이 지점에서 텍스트라는 용어도 이중적인 의미가 드러나게 된다. 고전서사학적 의미에서는 지금껏 텍스트라는 용어를 엄격하게 서술 행위의 구체적 산물, 즉 지면에 인쇄된 단어들이란 의미로 사용해 왔지만 이제 포스트고전서사학의 용어법에서는 텍스트란 용어가 훨씬 넓은 의미를 지닌다고 할 수 있다. 롤랑 바르트가 『S/Z』(1970)에서 밝힌 것처럼 이제 텍스트는 고전서사학에서 말하는 텍스트 내적 의도성뿐만 아니라 텍스트 외적인 의도성을 동시에 형상화하는 다양한 흐름이 합류하는, 항상 변화하는 교차점으로 인식된다.[11] 고전서사학적 의미에서 텍스트가 주로 정적인 산물로서 텍스트 안에 국한된 것이었다면, 포스트고전서사학에서 텍스트는 그것이 처해 있는 역사적 · 문화적 · 이데올로기적 조류 속에서 문화적 성별(gender), 인종, 계층 등과 같은 다양한 텍스트 외적 요소들과 영향을 주고받는 역동적 과정에 있다. 그래서 텍스트의 "모든 스토리는, 제아무리 단순한 스토리라 하더라도, 이야기됨으로써 스토리가 되는 그 순간에 상호 교차되는 가능한 의미들을 확산시키거나 텍스트성의 영역으로 진입하게 된다."[12]

그래서 [그림 14-1]의 사각형 중에서 가장 바깥 사각형에 있는 텍스트성이 포스트고전서사학에 오면 작가와 독자, 그리고 텍스트들 간에 일어나는 자발

---

11) O'neill, Patrick. 앞의 책, p. 116.
12) 위의 책, p. 117.

적인 동시에 비자발적인 상호작용과 관련되게 된다. 오닐이 서사 4층위론에 도입한 텍스트성 개념은 이제 그의 포스트고전서사학 이론에서 중요한 역할을 한다. 그래서 오닐은 앞서 밝힌 구조주의 서사학적인 [그림 14-1]을 포스트고전서사학적으로 확장하여 다음과 같이 [그림 14-2]로 표현한다.[13)]

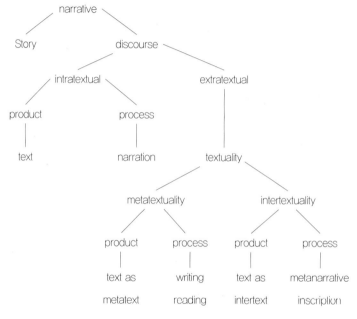

[그림 14-2] 서사 담화와 텍스트 관계성

[그림 14-2]의 도표에서 보면 담화는 텍스트 내적 담화(intratextual discourse)와 텍스트 외적 담화(extratextual discourse)로 나뉘고 텍스트 내적 담화의 과정이 내레이션이라면 그 결과의 산물은 텍스트이며, 텍스트 외적 담화는 곧 텍스트성(textuality)이다. 텍스트 외적 담화로서의 텍스트성은 메타텍스트성(metatextuality)과 상호텍스트성(intertextuality)으로 나뉜다. 그래서 텍스트성은 메타텍스트성과 상호텍스트성이라 부를 수 있는 두 과정 간의 상호작용으

---

13) O'neill, Patrick. 앞의 책, p. 121.

로 구성된다. 메타텍스트성은 과정으로서의 읽기와 쓰기, 그리고 그 결과로서의 산물인 '메타텍스트로서의 텍스트'로 다시 구분된다. 원본 텍스트에 대한 모든 독서와 해석은 메타텍스트를 새롭게 창조하는데, 원본 텍스트와 그것의 메타텍스트 간의 차이가 가장 생생하게 드러나는 경우는 번역이라고 할 수 있다.[14] 또한 텍스트성의 또 다른 한 축을 이루는 상호텍스트성은 과정으로서의 '메타서사적 새겨넣기'와 그 결과로서의 산물인 '상호텍스트로서의 텍스트'로 나뉜다.

한편 포스트고전서사학에서 "텍스트성의 층위에서 실제작가와 실제독자는 실제 세계의 사람이 아니라 정확히 말해서 그들 자체가 텍스트로, 보다 상세히 말하자면 상호텍스트로서, 중심적인 관심의 대상이 된다."[15] 여기서 실제작가와 실제독자가 상호텍스트라는 얘기는 스토리텔링 치료에 아주 중요한 말이다. 개인상담치료에서든 집단상담치료에서든 개인의 마음은 텍스트로 간주되고 행동도 텍스트로 간주될 수 있다는 뜻이어서 포스트고전서사학, 혹은 텍스트학에서 스토리텔링 치료에 접근할 수 있는 통로가 바로 여기에서 열린다. 상호텍스트성 과정에서는 작가와 독자들, 그리고 상호 이야기를 나누는 주체들이 역사적·문화적·상황적 맥락 속에서 다중적으로 상호작용하게 된다.

작가와 독자들이 메타텍스트성의 과정에서 읽기와 쓰기의 자발적 주체로서 관여한다면, 상호텍스트성의 과정에서는 메타서사적인 새겨넣기의 비자발적 대상으로서 관여한다. 만약 메타텍스트성의 생산물이 어느 정도는 적어도 일시적으로나마 '최종' 생산 결과, 즉 각각의 개별적인 독서와 글쓰기 행위에 의해 생산된 메타텍스트라면, 상호텍스트성의 생산물은 결코 그렇게

---

14) 그래서 오닐은 이에 관해 자신의 저서(1994) 마지막 장을 전부 할애하여 프란츠 카프카(Franz Kafka)의 단편 『선고(das Urteil)』를 대상으로 포스트고전서사학의 관점에서 번역 언어권에 따른 메타텍스트로서의 차이들을 잘 분석하고 있다.

15) O'neill, Patrick. 앞의 책, p. 118.

특성화될 수 없다. 상호텍스트성의 본질은 상호텍스트성의 생산물이 항상 상호텍스트성의 대상이 될 수밖에 없고, 항상 끊임없이 변화되고 생산되어야 하며, 끊임없이 상호텍스트가 되어야 하기 때문이다.[16]

여기서 알 수 있듯이 메타텍스트성과 상호텍스트성은 동전의 양면처럼 텍스트성의 상호 연관된 두 측면이다. 그래서 텍스트를 쓰거나 읽는 개개의 행위는 메타텍스트를 창조하는 동시에 그 행위 자체가 상호텍스트가 될 수도 있다. 이런 상호텍스트성은 그것을 둘러싼 상황성, 주체들에 의한 매개성, 잠정성, 보다 넓은 형성 가능성, 보다 넓은 해석 가능성 등에 의해 일차적으로 타당성을 갖게 된다. 문학 텍스트는 그 본질상 이처럼 항상 잠정적인 메타텍스트들과 텍스트에 관한 텍스트들, 즉 반응, 해석, 번역, 읽기, 다시 쓰기 등으로 이루어진 끊임없이 연속된 과정, 즉 그것들로 이루어진 무한한 그물망을 요구한다. 이런 면에서 문학 텍스트는 세 번 쓰인다. 작가에 의해 쓰이고, 독자에 의해 다시 쓰이며, 상호텍스트적으로 또 쓰인다.[17] 이것을 스토리텔링 치료 상황으로 얘기하면 독자는 스토리텔링 치료의 자료를 읽는 내담자로 볼 수 있으며, 상호텍스트적으로 쓰이는 경우는 치료자와 내담자의 상호작용적 스토리텔링 치료나 집단적 스토리텔링 치료 과정으로 볼 수도 있다. 문학 텍스트는 상호텍스트적인 흐름과 압력들에—이와 동시에 문학 텍스트 역시 이것들의 한 구성 성분이기도 하다—의해 상호적으로 쓰이는데, 이와 마찬가지로 문학 텍스트의 메타텍스트적 형성자들 자체도 이 형성자들을 문학 텍스트로 형성시키는 동일한 문화적, 역사적, 이데올로기적 흐름들에 의해 형성된다. 따라서 상호텍스트성은 맥락화하는 모든 힘의 총합, 예컨대 역사, 문화, 이데올로기적 텍스트 외적인 문제들은 말할 것도 없고, 문학성이나 정전, 장르, 시대 구분 등에 대한 우리의 개

---

16) O'neill, Patrick. 앞의 책, p. 119.

17) 같은 쪽.

념들의 총합으로 정의될 수 있으며, 이와 같은 힘들이 작가를 위해 텍스트를 미리 써 주는 동시에 독자로서의 우리를 위해 텍스트를 미리 읽어 준다고 할 수 있다.

패트릭 오닐은 고전서사학을 '서사학'이라 하고 포스트고전 서사학을 '텍스트학'이라고 부른다. 포스트고전 서사학에서는 텍스트성뿐만 아니라 담화와 스토리의 기능도 고전서사학적 논의에서와는 다르게 다음과 같이 이야기된다.

> 스토리는 전통적으로 서사학의 고유한 영역으로 여겨진 텍스트 내적 담화에 의해서만이 아니라, (…) 우리가 텍스트성이라 부르는 텍스트 외적 담화에 의해서도 체계적으로 형성된다. 바꿔 말해서 이는 텍스트의 텍스트성 역시 텍스트 담화의 일부라는 의미가 분명하며, 결국 우리가 서사 담화를 텍스트의 '내부'와 '외부'에서 동시에 작용하는 것으로 간주해야 한다는 의미다.[18]

내러티브는 어느 한 텍스트에 갇혀 있는 것이 아니라 다른 텍스트들과의 관계성이나, 텍스트를 접하는 독자가 가지고 있는 선이해(先理解) 및 문화적 맥락 등과 상호작용하는 가운데에도 존재한다. 그리고 스토리는 텍스트 내적 담화뿐만 아니라 텍스트 외적 담화에 의해서도 만들어질 수 있다. 바로 이 점에서 우리는 내러티브 텍스트를 활용한 문학치료, 독서치료, 스토리텔링 치료의 근거를 찾을 수 있다. 내담자 내면의 스토리가 텍스트 외적 담화, 즉 스토리텔링 치료 활동에 의해서도 형성될 수 있다는 뜻이기 때문이다. 그래서 스토리텔링 치료에서 내담자의 이야기 정체성을 다시 건강하게 유지하고, 문제에 물든 마음의 스토리를 건강한 자기 스토리로 대체하는 과정들이 이러한 포스트고전서사학적 스토리·담화·텍스트성의 상호작용을 통해 이루어질 수 있음을 알게 된다. 지금까지 논의한 내용을 오닐이 도표로 정리한 것이 앞에서 소개

---

18) O'neill, Patrick. 앞의 책, p. 120f.

한 [그림 14-2]라고 할 수 있다. 기존의 서사학에서 얘기된 것이 수정되어 확장된 것이다.

🦇 서사학에서 스토리텔링 치료로: 인지서사학을 통하여

그러면 지금까지 논의된 내러티브와 서사학, 특히 포스트고전서사학이 주로 내러티브를 활용하는 스토리텔링 치료에 어떻게 연결될 수 있을까? 내러티브와 서사학, 인지과학, 기억 이론을 상호 연관시켜 스토리텔링 치료의 관점에서 스토리텔링 치료 방법을 포스트고전서사학적으로 설명하고 그 근거를 찾아보기로 하자.

내러티브는 인지심리학에서 보면 마음의 기본 원리다. 인지과학자 댄 로이드(Dan Lloyd)는 인간 사고의 세 층위(감각적 실행 층위, 심리서사학적 층위, 논리이성적 층위) 중에서 내러티브 층위가 중심을 차지한다고 하였으며, 논리적·이성적 사고를 하기 위해서는 그 바탕에서 심리서사학적 층위의 사고가 큰 역할을 한다고 보았다.[19] 마크 터너는 『문학적 마음』이라는 책에서 비유와 문학적 마음이 인간 사고의 기본을 이룬다고 말하며 "스토리가 마음의 기본 원리다(Story is a basic principle of mind)."[20]라고 하였다.

앞에서 논의한 서사학의 핵심 개념들인 내러티브, 스토리, 담화, 텍스트 등을 기억과 연관된 인지서사학적 관점에서 살펴보자. 내러티브를 이해하고 파악하려고 할 때 우리는 기억에 의존하게 된다. 지금 읽거나 듣는 문장을 앞선 문장들과 연결하고 비교하는 과정은 바로 기억을 통해 이루어진다. 그리고 내러티브 텍스트를 읽고 듣고 이해하는 과정은 기억 활동에 의해서 이루어진다. 기

---

19) Lloyd, D. (1989), *Simple Minds*, Massachusetts: The MIT Press. p. 228-233.

20) Turner, M. (1996), *The Literary Mind*, New York, Oxford: Oxford University Press, p. V.

억에는 여러 종류가 있다. 단기 기억과 장기 기억, 의미 기억과 절차 기억, 지식 기억과 경험 기억 등으로 구분될 수 있다. 이 중에서 절차 기억과 경험 기억은 에피소드 기억이라고도 한다. 에피소드 기억은 다른 말로 하면 내러티브 기억이다.[21] 기억을 치료적으로 활용하는 경우가 많은데, 여기서 중요한 인간의 기억은 에피소드 기억이다.

이제 서사 요소를 기억과 연관해서 살펴보자. 스토리는 내러티브 텍스트에서 추출된 핵심 내용으로서 추상적인 것이다. 그런데 '현실이라는 텍스트'에서 추출되거나, 혹은 소설·영화와 같은 '만들어진 텍스트'에서 추출된 스토리, 즉 이해되고 파악되어 저장되는 것은 기억을 통해 이루어진다. 이런 면에서 스토리는 현실에서 파악되어 우리의 두뇌에 기억되는 중에 있거나 기억된 것이라고 볼 수 있다. 그래서 스토리도 일종의 기억이라고 볼 수 있다. 그런데 그 기억의 치유적 활용은 치료의 중요한 부분이다. 이런 점에서 스토리를 중심으로 텍스트학과 기억이론을 활용하여 스토리텔링 치료를 할 수 있다.

스토리가 저장된 기억이라면, (서사)담화 과정은 '기억하기' 과정에 매체를 통한 표현 과정이 결합된 것이라고 할 수 있다. 우리가 무엇을 '기억한다'고 말하는 경우 여기에는 두 가지가 의미가 있다. 즉, "오늘 배운 것들을 잊지 않게 기억해라."라고 말할 때처럼 무엇을 기억해서 뇌에 저장하는 경우와, "어제 배운 내용을 지금 기억한다."라고 할 때처럼 뇌에 저장된 정보를 끄집어내는 것, 즉 기억해 내는 것 두 가지를 말한다. 여기서 담화의 양방향성을 알 수 있다. 텍스트에서 담화 내레이션을 거쳐 스토리로 이해되고 기억되는 방향과 스토리에서 기억되어 담화의 내레이션을 거쳐서 텍스트로 표현되는 방향이다. 이러한 담화의 과정인 내레이션은 스토리가 매체를 통해 구체적으로 표현되는 외적 방향과, 현실이라는 텍스트나 소설·영화 등의 만들어진 텍스트를 접하고서 그 핵심 사건들의 내용과 의미를 추출하여 스토리로 내면에 기억시키는 내적 방

---

21) 르두, 조지프/강봉균 역(2005), 『시냅스와 자아』, 도서출판 소소.

향이 있다고 할 수 있다.

한편 텍스트는 스토리에서 회상된 기억이 구체화되어 문자와 영상, 행동 등으로 실제로 표현된 것이다. 혹은 텍스트는 그 핵심 내용이 스토리로 저장되기 전에 기억의 대상으로 접한 것이라고도 할 수 있다. 그리고 텍스트성을 기억의 관점에서 접근하면 이것은 텍스트 관계성을 이루는 것들로서 기억 상황, 기억 관계, 기억나게 한 텍스트, 기억되는 콘텍스트, 본인의 앞선 체험, 앞선 기억, 대화 파트너의 (마음속) 텍스트, 그리고 문화적 기억이나 사고체계 등이라고 할 수 있다.

그런데 내러티브가 기억을 통해 만들어지고 소통되고 저장되는 과정은 기억의 재구성 기능을 통해 스토리텔링 치료로 연결될 수 있다. '기억'을 영어로 'memory' 외에 'recollection'이라고도 하며 '기억하다'를 'remember'라고 하는 데에서도 알 수 있듯이 기억은 '모으기(collection)'를 다시(re-) 하는 것이고, '구성요소(member)'를 다시 짜는 것이다. 즉, 기억은 '재구성'하는 것이라고 할 수 있다. "인간의 기억력은 기계에 집어넣으면 똑같이 재생되는 DVD와는 다르다. 우리의 기억은 기억을 꺼낼 때마다 계속 바뀐다. 기억은 나만의 경험과 지식을 가지고 세상을 매번 다르게 해석할 뿐이다."[22] 우리의 기억은 꺼내고 저장할 때마다 달라진다. 내 기억은 꺼낼 당시의 상황이나 관심, 자극 등에 따라 기억에 떠오르는 것이 바뀐다. 그리고 이렇게 꺼내진 기억이 다른 자극과 정보, 이야기 등을 만나 새롭게 생각되고 느껴지면 변화된 기억으로 또 저장된다. 이러한 기억들을 통해 우리는 타인과 구별되는 고유한 존재가 된다. 기억의 이런 특성을 이용하여 마음의 문제를 가지고 찾아온 내담자의 기억을 치료자의 치유적 이야기로써 치유적으로 재구성하는 활동이 바로 내러티브를 통한 스토리텔링 치료 과정이라고 할 수 있다.

그런데 이러한 기억 작업이 효율적으로 이루어지기 위해 개인과 사회에서

---

22) 김윤환, 기억 제작팀(2011), 『기억: KBS 사이언스 대기획 인간탐구』. KBS미디어 · 예담, 56쪽.

관습화되고 패턴화된 기억이 바로 인지 스키마(cognitive schema), 인지 프레임 (cognitive frame)이다. '스키마'는 영국의 심리학자 바틀릿에 의해 1932년 처음 주장된 것으로, 텍스트 생산과 수용의 기초가 되는 배경지식을 뜻한다. 그는 우리의 이야기가 인지 스키마를 거쳐 소통되는 경향이 있다고 밝혔다. 그는 영국인들에게 인디언 유령 이야기를 들려주었더니 자신들이 이미 기억 속에 가지고 있는 스키마를 통해 내러티브를 해석하고 기억한다는 것을 알게 되었던 것이다.[23] 이후 많은 실험을 통해 사건이나 이야기에 대한 기억이 그것들을 이해하도록 만들어 주는 사전 지식의 틀에 의해서 크게 영향을 받는다는 바틀릿의 주장이 입증되었다. 그 후 심리학자들은 그러한 개념적 틀을 스키마라고 부르고, 스키마의 특수한 부분집합을 스크립트(script)라고 부르고 있다. 이로써 사람들이 이러한 스키마와 스크립트를 바탕으로 해서 내러티브를 구성한다는 것이 널리 알려졌다.[24]

인지 스키마는 일반적인 스키마와 개인적인 스키마로 나눌 수 있고 정상적인 스키마와 비정상적인 스키마로 나눌 수 있다. 일반적이고 정상적인 스키마 중의 한 사례가 레스토랑에서 서빙하는 인공지능 로봇에 심어지는 레스토랑 스키마와 같은 것이라면,[25] 개인적이고 비정상적인 스키마는 자동화된 사고를 유발하는 자동화된 스키마, 즉 인지치료에서 다루는 스키마다.[26] 자동화된 사고, 자동화된 스키마는 일반적으로도 있을 수 있지만 비정상적인 기능을 할 때도 있는데 이럴 때 이것은 치료의 대상이 될 수 있다.

한편 이 책의 12장에서 언급한 대로 스톡웰에 따르면 스키마는 판에 박힌 고

---

23) Bartlett, F. C. (1967), *Remembering: A Study in Experimental and Social Psychology*, New York: Cambridge University Press, p. 65; 존 R. 앤더슨/이영애 역(1988), 『인지심리학』, 을유문화사, 209f쪽.

24) 글레이트먼, 헨리/장현갑 외 공역(1999), 『심리학 입문』. 시그마프레스, 183f쪽.

25) 최용호(2009), 『서사로 읽는 서사학–인지주의 시학의 관점에서』. 한국외국어대학교출판부, 155쪽.

26) 라이트 J. H. 외/김정민 역(2009), 『인지행동치료』. 서울: 학지사. 30쪽.

정관념이 아니다. 이것은 확장, 조정(tuning), 재구조화 등이 가능한 유연한 구조 형태를 취한다. 이와 비슷한 맥락에서 인지 프레임(cognitive frame) 개념을 생각해 볼 수 있다. 민스키(M. Minsky), 레이코프[27] 등이 주장하는 이 개념은 인지심리학에서 출발하여 인지서사학, 언어학, 문학에 이르기까지 다양한 분야에서 적용되고 있다. 인지서사학에서 프레임 개념은 독자가 문학작품을 읽고서 이해하는 틀로 "관습화되고 표준화된 정보 세트"[28]라고 이해될 수 있다. 이때 독자는 해석학적 순환 모델처럼 처음 자기가 가지고 있는 인지 프레임으로 작품을 대하기 시작한다. 점차 작품을 읽고 정보를 새롭게 받아들임에 따라 그 정보가 기존의 인지 프레임으로 잘 설명이 되면 그 프레임은 그 정보를 해석하고 수용하는 틀로서 유용하게 계속 활용되지만, 새롭게 수용되는 자료가 기존의 인지 프레임으로 설명하기 어려운 것들이면 기존의 인지 프레임을 재검토하기 시작한다. 그래서 독서를 통해 새로 들어오는 자료들에 맞는 새로운 프레임을 모색하고, 결국 거기에 맞는 새로운 인지 프레임을 구축하게 된다. 다시 말해 새로운 정보의 담화들을 지속적으로 제공하면 기존의 인지 프레임이 변화될 수 있다. 인지 프레임은 입력정보를 분류하고 평가하는 틀이라고 볼 수 있다. 약한 새 정보는 기존 틀에 포획되어 버릴 수 있지만, 새로운 입력 정보가 기존 틀을 깨는 새롭고 강력한 것들이면 기존 인지 프레임이 변화할 수 있다. 이러한 작업은 스키마에서도 비슷한 것이어서 우리가 내면에 구축하고 있는 자기 스토리들의 묶음에도 비슷하게 얘기될 수 있다.

지금까지 살펴본 대로 인지과학과 인지서사학에서 논의되는 스키마, 인지 프레임 등은 이야기가 만들어지고 교체되는 메커니즘을 설명해 주고 있다. 인간의 마음에 문제가 생겼을 때는 마음의 기본원리로서 작용하는 내면의 내러

---

27) 레이코프, 조지/유나영 역(2006), 『코끼리는 생각하지마』, (주)도서출판 삼인; 레이코프, 조지/나익주 역(2007), 『프레임 전쟁』, (주)창비.

28) Zerweck, B. (2002), Der cognitive turn in der Erzähltheorie: kognitive und natürliche Narratologie. in: Ansgar Nünning / Vera Nünning(Hg), Neue Ansätze in der Erzähltheorie. Trier, p. 222.

티브에도 문제가 생겼다고 볼 수 있다. 이럴 때 이러한 인지 모델들을 통해 내러티브의 스키마와 프레임을 치유적으로 바꾸는 작업이 필요할 것이다. 기존의 문제적 내러티브로 결정된 인지 모델에 새로운 내러티브를 제공함으로써 인지 스키마와 인지 프레임을 치유적으로 갱신할 필요가 있다. 이러한 인지과학의 연구 내용들은 스토리텔링 치료나 문학치료 등에도 그대로 적용되어 그 근거가 될 수 있을 것이다.

내러티브 활용 스토리텔링 치료에서는 사람들이 내러티브를 통해 세계를 이해하고 해석하며, 현실을 살아가는 우리의 판단과 행동도 우리 내면의 스토리에 따라 이루어진다고 본다. 내러티브가 치유적 힘을 발휘할 수 있는 기본적인 이유는 바로 내러티브를 통해 우리가 현실을 해석하고 이해하며 우리 자신의 정체성과 생각을 정립하고 그것을 바꿔 갈 수도 있다는 데에 있다.[29] 지금까지 얘기한 기억 이론과 인지과학적 이론들은 앞 절에서 다룬 서사학의 스토리와 담화, 내레이션, 텍스트 개념들과 함께 고려될 수 있다. 이것들을 지금까지 논의된 인지서사학적 내용과 연관해서 필자가 고안한 도표로 다시 나타내면 다음과 같다.

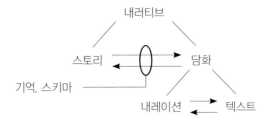

[그림 14-3] 인지과학적 내러티브 3층위론

이 도표에서 우리는 스토리가 기억과 인지 스키마를 통해 내레이션됨으로

29) Payne, Martin (2006), *Narrative Therapy. An Introduction for Counsellors*, London: SAGE Publications, 5-17 참고.

써 텍스트로 표현되는 것을 알 수 있고, 다른 한편으로는 텍스트에서 내적 방향으로 내레이션되는 과정에서 기억과 인지 스키마를 통해 스토리로 추출되어 이것이 내면에 받아들여지고 기억되는 것을 알 수 있다. 그래서 우리는 스토리텔링 치료에서 중요한 스토리를 통한 정체성 형성과 마음의 운용에서, 그리고 담화를 통한 치유적 관점 설정 등에서 기억과 인지 스키마가 중간 매개로서 중요한 역할을 할 수 있다는 것을 알고 이를 스토리텔링 치료적으로 활용할 수 있다.

🐦 포스트고전서사학과 인지과학으로 본 스토리텔링 치료 메커니즘

지금까지 논의한 패트릭 오닐의 포스트고전서사학을 필자가 인지과학 이론과 연결하고, 앞에서 다룬 [그림 14-2]과 [그림 14-3]을 통합하면 [그림 14-4]와 같이 정리될 수 있다.

앞에서 보면 텍스트에는 3가지 개념이 있다. 내적 텍스트가 있고 외적 텍스트로서 메타텍스트와 상호텍스트가 있다. 포스트고전서사학에 오면 텍스트의 개념이 다층적이고 상호적이며 역동적인 모습을 띠게 된다. [그림 14-4]의 도표에서 우리는 이 글에서 지금까지 논의된 내용들을 스토리텔링 치료적 관점에서 다시 잘 확인해 볼 수 있다. ② 스토리를 중심으로 보면 마음의 기본 원리인 스토리는 기억과 그 기억의 패턴인 인지 스키마를 통해 담화와 상호작용한다. 우리가 내면의 자기 스토리에 의해 생각하고 행동하는 경향이 있다고 할 때, 이 마음을 지배하는 주된 스토리(main story)가 있고, 주도적인 역할을 못 하는 부차적인 스토리(substory)들도 있을 수 있다. 그리고 마음속에 활성화된 스토리가 있는가 하면, 활성화되어 있지 못한 스토리들도 있다. 마음에 문제가 생겼을 때는 그 문제를 지배하는 스토리에 문제가 있는 경우가 많다. 이럴 때 그

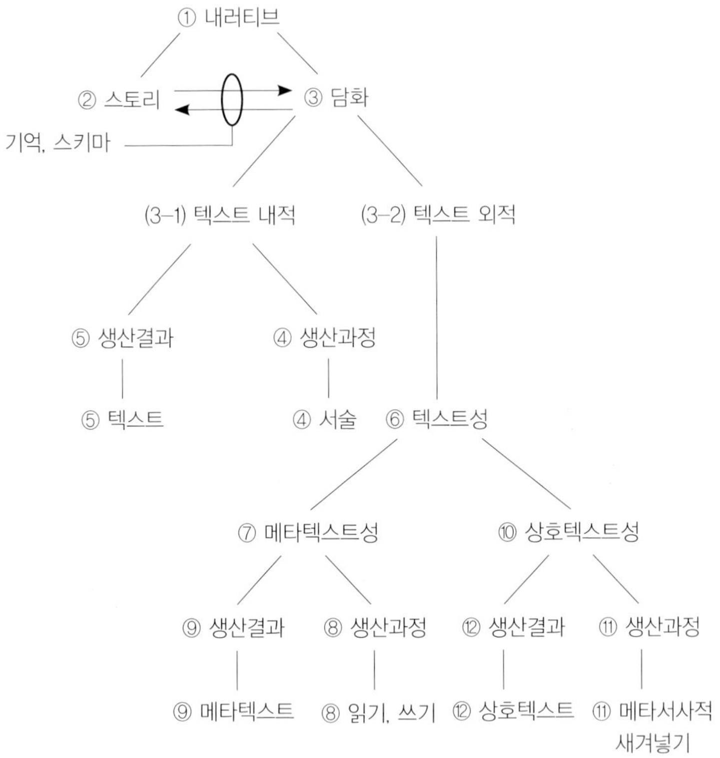

```
                        ① 내러티브

        ② 스토리    ◄──╫──►   ③ 담화
   기억, 스키마 ─────────┘

              (3-1) 텍스트 내적      (3-2) 텍스트 외적

        ⑤ 생산결과      ④ 생산과정

        ⑤ 텍스트      ④ 서술   ⑥ 텍스트성

                  ⑦ 메타텍스트성              ⑩ 상호텍스트성

        ⑨ 생산결과   ⑧ 생산과정      ⑫ 생산결과   ⑪ 생산과정

        ⑨ 메타텍스트  ⑧ 읽기, 쓰기    ⑫ 상호텍스트  ⑪ 메타서사적
                                                새겨넣기
```

[그림 14-4] 인지서사학적 포스트고전서사학 모델

스토리를 해체하고 다른 건강한 대안적 스토리를 활성화하고 강화시켜서 메인 스토리가 되도록 강화하는 작업이 스토리텔링 치료다. 이때 스토리는 내담자 내면의 자기 스토리가 중심이지만, 여기에 상담자의 스토리, 상담자가 추천한 문학이나 예술 텍스트 속의 스토리가 상호작용하여 치료적 기능을 할 수 있다. 스토리의 이러한 체계적 활용 메커니즘으로 문학치료뿐만 아니라 독서치료, 스토리텔링 치료, 이야기 치료 등을 두루 설명할 수 있다.

　앞에서의 ③ 담화를 중심으로 보면 담화의 구성 요소인 관점이나 심리적 거리 조절 등을 통해 스토리가 표현되는 모습이 달라질 수 있다는 점이 중요하다. 비슷한 자기 스토리라도 어떤 관점이나 심리적 거리 조절 등으로 표현하느냐에 따라 태도나 자세가 달라질 수 있기 때문이다. 담화는 스토리가 언어나 행동 등의 매체를 통해 텍스트로 표현되는 방향으로만 중요한 것이 아니라, 텍스트 (현실이라는 텍스트, 소설·영화 등의 만들어진 텍스트)를 어떻게 이해하고 받아들 여서 마음속의 스토리로 기억하느냐 하는 것도 그 사람의 인생관과 마음 자세, 정체성을 결정하는 데에 중요하다. 이런 점에서 이런 서사 담화의 기능을 스토 리텔링 치료에서 중요하게 다루고 활용할 필요가 있다.

한편 앞의 [그림 14-4]에서 스토리와 담화 사이에 있는 기억과 인지 스키마, 인지 프레임 등도 스토리텔링 치료적으로 아주 중요한 요소들이다. 기억으로 저장하고 인출하는 과정에서 자기도 모르게 습관적으로 작동하는 인지적 틀 이나 사고의 패턴에 따라 생각과 행동이 달라질 수 있고, 마음과 행동에 문제 가 생길 수도 있기 때문이다. 그래서 잘못된 문제를 야기하는 기억, 특히 그 기 억의 패턴화된 인지 스키마를 스토리텔링 치료적으로 잘 다룰 필요가 있다. 이 러한 점에서 인지치료에서 다루는 자동화된 사고를 다루는 방법이나 병리적 인 인지 스키마를 다루는 방법과도 유기적인 협력관계를 가질 필요가 있을 것 이다.

그리고 텍스트가 고립적·단독적으로 존재하는 것이 아니라 사회적·문화 적·역사적으로 존재한다는 관점에서 앞의 ⑥에서 ⑫까지 나타난 텍스트성을 스토리텔링 치료에서 잘 활용할 필요도 있다. 고전서사학에서는 내러티브 텍 스트가 독립된 개별적인 것으로 간주되고 내러티브의 담화도 텍스트 안에서 이루어지는 것만을 생각하게 된다. 그러나 포스트고전서사학의 관점에서 보 면 텍스트는 텍스트 상호 간의 관계에 있으면서도 서로 영향을 주고받는 것으 로 볼 수 있다. 그리고 서사담화도 텍스트 안에만 있는 것이 아니라 텍스트 바 깥에도 있는 것으로 간주될 수 있다. 앞의 [그림 14-4]에도 나와 있듯이 내러티 브 텍스트의 담화는 텍스트 내적 담화와 텍스트 외적 담화로 나뉠 수 있다. 이 때 텍스트 외적 담화는 텍스트 상호의 관계와 상호작용에 의해 텍스트가 새로 쓰일 수 있음을 의미한다. 문학적으로 메타텍스트란 텍스트를 형성하는 이원적이고 상호작용하는 형성자로서 작가의 글쓰기와 독자의 글읽기 양자에 의해 산출된 의미를 담은 생산 결과이다.

이러한 메타텍스트와 메타텍스트 생성 과정은 스토리텔링 치료적으로 보면 자기 독서와 쓰기, 말하기, 듣기를 통해 자기 스스로 텍스트를 새로이 생성시키는 것을 말한다. 이것은 독서와 글쓰기, 자기 내면의 대화를 통해 치료가 이루어지는 자기 치유의 스토리텔링 치료 메커니즘을 설명한다.

한편 텍스트는 외적 담화를 통해 텍스트 상호 간의 관계와 상호작용을 통해 서로 영향을 주고받을 수도 있다. 예컨대 우리가 영화 〈춘향전〉을 보고 우리 내면에 받아들이는 경우, 기존에 이미 접했던 애니메이션, TV 드라마, 소설, 판소리 등으로 표현된 〈춘향전〉의 영향을 받을 수도 있고, 함께 영화를 본 파트너의 영화평에 의해 영향을 받을 수도 있다. 이것은 다음과 같은 메커니즘으로 설명될 수 있다. 즉, '② 스토리(영화 시나리오) → ④ 서술(감독의 영화 촬영) → ⑤ 텍스트(제작된 영화) → ⑧ 생산과정(읽기, 쓰기)(관객의 영화 감상) → ⑨ 메타텍스트(관객이 보고 받아들인 영화) → ⑪ 메타서사적 새겨넣기(내가 본 영화에 대해 함께 본 친구가 논평·토론하기) → ⑫ 상호텍스트(토론 후 내게 다시 받아들여진 영화) → (3-2) 텍스트 외적 담화(토론 후 새롭게 받아들여진 영화를 내면에 기억하기) → ②' 새로운 스토리로 나타낼 수 있다. 여기서 ② 스토리는 영화 제작 전의 시나리오일 수도 있지만 예컨대 〈춘향전〉을 보기 전부터 우리가 내면에 가지고 있던 '춘향전' 스토리로 볼 수도 있다. 이럴 때 함께 영화를 본 친구와 그 영화에 대해 토론을 하고 난 후 새롭게 내면에 받아들여진 ②' 새로운 스토리가 내면에 자리 잡게 된다. 그래서 만약 내담자가 원래 내면에 품고 있던 원래의 ② 스토리에 남녀관계나 정조 개념 등에서 어떤 문제가 있었다면, 앞의 영화 내러티브를 통한 스토리텔링 치료 과정을 통해 그 문제들이 해결된 건강한 ②' 새로운 스토리가 내담자의 마음에 심어질 수도 있는 것이다. 이때 ⑪ 메타서사적 새겨넣기(함께 영화를 본 친구의 논평을 듣고 토론하기) → ⑫ 상호텍스트(토론 후 내게 다시 받아들여진 영화) 과정에서 친구 역할을 치료자가 하거나, 친구가 치료자 역할을 하면 더욱 스토리텔링 치료적 세팅이 될 것이다.

　이러한 상호텍스트성 과정에서 우리는 치료자와 내담자가 상호작용하는 스토리텔링 치료나 집단상담 방식의 문학치료가 이루어지는 원리와 메커니즘을 확인할 수 있다. 예컨대 집단상담 스토리텔링 치료에서 참여자들은 작가와 독자 역할을 번갈아 수행하며 피드백과 셰어링(sharing)을 통해 내면의 마음 텍스트들을 상호 읽어 주고 써 주는 활동을 한다. 그래서 내면의 자기 스토리를 새롭게 만들게 되어 문제에 물든 내면의 자기 스토리를 수정하거나 보다 건강하게 자기 스토리를 강화할 수 있게 된다. 구체적으로 보면 집단에 모인 사람들은 먼저 마음의 문제와 연관된 어떤 주제로 그림을 그리고 거기에 대해 글을 쓰게 된다. 이 과정은 바닥에 내려 앉아 최대한 무의식적인 것까지 끌어올리는 작업을 요한다. 그런 다음 사람들은 그것을 가지고 의자로 올라와 앉아서 자기가 쓴 그림 텍스트와 글 텍스트를 제시하며 말이나 제스처로 된 텍스트로 이야기를 표현한다. 그러면 집단 참여자들은 그 이야기 텍스트를 듣고 자기 내면의 텍스트와 공명시킨다. 이로써 그들은 그렇게 말해진 텍스트에 대한 메타텍스트를 각자 만들게 된다. 그런 다음 각자의 메타텍스트를 돌아가면서, 혹은 자발적으로 표현한다. 이것을 스토리텔링 치료에서도 피드백과 셰어링이라고 한다. 한 참여자가 보내 준 텍스트에 대해 다른 참여자가 동감(sympathy)한 텍스트를, 다시 말해 메타텍스트를 전해 주는 것이 피드백이라면, 셰어링은 그렇게 만들어진 자기의 메타텍스트에 대한 상호텍스트의 메타텍스트, 즉 공감(empathy)의 자기 텍스트를 함께 나누는 것이라고 할 수 있다. 이렇게 스토리텔링 치료가 되는 메커니즘의 일부를 앞의 [그림 14-4]를 기준으로 표현하면, '② 스토리 → ③ 담화(④ 서술) → ⑤ 텍스트 → ⑧ 읽기 · 쓰기 → ⑨ 메타텍스트 → ⑪ 메타서사적 새겨넣기 → ⑫ 상호텍스트(⑤ 텍스트) → (3-2) 텍스트 외적 담화 → ②′ 새로운 스토리'로 나타낼 수 있다. 이렇게 해서 ②의 스토리와 ②′의 스토리가 달라지게 되어 새로운 마음의 스토리가 만들어진다. 이때 ② 스토리에서 ③ 담화(④ 서술)로 진행되는 과정에 있거나, (3-2) 텍스트 외적 담화를 통해

②′ 새로운 스토리로 변해 가는 과정에 있는 인지 스키마와 프레임을 건강하고 탄력 있게 유지하는 작업도 함께 이루어지면 더욱 좋을 것이다.

이 글에서는 지금까지 내러티브의 치유적 힘을 스토리텔링 치료에 활용하는 방법을 모색하기 위해 패트릭 오닐의 포스트고전서사학에 주목하였다. 오닐은 내러티브 2층위론에서 4층위론까지 이어지는 내러티브 층위론을 중심으로 고전서사학을 다진 후에 이에 기반하여 고전사학을 넘어서는 포스트고전서사학을 주장한다. 그는 내러티브 2층위론의 핵심인 스토리와 서사 담화를 구조적으로만 보지 않고 역동적인 상호작용과 담화에 의한 서사 전복의 가능성을 강조함으로써 고전서사학을 넘어섰다.

이러한 그의 이론은 스토리텔링 치료적으로 상담자의 주도적 역할과 내담자의 주체적인 자기 서사 마련에 이론적 근거를 제공할 수 있다. 또한 그는 스토리를 표현할 뿐만 아니라 형성하기도 하는 서사 담화가 텍스트 안에만 있는 것이 아니라 텍스트 외부, 즉 텍스트 상호 간이나 역사적·문화적 맥락, 상호 역동적 관계에서도 작용할 수 있다는 이론을 제시함으로써 스토리텔링 치료가 가능한 이론적 근거들을 제공하였다. 구체적으로 그는 내러티브의 텍스트성을 나누어 메타텍스트성과 상호텍스트성으로 구분하고 이것들의 상호작용을 강조함으로써 내러티브의 메타텍스트성을 활용한 발달적 자기 치유, 내담자의 독자적 스토리텔링 치료 등이 가능한 근거를 밝혔고, 상호 텍스트성에 근거하여 치료자-내담자의 상호작용적 스토리텔링 치료나 집단상담적 스토리텔링 치료가 가능한 근거를 제공하였다고 볼 수 있다.

오닐이 이렇게 포스트고전서사학을 주장하였지만 스토리텔링 치료 이론에 대해 주장한 것은 아니었기 때문에, 이 글에서는 그의 이론을 스토리텔링 치료에 끌어오기 위해 인지과학, 특히 기억이론과 이에 연결된 인지서사학을 다루었다. 그래서 기억의 재구성 작용과 인지 프레임 및 인지 스키마 이론을 활용하여 서사학 이론이 스토리텔링 치료 이론과 융합될 수 있는 연결고리가 마련되도록 하였다.

이 글에서는 주로 포스트고전서사학을 다루었다. 그러나 이것은 고전서사학을 연장하고 극복하며 확장한 것이라고 할 수 있다. 그래서 이것을 활용한 스토리텔링 치료를 하는 경우에도 고전서사학의 성과를 배제하지 않고 이를 포스트고전서사학의 성과와 함께 활용하여 통합적인 스토리텔링 치료로 나아가야 할 것이다.

서사 층위론과
발달적 스토리텔링 치료

제15장

🐦 내러티브, 인간, 발달적 스토리텔링 치료

지금까지 이 책에서 애기한 대로 사람들은 예로부터 이야기를 통해 즐거움과 행복을 느끼기도 하고 마음의 고통에서 벗어나기도 하였으며 이야기로써 고민거리와 마음의 문제들을 풀어내고 삶의 위안을 받기도 했다. 그래서 이야기는 정신분석을 비롯한 심리치료나 상담에서 기본 수단이 되어 왔을 뿐만 아니라, 최근에는 그 자체로서 이야기 치료, 내러티브 치료, 스토리텔링 치료[1] 등

---

1) 이야기 치료, 내러티브 치료, 스토리텔링 치료는 이야기·내러티브·스토리텔링을 치유적으로 각각 활용하는 방법이다. 내러티브 치료로는 호주의 마이클 화이트와 데이비스 엡스톤 등이 주창하여 미국과 캐나다, 유럽 등의 다른 여러 나라에서도 활용되고 있는, 사회구성주의 배경의 내러티브 치료(narrative therapy)가 대표적이다. 전 세계적으로 관련 연구가 수천 건 쌓여 있는 이 내러티브 치료는 우리나라에도 '이야기 치료'라는 이름으로 소개되어 관련 저·역서가 20여 권이나 된다. 그러나 원론적인 의미에서 내러티브 치료나 이야기 치료는 사회구성주의적 배경의 그런 치료뿐만 아니라 다른 치료적 배경에서 내러티브나 이야기를 활용한 치료도 그러한 명칭으로 부를 수 있을 것이다. 한편 스

의 이름으로 독자적인 치료 방법으로서 활용되고 있다.

그러면 이렇게 인간의 본성을 이루고 마음의 기본 원리로서 우리의 삶과 밀접할 뿐만 아니라 사람들에게 마음의 위로를 주고 마음의 문제들을 해결하는 데에 활용되고 있는 내러티브를, 사람들이 건강하고 튼튼한 심성을 유지하는 데에도 활용할 수 있지 않을까? 논의는 이러한 문제의식에서 출발한다. 내러티브는 이미 그 중요성에 주목한 여러 분야, 즉 문학은 물론이고 상담학, 심리학, 의학, 간호학, 신학, 언론학, 광고학, 법학, 사회학, 인류학, 역사학, 교육학 등에서 널리 활용하고 있다.[2] 특히 교육 분야에서도 내러티브를 활용한 실천과 연구가 활발하다. 교육 현장에서 내러티브 활용은 이제 국어, 영어는 물론이고 수학까지도 스토리텔링으로 강의하겠다고 하는 상황으로 전개되고 있다. 연구 분야로 보더라도 내러티브 교육 관련 연구들이 활발하며 이것은 내러티브 교육학회가 결성되어 활동하는 것으로도 표현되고 있다. 특히 내러티브를 활용한 교육 중에 심성 교육 관련 연구들도 있다.[3] 그러나 이와 관련해서 서사학과 스토리텔링 치료의 관점에서 접근한 연구는 별로 없는 상황이다. 여기에서는

토리텔링 치료는 앞에서 언급한 스토리텔링의 의미를 잘 살린 치료로서 필자가 처음 주도적으로 제기한 방법이다. 이것은 내러티브 치료나 이야기 치료를 포괄하면서도 내러티브에 관한 체계적인 학문인 서사학 활동과 매체학 기반의 매체 활용에 중점을 둔 스토리텔링 활용 치료 방법이라고 할 수 있다.

2) 클랜디니, 진 & 코넬리, F. 마이클/소경희, 강현석, 조덕주, 박민정 공역(2007), 『내러티브 탐구: 교육에서의 질적 연구의 경험과 사례』, 교육과학사; 클랜디니, 진/강현석, 소경희 외 공역(2011), 『연구방법론: 내러티브 탐구를 위한』, 교육과학사; 폴킹혼, 도널드/강현석 역(2009), 『내러티브, 인문과학을 만나다』, 서울: 학지사; 리처드 L. 홉킨스/강현석, 홍은숙, 장사형 외 공역(2013), 『내러티브 학교교육을 다시 디자인하다』, 창지사; 리스먼, 콜러 외/대한질적연구간호학회 역(2005), 『내러티브 분석: 질적 연구 방법 총서 1』, 군자출판사; 안수찬(2007), 『스트레이트를 넘어 내러티브로: 한국형 이야기 기사 쓰기』, 한국언론진흥재단; 브루너, 제롬/강현석, 김경수 공역(2010), 『이야기 만들기: 법/문학/인간의 삶을 말하다』, 교육과학사 등 참고.

3) 이 중에서 일부만 언급하면 다음과 같다. 이재호(2013. 12.), 「도덕교육에서의 심성과 내러티브」, 『초등도덕교육』, 제43집; 도홍찬(2011), 「이야기, 문학, 도덕교육」, 인간사랑; 임병덕(2002), 「도덕교육에서 예화의 의의」, 『도덕교육학연구』, 제3집; 조관성, 정은해(2009), 『우화를 통한 도덕적 사고 연습』, 서울: 학지사 등

내러티브에 관한 학문인 서사학과 내러티브의 치유적 활용 방법인 스토리텔링 치료의 관점에서 예방적·발달적 스토리텔링 치료에 접근하려고 한다. 의학에는 병을 치료하는 작업이 중요하지만, 예방 의학에서처럼 병에 걸리지 않도록 평소에 건강을 잘 유지하는 방법에 관한 연구도 중요하다. 스토리텔링 치료에도 심리적 고통이나 불편함, 마음의 문제를 치료·치유하는 것이 중요하지만, 마음의 건강과 올바른 심성을 육성하고 견지하도록 하는 것 역시 인생의 발달 단계에 따른 인격적 성장을 돕는 예방적·발달적 스토리텔링 치료(preventive-developmental storytelling therapy)로서 중요하다. 발달적 치료는 발달적 교육과 밀접한 관련이 있다. 이것은 특히 아동 청소년들이 가지고 있는 사회적·정서적 능력을 발전시키고 계발함으로써 인생의 발달 단계에서 직면하게 되는 삶의 문제들을 극복할 수 있도록 돕기 때문이다. 자존감, 공감능력, 사회성 등의 능력을 발전시킴으로써 유치원이나 학교에서의 생활, 교우관계, 진로 선택의 고민 등에서 오는 발달단계의 문제들을 쉽게 해결할 수 있도록 해 준다. 그래서 이것은 예방적 치료의 성격을 지니기도 한다. 여기에서는 특히 서사학의 서사 층위론(theory of narrative layers)을 통하여 스토리텔링 치료의 방법을 발달적 치료의 방향으로 활용하는 방법에 관해 다루고자 한다.

🐦 발달적 스토리텔링 치료의 서사적 근거

앞에서 필자는 서사학과 스토리텔링 치료의 관점에서 내러티브를 활용하여 발달적 스토리텔링 치료에 접근하는 연구를 하겠다고 하였다. 그러면 내러티브가 발달적 스토리텔링 치료에 유용할 수 있는 이유나 근거는 무엇인가? 그것은 우선 스토리텔링(storytelling)에서 텔링의 측면, 즉 내러티브의 스토리가 소통되는 매체의 관점에서 생각해 볼 수 있다. 내러티브 개념은 문학의 3대 장르 중에서 서정 문학이나 드라마 문학과 구별되던 서사시(epic, epos), 민담, 소설과 같은 서사문학에서 출발하여 현대에는 영화, 만화, 애니메이션, 컴퓨터게임 등의 여러 영역으로 확산되어 왔다. 내러티브 개념은 최근 이렇게 좁은 의미의 개념에서 광의의 개념으로까지 급속히 확장되었다. 내러티브는 문자나 책으로만 전달되는 것이 아니라 말, 그림, 영상, 동작 등을 통해서도 전달될 수 있다. 매체들은 언어 이전의 단순한 소리와 동작에서 그림, 말, 노래, 문자, 책, 만화, 영화, 애니메이션, TV, 컴퓨터게임에 이르기까지 시대 발전에 따라 등장하였다.

한편 내러티브는 우리 인류의 원시시대와 고대는 물론이고 중세 때까지 대부분 말을 통해 전달되었다. 단순한 소리나 동작, 그림은 내러티브를 충분히 전달하기에는 한계가 있었고, 문자는 이 시대에 없었거나, 있더라도 별로 쓰이지 않았기 때문이다. 사실 문자에 의한 내러티브 전달이 본격화된 근대 이후에도 대부분의 일상 이야기는 말로 전달되었고, 이것은 영화, 애니메이션, TV 등을 통한 전달이 유례없이 등장한 현대에도 마찬가지다.

그런데 이렇게 인류의 유년기에 해당하는 중세 이전에는 다른 대안이 없이 거의 말을 통해 내러티브가 전달되었다는 사실이 발달적 스토리텔링 치료와 관련해서 중요하다. 그리고 이것은 인간 개개인의 경우에도 해당한다. 우리가 어렸을 때는 아직 문자를 모르고, 알더라도 깊이 있는 개념이나 학문적인 방법을 익히기 이전이었기 때문에 주로 말을 통해 교육이 이루어질 수밖에 없다. 그리고 이때의 말도 개념적이고 학문적인 말이 아니라 구체적인 인물과 상황 속에서 어떤 맥락을 가지고 얘기되는 내러티브 방식으로 되어 있다. 그래서 이 시기의 발달적 치료는 인류사적인 맥락으로나 개인사적인 맥락으로나 내러티브를 통해 이루어질 수밖에 없다. 다시 말해 교육 중에서도 수학·영어·경제 교육 등과 달리 가장 초보적이고 먼저 이루어지는 교육이라고 할 수 있는 심성 교육은 내러티브를 통한 방법이 되기 쉽다. 이러한 사실은 2,300년 전 플라톤이 자신의 저술 『국가』에서 주장한 것에서도 확인할 수 있다. 이 책에서 플라톤은 당시까지 올바르게 선 교육은 이야기와 이야기를 형상화한 예술을 통해서 주로 이루어졌다는 점을 인정하고, 여기서 기존의 이런 교육을 어떻게 하면 철학으로써 업그레이드시킬 것인가를 고민한다.[4] 이처럼 내러티브는 그 속성상 인류의 유년기에 그리고 이후인 현대에도, 유아나 청소년뿐만 아니라 성인들에게도 마음 교육과 심성 교육에 유용하게 활용되고 있다.

또한 내러티브는 파편적인 경험들을 연결시켜 줄거리를 구성하여 구체적인 시간과 공간을 배경으로 사건들을 전개하기 때문에 추상적이지 않고 구체적이라는 장점이 있다. 그래서 상대에게 적합한 시간과 공간을 설정하여 이야기로써 접근해 갈 수 있다. 예컨대 어린아이에게 이야기할 경우 어린아이의 연령 수준과 공간 수준에 맞게 이야기가 설정될 수 있다. 어린아이 또래의 주인공들이나 그들과 관계될 수 있는 인물들이 등장해 어린아이가 접할 수 있는 공간에서 그들이 겪을 만한 사건들이 진행되는 것으로 표현될 수 있기 때문이다. 또 내러티브에는 등장인물들이 있어서 그 인물이 중심이 되어 사건이 진행됨으로써 이야기를 주고받는 사람들 중심으로 정보를 연결하여 흥미와 관심을 많이 끌 수 있다.

한편 우리는 스스로의 정체성을 주로 내러티브를 통해 형성한다. 앞에서 언급한 대로 내러티브는 우리 마음의 기본 원리이고 우리의 생각이 대부분 서사적 사고로 되어 있기 때문이다. 수세기 동안 철학자들은 우리에게 영향을 끼치는 것은 객관적인 세계뿐만 아니라 우리가 그 세계를 표현하고 해석하는 방식임을 인식하고 있었다.[5] 폴 리쾨르는 우리가 이야기를 통해 현실을 해석하고 이해할 수 있으며, 우리 자신의 정체성과 생각을 내러티브로써 정립하게 된다고 주장한다. 그는 이 정체성을 시간성 및 이야기와 관련해서 다룬다. 그에 따르면 시간적 존재인 인간에게 시간은 원래 추상적인 것이어서 그 자체로는 인식되기 어렵다. 우리가 인식하는 시간은 그 속에서 일어나는 사건들을 통해서 체험된다. 그런데 이러한 시간 속 체험들의 세계는 그 자체로는 파편적인 불협

---

4) 플라톤, 『국가(Republic)』, 401c~401e, 537e~539d.

5) 윌슨, 티모시/강유리 역(2012), 『스토리 : 행동의 방향을 바꾸는 강력한 심리 처방』, 웅진지식하우스, 19쪽 참고.

화음의 세계다. 질서도 없고 그 속에서 일관된 의미도 찾기 어렵다. 그래서 이러한 시간 속의 체험들이 질서와 의미를 가지려면 이야기의 세계로 포섭되어야 한다. 이야기에는 시간 경험의 순서에 질서를 부여하고 의미의 연결고리를 구성하는 힘이 있기 때문이다. 이야기의 "플롯 덕분에 목표와 원인과 우연들은 전체적이고 완전한 어떤 행동이 갖는 시간적인 통일성 아래 규합된다."[6]

주체는 이야기를 통해 이러한 시간 체험을 자신의 경험으로 하고 자기 이해를 심화하게 되면 자기 정체성을 확보하게 된다.[7] 리쾨르는 이것을 이야기 정체성(identité narrative; narrative identitiy)이라고 한다. 이처럼 우리는 이야기를 통해 자신의 정체성을 형성할 수 있고, 그래서 이야기를 통해 올바른 심성을 형성할 수 있는 것이다. 세계에 대한 "우리의 해석은 자기 자신에 대한 개인적 내러티브(personal narrative)에 뿌리를 두고"[8] 있기 때문이다.

이 밖에도 내러티브는 이야기된 내용에 의미와 가치를 부여할 수 있으며, 간접경험이나 추체험(追體驗)을 제공하고 모델링을 하고 대안을 제시하는 힘이 있어서 발달적 스토리텔링 치료에 유리하다. "사람들은 어린 시절 주 양육자들과의 교감으로부터 비롯되는 인간관계에 관한 '핵심 내러티브(core narrative)'를 갖고 있으며, 이런 내러티브는 마치 거름망처럼 성인이 된 후의 인간관계 해석에 (때로는 부정적인 방향으로) 영향을 끼친다. 간단히 정리하면, 우리가 세상을 해석하는 방식은 굉장히 중요하다. 우리의 해석은 자기 자신과 사회적 세계(social world)에 대해 각자가 형성하는 내러티브에 뿌리를 두고"[9] 있다.

---

6) Ricoeur, P. (1984)[1983] *Time and Narrative, Volume 1*, translated by Kathleen Blamey and David Pellauer, Chicago and London: University of Chicago Press, p. ix.

7) Ricoeur, P. (1988)[1985] *Time and Narrative, Volume 3*, translated by Kathleen Blamey and David Pellauer, Chicago and London : University of Chicago Press, p. 246.

8) 윌슨, 티모시/강유리 역(2012), 앞의 책, 23쪽.

9) 같은 쪽.

🐦 서사학의 서사 층위론

앞에서 내러티브가 발달적 치료와 밀접한 관계를 맺어왔고 거기에 유용한 근거를 제공하고 있다는 점을 확인했다. 그러면 이러한 내러티브의 기본 구성은 무엇이고, 또 그것들을 발달적 스토리텔링 치료에 활용할 방법은 없을까? 서사학에서는 내러티브를 단일한 층위로 보지 않고 대개 내용과 표현의 2층위로 나눈다. 즉 무엇(what)이 일어났는가 하는 내러티브의 내용과 그것을 어떻게(how) 나타낼 것인가 하는 표현 층위의 구분이 그것이다. 서사학자 시모어 채트먼은 내러티브의 내용을 스토리로, 내러티브의 표현을 서사 담화라고 말한다.[10] 패트릭 오닐도 다음과 같이 말한다. "모든 현대 서사학 이론이 토대로 삼는 기초적인 층위 구분은 정확히 말해 스토리와 담화, 두 층위로 나누는 것이다."[11] 이처럼 2층위 서사 이론을 주장하는 서사 이론가들은 많지만 그들이 말하는 서사 층위의 명칭은 조금씩 다르다. 이에 관한 자세한 설명은 앞 장에서 이미 충분히 언급했다.

한편 서사 이론가들이 모두 이런 서사 2층위 모델에 만족하는 것은 아니다. 몇몇 이론가들은 3층위 모델을 주장한다. 3층위 서사 이론을 제기하는 서사학자들의 이름과 서사 층위의 명칭 역시 앞에서 이미 논의했다. 그들은 이 모델이 2층위 모델의 서사 담화를 다시 나누어 (추론된) 과정과 그 (실제) 생산 결과로 구분하는 데에 더 효과적이라고 주장하기도 한다. 이 3층위 모델의 특징은 2층위 모델에 텍스트를 따로 내세우거나, 서사성을 내세우기도 한다는 것이다. 서사성은 2층위 모델의 담화를 텍스트 내적 담화로 보고 텍스트 외적 담화를 따로 강조해서 표현한 것이라고 할 수 있다. 한편 여기에 텍스트 환경이나 수용

---

10) Chatman, S. (1978). *Story and Discourse, Narrative Structure in Fiction and Film*. Ithaca: Cornell University Press, p. 22.

11) 오닐, 패트릭/이호 역(2004), 『담화의 허구, 서사 이론 읽기』, 예림기획, 35쪽.

자, 텍스트 맥락 등을 추가하여 4층위론을 주장하는 경우도 있다. 특히 패트릭 오닐은 내러티브의 층위를 다음과 같이 네 층위로 나누고 각각의 구성요소도 간단히 밝히고 있다.[12]

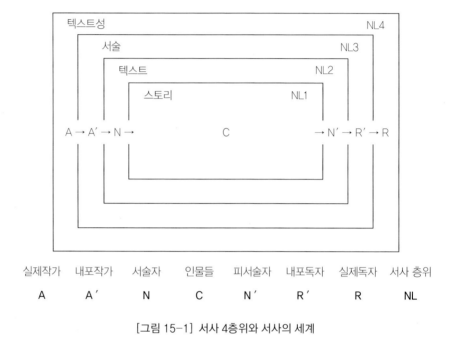

[그림 15-1] 서사 4층위와 서사의 세계

여기서 내러티브의 제1층위(Narrative Layer 1: NL1)는 스토리 층위이며, 채트 먼이 주장한 서사 담화 층위가 내러티브 제2층위 텍스트(text) 층위와 제3층위 서술(narration) 층위로 세분된다. 그리고 여기에 텍스트성(textuality)이 내러티 브의 제4층위로 추가되어 있다. 패트릭 오닐은 이를 다음과 같이 정리하고 있 다. 즉, "① 스토리는 텍스트로부터 재구성된 일련의 서술된 사건들이고, 따라 서 일종의 추상 개념이다. ② 텍스트는 구체적이고 불변하는 생산 결과, 즉 지

---

12) 오닐, 패트릭. 앞의 책, 194쪽.

면에 인쇄된 단어들 외의 다른 무엇도 아니며, 서술 층위에서 이루어진 결정들의 (추론된) 결과이며, 연구자에게 텍스트의 관심사는 스토리와의 차이에 있는 것으로 여겨진다. ③ 서술은 다층화된 텍스트 내적 과정, 즉 지면에 인쇄된 단어들의 (추론된) 원인이며, (스토리와 마찬가지로) 텍스트로부터 재구성된 것이다. 서술과 마찬가지로 ④ 텍스트성도 하나의 과정으로, 작가가 텍스트를 생산하고 독자가 그것을 수용하는 상호작용의 과정이다."[13] 그런데 패트릭 오닐의 내러티브 4층위 모델은 다시 둘로 나뉠 수 있다. 구체적인 텍스트와 여기서 추상적으로 추출된 스토리, 서술, 텍스트성이 바로 그것이다. 그래서 필자는 이를 다시 조합하여 텍스트[14]와 스토리, 텍스트와 서술(서사 담화), 텍스트와 텍스트성의 세 층위로 나누고, 이 층위들에서 다음과 같이 발달적 스토리텔링 치료에 접근해 보기로 하겠다.

🐦 내러티브의 추상적 세 층위와 발달적 스토리텔링 치료

스토리 층위를 중심으로 한 발달적 스토리텔링 치료

앞에서 스토리가 내러티브의 내용이라고 했다. 그러나 사실 그 자체는 아니다. 내러티브의 내용에는 인물·사물·사건들이 많이 있고 그것들을 밑받침하는 소재들도 많이 있으며 그것들이 드러나는 장면들 또한 많이 있다. 스토리는 이러한 것 중에서도 이것들을 관통하는 핵심적인 줄거리를 말한다.[15] 그래

---

13) 오닐, 패트릭. 앞의 책, 42f쪽.

14) 패트릭 오닐은 내러티브 4층위론을 소설을 중심으로 피력하였기 때문에 '텍스트'의 의미가 문자로 표현된 것을 주로 의미한다. 그러나 이 글에서 다루는 스토리텔링은 문자뿐만 아니라 다양한 매체를 통한 텔링을 말하기 때문에 스토리텔링 치료에서 말하는 '텍스트'는 문자뿐만 아니라 영화, 애니메이션, 연극 등의 다양한 매체를 통해 텔링된 구체적 표현물을 말한다.

서 스토리는 내러티브를 이루는 핵심으로서 추상적인 성격을 지닌다. 그리고 이것은 매체 독립성을 지님과 동시에 매체 전환성을 지닌다. 예컨대 〈춘향전〉 스토리는 민담·소설·판소리·만화·뮤지컬·영화·TV 드라마·라디오드 라마 등과 같이 〈춘향전〉 스토리가 들어가 생길 많은 문화 콘텐츠 작품과 독립 적·추상적으로 존재할 수 있다. 그리고 이『춘향전』스토리는 여러 매체에 들 어가 표현될 수 있다. 소설·영화 〈춘향전〉 등의 작품이 〈홍길동전〉 문화 콘 텐츠들과 구별될 수 있는 것은 그 스토리가 다르기 때문이다.

그런데 스토리텔링 치료에서는 이러한 스토리가 사람이라는 매체에도 들어 가 있다고 본다. 그것을 각 개인의 자기 스토리(I-story)라고 하고, 그 스토리가 표현된 내러티브를 "개인적 내러티브"[16]라고 한다. 그리고 개인의 내면에는 다 양한 여러 스토리가 있고 그중에서 개인의 마음을 지배하는 지배적 스토리가 있는 반면에 마음의 한구석에 방치되어 소외되어 있는 스토리들도 있다고 본 다.[17] 그래서 마음의 지배적 스토리가 도덕적·윤리적·인격적으로 튼튼하고 건강해서 심성과 인격을 잘 이끌어 갈 때 개인은 정신적으로 건강하고 인생의 발달단계에서 직면하게 되는 삶의 문제들을 잘 극복해 나갈 수 있다. 자기 스토 리는 다른 스토리와 연결되어 융합되기도 하고, 다른 스토리에 견인될 수도 있 다. 이런 면에서 내러티브 스토리를 통한 심성 교육이 의미를 지닐 수 있다.

앞에서 내러티브가 인류의 유년기부터, 그리고 개인사의 유년기부터 발달 적 스토리텔링 치료에 요긴하게 활용되어 왔다고 하였는데, 이 경우 대부분 내 러티브의 스토리를 통한 것이었다고 할 수 있다. 우리는 전통적으로 효성, 형 제애, 부부애, 우정, 이타심 등을 내용으로 한 스토리 중심의 이야기를 통해 심

---

15) Chatman, S. 앞의 책, p. 267.

16) 윌슨, 티모시/강유리 역(2012), 앞의 책, 23쪽.

17) Payne, M. (2006), *Narrative Therapy*, second edition, London: SAGE Publications Ltd, p. 5-17; 모 건, 앨리스/고미영 역(2003),『이야기치료란 무엇인가?』, 청목출판사, 17-24쪽; 졸고,「스토리텔링 치료의 치료 요인과 그 적용」,『헤세연구』, 제25집, 231-232쪽.

성 교육을 많이 받아 왔다. 그래서 효자·효부에 관한 이야기, 우애 깊은 형제에 관한 이야기, 가난한 가운데에서 고난을 이겨 가며 서로 사랑하는 부부의 이야기, 친구에 대한 헌신과 믿음의 이야기, 가난하고 불쌍한 사람을 돕고 복 받은 이야기들을 가정과 학교에서 듣고 자라며 자신의 마음을 돌보고 건강한 심성을 유지하고 키워 온 것이다. 동양에서 전통적으로 아동들을 대상으로 발달적 스토리텔링 치료를 한 대표적인 책이라고 할 수 있는 『소학(小學)』에서도 이야기를 통한 심성 교육의 중요성을 다음과 같이 밝히고 있다.

어린아이의 학습은 기억하고 외우는 데 그칠 것이 아니라 자신의 타고난 지혜와 능력을 길러 주는 것이어야 한다. 따라서 어릴 때는 당연히 먼저 이야기해 주는 것을 위주로 해야 한다. 옛날의 일이나 지금의 일이나 상관없이 매일 고사를 기억하게 하는데 반드시 효제충신이나 예의염치 같은 이야기를 우선 들려주어야 한다. 이를테면 황향(黃香)이 더울 때에 부모의 베개에 부채질해 준 일, 육적(陸績)이 귤을 어머니에게 드리려고 품에 넣었던 일, 숙오(叔敖)가 어릴 때에 머리 둘 달린 뱀을 죽여 남들 모르게 음덕을 쌓은 일, 자로(子路)가 부모를 봉양하기 위해 백 리 밖에 나가 쌀을 져 온 일 등을 단지 세상의 보통 이야기처럼 들려주면 이 도리를 깨달을 것이다. 이처럼 해서 오래오래 익숙해지고 습관이 되면 덕 있는 성품이 자연스럽게 이루어질 것이다.

－「양문공가훈(楊文公家訓)」[18]

여기 『소학』에서는 아이들에게 기억하고 외우게 하는 지식 공부뿐만 아니라 "지혜와 능력을 길러 주는" "이야기를 우선 들려주어야" 하고, 이로써 "덕 있는 성품이 자연스럽게 이루어질" 수 있을 것이라고 강조하고 있다. 앞의 인용문에서도 황향, 육적, 숙오, 자로를 주인공으로 하는 네 가지 이야기를 핵심 내용 정

18) 주희, 유청지 편/윤호창 역(2012), 『소학』, 홍익출판사, 157-158쪽, (第五 嘉言, 立敎 2).

도로만 거론하며 예로 들고 있지만, 실제로 『소학』은 많은 부분에서 옛 성현들의 구체적인 이야기로써 어린이에게 발달적 스토리텔링 치료를 실시하려 했다. 『소학』은 크게 내편과 외편으로 나뉘어 있는데, 내편은 「교육의 길[입교(立敎)]」 「인간의 길[명륜(明倫)]」 「고대의 도[계고(稽古)]」로 되어 있으며 외편은 「착한 행동[선행(善行)]」과 「아름다운 말[가언(嘉言)]」로 구성되어 있다. 『소학』은 「입교」와 「명륜」의 내용을 「계고」 「선행」 「가언」에서 다시 설명하고 입증하는 중층적인 구조로 되어 있는데, 이곳에서는 특히 앞의 내편에서 다룬 발달적 스토리텔링 치료의 기본원칙들을 내러티브를 통해 입증하려고 하고 있다. 「계고」에서는 한대(漢代) 이전 성현들의 행적을 통해, 「선행」과 「가언」에서는 한대 이후 성현들의 행적 이야기를 통해 건강한 심성 교육을 하고 있다. 『소학』의 「계고」의 '명륜(明倫)' 편에 실린 다음의 이야기도 과거에 발달적 스토리텔링 치료에 많이 활용되었을 내러티브 스토리라고 할 수 있다.

> 증자(曾子)는 아버지인 증석(曾晳)을 봉양할 때 반드시 술과 고기를 마련했다. 밥상을 물리려 할 때는 반드시 남은 음식을 누구에게 줄 것인가를 물어보았으며 남은 것이 있느냐고 물으면 증석이 반드시 "있다"고 대답했다. 증석이 죽자 아들 증원(曾元)이 아버지인 증자를 봉양했는데, 마찬가지로 반드시 술과 고기를 마련했다. 그러나 밥상을 물리려 할 때 남은 음식을 누구에게 줄 것인가를 물어보지 않았으며, 남은 것이 있느냐고 물으면 증자가 "없다"고 대답했다. 이것은 남은 음식을 다시 상에 올리려고 했기 때문이다. 증원의 이런 자세는 입과 몸만을 봉양하는 것이다. 만약 증자같이 한다면 부모의 뜻을 봉양한다고 할 수 있다. 부모를 섬길 때에는 증자처럼 하는 것이 좋다.
>
> ─『맹자(孟子)』 「이루상(離婁上)」[19]

---

19) 주희, 유청지 편, 앞의 책, 128-129쪽, (第四 稽古, 明倫 12).

유명한 증자를 중심으로 한 이야기를 통해 물질적인 형식적 효도보다는 부모의 마음을 헤아리는 진심 어린 효도가 중요하다는 메시지다. 부모에게도 배려와 마음 돌봄이 중요하다는 것이고 이를 통해 가정에서 심성 바른 사람으로 성장해 갈 수 있도록 하는 일이 중요하다는 것이다. 이 밖에 밤중에 서로에게 볏단을 몰래 옮겨 더해 주었다는 의좋은 형제 이야기도 교과서에 실리고 지역 공동체의 기념상[20)]으로도 만들어져 심성 교육에 활용된 유명한 경우다. 서양에서도 도덕적 가치와 모범을 찾을 수 있는 교훈을 담은 이야기로써 발달적 스토리텔링 치료를 실시하여 왔다. 예를 들면 '우정'을 교육하기 위해서는 역사적으로 위대한 인물들의 우정에 관한 이야기, 이솝 이야기 등을 활용하였고, '정직'을 담은 이야기로는 피노키오 이야기, 벌거숭이 임금님 이야기, 소크라테스와 글라우콘 등의 대화를 담은 플라톤의 『국가(Politeia)』에 있는 〈정의론〉 등을 활용하였다.[21)] 미국에서도 심성 교육은 누구나 동의하리라 생각되는 정직, 성실, 우정, 책임, 정의와 같은 덕목들을 선택하여 이에 관한 모범적인 이야기를 전달하는 방식으로 이루어졌다.[22)]

내러티브 스토리는 매일 우리가 우리의 심성에 조금씩 칠해 가는 유화와 같다.[23)] 마음 돌봄 대상자의 관심과 시대적 요구에 잘 부응할 수 있는 것으로서 발달적 스토리텔링 치료에 효과가 있는 스토리들을 모아서 활용하는 것은 발달적 스토리텔링 치료의 기본 단계라고 할 수 있다. 이것은 우리가 일상생활에서 모국어를 배워 능숙하게 사용하는 것과 비슷하다. 유년시절에 엄마나 가족으로부터 문법규칙이 녹아 있는 말을 계속 듣고 부분부분 따라 하는 과정에

---

20) 충남 예산군 대흥면의 '의좋은 형제마을'에서는 이 이야기의 발원 지역으로 자처하며 기념상을 세움으로써 형제애를 강조한 스토리의 이야기를 통해 형제 사이의 갈등을 예방하거나 살아가면서 겪게 될 형제 갈등의 문제를 해결하는 데에 기여하고 있다.

21) 이재호(2006. 12.), 「도덕과 수업에서 이야기 교육의 의의와 한계」, 『도덕윤리과교육』, 제23호, 219쪽.

22) 김태훈(1999), 『덕 교육론』, 서울: 양서원, 32쪽.

23) 윌슨, 티모시/강유리 역(2012), 앞의 책, 25쪽.

서 저절로 문법규칙을 터득해 제대로 된 모국어를 능숙하게 구사하는 것과 비슷하다. 이것은 앞의 『소학』 인용문에서 "단지 세상의 보통 이야기처럼 들려주면 이 도리를 깨달을 것이다."라고 한 것처럼, 콩나물을 기를 때에 그냥 물을 부어 주었을 뿐이지만 콩나물이 잘 자라는 이치와도 비슷하다고 비유적으로 말할 수 있을 것이다. 좋은 스토리, 좋은 시나리오에서 좋은 문화 콘텐츠가 나올 수 있는 것처럼, 훌륭한 심성적 요소를 보유한 내면의 스토리를 통해 심성 좋은 사람이 만들어질 수 있을 것이기 때문이다. 그래서 이런 치료적 예화(exemplary narrative)로는 허구적 스토리뿐만 아니라 실제 현실 속의 스토리, 경험된 스토리도 활용되기에 좋을 것이다.

그런데 발달적 스토리텔링 치료를 스토리 층위 중심으로 전개하려면, 스토리의 구성요소들을 잘 활용하는 것도 중요하다. 스토리의 구성 요소로는 인물(캐릭터), 사건, 모티프, 시간, 공간 등이 있다. 그래서 심성 교육에 적합한 인물과 사건, 시공간의 배경이 있는 스토리를 발굴하고 적용하는 것이 필요하다. 그리고 이것들을 스토리텔링이 치유적 기능을 하게 되는 핵심 요소나 원리들에 잘 맞도록 활용하는 것도 중요하다. 그러한 원리들로는 동일시, 카타르시스, 객관성, 보편성, 통찰, 모델링 등의 것들이 있는데, 스토리와 그 구성요소들이 이러한 원리를 실현하는 방식으로 활용될 때, 발달적 치료 효과는 더 커질 것이다.

서술(서사 담화) 층위 중심의 발달적 스토리텔링 치료

앞에서 언급한 대로 내러티브 2층위론에는 스토리 외에도 디스코스, 즉 서사 담화라는 층위가 있고, 3층위론에는 서술(narration)이 또 있다. 같은 〈춘향전〉 스토리라고 해도 소설로 표현된 춘향전 이야기와 만화로 표현된 춘향전, 영화로 표현된 춘향전은 그 성격과 느낌이 많이 다르다. 비슷한 시놉시스를 가지고 시작해도 감독과 작가, 배우에 따라 만들어지는 영화가 많이 달라서 어떤 영화는 대박을 터트리고, 어떤 영화는 쪽박을 찰 수 있다. 그래서 좋은 문화 콘텐츠를 만드는 능력이 좋은 대본을 가지고 있는 것보다 더 중요할 수도 있다. 이렇듯이 현실에서 추출된 스토리가 우리의 내면에 받아들여져 마음의 영사막에 상영될 때는 같은 스토리라고 해도 그것이 어떻게(how) 표현될 수 있는가 하는 점이 아주 중요하다. 외부에서 스토리를 받아들이더라도 내면에 어떤 내러티브로 제작해서 그것을 마음에 견지할 수 있도록 하는가 하는 것이 발달적 스토리텔링 치료에서 중요할 수 있다는 것이다. 사람마다 같은 현상을 서로 달리 받아들이고 달리 반응할 수 있는 경우가 있기 때문이다. 이것들이 축적되면 심성이 서로 다른 사람들이 될 수 있다. 현대 서사학에서는 담화의 기능이 확장되는 현대 소설의 추세에 따라 스토리보다 담화의 기능을 강조한다. 그래서 담화가 "스토리를 완전히 관심 밖으로 밀어냈으며, 독자가 관심을 기울이는 스토리의 지위를 의기양양하게 빼앗고 대신 그 자리를 차지하는 데 완전히 성공하였다." 라고[24] 주장되기도 한다. 이것은 스토리의 단순한 표현에 머물던 과거의 서사 담화가 아니라 서사 담화에 의해 스토리가 생겨날 수도 있는, 서사의 '전복 현상'을 지적하는 말이다.

　이러한 관점에서 보면, 도덕적 판단 능력을 기르는 훈련이 중요하다는 면에서 건강한 내면의 스토리를 만들어 내는 서사 능력(narrative competence)의 배양을 강조할 필요가 있다. 내러티브가 매일 우리가 우리의 심성에 조금씩 덧칠해 가는 유화와 같다지만, 그 내러티브를 수정하려면 겹겹이 쌓인 유화물감을 벗겨 내고 새 캔버스 위에 처음부터 다시 시작해야 한다.[25] 차라리 아름다운 그림을 만들어 내는 능력을 향상시키는 것처럼 훌륭한 심성이 만들어지는 마음의 시스템을 건강하게 하는 것이 근본적이고 지속적인 해결책이 될 수도 있을 것이다.

　이것은 우리나라 도덕교육 과정에 전통적인 도덕교육 방식에서 탈피하여 콜

---

24) 오닐, 패트릭/이호 역, 앞의 책, 102쪽.
25) 윌슨, 티모시/강유리 역(2012), 같은 쪽.

버그(Kohlberg)식의 토론 수업이 새로운 대안으로 등장한 것과도 연결된다.[26) 로렌스 콜버그(Lawrence Kohlberg)는 도덕적인 스토리 중심의 전통적인 심성 교육 방법을 일방적이고 교화적이라고 비판하면서 가설적인 딜레마 이야기를 통해 교사와 학생, 학생과 학생들이 서로 대화하고 토론함으로써 학생들의 인성 능력을 발달시킬 수 있다고 주장한다. 예컨대 그는 다음과 같은 딜레마 이야기를 제시하고 학생들의 도덕 판단 능력을 신장시키는 교육의 계기로 삼고자 한다.

> 유럽에서 어떤 부인이 암으로 죽어 가고 있었다. 의사가 보기에 그녀를 구할 수 있는 약이 꼭 하나 있다. 그 약은 마을의 약제사가 최근 발견한 일종의 라디움이다. 약을 제조하는 데 비용도 많이 들었지만, 약제사는 약을 만드는 데 든 비용의 열 배 정도를 약값으로 매겨 놓았다. 다시 말해, 그는 라디움을 만드는 데 400달러를 들였고 정량의 약에다 4,000달러를 매겨 놓았다. 남편인 하인즈는 돈을 빌리기 위해 아는 사람을 모두 만나 통사정해 보았고 모든 합법적 수단을 다 동원해 보았지만, 약값의 절반밖에 되지 않는 2,000달러 정도를 구했을 뿐이다. 그는 약제사를 찾아가 아내가 죽어 가고 있음을 말했고, 좀 싼값에 팔든지 아니면 모자라는 돈은 외상으로 해 줄 것을 간청했다. 그러나 약제사는 이렇게 말했다. "안 됩니다. 내가 그 약을 발견했습니다. 그 약으로 돈을 좀 벌어야겠습니다." 모든 합법적 수단을 다해 보았지만 별 수 없던 하인즈는 절망에 빠진 나머지 아내를 구할 그 약을 훔치려 약제사의 점포를 털 궁리를 한다.[27)

---

26) 이재호, 앞의 글, 220쪽.

27) Kohlberg, L. (1981). *The Psychology of Moral Development: The Nature and Validity of Moral Stages, Essays on Moral Development II.* San Francisco: Harper & Row Publishers [김민남 역(2001), 『도덕발달의 심리학: 도덕단계의 본질과 타당성』, 서울: 교육과학사, 669쪽].

콜버그의 토론 모델에 따르면 발달적 스토리텔링 치료 수업에서 교사는 이 이야기를 들려주고 학생들에게 도덕적 사고를 할 수 있도록 다음과 같은 질문을 던질 것이다. "하인즈는 약을 훔쳐야 하는가, 훔치지 말아야 하는가?" 교사는 이런 질문에서 그치지 않고 "왜 그런가?" "왜 그렇게 판단했는가?" 등의 후속 질문을 던져야 한다.

이런 딜레마 이야기를 통한 토론 수업으로 또 유명한 것은 얼마 전에 우리나라에서 많은 인기를 끌었던 마이클 샌델의 하버드 대학교 강의가 있다. 이 강의에서 비롯된 그의 책 『정의란 무엇인가』의 최대 장점은 수많은 실제 사례 이야기를 통해 '정의'의 문제나 정치 철학의 문제에 관한 심성 훈련을 시키려 한다는 점이다. 예컨대 영국 선원 네 명이 난파된 보트에서 살아남기 위해 그중에서 약한 동료 한 명을 잡아먹고 24일 만에 구조된 사건이나[28] 독일에서 어떤 남자가 다른 사람에게 잡아먹힐 의향이 있는 사람을 인터넷으로 공고해서 모집했고 이에 자발적으로 응한 남자를 죽여 요리해 먹은 사건[29]을 놓고, 도덕은 결과에 따라 따질 문제인가 아니면 그 이전의 기본 절대 권리를 전제로 해야 하는가, 혹은 자유의지 존중 원칙은 어디까지 인정해야 하는가 등의 문제를 생각하도록 한다. 또 자기 집에 친구가 피신해 온 직후 살인마가 자기 집 문 앞에 찾아와 그 친구를 보았느냐고 물었을 때나, 전혀 마음에 들지 않는 선물을 해 준 친구에게 받은 소감을 말해야 할 때 선의의 거짓말을 해야 하느냐 마느냐의 문제에 대해서도 사례 이야기를 놓고 칸트의 정언 명령과 함께 도덕적 판단의 훈련을 하게 한다.[30]

우리는 이렇게 딜레마 이야기를 토론거리로 놓고 사고 훈련을 하는 것을 서사 담화, 혹은 서술의 측면, 즉 제시된 이야기에 대한 후속 이야기 만들기나 이

---

28) 샌델, 마이클/이창신 역(2010), 『정의란 무엇인가』, 김영사, 51-52쪽.

29) 위의 책, 106-107쪽.

30) 위의 책, 183-186쪽.

야기 바꿔 만들기 등의 관점에서 생각해 볼 수 있다. 앞에서 언급한 딜레마 이야기의 경우에서처럼 학생들에게 본인이 그 주인공이 되었다고 하고 후속 이야기를 만들도록 한 후, 그렇게 이야기를 만든 이유나 그렇게 보는 관점에 대해 설명하고 그 근거를 대며 다른 친구들과 비교하는 작업을 통해 자신의 건강한 서사 능력을 키울 수 있을 것이다. 이러한 작업은 서사 담화나 서술의 구성 요소인 서술 시점과 관점, 심리적 거리감 등을 건강하게 유지하는 능력을 기르는 것과도 연관이 있다. 이런 경우, 제시되는 치료적 예화가 서술층위의 내포독자가 관습적으로 가지고 있었던 관점이나 입장, 심리적 거리감 등을 뒤흔들고 불완전한 부분을 건강하게 만들어 주는 작업이 되어야 할 것이다. 예컨대 그림책 『공원에서 일어난 이야기』를[31] 가지고 발달적 스토리텔링 치료를 하는 경우, 네 명의 등장인물들이 같은 시간, 같은 장소(공원)에서 같은 사건을 경험하거나 목격했음에도 시각과 관점, 심리적 거리감 등에서 제각각 다를 수 있음을 깨닫게 됨으로써 상대방의 관점과 입장을 존중해 주는 훈련을 하게 할 수 있다.

예화로 제시된 이야기를 놓고 학생들이 후속 이야기를 만들어 나가면서 스토리를 표현하고 서사 담화 요소들을 효과적으로 활용하는 능력을 길러 주는 것이 발달적 스토리텔링 치료의 한 방향이라고 할 수 있다.[32]

그런데 건강한 마음의 서사 능력을 키우는 작업과 관련된 이야기로서 앞에서 언급한 로렌스 콜버그나 마이클 샌델의 딜레마 이야기는, 앞 절에서 다룬 발달적 스토리텔링 치료의 내용을 담고 있는 스토리 중심의 이야기와는 그 성격이 많이 다르다. 앞에서 언급한 예에서도 알 수 있듯이 이런 이야기에는 그 자체로 건강한 마음의 사람이나 사건의 내용이 전혀 없다. 오로지 건강한 심성의 능력을 기르기 위한 훈련의 도구일 뿐이다.

---

31) 브라운 앤서니 글·그림/김향금 역(2007), 『공원에서 일어난 이야기』, 삼성출판사.

32) 서사담화 중심의 스토리텔링 치료에 관한 보다 상세한 논의는 다음을 참고. 졸고(2011. 5.), 「서사 담화와 스토리텔링 치료」, 『뷔히너와현대문학』, pp. 281-302.

텍스트성(텍스트 관계성) 층위 중심의 발달적 스토리텔링 치료

지금까지 서사학적 관점에서 내러티브의 두 층위를 중심으로 발달적 스토리텔링 치료에 접근해 보았고, 각각에 장단점이 있는 것도 확인했다. 그러면 이러한 각각의 단점들을 극복하고 한 단계 업그레이드할 수 있는 방법은 또 없을까? 제3의 방법으로 서사의 3층위론이나 4층위론을 바탕으로 한 발달적 스토리텔링 치료를 고려해 볼 수 있다. 앞에서 언급한 대로 서사학에서 내러티브를 보통 2층위로 논의하는 경우가 많기는 하지만 여기에 머무르지 않고 보다 정교하게 서사 3층위론을 주장하는 서사학자들도 있다. 예컨대 리몬-케넌은 서사 2층위론자인 시모어 채트먼이 이야기한 '담화'로 설명하는 데에 만족한 내러티브의 한 측면을 '서술'과 '텍스트'로 다시 나누고 '서술'을 서사 담화의 추론된 과정으로, '텍스트'를 서사 담화의 구체적인 생산 결과로 설명한다.[33] 그리고 앞에서 얘기한 대로 패트릭 오닐은 여기서 더 나아가 '텍스트성(textuality)'을 추가하여 스토리, 텍스트, 서술, 텍스트성이라는 내러티브 4층위론을 주장하기도 한다. 한편 로만 야콥슨은 정보소통 모델에서 다음과 같이 메시지뿐만 아니라 이 메시지의 발신자(addresser)와 수신자(addressee), 이 메시지가 관계하는 환경으로서의 상황(context)과 접촉(contact), 그 메시지를 표현하는 코드(code), 즉 매체를 함께 고려하도록 주장한다.[34]

---

33) Rimmon-Kenan, S. (1983). *Narrative Fiction: Contemporary Poetics*, London and New York: Methuen, p. 4ff. 리몬-케넌은 소설을 스토리, 텍스트, 내레이션의 3가지로 나누고, 다시 스토리를 사건과 인물로, 텍스트를 시간과 성격 창조와 초점화로, 내레이션을 수준과 목소리와 대화 재현으로 세분하였다. 그의 이런 주장은 제라르 주네트가 스토리(histoire), 이야기(récit), 서술(narration)로 나눈 것에서 영향을 받은 결과라고 할 수 있다.

34) 로만 야콥슨/김재일 역(1989), 『일반언어학 이론』, 민음사, 215쪽 이하.

상황

발신자 ——— 메시지 ——— 수신자

접촉

코드

야콥슨의 이 정보소통 모델은 내러티브를 통한 소통에도 그대로 적용될 수 있다. 발신자(작가, 화자 등)가 보낸 내러티브 메시지는 발신자와 수신자(독자, 청취자, 관객 등)가 처한 상황에 따라서, 전달 코드에 따라서, 그리고 발신자와 수신자가 각각 어떤 사람인가에 따라 조금씩 다르게 전달될 것이다. 그래서 이 것은 다음과 같이 시모어 채트먼의 내러티브 소통 모델로 바꿔 표현될 수 있다. 채트먼은 야콥슨의 발신자-메시지-수신자 모델을 다음과 같이 실제작가(Real author)와 내포작가(Implied author), 화자(Narrator), 수화자(Narratee), 내포독자 (Implied reader), 실제독자(Real reader)로 더 나누고 이를 함께 고려하여야 한다 고 주장한다.[35]

실제 작가…→‖ 내포작가 → (화자) → 메시지 → (수화자) → 내포독자 ‖ … → 실제 독자

이것을 패트릭 오닐의 서사 4층위론으로 설명하면, 화자와 수화자는 서사 제 2층위인 텍스트 층위에 있고, 내포작가와 내포독자는 서사 제3층위인 서술 층 위에 있으며, 실제 작가와 실제 독자는 서사 제4층위인 텍스트성 층위에 있다. 텍스트는 스토리로 추상화될 수 있고, 서술 과정 속에서 구체화될 수 있다. 텍 스트성 차원에서는 텍스트가 하나가 아니고 여러 개로 존재하고 변화할 수 있

---

35) Chatman, S. 앞의 책, p. 151.

다. 특히 패트릭 오닐의 서사 제4층위에서 텍스트는 작품 속에만 있는 것이 아니다. 수많은 실제독자에 의해 달리 수용되는 텍스트가 있을 수 있고, 이미 실제독자들의 내면에 들어 있는 스토리 차원의 텍스트도 있다. 그리고 제공된 텍스트와 연관될 수 있는 현실의 다른 유사한 텍스트도 있다. 이것은 영화, 그림책, 소설 등의 형식으로 된 텍스트일 수도 있고 다른 세상 사람들이 유사하게 경험한 실제 이야기일 수도 있다. 텍스트성 층위를 중심으로 보면 발달적 스토리텔링 치료에서 이것들이 상호 연계되어야 한다. 그래서 하나의 치료 텍스트가 제공되면 관련 텍스트가 연관될 수 있으며 이것은 또 변형되어 수용되는 텍스트로 바뀔 수도 있다. 그리고 이것은 독자나 참여자 내면의 스토리로 전환될 수 있다. 결국 피드백과 셰어링으로 다시 표현되는 텍스트를 통해 새롭게 변형되고 수용될 수 있다. 이런 과정은 수용미학의 지평 이론으로 설명되는 다른 텍스트 이론과도 연관될 수 있으며, 해석학적 순환 과정에 있는 역동적인 텍스트로 해석될 수도 있다. 이때는 특히 자기 내면의 텍스트나 자신과 연관된 텍스트가 중요하다. 이러한 층위의 스토리텔링 치료는 텍스트들이 관계 속에서 서로 공감되고 융합되는 변형의 과정이라고 할 수 있다. 이러한 과정은 서사 제1층위에서 제2층위와 제3층위를 거쳐 제4층위까지 상승하고 하강하는 순환 과정을 거치게 된다.

　이러한 과정에서는 제시된 치료 텍스트의 내포독자와 실제독자의 관점과 심리적 서사 능력 구조를 치유적으로 변화시켜 주는 작업이 필요하다. 그리고 내담자나 참여자들이 내포작가가 되어 그 텍스트를 자기 스토리(I-stories)로 통합하여 자기 이야기로 다시 쓸 수 있도록 해 주는 작업이 필요하다. 이런 면에서 볼 때 내러티브를 발달적 스토리텔링 치료에 활용하는 경우, 앞에서 다룬 스토리와 서사 담화(서술)라는 두 가지 관점을 넘어서 내러티브에 관계되는 상황과 당사자들, 그리고 그들의 상황과 상호작용을 함께 고려할 필요가 있다. 스토리텔링 치료에서는 이것들이 내담자와 상담가, 집단상담 참여자 사이의 피드백과 셰어링의 방식으로 나타나기 때문이다. 발달적 스토리텔링 치료에서는 제시된 치료적 내러티브 텍스트에 구체적인 개인의 경험에서 우러나온 스토리가 결부되고 이것은 다시 이야기를 나누는 사람의 내면의 스토리로 융합될 수 있어야 한다.[36] 그리고 이때 스토리가 세분되어 그 구성요소들인 인물과 사건, 모티프, 시간, 공간 등의 요소를 최대한 활용하는 방식이 되면 좋을 것이다. 예컨대 주인공을 비롯한 등장인물의 경우는 발달적 스토리텔링 치료에 적합한 스토리로 다시 만들 때 인물의 대체, 재편성을 통해 새로운 스토리가 가능할 수 있다. 사건을 바꿔서 스토리를 변경시킬 수도 있으며, 모티프 연결의 구조를 바꿔서 스토리 라인이 아주 달라질 수도 있다.[37]

　서사 4층위론에서 강조하는 '텍스트성', 즉 텍스트가 존재하는 상황의 관계적 맥락도 고려하여 서사담화를 사회적인 담론으로[38] 형성하도록 해서 주위에서 올바른 심성을 지켜 나가도록 지지하는 힘을 쌓게 하는 것도 중요하다.[39] 그

---

36) 예컨대, 에리히 케스트너(Erich Kästner)의 『마주 보기: 마음을 위한 약상자』(윤진희 역, 한문화, 2004.)에 담긴 시 〈인생을 되풀이할 수 있다면〉은 내러티브가 뚜렷한 시다. 제시된 이 시에 내담자나 참여자들이 자신의 내러티브를 연결하고, 이에 대해 다른 참여자들이 피드백과 셰어링으로 이야기를 계속함으로써 텍스트의 연쇄적인 관계 맺음이 가능해진다. 그리고 궁극적으로 이것들은 참여자들의 자기 스토리(I-stories)로 내면화되어 그들의 심성에 영향을 미친다. 이런 작업은 헤르만 헤세의 작품 『데미안(Demian)』이나 『크눌프(Knulp)』를 통해서도 가능할 수 있다. 황승환(2012), 「낭만주의자 헤세와 융 심리학」, 『카프카연구』(Vol. 28), pp. 165-190 및 채연숙(2013), 「헤세의 『크눌프』, 문학치료학으로 다시 읽기」, 『헤세연구』(Vol. 29), 6. pp. 49-75 참고.

37) 스토리 중심의 스토리텔링 치료에 관한 보다 상세한 언급은 다음을 참고. 졸고(2011. 6.), 「서사 스토리의 핵심요소와 스토리텔링 치료—강박증 치료 스토리텔링 치료를 중심으로」, 『독일언어문학』, pp. 115-134.

38) 스토리와 함께 내러티브를 구성하는 두 축이라고 할 수 있는 'discourse'는 '(서사)담화' 혹은 '담론'으로 번역되는데, 전자가 개인적 이야기 차원에서 주로 사용된다면 후자의 '담론'은 주로 집단적·사회적 맥락에서 사용된다.

39) 이야기 상담치료(narrative therapy)에서 치료적 기법으로 외부 증인집단을 운영하는 것도 이와 비슷하게 볼 수 있다. 여기서는 내담자가 상담사의 도움으로 문제에 물든 지배적 자기서사를 해체하고 치료적·대안적 서사를 마련하게 한 후에 내담자의 부모나 친구, 존경하는 사람, 상담사들이 증인이 되어 내담자의 그 치료적 대안 서사를 지지해 주고 보완해 주는 내러티브를 주고받는 방법을 사용하기 때문이다. 모건, 엘리스/고미영 역(2003), 『이야기치료란 무엇인가?』, 청록출판사 등 참고.

리고 스토리텔링 치료에 적합한 치료적 원리를 발달적 스토리텔링 치료에 잘 관철시켜 나가는 것 또한 필요하다. 스토리텔링 치료의 치료 원리로는 동일시, 보편화, 객관화, 카타르시스, 모델링, 대안 제시, 통찰, 무의식의 의식화 등이 있다.[40] 예컨대 인칭과 관점을 치유적으로 전환함으로써 동일시·공감 능력을 배양하는 것이나, 심리적·시간적·공간적 거리감을 조절함으로써 객관성과 보편성을 획득하도록 하는 것을 얘기할 수 있을 것이다.

이런 면에서 제공된 내러티브에 대해 참여자들이 자신의 개인 이야기로 피드백과 셰어링을 해 주고, 이 과정에서 치료사는 촉진자(facilitator) 역할을 적극적으로 할 필요가 있다. 이러한 과정 속에서 학생들이나 이야기 상대자들은 발달적 스토리텔링 치료 내용의 이야기를 단순히 수용하는 것이 아니라 내면의 자기 이야기를 재저작(再著作)할 수 있기 때문이다.[41]

텍스트 관계성에서 접근할 때 또 중요한 것은 매체의 치유적 전환과 활용이다. 스토리는 다양한 매체로 옮겨 다니며 표현될 수 있다. 이런 점에서 스토리를 다른 매체로 표현함으로써 심성 발달의 시각과 관점, 심리적 거리감, 심리적 모티프 연결 등에서 새로운 계기를 잡을 수 있다. 예컨대 그림책 『저승에 있는 곳간』[42] 이야기를 가지고 발달적 스토리텔링 치료를 하는 경우, 이것을 실제로 연극으로 옮겨서 착한 일을 하는 스토리를 행동으로 표현하기도 하고, 선한 일을 하는 방법을 놀이 방식으로 서로 나누면서 기쁨의 정서로 느끼도록 함으로써 스토리와 디스코스(서사 담화)를 유기적으로 결합시킬 수 있다. 그리고 이를 다양한 매체로 표현해 보는 과정에서 인지와 정서, 행동이 통합된 교육이

---

40) 스토리텔링 치료의 치료적 원리에 관한 보다 상세한 논의는 다음을 참고(2011. 6.), 「스토리텔링 치료의 치료 요인과 그 적용」, 『헤세연구』, pp. 217-240.

41) 여기에는 비고츠키(L. S. Vygotsky)의 인지발달이론, 교육학의 근접발달영역이론, 비계설정이론 등이 이론적 밑받침을 할 수 있다. 이런 점은 비고츠키와 마크 태편(Mark B. Tappan)의 사회구성주의 이론과 맥락을 같이한다고 할 수 있다. 『교육심리학 용어사전』(한국교육심리학회 편, 서울: 학지사, 2000) 164-165쪽, 175쪽 참고.

42) 서정오 글/홍우정 그림(2007), 『저승에 있는 곳간』, 한림출판사.

될 수 있을 것이다.

🐦 서사 층위의 통합 고찰

지금까지 서사학의 관점에서 내러티브를 활용한 발달적 스토리텔링 치료에 관하여 연구하였다. 내러티브가 전통적으로 스토리텔링 치료에 효과적으로 많이 활용되어 온 이유를 살펴보았고, 내러티브가 발달적 스토리텔링 치료에 활용될 수 있는 방식을 구체적으로 논의하였다. 내러티브를 활용한 발달적 스토리텔링 치료를 잘 하려면 내러티브에 관한 연구를 효과적으로 활용하는 것이 필요하다. 그래서 서사학에 주목하고 그중에서도 내러티브의 층위론을 중심으로 살펴보았다. 내러티브는 주로 내용적인 측면의 스토리와 표현 방식 측면의 서사 담화로 나누어 볼 수 있다. 이런 관점에서 발달적 스토리텔링 치료를 하는 경우에 건강하고 튼튼한 마음을 유지할 수 있도록 하는 스토리들을 통해 하는 방법이 있고, 다른 한편으로는 딜레마 이야기와 같은 문제적 이야기를 놓고 토론하는 등의 방식으로 내면에 건강한 스토리를 만들어 유지하는 능력을 키움으로써 마음의 건강을 유지하는 방법이 있다.

한편 내러티브를 3층위나 4층위로 간주해서, 텍스트가 존재하는 관계적 맥락과 상황까지 고려할 필요도 있다. 그래서 텍스트가 전달된 단일한 텍스트로만 있는 것이 아니라 여러 주체에서 비롯된 텍스트와 함께 있고 그것들 간의 상호작용도 있다는 점이 고려되어야 할 것이다. 또 그러한 텍스트를 산출해 내는 서술 주체의 행위도 고려되어야 할 것이다. 더 나아가 그러한 텍스트와 서술 주체의 행위가 관계를 맺고 있는 서술 상황이나 서술의 장(場, field) 역시 중요할 것이다. 이러한 점을 모두 함께 고려한 발달적 스토리텔링 치료가 되어야 한다. 상담자와 내담자의 이야기가 상호작용하고, 집단상담 참여자들 사이의 이야기가 상호 피드백되고 셰어링되는 과정이 필요한 이유가 여기에 있다. 그리고 이때 스토리텔링에서 이야기되는 서사 요소, 즉 스토리의 서사 요소인 인물·사건·시간·공간·모티프 등과, 서사 담화의 요소들인 시점·관점, 심리적 거리감, 서술 시간, 서술 공간, 어투나 문체 등도 함께 고려되어야 한다. 물론 여기에 스토리텔링 치료의 원리인 보편성, 객관성, 동일시 및 공감, 카타르시스, 모델링, 통찰 등의 원리도 함께 적용되어야 할 것이다.

　지금까지 살펴본 스토리텔링 치료 심성 교육에서 더 생각해 볼 것은 스토리와 서사 담화(서술), 텍스트성이 서로 분리되어 있는 것이 아니라 내러티브 안에서 하나로 융합되어 긴밀하게 얽혀 있다는 점이다. 전통적인 스토리 중심의 심성 교육이 주입식 교육이고 학생 개개인의 관심이나 현실과 유리된 내용이라고 학교에서 치부되어 비판받기도 하였다.[43] 그러나 전통적인 방식의 스토리 위주의 발달적 스토리텔링 치료를 낡은 것이라고 배척만 할 것이 아니라 그 내용의 효과를 인정할 수 있는 것들은 많이 수집하여 활용하는 작업이 필요하고, 그것들을 받아들여 서사 담화(서술) 및 텍스트 관계성 층위와 효과적으로 결합해서 활용하면 좋을 것이다. 한편 서사 담화 중심의 발달적 스토리텔링 치료의 경우도 그 자체로 도덕 판단 능력과 도덕적 사고 능력을 향상시키는 훈련의 의미도 있지만 심성 교육의 내용이 담보된 스토리, 그리고 심성 발달의 계기를 이끌 수 있는 스토리와 결합시키면 더욱 좋을 것이다.

　한편 이러한 작업에서 스토리텔링이 무조건 긍정적이고 발달적 치료에 다 좋다고 말할 수는 없다. 심성 교육에 적합한 스토리를 선택하고, 그 스토리의 내러티브를 치료사나 교사 등이 어떻게 치료적·교육적으로 잘 활용할 수 있을 것인가 고민하는 것이 진정 중요한 일이다. 알다시피 실제로 사람들의 심리 상태에 해로운 영향을 미칠 수 있는 영화나 만화, TV 프로그램 등도 주위에 많기 때문이다.

　이 글에서는 발달적 스토리텔링 치료를 중심으로 다루었다. 하지만 문제해

---

43) 이재호, 앞의 글, 220-223쪽.

결적 스토리텔링 치료에도 이런 서사 층위론의 관점에서 접근할 수 있을 것이다. 이것들은 상호 연계되어 있기 때문이다. 예컨대 집단 따돌림, 학교 폭력 등의 문제를 해결하는 후자의 노력은 공감 능력이나 자존감, 올바른 심성을 키워 주는 전자, 즉 발달적 스토리텔링 치료 작업과 밀접한 관련이 있다.

337

인성교육, 스토리텔링 치료, 내러티브 콘텐츠의 활용

제16장

STORY TELLING

🕊 인성교육과 스토리텔링 치료

현대는 갈수록 물질문명이 발달하고 사회가 더 복잡해지고 있다. 이 속에서 사람들이 갈등에 얽매이고 욕망에 휩싸여 범죄를 저지르는 경우도 많다. 경찰청의 최근 범죄 통계에 따르면[1] 2013년도에 우리나라에서 발생한 범죄는 185만 7,276건이나 되고, 이것은 인구 10만 명당 3,698건에 해당하는 것이라고 한다. 그런데 이러한 인구 대비 범죄 발생 건수는 30년 전에 비해 3배 가까이 증가한 것이다. 지난 5년간 전체 범죄의 발생 건수로 보면 2010년에 전년도의 202만 건에서 178만 5,000건으로 크게 감소한 이후에도 약간의 감소 추세를 유지하였으나 2012년부터 다시 증가하여 2010년의 수준을 넘어섰고, 2013년에는 앞서

---

1) 경찰청 홈페이지의 2013년 경찰범죄통계 자료 참고.
   http://www.police.go.kr/portal/main/contents.do?menuNo=200197

말한 185만 7,000여 건을 기록하였다. 전체 범죄 건수가 줄어든 경우도 가장 많은 비율(30% 정도)을 차지하는 교통범죄가 큰 폭으로 줄었기 때문이지, 강력범죄는 결코 줄지 않았고 지능범죄는 지속적으로 증가하여 왔다고 한다.

2013년에 발생한 185만 7,276건의 범죄 중에서 76.49%인 142만 658건, 174만 1,302명이 검거되었다. 2013년 검거된 인원 가운데 전과가 없거나(23.5%) 미상 (27.6%)인 경우 외에, 전과가 있는 경우가 전체의 48.9%를 차지한다. 전체 범죄에서 전과자 비율이 2009년부터 꾸준히 감소하는 추세를 보이고 있어서 다행이다. 그러나 절도범죄에서 전과자 비율이 지난 5년간 꾸준히 감소하고 있는 반면에, 강력범죄와 폭력범죄에서는 전과자 비율이 2009년 이후 꾸준히 감소하다가 2012년부터 다시 증가하는 추세를 보이고 있다. 2013년 전과자의 경우 1범이 23.1%, 2범이 16.1%, 3범이 11.8%, 4범이 8.8%이지만 5범 이상이 40.2%로 제일 많아서 상습 범죄가 제일 큰 비중을 차지하고 있다. 전과자 중에서 전과 5범 이상자의 비율을 범죄유형별로 살펴보면, 강력범죄 41.8%, 절도범죄 43.6%, 폭력범죄 46.7% 등으로 주요 범죄유형 모두 전과 5범 이상자의 비율이 가장 높다.

그런데 5범 이상의 비율은 지난 5년 동안 36.5% → 37.8% → 38.3% → 39.1% → 40.2%로 지속적으로 증가한 것으로 나타났다. 그리고 교정시설 출소자의 3년 이내 재복역률이 2011년의 조사에서는 22.3%였고, 2012년의 조사에 따르면 22.2%였다고 한다.[2] 이런 점에서 교도소에서 재소자들이 여러 인성교육 프로그램을 통해 건전한 사고와 건강한 정서 등을 지니게 됨으로써 그들이 출소하여 본인과 사회 모두 평안한 상태를 유지할 수 있도록 할 필요가 있다.

재소자 인성교육에 접근하는 방법은 여러 가지가 있을 수 있다. 종교, 명상, 원예, 음악·미술과 같은 예술 활동 등을 통해 인성을 순화시키고 성장시키

---

2) 경찰청 홈페이지의 2011년, 2012년 경찰범죄통계 자료 참고.
  http://www.police.go.kr/portal/main/contents.do?menuNo=200197

는 방법도 있지만, 전통적으로 인성교육 방법으로 중요시된 것으로 독서, 글쓰기, 시쓰기, 이야기 등을 통한 접근도 있다. 이런 점에서 이런 활동을 아우르는 내러티브 활동이 인성교육에 효과적이라는 연구가 최근에 주목받고 있다. "도덕교육에서도 내러티브를 강조하고 있는 추세"[3]라는 언급이 교육학계에서 나오고 있고, 어느 윤리교육학자는 "'일체의 도덕수업은 내러티브다'라고 말해도 과언이 아니다."[4]라고 주장하기도 한다. 실제로 이에 관한 연구들이 교육학에서 많이 나오고 있으며, 발달적·예방적 내러티브 관점의 치료 활동들도 이러한 연구를 뒷받침해 준다. 명상과 같이 비우고 내려놓는 방식인 디센터링(decentering) 방식이 아닌, 중심을 잡고 채우는 방식인 센터링(centering) 방식의 치유에는 공통적으로 내러티브가 있고 이것이 다양한 매체를 통해 스토리텔링되기 때문이다.

지금까지 내러티브를 중심으로 한 인성교육 연구들은 몇 편의 논문과 몇 권의 저서로 나와 있다.[5] 이것들은 인성교육에 적합한 내러티브의 속성을 활용하는 연구들이라고 할 수 있지만 내러티브 자체의 속성에 대한 서사학적 이해에 관심을 두고 있는 것들은 아니다. 주로 내러티브의 인성교육적 효능을 직관적으로 활용하는 것들이라 할 수 있다. 한편 재소자 인성교육에 관한 연구들 역시

---

3) 김대군(2008),「도덕교육에서 내러티브의 가치」,『윤리교육연구』16, 210쪽.

4) 이재호(2013),「도덕교육에서의 심성과 내러티브」,『초등도덕교육』, 제43집, 347쪽.

5) 내러티브가 인성교육에 효과적인 측면에 관한 연구들은 다음과 같다.

　도홍찬(2013),「내러티브와 인간교육의 구현」,『초등도덕교육』, 제43집, 87-116쪽; 김대군(2008),「도덕교육에서 내러티브의 가치」,『윤리교육연구』, 제16집, 209-228쪽; 임병덕(2002),「도덕교육에서 예화의 의의」,『도덕교육학연구』, 제3집, 1-20쪽; 우한용 외(2001),『서사교육론』, 도서출판 동아시아 등.

　한편 내러티브를 인성교육에 구체적으로 어떻게 활용할 것인가에 관한 연구는 다음과 같다. 이재호(2013),「도덕교육에서의 심성과 내러티브」,『초등도덕교육』, 제43집, 345-364쪽; 이인재(1999),「인격교육에 있어서 도덕적 이야기 자료의 활용 방안」,『초등도덕교육』(Vol. 5), 59-87쪽; 이왕주, 김형철, 예정민, 최용성(2003),『서사와 도덕교육』, 부산대학교 출판부; 도홍찬(2011),『이야기 문학 도덕교육: 이론과 실제』, 인간사랑 등.

어느 정도 축적되어 있다. 그러나 이것들은 심리학이나 상담학, 교육학 등의 배경에서 접근한 연구들이 대부분이고[6] 서사학과 내러티브의 치유적 인성교육 활용에서 접근한 연구들이 아니다. 여기에서는 이러한 연구들이 다루지 못한 내러티브 본래의 속성과 특성에 관심을 두고서 서사학의 입장에서 내러티브를 치료적으로 활용하는 관점에서 재소자 인성교육에 접근하기로 한다.

필자는 상당 기간 교도소에서 재소자들을 대상으로 인성교육을 했다. 초기에는 강의실에 가득 찬 재소자들에게 강연이나 강의를 하는 방식이었으나 이것이 일방적인 교육으로 흐를 가능성이 커서, 점차 상호작용이 용이하게 네모로 연결된 테이블에 소규모 집단으로 모여서 프로그램을 진행하는 방식으로 바꾸게 되었다. 그러나 이러한 집단상담 방식이라고 해도 사회적 낙인감에 민감한 재소자들에게 공식적으로 치료적 상담 세팅을 제시할 수는 없었다. 그래서 형식적으로는 참여자들에게 독서 프로그램으로 소개되었다. 이런 면에서 실제 내용으로는 큰 틀에서 이런 활동들이 모두 인성교육의 일환이었다고 볼 수 있다. 그동안 필자는 남자 재소자들과 여자 재소자들을 대상으로 두루 인성교육 프로그램을 운영하였다. 이 글에서는 지금까지 필자가 교도소에서 실시한 활동을 통해 재소자 인성교육의 이론적 근거와 방법, 활용 콘텐츠를 탐구한다는 의미에서, 2012년 말에 ○○교도소에서 여자 재소자 8명을 대상으로 실시한 프로그램 사례를 통해 재소자 인성교육의 이론·방법과 관련 콘텐츠에 관해 다루고자 한다. 필자는 앞 장에서 내러티브를 활용한 예방적·발달적 치료에 관해 다루었는데, 이 밖에도 내러티브를 활용한 인성교육의 방법에 관해 연구한 적도 있다.[7] 이러한 연구들을 바탕으로 해서 내러티브를 활용하여 교도소에서 인성교육을 하는 방법을 구체적으로 서사학과 스토리텔링 치료의 관점

---

6) 박소은(2014), 「교도소 수형자를 위한 인성교육 프로그램의 효과성 검증에 관한 연구-충동성, 공격성, 자아존중감 척도를 중심으로」, 『한국치안행정논집』, 제10권 제4호, 121~144쪽; 서경숙(2010), 『재소자의 '영원한 아이' 시치료 경험에 관한 연구』, 평택대학교 신학전문대학원 등.

7) 졸고(2014), 「내러티브와 서사학, 그리고 인성교육」, 『인문언어』(제16권 3호), 59~81쪽.

에서 밝히고, 그 방법에 따라 재소자 인성교육을 하는 데에 적합한 내러티브 자료들을 연구하기로 한다.

🦇 재소자 내러티브 인성교육의 활용 이론

필자는 교도소에서 주로 내러티브 스토리텔링 치료 콘텐츠를 활용하여 이야기(내러티브)를 통해 인성교육을 하였다. 인문 정신과 인문학적 방법으로써 인문학을 치유적으로 활용하는 스토리텔링 치료에는 크게 문학치료, 철학치료, 인문적 예술치료 등이 포함되고 문학치료는 이야기 치료, 시 치료, 글쓰기 치료, 드라마 치료 등으로 다시 나뉠 수 있다. 필자는 이 중에서 이야기 치료, 시 치료, 글쓰기 치료를 포괄하여 여러 매체로 활용되는 스토리텔링 치료를 중심으로 재소자 인성교육에 접근하였다. 이러한 활동의 이론적 배경은 필자가 앞선 연구에서[8] 밝힌 내러티브의 인성교육적 효용성에서 우선 마련된다. 이를 간단하게 요약하면 다음과 같다.[9] 내러티브가 인성교육에 유용하게 활용될 수 있는 근거는, 첫째, 내러티브가 인간의 마음을 작동시키는 기본 원리로 작용하고[10] 이야기에는 사람의 마음을 움직이는 힘이 있기[11] 때문이다. 둘째, 내러티브는 원래 다양한 맥락에서의 문제해결 전략이어서 이에 의해 우리의 문제해결 능력이 지원되기 때문이다.[12] 셋째, 내러티브가 우리의 경험들을 의미 있게 연결해서 표현해 주기 때문이다. 넷째, 내러티브가 개인과 사회의 정체성을 정립

---

8) 졸고, 같은 글.

9) 졸고, 같은 글, 61-65쪽.

10) Turner, M. (1996), *The Literary Mind: The Origins of Thought and Language*. New York. Oxford: Oxford University Press, p.v.

11) EBS 다큐프라임 '이야기의 힘' 제작팀(2011),『이야기의 힘』, 황금물고기, 36쪽.

12) Hermann, D. (2003), "Stories as a tool for thinking" in *Narrative theory and the cognitive science*, ed. by David Hermann, Stanford California:CSLI Publications, p.163.

하게 해 주기 때문이다.[13] 다섯째, 내러티브가 사회적 소통과 예화(examplary narrative)적 기능을 하기 때문이다. 여섯째, 내러티브는 그 속성상 흥미와 재미를 지니고 있어 사람들의 관심을 끌 수밖에 없어서 인성교육에 효과적이기 때문이다.

필자는 인성교육에 유용한 내러티브의 이러한 속성을 활용하여 재소자들의 인성교육에 임하려고 하였다. 그래서 내러티브를 통해 재소자들의 관심과 흥미를 유지한 채 재소자들의 정체성을 새롭게 변화시키고 성장시키려고 하였으며, 재소자들 간의 소통 능력을 향상시키고, 사회에 나가서도 사람들과 소통을 잘할 수 있는 능력을 키워 주려고 했다. 그리고 그들이 삶에서 부닥치게 되는 심리적 문제를 해결할 수 있는 전략과 능력을 향상시킬 수 있도록 구체적인 내러티브 사례를 통해 체득하게 하려고 했다.

재소자는 크게 두 가지 특성이 있다. 하나는 범죄인의 특성이고 다른 하나는 수감자의 특성이다. 범죄자의 공통적인 심리 특성으로 언급될 수 있는 것은 반사회적 성향, 이기적 성향, 인간관계 능력 부족, 자기통제력 부족, 공감과 이해 능력의 부족, 신경증적 경향 등이다.[14] 한편 재소자들은 범죄를 저지른 대가로 선고받은 형기를 채우기 위해 폐쇄된 공간에서 통제를 받으며 살아갈 수밖에 없다. 그래서 재소자들에게서도 수감자로서의 특성이 나타나게 되는데, 이러한 특성으로는 낮은 자아 존중감, 낙인감, 비주체적이고 수동적인 사고, 부정적 사고와 정서, 폭력성, 신경증적 경향 등이 있다.[15] 그래서 재소자에 대한 인성교육은 재소자의 이런 특성을 잘 알고 재소자에게 적합한 방식으로 이루어질 필요가 있는데, 필자는 이를 위해 앞에서 언급한 인성교육에 유용한 내러티브의 속성을 최대한 활용하려고 하였다.

---

13) Ricoeur, P. (1988)[1985], *Time and Narrative*. Volume 3, translated by Kathleen Blamey and David Pellauer, Chicago and London: University of Chicago Press, p. 246.

14) 홍종관(2010), 「교정 상담의 이론과 적용」, 『한국교정상담학회』, 한국교정상담학회, 23f쪽.

15) 서경숙(2010), 「재소자의 '영원한 아이' 시 치료 경험에 관한 연구」, 평택대학교 박사학위논문, 8-17쪽.

필자가 내러티브 콘텐츠를 활용한 재소자들에 대한 인성교육에서 이론적 근거로 활용한 것은 스토리텔링 치료(storytelling therapy) 이론이다. 스토리텔링 치료는 인간이 기본적으로 '호모 나랜스' '스토리텔링 애니멀'이라는[16] 점에 유의하여 내면의 내러티브에 의해 정체성과 마음가짐, 인생관, 삶의 자세 등이 결정된다고 전제한다. 이런 점에서는 내러티브 치료와 비슷하다. 그런데 내러티브 치료가 내러티브의 치료적 활용으로서 주로 내담자 내면의 이야기들을 치료적으로 재구성하는 방식이라면,[17] 스토리텔링 치료는 이뿐만 아니라 문학·예술 내러티브를 포함한 다양한 내러티브를 여러 매체를 통해 치료적으로 활용하는 이론이라고 할 수 있다. 내러티브 치료는 호주의 마이클 화이트와 뉴질랜드의 데이비드 엡스톤 등에 의해 주창되어 미국 등의 여러 나라에서 확산되어 우리나라에도 '이야기 치료' '이야기 상담'으로 소개되어 가족치료 등에서 널리 활용되고 있다. 그리고 스토리텔링 치료는 필자가 주창하여[18] 개인의 실제 내면의 이야기뿐만 아니라 문학과 영화, 그림책, 만화 등의 여러 매체를 통한 스토리텔링도 서사학과 텍스트 해석학 등의 관점에서 활용하는 치료다. 스토리텔링 치료는 문제에 물든 이야기에 지배당한 내담자의 내면에서 활성화되지 못한 상태로 있는 건강한 이야기를 발굴하거나 재구성하여 이로써 문제의 지배적 이야기를 대체하도록 한다는 점에서는 내러티브 치료의 방법과 비슷하다.

---

16) MacIntyre, A. C. (1984). *After virtue:a Study in Moral Theory.* (2nd ed.) Notre Dame. Ind.: University of Notre Dame Press, p.233; 갓설, 조너선/노승영 역(2014), 『스토리텔링 애니멀』, 민음사.

17) Payne, M. (2006). *Narrative Therapy*, second edition, London: SAGE Publications Ltd., pp. 5-17; White, M. (2007). *Maps of Narrative Practice*, New York, London: W.W. Norton Publication; White, M. (2004). *Narrative means to Therapeutic Ends*. Adelaide: Dulwich Centre Publications; 모건, 앨리스/고미영 역(2003), 『이야기치료란 무엇인가?』, 청목출판사, 17-24쪽; 졸고(2011), 「스토리텔링 치료의 치료 요인과 그 적용」, 『헤세연구』(제25집), 231-232쪽.

18) 이에 관한 필자의 연구들은 다음과 같다: 「스토리텔링 치료의 치료 요인과 그 적용」, 『헤세연구』, 제25집, 2011; 「서사 스토리의 핵심요소와 스토리텔링 치료-강박증 치료 스토리텔링 치료를 중심으로」, 『독일언어문학』, 2011; 「서사 담화와 스토리텔링 치료」, 『뷔히너와현대문학』, 2011.

그런데 스토리텔링 치료는 이와 함께 다음과 같이 문학·예술의 스토리도 치유적으로 도입하여 내담자의 자기 스토리를 건강하게 대체하고 보완하도록 한다.

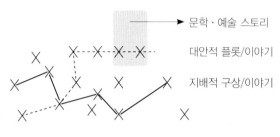

마음 속 지배적 스토리의 치료적 재구성

앨리스 모건의 내러티브 치료 도표를[19] 필자가 스토리텔링 치료 개념으로 수정한 앞의 도표에서 마음과 행동에 문제가 있는 사람은 내면에 있는, 문제에 물든 지배적 이야기 스토리에 압도당하고 있다고 볼 수 있다. 이럴 경우 문제에 물들지 않은 내담자의 경험 사건들을 발굴하고 새로운 스토리를 구성하게 하는데, 이때 이것을 문학·예술의 스토리를 통해서도 견인하도록 하는 것이 스토리텔링 치료의 핵심이라고 할 수 있다.

한편 내러티브 테라피가 상담학과 복지학에서 출발하여 상담학, 심리학, 복지학 등에서 활용되고 있어서 인문학, 특히 내러티브 학문인 서사학에는 별다른 인식이 없다면, 스토리텔링 테라피는 서사학을 기반으로 하기 때문에 내러티브에 관한 더욱 전문적인 인식을 바탕으로 삼고 있다. 서사학에서는 내러티브를 결코 단순한 구조로 보지 않는다. 내러티브는 그 내용(스토리, story)과 표현(서사 담화, narrative discourse) 층위로 구분하는 서사 2층위론, 여기에 내러티브의 표현 층위를 다시 서술 층위와 텍스트 층위로 구분하는 서사 3층위론, 또 여기에 텍스트의 상호 관계를 고려하는 서사 4층위론 등으로 여러 측면에서 연

---

19) 모건, 앨리스/고미영 역(2003), 『이야기치료란 무엇인가?』, 청록출판사, 79쪽.

구될 수 있다.[20] 이와 같은 내러티브 층위(Narrative Level)의 포함 관계를 도표로
표시하면 다음과 같다.[21]

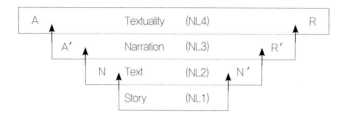

따라서 스토리텔링 치료에서는 내담자의 실제 내면의 자기 스토리(I-stories)
외에도 여기에 영향을 미칠 수 있는 허구적 스토리, 개인 외부의 사회적 담론,
문학·예술 스토리와 같은 다양한 매체의 스토리 층위는 물론이고 서사담화
층위와 상호 텍스트성 층위도 치유적으로 활용된다. 그리고 세부적으로는 스
토리와 서사 담화의 구체적인 구성요소들도 고려된다. 그래서 스토리의 인물,
사건, 모티프, 시간, 공간 환경은 물론이고 서사 담화의 인칭, 시점, 관점, 심리
적 거리, 어투나 문체 등도 치유적으로 고려된다. 구체적인 내용은 필자의 선행
연구를 통해 밝혀진 바 있다.[22] 필자의 교도소 내러티브 인성교육은 스토리텔
링 치료의 이런 이론에 의해 수행되었다. 스토리텔링 치료 안에는 문제를 해결
하는 치료 외에도 예방적 치료, 혹은 발달적 치료가 있고 이것이 인성의 발달적
성장을 도모하게 되어 인성교육으로 나아갈 수 있기 때문이다.

---

20) O'neill, P. (1994), *Fictions of discourse: Reading narrative theory*. Toronto Buffalo London:
University of Toronto Press Incorporated 1994[Reprinted in paperback 1996], pp.19-26.

21) 위의 책, p.114.

22) 서사구조의 치유적 활용 관련 필자의 선행 연구 다음과 같다:「서사 스토리의 핵심요소와 스토리텔
링 치료-강박증 치료 스토리텔링 치료를 중심으로」,『독일언어문학』, 2011;「서사 담화와 스토리텔
링 치료」,『뷔히너와 현대문학』, 2011;「서사담화와 정신분석학 기반의 내러티브 치료」,『독일문학』,
제125집, 2013.

🐦 재소자 내러티브 인성교육의 방법과 내용

필자가 ○○교도소에서 8회기 동안 실시한 인성교육에서 다룬 프로그램과 관련 콘텐츠는 다음과 같다. 이 프로그램을 주제, 목표, 자료, 활동으로 나누어 정리하면 다음과 같다.

〈표 16-1〉 ○○교도소 내러티브 인성교육 프로그램

회기	주제	목표	프로그램 콘텐츠	프로그램 활동
1	라포 형성	신뢰와 친밀감 형성하기	-〈아름다운 것들〉 (양희은의 노래, 노랫말) -〈벗 하나 있었으면〉(도종환) -『회복 탄력성』	-공동의 기대와 목표 확인 -작품에서 느끼는 의미 나누기 -(개작) 시 짓기 -내 마음의 근력과 회복탄력성에 대해 이야기하기
2	자기 이해와 내면의 자원 발굴하기	-신뢰와 친밀감 다지기 -내면의 자산 확인하기	-『나의 사직동』 -〈자화상〉(서정주) -〈자화상〉(윤동주) -〈벗 하나 있었으면〉(도종환)	-유년의 뜰 그림 그리기 -유년 시절 이야기하기 -벗에 대해 이야기하기
3	건강한 내면의 스토리 찾기	꿈과 희망 찾기	-『꽃들에게 희망을』	-작품의 의미 나누기 -독서 시트를 통해 이야기 나누기 -내 세상의 희망 그리기
4	타인과 올바른 관계 맺기	세상과 인간에게 희망 걸기	-『꽃들에게 희망을』 -〈벗 하나 있었으면〉(도종환) -〈이런 사람이 내게도 있었으면 좋겠다〉(강지연) -〈벗에게〉(이해인)	-체험 이야기 나누기 -시 읽고 쓰기 -자작시 낭송하기
5	삶을 점검하고 되돌아보기	삶의 의미 짚어보기	-『톨스토이 단편선』 -노래 〈다시 힘을 내어라〉 (박강수)	-의미 있는 구절 서로 소개하기 -체험 관련 얘기 나누기 -뒷이야기 계속 이어 짓기 -(개작) 시 짓기

6	사회와 소통하기	정신의 자유 찾고 행복한 관계 맺는 방법 찾기	–『30년 만의 휴식』(이무석) –〈옆을 보라〉(이원규 시) –노래 〈다시 힘을 내어라〉	–책의 의미를 서로 나누기 –자신의 관련 체험을 나누기 –자기 내면의 아이에게 편지 쓰기 –(개작) 시 짓기
7	세상과 올바른 관계 맺기	–집착과 욕심 버리기 –마음 순화하기	–『장자』 –『공원에서 일어난 이야기』 –『청년이 화가 났던 진짜 이유』 –노래 〈다시 힘을 내어라〉	–의미 있는 구절 서로 소개하기 –서로의 관점 비교하기 –체험 관련 얘기 나누기 –삶의 지혜 음미하기 –(개작) 시 짓기
8	비전과 다짐	희망과 살아갈 힘 다져 모으기	–『도덕경』 –『채근담』 –공감적 시 자료 –노래 〈다시 힘을 내어라〉	–내 마음의 보물 밝히고 나누기 –수신과 성찰의 지혜 나누기 –좋은 글 만들어 보기 –(개작) 시 짓기

앞의 프로그램에서는 스토리텔링 인문치료의 이론과 방법이 자연스럽게 실현되도록 하였다. 개별 자료들은 모두 스토리텔링의 핵심인 스토리, 서사 담화, 상호텍스트성에 치유적 속성이 많이 들어 있는 자료들을 선정하였다. 그리고 이것들을 구체적인 프로그램 활동에서 스토리텔링 인문치료의 방법으로 활용하려고 하였다. 이 프로그램은 우선 스토리 방식으로 구성되도록 하였다. 회기 초기에 집단 구성원 간에 상호 신뢰를 쌓고 그 위에서 개개인 내면에서 치료의 자원을 발굴한 후, 이어서 외부에서 치료적 힘을 얻고 외부와의 관계 소통 능력을 키워 기는 작업을 하도록 하였다. 그리고 이것이 과거에서 현재로, 현재에서 미래로 이어지는 작업이 됨으로써 프로그램에 일관성 있게 의미가 연결되고 방향성이 있는 흐름, 즉 스토리가 짜이도록 구성하였다.

필자가 교도소에서 앞의 프로그램을 중심으로 인성교육을 할 때 사용한 방법은 주로 서사학의 서사 층위론 관점에서 스토리텔링 치료의 발달적 치료 방식을 사용하는 것이었다. 그것은 패트릭 오닐이 주장한 다음의 내러티브의 네 층위 중에서[23] 구체적인 층위인 텍스트 층위가 이를 제외한 추상적인 세 층위인 스토리 층위, 서사 담화 층위, (상호)텍스트성 층위에 각각 적용되어 이루어지도록 하는 방법이었다.

이를 구체적으로 살펴보면 다음과 같다.

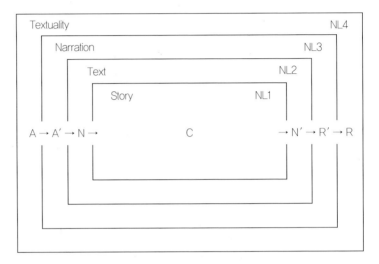

[NL(서사층위), A(실제작가), A′(내포작가), N(서술자),
C(등장인물), N′(수화자), R′(내포독자), R(실제독자)]

[그림 16-1] 내러티브 4층위

텍스트를 스토리 층위에 적용해서 이루어지는 인성교육은 주로 인성교육적 내용을 담은 내러티브 스토리를 중심으로 이루어지는 인성교육이다. 그래서 이 층위에서는 도덕적이거나 인성교육에 바람직한 내용의 줄거리가 내러티브의 시간적·공간적 배경 속에서 인물과 사건을 통해 개개인의 정신 텍스트로 동일시, 공감 등의 메커니즘을 통해 전달된다.

한편 서사 담화 층위에서는 내러티브 담화의 구성요소인 시점, 관점, 심리적

---

23) O'neill, P. 앞의 책, p. 111.

거리감, 어투나 문체 등을 통해 인성교육이 이루어진다. 이런 면에서 내러티브가 전달하는 상황과 사건에 대한 관점이나 시점, 심리적 거리감 등을 서로 비교하고 자신의 그것을 변화시키고 발전시킴으로써 자신과 세상을 건강하게 연결짓고 대응하는 능력을 기르게 된다.

그런가 하면 상호 텍스트성 층위에서는 개개인의 경험 텍스트나 내면의 텍스트에서 직접 도출된 내러티브 텍스트를 다른 참여자의 그것과 교류시킴으로써 자신의 생각과 감정의 발전을 도모하고 성장시켜 나가는 인성교육이 이루어진다. 이에 관한 구체적인 내용은 다음 절에서 인성교육 콘텐츠들과 함께 연구해 보기로 한다.

🐛 스토리텔링 인성교육 콘텐츠 탐구

필자가 ○○교도소에서 8회기 동안 실시한 인성교육의 프로그램에 활용된 매체와 장르는 그림책, 소설책, 심리학책, 시, 음반 등이며 관련 활동으로는 읽기, 글쓰기, 시쓰기, 이야기하기, 그림 그리기, 노래 부르기 등이다. 이 활동에서 사용한 자료는 톨스토이의 단편인 『사람은 무엇으로 사는가』『세 가지 물음』외에도 동양의 고전인 『장자』『도덕경』『채근담』, 심리학 힐링 책으로 유명한 이무석의 『30년 만의 휴식』, 스테디셀러인 트리나 폴러스의 『꽃들에게 희망을』, 베스트셀러인 파울로 코엘료의 『연금술사』를 다루었다. 이 밖에도 이상, 윤동주, 서성주, 도종환, 강지연, 이해인의 시와 양희은, 박강수의 노래를 활용하였다. 그런데 이 인성교육 자료와 활동에는 모두 내러티브가 들어 있다. 그래서 내러티브의 여러 층위가 추상적으로 녹아 있다. 즉 스토리가 들어 있고, 담화 방식이 녹아 있으며, 참여자 개개인의 텍스트가 직조되어 있다. 이것들이 매체를 달리하여 텔링되고, 이를 통해 스토리텔링 인성교육이 가능했다.

앞의 프로그램에서 활용된 인성교육 콘텐츠들을 앞에서 언급한 내러티브의 추상적 세 층위로 구분해 보면 다음과 같다. 우선 내러티브의 스토리 층위에서 주로 활용된 텍스트는[24] 톨스토이의 단편인 『사람은 무엇으로 사는가』 『세 가지 물음』 외에도 동양의 고전인 『채근담』, 트리나 폴러스의 『꽃들에게 희망을』, 그리고 박강수의 노래 〈다시 힘을 내어라〉 등이라고 할 수 있다. 이 자료들은 그 내용에 인성교육적 스토리가 많이 함유되어서, 재소자들의 내면의 스토리와 융합될 수 있도록 인물, 사건 등을 이야기하는 과정에서 스스로의 인성발달에 녹아들 수 있도록 했다.

한편 내러티브의 서술 층위에서 주로 활용된 자료는 동양의 고전인 『장자』 『도덕경』, 이무석의 『30년 만의 휴식』 등이었다.[25] 이 자료들을 통해서는 재소자들이 세상을 보는 관점과 세상을 대하는 태도, 사회적 관계를 맺는 방식 등을 성찰해서 개선시킬 수 있는 계기를 마련하는 데에 주로 활용되었다. 그런가 하면 내러티브의 상호텍스트성 층위에서는 주로 그림책 『나의 사직동』, 윤동주 · 서정주의 시 〈자화상〉, 도종환의 시 〈벗 하나 있었으면〉, 강지연 · 이해인의 시와 양희은의 노래 〈아름다운 것들〉이 활용되었다. 이 층위에서는 인성교육적 내용이나 태도를 훈습시키려는 것이 아니라 그런 것들과는 다소 거리가 있더라도 상호 공감대를 형성하기 쉬운 자료들을 가지고 서로 자신의 생각과 느낌,

---

24) 여기서 말하는 텍스트는 꼭 문자로 된 것만을 의미하지는 않는다. 내러티브와 스토리텔링은 다양한 매체에 적용되는 개념이어서 내러티브의 한 층위로서의 텍스트는 영화, 음악, 뮤지컬, 애니메이션, 만화, TV 드라마 등을 통해 표현된 것도 포함한다.

25) 필자는 이 글의 배경이 된 ○○교도소에서 재소자들을 대상으로 실시한 스토리텔링 치료의 사례에 관해서는 논문이 아닌 단행본 속의 글 형식으로 개괄적으로 다룬 적이 있다[졸고(2013), 「재소자 대상 스토리텔링 인문치료의 사례와 가능성」, 『인문치료 사례 연구』, 강원대학교 출판부, 165~185쪽]. 그런데 이 글은 교도소 내러티브 인성교육의 사례를 본격적으로 다룬 사례 연구 논문이 아니라, 교도소 내러티브 인성교육의 이론과 방법 및 콘텐츠에 관한 연구다. 그래서 이 글은 주로 관계해서 논의한 2012년 ○○교도소의 여자 재소자들 대상의 프로그램에서 직접 다루지 못했지만, 재소자 대상 다른 프로그램에서 활용된 콘텐츠도 고려해서 함께 언급할 수 있다. 이런 면에서 그림책 『공원에서 일어난 이야기』(앤서니 브라운 글 · 그림/김향금 역, 2007)도 내러티브 서술 층위의 자료로 훌륭하게 활용될 수 있다.

마음을 꺼내 놓고 다른 사람들의 그것과 비교하고 융합하면서 자신의 생각과 느낌 등을 새롭게 하는 가운데 서로의 친밀감과 신뢰를 쌓고, 그럼으로써 세상에서 혼자가 아니라 함께 한다는 느낌을 가질 수 있는 계기를 만드는 작업이 이루어졌다.

이러한 내러티브 층위별 인성교육 자료 중에서 대표적인 것들을 중심으로 내러티브 인성교육의 구체적인 모습을 살펴보기로 하자. 8회기 프로그램은 우선 상호텍스트성 층위에서부터 시작하였다. 이 층위에서 효과적인 자료는 『나의 사직동』과 서정주의 시 〈자화상〉, 윤동주의 시 〈자화상〉이었다. 『나의 사직동』이라는 그림책을[26] 같이 읽어 가며 유년시절의 이야기를 나누는 시간을 가졌다. 서울의 사직동에서 살던 어린 주인공이 그 지역이 재개발되면서 함께 정 붙이고 살던 따뜻한 친구와 이웃들을 떠나보낸 후 아파트가 들어서 새롭게 변한 마을에 다시 살게 된 이야기를 같이 읽어 가면서 참여자들이 각자 유년 시절에 간직하고 있던 고향이나 친구, 사건 경험들을 나누었다. 이어서 유년시절의 고향이나 추억에 관한 그림을 그리도록 한 후 그것을 가지고 서로의 이야기와 정서를 나누도록 하였다. 그럼으로써 서로를 이해하고 앞으로 같이 프로그램을 진행할 수 있는 공감대를 마련하도록 하였다. 여자 재소자들이어서 그런지 어린 시절 추억들을 나누는 과정에서 때로는 웃음을, 때로는 눈물을 함께 나누면서 감정표현이 풍성한 방식으로 공감을 나누는 모습이 인상적이었다. 이 책에는 인성교육적 스토리도 특별히 포함되어 있지 않았고, 인성 교육에 필요한 관점이나 태도, 심리적 거리감 조절 등의 기능이 들어 있는 것도 아니었다. 다만 이 책은 참여자들이 서로의 심적 텍스트를 교류할 수 있는 토대를 마련해 주는 데에 적합할 뿐이었다. 그래서 실제로 이 책을 가지고 프로그램을 할 때 필자도 전혀 예상치 못한 방향에서 효과를 보기도 하였다. 필자는 처음에 이 책을 가지고 활동에 들어가면서 이 책에 나와 있는 유년기의 고향 이야기, 가족

---

26) 한성옥, 김서정(2003), 『나의 사직동』, 보림.

이야기, 친구 이야기들을 서로 나누면서 공감대와 신뢰감을 마련할 수 있기를 기대했다. 그래서 처음에는 필자가 인도하는 대로 그런 이야기들이 서로 나누어졌는데, 어느 순간 이 책의 한 페이지에 그려진 '귀가 긴 강아지 캔디' 이야기가 나오면서 이것이 앞서 나누었던 가족 이야기와 결부되자 순식간에 참여자들이 모두 자기 집에 두고 온 애완견 이야기로 빠져들게 되었다. 필자도 당시에 집에 키우던 강아지 이야기를 하자 공감적인 이야기들이 봇물 터지듯이 쏟아져서, 그때까지 다소 어색하던 필자와 참여자, 참여자들 상호 간에 친밀감이 금세 생겨났다.

이어서 서정주의 시 〈자화상〉과 윤동주의 시 〈자화상〉을 함께 읽고 거기서 마음에 와 닿는 부분을 밑줄로 표시한 후 발표하고 그 이유를 설명하거나 적당한 부분을 빈칸으로 지우고 채우는 방식으로 하거나, 아니면 어떤 부분을 개작하게 함으로써 자신의 근원에 있던 자기 모습들을 돌아보고 다른 참여자들의 내면을 들여다보며 새롭게 이야기를 펼쳐 낼 수 있도록 하였다. 특히 서정주의 〈자화상〉에 참여자들이 많은 반응을 보였다. 이 시를 통해 유년시절과 가족에 대해 서로 풍성한 이야기를 나눌 수 있었기 때문이다. 시에 나오는 '애비', '어매' '에미의 아들' '외할아버지' 등의 가족을 가리키는 단어를 통해 자신들의 가족 이야기를 서로 나누었고, "스물세 해 동안 나를 키운 건 8할이 바람이다"라는 시 구절에서는 자신의 나이와 자신을 키운 것 등에 관한 이야기를 털어놓기도 하였다. 그런가 하면 "세상은 가도가도 부끄럽기만 하더라." 혹은 "어떤 이는 내 눈에서 죄인을 읽고 가고, 어떤 이는 내 입에서 천치를 읽고 가나"에서는 자신의 체험이나 내면의 갈등, 양심의 흔적 등을 내비치기도 하였다. 그리고 "찬란히 틔워 오는 어느 아침에도" 등의 구절에서는 자신의 희망이나 다짐을 표현하기도 하였다.

한편 이런 자화상의 시들을 개작하고 여기에서 촉발되어 스스로의 자화상 시를 쓰고, 그 시들을 같이 읽고 발표하였다. 그것들을 필자가 받아와서 예쁜 배경 그림이 있는 종이에 컴퓨터로 멋진 글씨체로 입력해서 컬러 프린트로 출력해서 가져다주었더니 참여자 모두 아주 좋아하였다.

이러한 상호텍스트성을 중심으로 시작된 프로그램은 스토리 층위 중심으로 옮겨서 이어지게 되었다. 여기서는 3회기 때부터 스테디셀러인『꽃들에게 희망을』을[27] 그림과 함께 스토리를 따라서 주요 부분을 같이 읽으면서 자신들의 내면의 스토리에서 나오는 생각과 느낌을 나누는 방식으로 프로그램을 진행하였다. "이 책은 온갖 어려움을 겪으면서도 진정한 자아를 찾아 나선 한 애벌레의 이야기"여서 "그 애벌레는 나 자신, 그리고 우리 모두를 닮았다"고[28] 할 수 있다. 주인공인 줄무늬 애벌레가 자신의 존재 가치를 찾기 위해 분투하는 이야기, 노랑 애벌레를 만나 사랑을 나누는 이야기, 애벌레들이 삶의 의미와 목적도 모르고 서로 짓밟고 올라가는 스토리 등을 참여자 개개인의 인생 스토리와 견주어 이야기를 나눔으로써 그림책 스토리에 참여자 내면의 스토리가 반응하여 발전하도록 하였다. 작품의 스토리에서 자신의 이야기를 끌어내기 쉽도록 미리 나누어 주고 숙제로 생각해 오도록 한 독서 시트를 중심으로 프로그램을 주로 진행하였다. 그래서 서로 짓밟고 싸우는 평범한 인간들과 애벌레들을 비교하고, 나비는 진정한 자신의 자아를 찾고 각성된 삶을 살아가는 인물과 비교하여 스스로의 이야기를 만들어 가도록 하였다.

또한 나비와 같은 존재가 될 수 있는 힘과 그렇게 되는 방법에 대해서도 이야기하였다. 나비와 같은 존재가 될 수 있는 힘은 애벌레 수준을 벗어나 자기 혁신을 감내하는 용기와 서로에 대한 사랑, 희망에 대한 믿음 등에서 나올 수 있다는 점을 이야기하였다. 그리고 그러한 존재가 되는 구체적인 방법은 줄무늬 애벌레를 사랑하는 노랑 애벌레와 같은 사랑하는 사람이나 먼저 나비가 된 노랑 애벌레와 같은 선각자의 인도도 중요하지만 자신의 본모습을 인정하고 아집을 버리고 어려움을 인내하는 것과 고양된 삶을 향한 결단이 필요하다고 이

---

27) 폴러스, 트리나 글 · 그림/김석희 역(2005),『꽃들에게 희망을』, 시공주니어.
28) 위의 책, 서문.

야기하였다. 이 책 스토리의 캐릭터들, 즉 줄무늬 애벌레, 노랑 애벌레, 호랑나비, 노랑나비, 평범한 애벌레, 고치를 짓는 애벌레들에 관해 얘기를 나누면서, 그들이 인간 세상에서 어떤 인물들과 비슷하고 책 속의 어떤 스토리가 인간 세상의 어떤 에피소드와 비슷하다고 생각되는지 얘기를 나누도록 하였다. 그리고 애벌레들이 먼저 올라가려고 서로 짓밟고 싸우는 기둥의 꼭대기에는 무엇이 있었는지, 그 기둥의 의미는 인간 세상에서 무엇인지에 관해 서로 얘기를 나누었다. 세상의 인간들이 추구하고 서로 싸우는 돈, 권력, 명예 등에 관해 얘기를 나누었다. 그리고 이러한 애벌레들의 수준에서 벗어나 꽃밭을 훨훨 날아다니는 자유로운 존재가 된 나비에 관해 의견을 나누면서 나비와 같은 인간의 삶은 무엇일지 서로 이야기를 나눠 보도록 하였다.

　구체적으로 이 책에서 감명 깊게 읽었거나 가슴에 와 닿은 구절에 대해 밑줄을 긋고 발표하도록 하였다. 예컨대 독서 시트로 나누어 준 "꼭대기에 오르려면 _____ 하는 게 아니라 _____ 해야 하는 것이었습니다."와 같은 구절들을 각자의 관점에서 완성하게 한 후, 책 속에 표현된 "꼭대기에 오르려면 (상대방을 짓밟고) 기어오르는 게 아니라 날아야 하는 것이었습니다."라는 구절과 비교하고 서로의 표현에 대해 생각과 정서를 피드백하고 셰어링하게 하였다. 그리고 줄무늬 애벌레와 노랑 애벌레의 관계를 이상적인 삶이나 고양된 삶을 살아가는 스토리로만 보지 않고 남녀의 사랑, 인간애의 스토리로도 살펴보도록 하였다. 이어서 이와 연결해서 도종환의 시 〈벗 하나 있었으면〉과 강지연의 시 〈이런 사람이 내게도 있었으면 좋겠다.〉를 함께 읽고 참여자 개개인의 생각과 정서를 끄집어내서 소통하도록 하였다. 그런데 이 시들은 스토리 층위라기보다는 이러한 작업을 보완하는 상호텍스트성 층위에서 이루어진 것이라고 할 수 있다.

　이러한 스토리 층위의 인성교육에 이어서 내러티브 서술 층위에서도 인성교육을 계속하였다. 이 층위에서는 특히 『30년 만의 휴식』을[29] 같이 읽고 이야기

---

29) 이무석(2006), 『30년 만의 휴식』, 비전과리더십.

를 나누는 것도 효과적이었다. 이 책을 통해서 인간 마음의 구조에 대해 살펴보고, 책 속의 사례들을 통해 우리의 내면에 들어 있는 미성숙한 자아, 즉 내면의 아이에 대해 알아보았다. 이 중에서도 주로 내면 속의 '분노하는 아이'를 중심으로 개개인의 경험을 바라보는 관점과 심리적 거리감 등을 얘기하고 거기에서 벗어나는 방법 등에 관해 서로 이야기하였다. 참여자 중에는 "분노의 원인이 무엇이든 나를 작게 느끼게 하기 때문에 분노가 생기는 것이다."라는(111쪽) 말에 공감을 표현하는 사람이 많았다. 그리고 "이럴 땐 '작아지지 말자'라고 스스로 격려해야 한다. 그리고 자기를 작아지게 하는 심리적 배경을 분석해야 한다. 상대가 정말 '거인인가'도 따져 볼 일이다."라는 말에서 문제 해결의 관점을 얻게 되었다는 참여자도 있었다. 몇몇 참여자들은 "나를 작게 만드는 사람에게 나를 판단할 전권을 주지 말라. 나는 다른 사람의 평가에 관계없이 온 우주에 하나밖에 없는 소중한 존재다."라는 말에서 힘을 얻었다고 하기도 하였다. 한편 재소자 대상의 다른 프로그램에서 활용됐던, 앞에서 언급한 『공원에서 일어난 이야기』와 이원규의 시 〈옆을 보라〉도 효과적이었다. 『공원에서 일어난 이야기』를 통해서는 동일한 시간과 공간 속에서 겪은 비슷한 사건에 대해 서로 다른 관점에서 생각하고 느낄 수 있음을 알고 서로의 관점과 입장이 다를 수 있고 그것들이 각각 고유한 가치를 지닐 수 있다는 성찰에 이르게 하였다. 〈옆을 보라〉를 통해서는 익숙한 경쟁적인 전방 주시의 시선이 아닌 옆을 보고, 이웃을 보는 배려의 시선을 통해서도 새롭고 다른 많은 것을 얻을 수 있다는 관점에 이르게 할 수 있었다.

이어서 노장 사상과 노자의 『도덕경』, 장자의 『장자』에 대해 전체적으로 살펴본 후, 『도덕경』과 『장자』에서 발췌한 문장들을 적은 프린트물을 함께 읽고 생각과 느낌을 서로 나누었다. 그래서 도(道)와 같은 세상의 이치와 삶의 원리에 대해 통찰을 얻을 수 있도록 하였다.

그런데 이렇게 내러티브의 추상적 세 층위, 즉 상호텍스트성·스토리·서술 층위를 중심으로 차례대로 인성교육을 하였지만 이것들이 아주 분리된 채로 진행되었던 것은 아니다. 특히 상호텍스트성 차원의 활동은 스토리 층위와 서술 층위를 중심으로 활동할 때도 기본 전제로서 함께 활용되었다. 그리고 내러티브 속에서 스토리와 서술이 원래 분리되어 있는 것이 아니라 융합되어 있다는 면에서도 스토리 층위와 서술 층위가 엄격하게 분리되어 인성교육이 이루어졌던 것도 아니었다. 다만 그 인성교육 콘텐츠의 성격에 따라 그 무게 중심에 차이가 있었다고 할 수 있다.

지금까지 필자가 교도소 재소자 인성교육을 위해 사용했던 이론과 방법 및 자료들을 분석하고 연구해 보았다. 구체적으로 살펴보면 다음과 같다. 첫째, 재소자 인성교육에 내러티브가 효과적인 이유와 근거를 밝히고 이러한 내러티브를 그 속성에 따라 활용할 방안을 도모했다. 둘째, 그래서 내러티브를 통한 인성교육에 유용한 이론 중의 하나로 필자는 스토리텔링 치료의 발달적 치료 이론을 제시하고 그 치료적 실천의 양태를 설명하였다. 셋째, 이러한 이론을 바탕으로 해서 내러티브 인성교육을 하는 구체적인 방법으로 서사학의 내러티브 층위론의 관점에서 인성교육을 하는 방법을 다루었다. 그래서 내러티브의 스토리 층위에서는 세상의 이치인 도를 깨치고 이에 따라 살아가는 삶의 스토리를 구성하는 문제를 다루었고, 서사담화 층위에서는 건강한 관점과 태도를 견지하고 성찰, 공감, 배려 등을 추구할 수 있는 계기를 마련하려고 하였다. 그리고 이러한 것들이 참여자들과 프로그램 진행자의 내면 텍스트, 그리고 문화적 콘텍스트에 상호작용하는 바탕 위에서 이루어지도록 하였다. 넷째, 이러한 서사학의 내러티브 층위론을 활용하여 발달적 스토리텔링 치료의 방식으로 인성교육을 실시하는 데에 적합한 콘텐츠들을 활용하는 연구가 있었다. 그래서 대표적인 치료 콘텐츠들을 예로 하여 구체적인 서사 층위별 내러티브 인성교육의 내용에 대해 연구하였다. 그런데 이것들은 스토리텔링 치료의 기본 원리들인 동일시, 보편성, 객관성, 성찰, 카타르시스 및 공감 등을 염두에 두고 실현시키는 방향으로 이루어지면 좋을 것이다.

참고문헌

EBS 다큐프라임 이야기의 힘 제작팀(2011), 『이야기의 힘(매혹적인 스토리텔링의 조건)』, 서울: 황금물고기.

강영계(2007), 『리쾨르가 들려주는 해석 이야기』, (주)자음과 모음.

강원대학교 인문과학연구소 편(2009), 『인문치료, 어떻게 할 것인가』, 강원대학교 출판부.

강원대학교 인문과학연구소 편(2009), 『인문치료』, 강원대학교출판부.

강원대학교 인문과학연구소 편(2009), 『인문치료학의 모색』, 강원대학교출판부.

강원대학교 인문과학연구소 편(2009), 『인문산책』, 강원대학교출판부.

강원대학교 인문과학연구소 편(2011), 『인문학 리더십코칭』, 강원대학교출판부.

강원대학교 인문과학연구소 편(2011), 『인문치료의 이론과 원리』, 도서출판 산책.

강원대학교 인문과학연구소 편(2013), 『인문치료 사례연구』, 강원대학교출판부.

강원대학교 인문과학연구소 편(2013), 『인문치료와 문학, 그리고 언어』, 강원대학교출판부.

강원대학교 인문과학연구소 편(2014), 『인문치료 소통 사례연구』, 강원대학교출판부.

강원대학교 인문과학연구소 편(2014), 『인문치료의 이론과 방법』, 강원대학교출판부.

강원대학교 인문과학연구소 편(2015), 『인문치료의 이론적 전개』, 강원대학교출판부.

강원대학교 인문과학연구소 편(2016), 『인문치료의 이론적 양상』, 강원대학교출판부.

강원대학교 인문과학연구소 편(2016), 『인문치료 실천사례연구』, 강원대학교출판부.

강원대학교 인문과학연구소 편(2017), 『인문치료의 이해』, 서울: 한국문화사.

고미영(2004),『이야기치료와 이야기의 세계』, 서울: 청목출판사.

고영근(1995),『단어·문장·텍스트』. 서울: 한국문화사.

구연정(2012. 11),「문학적 역사 기술에 나타나는 공감의 구조 분석」,『뷔히너와 현대문학』, 제39호.

권택영(2009), 서사학 패러다임의 변모: 구조분석에서 개별 독서 경험으로.『오토피아 OUGHTOPIA: The Journal of Social Paradigm Studies』, 24권 2호, 205-229.

김광욱(2008. 12),「스토리텔링의 개념」,『겨레어문학』, 제41집.

김대군(2008),「도덕교육에서 내러티브의 가치」,『윤리교육연구』16, 209-228.

김미리혜(2003),「해설, 히스테리 그리고 정신분석」, 실린 곳:『히스테리 연구』(J. 브로이어, S. 프로이트 지음), 열린책들.

김미성(2012. 6.),「레이몽 크노와 에크리튀르의 혁신」.『인문언어』, 제14권 1호.

김번영(2007),『이야기치료와 상담』, 서울: 솔로몬.

김서영(2010),『프로이트의 환자들, 정신분석을 낳은 150가지 사례 이야기』, 경기: 프로네시스.

김선하(2007),『리쾨르의 주체와 이야기』, 파주: 한국학술정보(주).

김애령(2004),「시간의 이해, 이해의 시간─리쾨르의 시간의 재형상화 논의」, 한국해석학회 편,『심리학과 해석학』, 철학과현실사.

김영연(1995),「'천일야화'의 한국수용에 관한 연구」,『중동연구』, 제15권 1호.

김영연(1996),「천일야화 설화에 관한 연구 1」,『성신어문학』, 제8집.

김용구 외(1996),『문장의 이론과 실제』, 청문각.

김욱동(1999),『은유와 환유』, 서울: 민음사.

김웅권 역(2006),『타자로서의 자기 자신』, 서울: 동문선.

김윤환, 기억 제작팀(2011), 기억 (KBS 사이언스 대기획 인간탐구). 경기: KBS미디어·예담.

김정규(2009),『게슈탈트 심리치료』, 서울: 학지사.

김춘경(2003),「동화의 치료적 은유법을 활용한 정서·행동장애아 교육의 치료 교육적 접근 고찰」,『정서·행동장애연구』, Vol. 19., No. 2., 53-79.

김태훈(1999), 『덕 교육론』, 서울: 양서원.

김한식, 이경래 공역(1999), 『시간과 이야기 1. 줄거리와 역사 이야기』, 서울: 문학과 지성사.

김한식, 이경래 공역(2000), 『시간과 이야기 2. 허구 이야기에서의 형상화』, 서울: 문학과 지성사.

남운(2010. 12), 「'담론(Diskurs)'개념과 이론의 스펙트럼」, 『독어교육』, 제49집.

도홍찬(2011), 『이야기, 문학, 도덕교육』, 고양: 인간사랑.

마종기, 이병훈 외(2004), 『의학과 문학』, 서울: 문학과지성사.

미산, 한자경 등(2009), 『마음, 어떻게 움직이는가』, 서울: 운주사.

박민수, 오우성(2009), 『이야기 상담의 과정과 기법』, 서울: 시그마프레스.

박성희(2004), 『공감학』, 서울: 학지사.

박성희(2007), 『동화로 열어가는 상담 이야기』, 서울: 이너북스.

박영숙(2004), 『(전문가를 위한) 투사적 검사와 치료적 활용』, 서울: 하나의학사.

박영순(2000), 『한국어 은유 연구』, 서울: 고려대학교출판부.

박은정(2010), 『스토리텔링, 인지과학 만나다』, 서울: 이담.

박종수(2005), 『분석심리학에 기초한 이야기 심리치료』, 서울: 학지사.

박진(2005), 『서사학과 텍스트 이론』, 서울: 랜덤하우스중앙.

박찬부(1994), 「내러티브의 위기와 전이의 문제」, 『영어영문학』, 제40집, 한국영어영문학회.

박찬부(1996), 「정신분석학과 서사(narrative)의 문제」, 『비평과 이론』, 제1집, 한국비평학회.

박찬부(1996), 「프로이트와 서사적 진리의 문제」, 『외국문학』, Vol. 46, 174-200.

박찬부(2007), 『기호, 주체, 욕망: 정신분석학과 텍스트의 문제』, 파주: 창비.

서경숙(2010), 「재소자의 '영원한 아이'시 치료 경험에 관한 연구」. 평택대학교 박사학위 논문.

서정오 글/홍우정 그림(2007), 『저승에 있는 곳간』, 서울: 한림출판사.

송경숙, 전완경, 조희선(1992), 『아랍문학사』, 서울: 송산출판사.

송석재(2010), 『도덕교육과 심리』. 파주: 한국학술정보(주).

신경인문학 연구회(2012), 『뇌과학, 경계를 넘다』, 서울: 바다출판사.

신동흔(2002), 「구전 이야기의 갈래와 상호관계에 관한 연구」, 『비교민속학』, 제22집, 비교민속학회.

심성보, 이미식, 최용성, 김남희(2004), 『도덕교육의 이론과 실제』. 서울: 도서출판 원미사.

심우장(2006), 「네트워크 이론으로 본 구비설화 이야기판의 구조와 특징」, 서울대학교 대학원 박사학위논문.

양유성(2003), 「상담에서 나타나는 은유의 이해와 사용」, 『교수 논문집』, Vol. 7, 한영신학대학교, 257-279.

양유성(2004), 『이야기치료』, 서울: 학지사.

예정민(2003), 「도덕교육에서 이야기 활용 방법에 관한 연구」. 이왕주 외 공저, 『서사와 도덕교육』(pp. 175-264), 부산대학교 출판부.

오탁번, 이남호(2003), 『서사문학의 이해』, 서울: 고려대학교 출판부.

유종호(1998), 『문학이란 무엇인가』, 서울: 민음사.

윤민우(2007), 『아라비언 나이트』: '유혹'의 텍스트, 『영미문학교육』, 제11집 2호.

윤성우(2004), 『폴 리쾨르의 철학』, 서울: 철학과 현실사.

이동은(2007), 「〈천일야화〉의 신이담 연구」, 『한국중동학회논총』, 제28-1호.

이무석(2006), 『30년 만의 휴식:마음의 평안과 자유를 얻은』. 서울: 비전과 리더십.

이민용(2008. 9), 「인문학의 치유적 활용과 스토리텔링—게르만신화를 예로 하여」, 『독일언어문학』, 제41집, 135-158.

이민용(2009), 「영웅신화와 자기 스토리텔링」, 『인문산책』, 강원대학교출판부.

이민용(2009. 3), 「이야기와 스토리텔링의 치유적 기능」, 『독일언어문학』, 제43집, 225-242.

이민용(2009. 5), 「인문치료와 이야기치료 —『천일야화』를 중심으로」, 『뷔히너와 현대문학』, 제32호, 259-284.

이민용(2010. 3), 「서사와 서사학의 치유적 활용」, 『독일언어문학』, 247-268.

이민용(2010. 6), 「이야기 해석학과 이야기 치료」, 『헤세연구』, 제23집, 한국헤세학회, 249-273.

이민용(2011. 6.),「서사 담화와 스토리텔링 치료-강박증치료 스토리텔링 치료를 중심으로」,『뷔히너와 현대문학』, 제36집, 한국뷔히너학회, 281-302.

이민용(2011. 6.),「서사 스토리의 핵심 요소와 스토리텔링 치료-강박증치료 스토리텔링을 중심으로」,『독일언어문학』, 제52집, 독일언어문학연구회, 115-134.

이민용(2011),「스토리텔링 치료의 치료 요인과 그 적용」,『헤세연구』, 제25집, 217-240.

이민용(2011. 5),「서사 담화와 스토리텔링 치료-강박증치료 스토리텔링을 중심으로」,『뷔히너와 현대문학』, 281-302.

이민용(2011. 5),「서사 담화와 스토리텔링 치료」,『뷔히너와 현대문학』, 제36집, 281-302.

이민용(2011. 6),「서사 스토리의 핵심요소와 스토리텔링 치료」,『독일언어문학』, 제52집, 115-134.

이민용(2011. 6),「스토리텔링 치료의 치료 요인과 그 적용」,『헤세연구』, 217-240.

이민용(2012),「불안공포 신경증과 이야기치료의 정신분석학적 근거」,『뷔히너와 현대문학』, 제38집, 한국뷔히너학회, 153-175.

이민용(2012. 10),「내러티브를 통해 본 정신분석학과 내러티브 치료」,『문학치료연구』, 103-130.

이민용(2013),「서사담화와 정신분석학 기반의 내러티브 치료」,『독일문학』, 제125집, 163-184.

이민용(2014),「내러티브와 서사학, 그리고 인성교육」,『인문언어』, 제16권 3호, 국제언어인문학회, 59-81.

이민용(2014),「서사학의 서사층위론으로 접근한 발달적 스토리텔링 치료」.『헤세연구』, 제31집. 227-253.

이민용(2016. 3),「내러티브의 구조와 속성으로 본 문학치료」,『독일문학』, 제137집, 153-176.

이영돈(2006),『마음-KBS 특별기획 다큐멘터리』, 경기: 예담.

이영식(2006),『독서치료, 어떻게 할 것인가』, 서울: 학지사.

이영의(2008. 5),「체화된 마음과 마음의 병」,『철학탐구』, 제23집.

이영의(2012. 11),「확장된 마음 이론의 쟁점들」,『철학논집』, 제31집, 29-54, 서강대학교 철학연구소.

이윤주, 양정국(2007), 『밀턴 에릭슨 상담의 핵심 은유와 최면』, 서울: 학지사.

이인화(외)(2003), 『디지털 스토리텔링』, 서울: 황금가지.

이장호, 정남운, 조성호(2008), 『상담심리학의 기초』, 서울: 학지사.

이재호(2006. 12), 「도덕과 수업에서 이야기 교육의 의의와 한계」, 『도덕윤리과교육』, 제 23호.

이재호(2013. 12), 「도덕교육에서의 심성과 내러티브」, 『초등도덕교육』, 제43집.

이정모 편(1996), 『인지심리학의 제 문제 I』, 서울: 도서출판 성원사.

이정모, 〈내러티브적 마음과, 정치, 종교에 대한 지나가는 한 생각〉 in: http://blog. naver.com/metapsy/40174779281

이정모(2009), 『인지과학』, 서울: 성균관대학교 출판부.

이정모(2010), 『인지과학 : 과거−현재−미래』, 서울: 학지사.

이정모, 강은주 외(2009), 『인지심리학』, 서울: 학지사.

이중원 외(2004), 『삶, 반성, 인문학』, 서울: 태학사.

이창재(2000), 「병리적 정신현상의 원인론과 극복론: 사후작용」, 『철학과 현상학 연구』, 제15집, 76-115, 한국현상학회.

이현경(2007), 『이야기치료 이론과 실제』, 경기: 양서원.

인제대학교 인문의학연구소 (편)(2008), 『인문 의학−고통! 사람과 세상을 만나다』, 서울: 휴머니스트.

임재해(1985), 「설화의 존재양식과 갈래체계」, 『구비문학』, 8, 정문연 어문연구실.

장대익(2012), 「거울 뉴런과 공감 본능」, 신경인문학 연구회 편, 『뇌과학, 경계를 넘다』, 서울: 바다출판사.

장일구(2009), 『서사공간과 소설의 역학』, 전남: 전남대학교출판부.

장자/오강남 편(1999), 『장자』, 서울: 현암사.

전경숙(2008), 『NLP 심리치료, 원리와 실제』, 서울: 학지사.

전우택, 김상현, 오승민(2010), 『인문사회의학』, 서울: 청년의사.

정기철(2002), 『상징, 은유 그리고 이야기』, 서울: 문예출판사.

정성미(2009),「은유의 치료적 활용」,『어문논집』, 제42집, 121-136, 중앙어문학회.

정운채(2004. 8.),「〈구운몽〉의 독후감을 통한 자기서사의 탐색과 문학치료 방향 설정」, 『문학치료연구』, 제1집, 2004.

정운채(2005),「서사의 다기성(多岐性)을 활용한 자기서사 진단 방법」,『고전문학과 교육 10』.

정운채(2006),『문학치료의 이론적 기초』, 서울: 문학과치료.

정운채(2010),「프랑스의 서사이론과 문학치료학의 서사이론」,『문학치료연구』, 제17집, 한국문학치료학회.

정운채(2011),「리몬 케넌의 서사이론과 문학치료학의 서사이론」,『문학치료연구』 제18집, 한국문학치료학회.

조관성, 정은해(2009),『우화를 통한 도덕적 사고 연습』, 서울: 학지사.

조희선(1988),「인류문학으로서의 '천일야화'」,『한국중동학회논총』, 제9권.

조희선(1992),「천일야화에 나타난 문학적 형태와 시대적 배경」,『한국이슬람학회논총』, 제2권.

주희, 유청지 편/윤호창 역(2012),『소학』, 서울: 홍익출판사.

중앙일보(2008. 2. 15.),〈정신병원 가는 게 뭐가 어때〉.

채연숙(2013. 6),「헤세의『크눌프』, 문학치료학으로 다시 읽기」,『헤세연구』, Vol. 29, 49-75.

최예정, 김성룡(2005),『스토리텔링과 내러티브』, 서울: 글누림.

최용호(2009), 서사로 읽는 서사학-인지주의 시학의 관점에서. 한국외국어대학교 출판부.

최종덕(2006),「의학의 인문학적 통찰」,『의철학연구』, 제1집, 1-16.

최혜실(2006),『문화콘텐츠, 스토리텔링을 만나다』, 서울: 삼성경제연구소.

최혜실 외(2007),『문화산업과 스토리텔링』, 서울: 다할미디어.

한국간행물윤리위원회(2010. 6),『교정시설 독서 프로그램 실행 매뉴얼』. 서울: 한국독서치료학회 연구보고서.

한국교육심리학회(2000),『교육심리학 용어사전』, 서울: 학지사.

한성옥, 김서정(2003), 『나의 사직동』. 경기: 보림.

한일섭(2009), 『서사의 이론: 이야기와 서술』, 서울: 한국문화사.

한용환(2002), 『서사 이론과 그 쟁점들』, 서울: 문예출판사.

한혜원(2010), 『디지털 시대의 신인류, 호모 나랜스』, 서울: (주)살림출판사.

홍자성/김성중 역(2005), 『채근담』. 서울: 홍익출판사.

황상익(2004), 『역사속의 의인(醫人)들』, 서울: 서울대학교 출판부.

황상익, 강신익, 신동언, 여인석(2007), 『의학 오디세이: 인간의 몸, 과학을 만나다』, 고양: 역사비평사.

황승환(2012), 「낭만주의자 헤세와 융 심리학」, 『카프카연구』, Vol. 28, pp. 165-190.

갓셜, 조너선(G. Jonathan)/노승영 역(2014), 『스토리텔링 애니멀(The storytelling animal us human)』, 서울: 민음사.

고바야시 마사코 (글) · 이마이 유미코(그림)/이선아 역(2002), 『눈물아 고마워(なみだくんありがとうからだのえほん)』, 경기: 시공주니어. (원저는 1989년 출판).

골드, 조셉(Gold, J.)/이종인 역(2003), 『비블리오테라피: 독서치료, 책 속에서 만나는 마음치유법(Bibliotherapy)』, 서울: 북키앙. (원저는 2001년 출판).

그린슨, 랄프(Greenson, R.)/이만홍, 현용호 공역(2001), 『정통 정신분석의 기법과 실제 1 (The technique and practice of psychoanalysis, volume 1)』, 서울: 하나의학사. (원저는 1967년 출판).

글레이트먼, 헨리(Gleitman, H.)/장현갑 외 공역(1999), 『심리학 입문(Basic psychology)』, 서울: 시그마프레스. (원저는 1987년 출판).

니콜슨, 레이놀드(Nicholson, R.)/사희만 역(1995), 『아랍문학사(The idea of personality in sufism)』, 서울: 민음사. (원저는 1923년 출판).

딜런 에반스/김종주 외 역(2004), 『라깡 정신분석 사전』, 고양: 인간사랑.

딜츠, 로버트 외(Dilts, R., Hallbom, T., & Smith, S.)/전경숙, 박정자 공역(2006), 『NLP 기본법칙을 통한 신념의 기적(Beliefs)』, 서울: 학지사. (원저는 1990년 출판).

라이트, J. H. 외(Wright, J. H., Basco, M. R., & Thase, M. E.)/김정민 역(2009), 『인지행

동치료(Learning cognitive-behavior therapy: An illustrated guide)』, 서울: 학지사. (원저는 2005년 출판).

레이코프, 조지(Lakoff, G.), 존슨, 마크(Johnson, M.)/노양진, 나익주 공역(2008),『삶으로서의 은유(Metaphor we live by)』, 서울: 박이정. (원저는 2003년 출판).

레이코프, 조지(Lakoff, G.)/나익주 역(2007),『프레임 전쟁(Thinking points)』, 경기: 창비. (원저는 2006년 출판).

레이코프, 조지(Lakoff, G.)/유나영 역(2006),『코끼리는 생각하지 마(Don't think of an elephant!: know your values and frame the debate the essential guide for progressives)』, 서울: 삼인. (원저는 2004년 출판).

로만 야콥슨(Jakobson, R.)/김재일 역(1989),『일반언어학 이론』, 서울: 민음사.

루치우스-회네, 가브리엘레(Lucios-Hoene, G.), 데퍼만, 아르눌프(Deppermann, Arnulf)/박용익 역(2006),『이야기 분석. 서사적 정체성의 재구성과 서사 인터뷰의 분석을 위한 이론과 방법론(Rekonstruktion narrativer Identitat: Gin Arbeitsbuch zur Analyse narrativer Interviews)』, 서울: 도서출판 역락. (원저는 2013년 출판).

르두, 조지프(LeDoux, J.)/강봉균 역(2005),『시냅스와 자아(Synaptic Self)』. 경기: 도서출판 소소. (원저는 2003년 출판).

리스먼, 콜러(Riessman, C. K.) 외/대한질적연구간호학회 역(2005),『내러티브 분석: 질적 연구 방법 총서 1(Narrative analysis: Qualitative research methods)』, 서울: 군자출판사. (원저는 1993년 출판).

리처드 F. 버턴(Richard Francis Burton) 영역(英譯)/김병철 역(1993),『아라비안나이트 엔터테인먼트(The Arabian Nights'Entertainment)』(전10권), 파주: 범우사

리쾨르, 폴(Ricoeur, P.)/김한식 역(2004),『시간과 이야기 3(Temps et recit III)』, 서울: 문학과지성사. (원저는 1985년 출판).

매킨타이어, 알라스데어(MacIntyre, A. C.)/이진우 역(1997),『덕의 상실[After virtue: A study in moral theory (2nd ed.)]』, 서울: 문예출판사. (원저는 1984년 출판).

맥루한, 마샬(McLuhan, M.)/임상원 역(2005),『구텐베르크 은하계(The Gutenberg galaxy)』, 서울: 커뮤니케이션북스. (원저는 1962년 출판).

맥루한, 마샬(McLuhan, M.) 외/김진홍 역(2001), 『미디어는 맛사지다(The medium is the massage: An inventory of effects.)』, 서울: 커뮤니케이션북스. (원저는 1967년 출판).

맥루한, 마샬(McLuhan, M.)/박정규 역(2001), 『미디어의 이해(Understanding media)』, 서울: 커뮤니케이션북스. (원저는 1964년 출판).

매키, 로버트(McKee, M.)/고영범 역(2002), 『시나리오 어떻게 쓸 것인가(Story substance, structure, style and principles of screenwriting)』, 서울: 민음인. (원저는 1997년 출판).

머서 메이어 글·그림(Mayer, M.)/이현주 역(1994), 『벽장 속의 괴물』, 도서출판 보림.

모건, 앨리스(Morgan, A.)/고미영 역(2003), 『이야기치료란 무엇인가?(What is narrative therapy)』, 서울: 청록출판사. (원저는 2000년 출판).

밀네르, 막스(Mulner, M.)/이규현 역(1997), 『프로이트와 문학의 이해(Freud et l'inter-pétation de la litterature)』, 서울: 문학과지성사. (원저는 1997년 출판).

바우어, 요아힘(Bauer, J.)/이미옥 역(2006), 『공감의 심리학(Warum Ich Fühle, Was du Fühlst)』, 서울: 에코리브르. (원저는 2006년 출판).

번즈, 조지(Burns, G.)/김춘경 역(2009), 『마음을 치유하는 101가지 이야기. 은유를 사용한 심리치료(101 healing stories: Using metaphors in therapy)』, 서울: 학지사. (원저는 2008년 출판).

번즈, 조지(Burns, G.)/김춘경, 배선윤 공역(2011), 『이야기로 치유하기-치료적 은유 활용 사례집(Healing with stories)』, 서울: 학지사.

발터, 벤야민(Walter, B.)/반성완 편역(1983), 『발터 벤야민의 문예이론』, 서울: 민음사.

베텔하임, 브루노(Bettelheim, B.)/김옥순, 주옥 공역(2006), 『옛이야기의 매력 1』, 서울: 시공주니어.

브라운, 앤서니(Browne, A.) 글·그림/김향금 역(2007), 『공원에서 일어난 이야기(Voices in the park)』. 서울: 삼성출판사. (원저는 2001년 출판).

브렛, 도리스(Brett, D.)/김인옥 역(2009), 『은유적 이야기치료-아동을 위한 스토리텔링 기법(More Annie stories)』, 서울: 여문각. (원저는 1992년 출판).

브루너, 제롬(Bruner, J.)/강현석 외 공역(2011), 『인간 과학의 혁명-마음, 문화, 그리고 교육(Ants of meaning)』, 서울: 아카데미프레스. (원저는 1990년 출판).

샌델, 마이클(Sandel, M.)/이창신 역(2010),『정의란 무엇인가(Justice: What's the right thing to do?)』, 경기: 김영사. (원저는 2010년 출판).

시몬스, 아네트(Simmons, A.)/김수현 역(2001),『스토리텔링. 대화와 협상의 마이다스 (The story factor)』, 서울: (주)한언. (원저는 2001년 출판).

심스, 칼(Simms, K.)/김창환 역(2009),『해석의 영혼 폴 리쾨르(Paul Ricoeur)』, 서울: 도서출판 앨피. (원저는 2003년 출판).

아리스토텔레스(Aristotle)/이상섭 역(2005),『시학』, 서울: 문학과 지성사.

아리스토텔레스(Aristotle)/천병희 역(2002),『시학』, 서울: 문예출판사.

애벗, H. 포터(Abbot, H. P.)/우찬제 외 공역(2010),『서사학 강의(The Cambridge introduction to narritive, 2nd ed.)』, 서울: 문학과지성사. (원저는 2008년 출판).

애치슨, 장(Aitchison, J.)/임지룡, 윤희수 공역(1993),『심리언어학 : 머릿속 어휘사전의 신비를 찾아서(Words in the Mind: An Introduction to the Mental Lexicon Oxford: Basil Blackwell)』, 경북대학교 출판부. (원저는 1987/1994a 출판).

앤더슨, J. 로버트(Anderson, J. R.)/이영애 역(1988),『인지심리학(Cognitive psychology and its implications, 2nd ed.)』, 서울: 을유문화사. (원저는 2008년 출판).

앤더슨, J. 로버트(Anderson, J. R.)/이영애 역(2012),『인지심리학과 그 응용(Cognitive psychology and its implications, 4th ed.)』, 이화여자대학교출판부. (원저는 1995년 출판).

엘리아데(Eliade, M.)/이은봉 역(1998),『성과 속(Dad Heilige und das profane)』, 서울: 한길사. (원저는 1997년 출판).

오닐, 패트릭(O'neill, P.)/이호 역(2004),『담화의 허구, 서사 이론 읽기(Fictions of discourse: Reading narrative theory)』, 서울: 예림기획. (원저는 1994년 출판).

옹, 월터 J.(Ong, W. J.)/이기우, 임명진 공역(2000),『구술문화와 문자문화(Orality and literacy: The technologizing of the word))』, 서울: 문예출판사. (원저는 1982년 출판).

윌슨, 티모시(Wilson, T.)/강유리 역(2012),『스토리: 행동의 방향을 바꾸는 강력한 심리 처방(Story: The surprising new science of pcychological change)』, 서울: 웅진지식

하우스. (원저는 2011년 출판).

이숍(Zipes)/유종호 역(2009), 『이솝 우화집(Fables of Aesop)』, 서울: 민음사. (원저는 2005년 출판).

채트먼, 시모어(Chatman, S.)/한용환 역(2003), 『이야기와 담론: 영화와 소설의 서사구조(Story and discourse: Narrative structure in fiction and film)』, 서울: 푸른사상. (원저는 1978년 출판).

캔델, 에릭(Kandel, E.)/전대호 역(2014), 『기억을 찾아서(In search of memory: The emergence of a ne science of mind)』, 서울: 랜덤하우스. (원저는 2006년 출판).

코르시니, J. R., 웨딩, D.(Corsini, J. R., & Wedding, D.)/김정희 역(2008), 『현대 심리치료(Current psychotherapies)』, 서울: 학지사. (원저는 2000년 출판).

코엘료, 파울로(Coelho, P.)/최정수 역(2001), 『연금술사(Alquimista)』. 서울: 문학동네. (원저는 1988년 출판).

콜버그, 로런스(Kohlberg, L.)/김민남 역(2001), 『도덕발달의 심리학: 도덕단계의 본질과 타당성(The psychology of moral development: The nature and validity of moral stages, essays on moral development II)』, 서울: 교육과학사. (원저는 1981년 출판).

쾨벡세스, 졸탄(Kövecses, Z.)/김동환 역(2009), 『은유와 문화의 만남: 보편성과 다양성(Metaphor in culture: Universality and variation)』, 서울: 연세대학교 출판부. (원저는 2005년 출판).

쾨벡세스, 졸탄(Kövecses, Z.)/김동환, 최영호 공역(2009), 『은유와 감정: 언어, 문화, 몸의 통섭(Metaphor and emotion: Language, culture, and body in human feeling)』, 서울: 동문선. (원저는 2000년 출판).

쾨벡세스, 졸탄(Kövecses, Z)/이정화, 우수정, 손수진, 이진희 공역(2002), 『은유: 실용입문서(Metaphor: A practical introduction)』, 서울: 한국문화사. (원저는 2002년 출판).

클랜디닌, 진(Clandinin, D. J.)/강현석 외 공역(2011), 『내러티브 탐구를 위한 연구방법론(Handbook of narrative inquiry: Mapping a methodology)』, 경기: 교육과학사. (원저는 2007년 출판).

톨스토이, 레프/글공작소 편(2012), 『공부가 되는 톨스토이 단편선』. 아름다운 사람들.

포스터, 에드워드 모건(Forster, E. M.)/이성호 역(1993),『소설의 이해(Aspects of the Novel)』, 서울: 문예출판사. (원저는 1956년 출판).

포코니어, 질(Fauconnier, G.), 터너, 마크(Turner, M.)/김동환, 최영호 공역(2009),『우리는 어떻게 생각하는가(Thw way we think: Conceptual blending and the mind's hidden complexities)』, 경기: 지호. (원저는 2002년 출판).

폴킹혼, 도널드(Polkinghorne, D.)/강현석 외 공역(2009),『내러티브, 인문과학을 만나다(Narrative knowing and the human science)』, 서울: 학지사. (원저는 1988년 출판).

폴러스, 트리나(Paulus, T.) 글·그림/김석희 역(2005),『꽃들에게 희망을(Hope for the flowers)』. 서울: 시공주니어. (원저는 1972년 출판).

프로이트, 지그문트(Freus, S.)/임진수 역(2005),『정신분석의 탄생(The standard edition of the complete psychological works of Sigmund Freud)』, 서울: 열린책들. (원저는 1989년 출판).

프로이트, 지그문트(Freus, S.)/임홍빈, 홍혜경 공역(2011),『새로운 정신분석 강의(New introductory lectures on psychoanalysis)』, 서울: 열린책들. (원저는 1990년 출판).

프로이트, 지그문트(Freud, S.)/정장진 역(1996),『창조적인 작가와 몽상(Der dichter und das phantasieren)』(프로이트 전집 18), 경기: 열린책들. (원저는 1908년 출판).

프로이트, 지그문트(Freud, S.)/정장진 역(2007),『예술, 문학, 정신분석』, 열린책들.

플루서, 빌렘(Flusser, V.)/김성재 역(2001),『코무니콜로기(Kommunikologie)』, 서울: 커뮤니케이션북스. (원저는 1996년 출판).

플루서, 빌렘(Flusser, V.)/김성재 역(2004),『피상성 예찬: 매체의 현상학을 위하여(Lob der Oberflächlichkeit: Für eine Phanomenologie der Medicn)』, 서울: 커뮤니케이션북스. (원저는 1993년 출판).

플루서, 빌렘/김현진 역(2004),『그림의 혁명(Revolution der Bilder)』, 서울: 커뮤니케이션북스. (원저는 1995년 출판).

피스크, 존(Fiske, J.)/강태완, 김선남 공역(1997),『문화 커뮤니케이션론(Introduction to communication studies)』, 서울: 한뜻. (원저는 1990년 출판).

Aristotle, Rhetoric, trans. W. R. Roberts(1952), *The Works of Aristotle* (Vol. 11), W. D. Ross (ed.), Oxford: Clarendon Press.

Aristole (1982), *Peotics*, in: Aristole's Peotics, trans. James Hutton, New York: Norton & Compony.

Barthes, R. (Winter 1975), "An Introduction to Structural Analysis of Narrative", in *New Literary History*, VI.

Bartlett, Frederic, C. (1967), *Remembering: A study in experimental and social psychology*, New York: Cambridge University Press.

Beers, S. F., & Nagy, W. F. (2010), Writing development in four genres from grades three to seven: Syntactic complexity and genre differentiation. *Reading and Writing*, *24*(2), 183–202.

Breuer, J., & Freud, S. (1957), *Studies on hysteria*, The Standard Edition of The Complete Psychological Works of Sigmund Freud, Translated from the German under the General Editionship of James Strachey, In Collaboration with Anna Freud, Volume II(1893–1895), London: The Hogarth Press and The Institute of Psycho-Analysis.

Brooks, P. (1992), *Reading for the plot: Design and intention in narrative,* Cambridge: Harvard University Press.

Brooks, P. (1994), *Psychoanalysis and storytelling*, Oxford: Blackwell.

Bruner, E. (1986) Ethnography as narrative. in: V. Turner & E. Bruner (Eds.), *The anthropology of experience*. Chicago: University of Illinois Press.

Bruner, J. (2002), *Making stories*. New York: Farrar, straus and Giroux.

Bruner, J. (1990), *Acts of meaning*, Harvard University Press.

Bruner, J. C. (1986), *Actual minds, possible worlds*, Cambridge, MA: Harvard University Press.

Burton, Richard Francis 영역/김병철 역(1993), 『아라비안 나이트(The book of the thousand nights and a night)』(전 10권), 경기: 범우사.

Chatman, S. (1978), *Story and discourse, narrative structure in fiction and film.* Ithaca: Cornell University Press.

Corsini, R. J., & Wedding, D. (edit)(2008), *Current psychotherapies* (8th edition), USA: Thomson Brooks/Cole.

Currie, M. (1998), *Postmodern narrative theory,* Houndmills: Macmilian Press.

Daemmrich, Horst S. und Daemmrich, Ingrid G. (1995), *Themen und Motive in der Literatur.* 2.Aufl. Tübingen, Basel: Francke.

Die Edda. Götterlieder, Heldenlieder und Spruchweisheiten der Germanen, vollständig bearbeitet und mit einem Nachwort versehen von Manfred Stange, Wiesbaden: marixverlag 2004.

Dennett, Daniel C.(1992), *Consciousness explained,* Back Bay Books; 1 edition.

Erlich, Victor(1981), *Russian formalism: History-doctrine, 1955.* New Haven, CT: Yale University Press.

Fauconnier, Gilles & Turner, Mark(2002), *The way we think: Cenceptual blending and the mind's hidden complexities,* Basic Books, 2002(Chiho Publishing House, 2009) [『우리는 어떻게 생각하는가』, 김동환·최영호 공역(2009), 지호.]

Freedman, J. L., & Comb, G. (1996), *Narrative therapy, the social construction of preferred realities,* NY: W.W. Norton.

Freud, S. (1959), Jensen's 'Gradivia' and Other Works, The Standard Edition of The Complete Psychological Works of Sigmund Freud, Translated from the German under the General Editionship of James Strachey, In Collaboration with Anna Freud, Volume IX (1906-8), London: The Hogarth Press and The Institute of Psycho-Analysis.

Freud, S. (1966), "Project for a scientific psychologie", in: *Pre-Psycho-Analytic Publications and Unpublished Drafts.* The Standard Edition of The Complete Psychological Works of Sigmund Freud, Translated from the German under the General Editionship of James Strachey, In Collaboration with Anna Freud, Volume

I(1895), London: The Hogarth Press and The Institute of Psycho-Analysis.

Freud, S. (1969), "Der Dichter und das Phantasieren."in: *Bildende Kunst und Literatur.* Studienausgabe. Band 10. Frankfurt a. M.: Fischer Verlag.

Freud, S. (1953~1973). The Standard Edition of The Complete Psychological Works of Sigmund Freud, 24 Vols. Translated from the German under the General Editionship of James Strachey, London: The Hogarth Press (*SE*로 약칭함).

Fuhrmann, M. (2001), *Aristoteles: Poetik.* Griechisch / Deutsch. Reclam, Stuttgart, 2. bibliogr. erg. Ausgabe.

Gardner, R. A. (1971), *Therapeutic communication with children: The mutual storytelling technique.* New York: Science House.

Goatly, A. (1997), *The language of metaphors*, London: Routledge.

Gordon, D. (1978), *Therapeutic metaphors*, Cupertino, Calif: Meta Publications.

Grimm, J. (1875-1878), *Deutsche Mythologie*, 4. Aufl.

Grünzweig, W., & Solbach, A. (1999), "Einführung Narratologie und interdisziplinäre Forschung", in *Grenzüberschreitungen Narrartologie in Kontext.* Tübingen.

Herman, D. (2003), "Stories as a tool for thinking", in: *Narrative theory and the cognitive sciences*, ed. by David Herman, Stanford California: CSLI Publications.

Hoffman, J. C. (1969), *Law, freedom, and story: The role of narrative in therapy, society, and faith,* Wilfrid Laurier University Press.

Hogan, P. C. (2003), *The mind and its stories: Narratives universals and human emotion.* Cambridge: Cambridge University Press.

Hynes, A. M., & Hynes-Berry, M. (2012), *Biblio/Poetry therapy.* MN St. Cloud: North Star Press of St. Cloud.

Jung, C. G. (1912), *The psychology of the unconscious.* Trans. B. M. Hinkle(1919). London: Kegan Paul, Trench Trubner.

Leedy, J. J., Prinzipien der Poesietherapie. in: Hilarion G. Petzold, /Ilse Orth (Hgg.) (2005), *Poesie und Therapie. Über die Heilkraft der Sprache,* Bielefeld und Locarno:

Aisthesis Verlag.

Lipps, Theodor (1903), *Ästhetik. Psychologie des Schönen und der Kunst.* Erster Teil. Grundlegung der Ästhetik, Hamburg und Leipig.

Lloyd, D. (1989), *Simple Minds.* Massachusetts: The MIT Press.

Martin, W. (1986), *Recent theories of narrative*, Ithaca: Cornell University Press.

Mather, P., & McCarthy, R. (2009). *The art of critical reading: Brushing up on your reading, thinking, and study skills.* New York, NY: McGraw-Hill.

May, R. (1991), *The cry for myth*, New York: W. W. Norton & Company.

Minsky, M. (1975), "A Framework for Representing Knowledge", In P. E. Winston (Ed.), *The psychology of computer vision.* New York: McGraw-Hill.

Müller, L., & Müller, A. (2003), *Wörterbuch der analytischen Psychologie*, Düsseldorf: Patmos Verlag.

Muschg, A. (1981), *Literatur als Therapie? Ein Exkurs über das Heilsame und das Unheilbare.* Frankfurt am Main Suhrkamp Verlag.

Nash, C. (edit)(1994), *Narrative in culture: The uses of storytelling in the sciences, philosophy, and literature*, London and New York: Routledge.

Nünning, A., & Nünning, V. (Hgg.)(2002), *Neue Ansätze in der Erzähltheorie.* Trier.

O'neill, P. (1994), *Fictions of Discourse. Reading Narrative Theory.* Toronto Buffalo London: University of Toronto Press Incorporated (Reprinted in paperback 1996).

Payne, M. (2006), *Narrative therapy: An introduction for counsellors.* London: SAGE Publications Ltd.

Petzold, H. G. / Orth, I. (Hgg.)(2005), *Poesie und Therapie. Über die Heilkraft der Sprache*, Bielefeld und Locarno: Aisthesis Verlag.

Prince, G. (1989), *A dictionary of narratology*, Lincoln, London: University of Nebraska Press.

Raab, P. (Hgg.)(1988), *Heilkraft des Lesens. Erfahrungen mit der Bibliotherapie.* Herder Herder Taschenbuch Verlag im Breisgau.

Ricoeur, P. (1977), *The rule of metaphor,* Toronto: Buffalo: University of Toronto Press.

Ricoeur, P. (1984)[1983], *Time and narrative,* Volume 1, translated by Kathleen Blamey and David Pellauer, Chicago and London: University of Chicago Press.

Ricoeur, P. (1988)[1985], *Time and narrative,* Volume 3, translated by Kathleen Blamey and David Pellauer, Chicago and London: University of Chicago Press.

Rimmon-Kenan, S. (1983), *Narrative fiction: Contemporary poetics,* London and New York: Methuen.

Schank, R. C., & Abelson R. P. (1977), *Scripts, plans, goals and understanding,* New York, Toronto, London, Sidney: John Wiley& Sons.

Schmid, W. (2005), *Elemente der Narratologie.* Berlin.

Scholes, R. / Kellog, R. (1966), *The nature of narrative,* New York: Oxford University Press.

Sieveke, F. G. (1980), *Aristoteles, Rhetorik,* Fink, München.

Simek, R. (1995), *Lexikon der germanischen Mythologie.* Stuttgart: Alfred Kröner Verlag.

Spence, D. P. (1982), *Narrative truth and historical truth,* New York: W. W. Norton.

Stockwell, Peter (2002), *Cognitive poetics: An introduction,* London and New York: Routledge.

The book of the thousand nights and a night, Vol. I–XVII, translated by Richard Francis Burton, with introduction explanatory notes on the manners & customs of Moslem men & terminal essay upon the history of the nights, London: Burton Club, 1885.

Todorov, T. (1972), "Die kategorien der literarischen Erzählung,"in: Heinz Blumensath (Hrsg.), *Strukturalismus in der Literaturwissenschaft*, Köln.

Turner, M. (1996), *The literary mind,* New York, Oxford: Oxford University Press.

White, M. (2004), *Narrative means to therapeutic ends.* Adelaide: Dulwich Centre Publications.

White, M. (2007), *Maps of narrative practice,* New York, London: W.W. Norton Publication.

White, M., & Epston, D. (2004), *Narrativie means to therapeutic ends.* Adelaide: Dulwich Centre Publications.

Zerweck, B. (2002), "Der cognitive turn in der Erzähltheorie: kognitive und natürliche Narratologie." in: Ansgar Nünning/Vera Nünning(Hg)(2002), *Neue Ansätze in der Erzähltheorie.* Trier.

찾아보기

내용

저자 소개

◎ 이민용(MinYong Lee)

서울대학교 인문대학에서 독어독문학을 전공하고 독일 마르부르크(Marburg) 대학교에서 수학하였으며, 서울대학교 대학원에서 문학박사 학위를 취득했다. 서울대학교 등에서 내러티브와 스토리텔링에 대한 강의를 10년 넘게 했고, 지금은 강원대학교 인문과학연구소 교수로 근무하며 인문치료를 연구하고 대학원 인문치료 협동과정에서 강의하고 있다. 현재 한국독서치료학회 부회장과 한국통합문학치료학회 부회장으로 있다. 저서로는 『스토리텔링 치료』(학지사, 2017), 『인문치료』(공저, 강원대학교출판부, 2009), 『인문치료의 이해』(공저, 한국문화사, 2017), 『인문치료의 이론과 원리』(공저, 산책, 2011), 『인문치료와 문학, 그리고 언어』(공저, 강원대학교출판부, 2013), 『인문치료의 이론과 방법』(공저, 강원대학교출판부, 2014) 등이 있고, 역서로는 『에다 이야기』(을유문화사, 2012), 『변신』(웅진씽크빅, 2007) 등이 있다.

스토리텔링 치료
Storytelling Therapy

2017년 5월 25일 1판 1쇄 인쇄
2017년 5월 30일 1판 1쇄 발행

지은이 • 이민용
펴낸이 • 김진환
펴낸곳 • (주)**학지사**
　　　　04031 서울특별시 마포구 양화로 15길 20 마인드월드빌딩
대표전화 • 02-330-5114　　팩스 • 02-324-2345
등록번호 • 제313-2006-000265호

홈페이지 • http://www.hakjisa.co.kr
페이스북 • https://www.facebook.com/hakjisabook

ISBN 978-89-997-1285-2　03180

정가 18,000원

이 도서의 국립중앙도서관 출판시도서목록(CIP)은 시지정보유통지
원시스템 홈페이지(http://seoji.nl.go.kr)와 국가자료공동목록시스템
(http://www.nl.go.kr/kolisnet)에서 이용하실 수 있습니다.
(CIP 제어번호: CIP2017013387)

•┈┈┈┈┈┈• 교육문화출판미디어그룹 **학지사** •┈┈┈┈┈┈•

심리검사연구소 **인싸이트** www.inpsyt.co.kr
원격교육연수원 **카운피아** www.counpia.com
학술논문서비스 **뉴논문** www.newnonmun.com